Der amtliche Sportbootführerschein

Leitfaden
für die theoretische
und praktische Prüfung

für

● BEWERBER

● AUSBILDER

● PRÜFER

mit

● allen 362 amtlichen Prüfungsfragen sowie den Antworten
  einschließlich der Kartenaufgaben

● übersichtlicher Darstellung aller Führerscheinbestimmungen
  von der Antragstellung bis zur Aushändigung des Führerscheins

● der Prüfung für Seenot-Signalmittel einschließlich der
  48 amtlichen Prüfungsfragen und Antworten

● dem Text der Verordnung mit allen aktuellen Ergänzungen

● mehr als 300 meist mehrfarbigen Abbildungen und Grafiken

● der wichtigen Beilage: die 20 Original-Seekartenausschnitte

Die spezielle Lern- und Ausbildungshilfe

Enge Verbindung von Text und Bild und damit
leicht faßliche Darstellung des Stoffes
unter Berücksichtigung der Ausbildungspraxis

Vertiefung wichtiger Sachgebiete

Schwerpunktbildung nach den Erfordernissen der Ausbildung

Auffrischung der Kenntnisse für Führerscheininhaber

Der amtliche Sportboot-führerschein

der Bundesrepublik Deutschland

Der sichere Weg zur Prüfung

6., durchgesehene Auflage

von Ministerialdirigent **KURT GRAF**
und Regierungsdirektor **Dr. Dietrich Steinicke**
beide im Bundesverkehrsministerium, Abt. Seeverkehr

Bussesche
Verlagshandlung
Herford

ISBN 3-87120-376-9

1. Aufl. © 1977

2. Aufl. © 1978

3. Aufl. © 1980

4. Aufl. © 1981

5. Aufl. © 1983

6. Aufl. © 1984 by Bussesche Verlagshandlung GmbH · Herford

Einbandentwurf: H. J. Geyer

Zeichnungen: Christoph Drescher, Professor an der Fachhochschule
    für Gestaltung, Hamburg

Satz und Druck: Busse-Druck, Herford

Buchbinderische Verarbeitung: Hunke & Schröder, Iserlohn

Printed in Germany

Geleitwort

Sicherheit ist das oberste Gebot auch oder gerade für den Wassersportler. Ist er doch auf den vielbefahrenen deutschen Seeschifffahrtstraßen und auf der Hohen See gleichberechtigter Partner der Berufsschiffahrt. Das bedeutet nicht nur gleiche Rechte, sondern auch gleiche Pflichten. Sicher muß der Sportschiffer deshalb nicht wie ein Kapitän ausgebildet sein, aber wir müssen von ihm die erforderlichen Kenntnisse, Fähigkeiten und Rücksichtnahme verlangen, damit er durch sein Verhalten nicht andere schädigt, gefährdet oder behindert.

Diese Kenntnisse und Fähigkeiten erwirbt der künftige Sportschiffer mit der Vorbereitung und der Prüfung für den amtlichen Sportbootführerschein. Dieses Buch kann ihm dabei helfen, die erforderlichen Kenntnisse zu erwerben. Denn die vielen Erläuterungen und Zeichnungen erleichtern es erheblich, mit der schwierigen Materie vertraut zu werden. Nach bestandener Prüfung kann das Buch dem nunmehr verantwortlichen Sportschiffer die notwendige Aufgabe erleichtern,

sein Wissen von Zeit zu Zeit wieder aufzufrischen. Ca. 320 000 Wassersportler haben seit 1967 die Sportbootführerscheinprüfung abgelegt. Nach Meinung aller Beteiligten hat diese Maßnahme dazu beigetragen, daß sich die Unfälle im Küstenbereich, an denen Sportfahrzeuge beteiligt waren, in Grenzen gehalten haben.

Damit dieses auch so bleibt und die vielfältigen Möglichkeiten der Nutzung der Seeschiffahrtstraßen für den Wassersport erhalten bleiben, denken Sie auch nach bestandener Prüfung stets daran: Genaue Beachtung der Verkehrsregeln und Fairneß sind die wichtigsten Voraussetzungen nicht nur für Ihre eigene Sicherheit, sondern auch für die Ihrer Partner.

Werner Dollinger

Dr. Werner Dollinger
Bundesminister für Verkehr

Bonn, den 1. September 1983

Vorwort zur 1. Auflage und Einführung

Das Jahr 1977 brachte einen ganz wesentlichen Einschnitt in der Entwicklung des amtlichen Führerscheins für Wassersportler: Die Einführung des neuen, erweiterten und verbesserten Fragenkataloges aufgrund des Inkrafttretens der neuen Seestraßenordnung 1972 und der entsprechend neugefaßten Seeschiffahrtstraßen-Ordnung.

Diesen tiefgreifenden Veränderungen trägt der vorliegende neue Prüfungsleitfaden auf mannigfaltige Art Rechnung. Darüber hinaus wurde das Werk auf folgende Funktionen ausgerichtet:

● Förderung der richtigen Ausbildung der Bewerber für das Bestehen der Prüfung;
● Anleitung und Hilfe für den Ausbilder und für die Gestaltung der Ausbildung;
● Unterstützung der amtlichen Tätigkeit der Prüfer bei der Durchführung der Prüfung;
● Nachschlagewerk für alle, die am Wassersport interessiert sind, und für geübte Bootsführer zur Auffrischung der Kenntnisse.

Im **Teil I** werden alle gesetzlichen Vorschriften und die Durchführungsrichtlinien in Frage und Antwort entsprechend dem zeitlichen Ablauf des Verwaltungsverfahrens — von der Antragstellung bis zur Aushändigung des Führerscheins — erklärt. Einbezogen wurden auch alle damit zusammenhängenden Grundsatzfragen, z. B. Notwendigkeit der Einführung des amtlichen Sportbootführerscheins, Geltungsbereich usw.

Der Text der Sportbootführerscheinverordnung befindet sich am Schluß des Werkes: Dort findet der interessierte Leser die einschlägigen Regelungen, auf die die §§-Hinweise im fortlaufenden Text aufmerksam machen, im Originalwortlaut. Tabellen, Übersichten, Karten usw. mit ausführlichen Fundstellenhinweisen schließlich sollen das Studium der unerläßlichen Verfahrensvorschriften erleichtern. — Mit dieser Art der Darstellung soll erreicht werden, daß auch der juristische Laie sich sehr schnell zurechtfindet.

Teil II enthält die 362 amtlichen Fragen *der theoretischen Prüfung mit allen dazugehörigen Antworten,* einschließlich der *20 Kartenaufgaben* mit den *Ausschnitten aus Original-Seekarten* sowie den Lösungen. Die Prüfungsantworten haben nicht den Charakter einer amtlichen Pflichtantwort, sondern sind Antwortvorschläge für den Prüfer, um die Gleichbehandlung bei der Bewertung der Antworten zu gewährleisten. Es kommt daher nicht auf den Wortlaut, sondern auf den sachlich richtigen Inhalt der Antwort an. Zusätzlich zu den Fragen und Antworten, die jeweils deutlich hervorgehoben sind, wurden Hinweise, Graphiken und Abbildungen aufgenommen, die dem Bewerber das Verstehen und Einprägen des Prüfungsstoffes erleichtern sollen.

Mit dem neuen Fragenkatalog sind gleichzeitig **20 amtliche Fragenkombinationen,** bestehend aus je 33 Fragen festgelegt worden. Von diesen Kombinationen werden jeweils eine oder verschiedene in der theoretischen Prüfung verwendet. Mit diesen 20 Fragenkombinationen soll die theoretische Prüfung objektiviert werden. Sie erleichtern aber auch die Vorbereitung, denn nun kann und sollte jeder Prüfungsbewerber seine Kenntnisse anhand dieser auch im Handel befindlichen Fragenkombinationen* testen. Hierbei kommt ihm zu Hilfe, daß die Bewertung des Schwierigkeitsgrades der einzelnen Fragen mit ein bis drei Punkten kenntlich gemacht worden ist, so daß er sofort weiß, wieviele Punkte er bei einer richtigen Beantwortung in der Prüfung erzielt hätte.

* „Die 20 amtlichen Prüfungsfragebogen für die Sportbootführerscheinprüfung" mit Einführung und Anleitung für Übungszwecke erscheinen in der Busseschen Verlagshandlung, Herford

In zweierlei Hinsicht ist besonders auf die neu aufgenommenen Kartenaufgaben hinzuweisen: Die Lösung der Kartenaufgaben ist so aufbereitet worden, daß der Bewerber nach Erarbeitung der theoretischen Grundlagen im Abschnitt Nautik und in der allgemeinen Erläuterung zu den Kartenaufgaben zur richtigen Lösung kommt. Die zum amtlichen Fragenkatalog gehörenden 20 Seekartenausschnitte sind den Seekarten D 30 und D 49 des Deutschen Hydrographischen Instituts entnommen. Diese Ausschnitte liegen dem Buch bei.

Teil III befaßt sich mit dem Inhalt der **praktischen Prüfung**, die nicht unerheblich umgestaltet worden ist. Der Vorbereitung auf die praktische Prüfung wurde bisher zumeist nur wenig Zeit gewidmet. Das wird künftig anders sein müssen, wenn der Bewerber die Prüfungsanforderungen erfüllen und die Prüfung bestehen will. Die Erläuterung der erforderlichen praktischen Kenntnisse und Fertigkeiten im Teil III beschränkt sich auf die für die Prüfung notwendigen Grundbegriffe, die weitgehend durch bildliche Darstellungen verdeutlicht werden.

Bei dem geschilderten Aufbau des Leitfadens ist es die Absicht der Autoren, die gesteckten Ziele — Prüfungsgrundlage sowohl für Bewerber als auch für Ausbilder und Prüfer — dadurch zu erreichen, daß

● der amtliche Prüfungsstoff vollständig und unverändert wiedergegeben und zusätzlich erläutert wird,
● sämtliche Führerscheinbestimmungen mit Hinweisen auf die Fundstelle wiedergegeben und erläutert werden,
● nur amtliche Unterlagen verwendet werden.

Darüber hinaus kann dieses Buch als Nachschlagewerk für alle dienen, die am Wassersport interessiert sind, gleichgültig, ob sie schon einen Führerschein besitzen, ihn noch erwerben wollen oder sich noch unschlüssig darüber sind.

Der Unschlüssige kann durch die anschauliche Darstellung des Stoffes leicht vorher selbst prüfen, ob er sich den Anforderungen einer Prüfung gewachsen fühlt. — Wer seinen Führerschein mit Hilfe dieses Leitfadens erworben hat, sollte das Buch nicht gleich nach der Prüfung aufatmend beiseitelegen: Kein Prüfungswissen bleibt ewig auf dem Niveau des Prüfungszeitpunktes! Deshalb sollte das Buch von Zeit zu Zeit zur Auffrischung der Kenntnisse wieder hervorgeholt werden.

Zum Schluß noch einige Worte zur Entstehung des *neuen Fragenkataloges*. Anders als der 1966 von der Verwaltung eingeführt Fragenkatalog ist der neue Katalog aufgrund der Erfahrungen der vergangenen 10 Jahre von erfahrenen Praktikern der Wassersportverbände und der Verwaltung erstellt und vom Bundesverkehrsministerium genehmigt und herausgegeben worden. Mehr als zwei Jahre haben unter der Leitung des Vorsitzenden des Prüfungsausschusses Kiel und des Führerscheinreferenten des Koordinierungsausschusses, den Herren *Schröder* und *Meuthien*, Vertreter der Prüfungsausschüsse Hamburg und Hannover, die Herren *Fischer* und *Schmalstich*, sowie zwei Mitarbeiter der aufsichtsführenden Wasser- und Schiffahrtsdirektionen Nord und Nordwest, die Herren *Voges* und *Köhn*, ihre Freizeit geopfert und einen Entwurf erstellt, der im wesentlichen vom Bundesverkehrsministerium übernommen wurde.

Allen Mitwirkenden gebührt der Dank der Wassersportverbände und des Bundesverkehrsministeriums für die geleistete Arbeit.

In diesem Zusammenhang sind auch die Herren Vorsitzenden der Prüfungsausschüsse zu nennen, deren Praxis aus langjähriger Tätigkeit Eingang in dieses Buch gefunden hat.

Dank gebührt auch Herrn Kapitän *Hübschmann* und Herrn Kapitän *Musch*, die die Verfasser in Teilbereichen beraten haben, sowie dem Seewetteramt in Hamburg für die Überlassung und Aufbereitung von Lehrmaterial.

Hamburg, im August 1977   *Die Verfasser*

Vorwort zur 5. Auflage

Die 3. Auflage vom Januar 1980 hat die 4. Änderung der Seeschiffahrtstraßen-Ordnung vom 29. 04. 1978, nämlich die Einführung des Betonnungssystems „A" im Bereich der deutschen Seeschiffahrtstraßen, berücksichtigt. Es handelte sich insbesondere um die Änderung der Schiffahrtszeichen zur Bezeichnung der Ansteuerung des Fahrwassers, der Fahrwasserseiten, der Fahrwassermitte, der Bezeichnung von Untiefen, Wracks und anderen Schiffahrtshindernissen, von militärischen und zivilen Sperr- bzw. Warngebieten sowie zur Bezeichnung der Grenze zur Deutschen Demokratischen Republik.

Mit der 4. Auflage aus dem Jahre 1981 wurden zwischenzeitlich eingetretene Änderungen der amtlichen Durchführungsrichtlinien eingearbeitet und die Änderung des Fragenkatalogs für die Seenotsignalmittelprüfung berücksichtigt.

Die vorliegende 5. Auflage stellt eine umfassende Überarbeitung des Werkes dar. Von dieser Überarbeitung sind alle Teile betroffen. Berücksichtigt wurden folgende Änderungen von Gesetzesvorschriften, Grundsätzen und Richtlinien:

● Wegfall des optischen Sturmwarndienstes ab 31. 12. 1982

● Änderung der Sportbootführerschein-Verordnung-See mit Wirkung vom 01. 04. 1983

● Änderung der internationalen Regeln von 1972 zur Verhütung von Zusammenstößen auf See (Seestraßenordnung) mit Wirkung vom 01. 06. 1983

● 5. Änderung der Seeschiffahrtstraßen-Ordnung mit Wirkung vom 01. 03. 1983

● Inkrafttreten der DIN 13312 betreffend „Größen, Benennungen und Zeichen in der Navigation"

Die sich aus den vorstehenden Anlässen ergebenden Änderungen bei der Durchführung der Vorschriften zum Erwerb des Sportbootführerscheins sind glücklicherweise in einem zeitlichen Zusammenhang eingetreten, so daß es möglich war, alle Änderungen zum gleichen Zeitpunkt durchzuführen. Dadurch wird es dem Betroffenen ermöglicht, sich einheitlich, schnell und umfassend darauf einzustellen. Das hat für alle Beteiligten den Vorteil, daß die jetzt gültigen Vorschriften hoffentlich längere Zeit Bestand haben werden, so daß die Kontinuität des Prüfungsverfahrens gewährleistet ist.

Hamburg, im September 1983   *Die Verfasser*

Inhalt

Teil I	Das Wichtigste über den Sportbootführerschein

**I. Inhalt und Umfang der Verpflichtung
zum Besitz eines Sportbootführerscheins** 19

1. Warum ist der Sportbootführerschein erforderlich? 19
2. Welche rechtliche Bedeutung hat der
Sportbootführerschein? 20
3. Wo ist der Sportbootführerschein erforderlich? 20
4. Wer muß einen Sportbootführerschein haben? 22
  4.1 Wer ist Fahrzeugführer? 22
  4.2 Was ist ein Sportboot? 23
  4.3 Wann ist ein Sportboot mit einem Motorantrieb
    ausgerüstet? 24
  4.4 Wann hat ein Motor 3,68 kW (5 PS) oder mehr? 24
  4.5 Welche Sportboote sind fahrerlaubnisfrei? 26
5. Wer ist von der Führerscheinpflicht befreit? 26
  5.1 Welche amtlichen deutschen Befähigungszeugnisse
    befreien? 27
  5.2 Welche ausländischen Befähigungszeugnisse
    befreien? 28
6. Wie wird der Besitz der Fahrerlaubnis oder die
Ausnahme von dem Erfordernis einer Fahrerlaubnis
nachgewiesen? 31

**II. Beauftragung
des Deutschen Motoryachtverbandes
und des Deutschen Seglerverbandes** 32

**III. Die Zulassung
zur Sportbootführerscheinprüfung** 34

1. Welche Voraussetzungen müssen erfüllt sein? 34
  1.1 Wie alt muß der Bewerber sein? 34
  1.2 Wann ist der Bewerber zum Führen eines
    Sportbootes geeignet? 34

  1.2.1 Welche körperliche Eignung muß der Bewerber
     besitzen? 34
  1.2.2 Wann ist der Bewerber geistig geeignet? 36
  1.2.3 Wann ist der Bewerber aufgrund seines
     bisherigen Verhaltens im Verkehr geeignet? 37
  1.3 Wie und wo ist der Antrag auf Zulassung zur
    Prüfung und Erteilung der Fahrerlaubnis zu
    stellen? 38
  1.3.1 Welche Angaben und Unterlagen muß der Antrag
     enthalten? 38
  1.3.2 Wo ist der Antrag zu stellen? 39
2. Wann und durch wen erfolgt die Zulassung zur
Prüfung? 39
3. Wie kann man sich gegen die Nichtzulassung
rechtlich wehren? 40

IV. Erwerb der erforderlichen Befähigung 41

1. Wer bildet aus? 41
2. Wo gibt es Ausbildungsstätten? 42

**V. Die Durchführung
der Sportbootführerscheinprüfung** 44

1. Wer prüft? 44
2. Wo wird geprüft? 45
3. Wie wird geprüft? 48
  3.1 Allgemeines 48
  3.2 Vorbereitung der Prüfung? 48
  3.3 Welche Kenntnisse müssen in der theoretischen
    Prüfung nachgewiesen werden? 48
  3.4 Wie wird die theoretische Prüfung durchgeführt,
    kann auf sie verzichtet oder hiervon befreit werden? . . 49
  3.5 Welche Fähigkeiten müssen in der praktischen
    Prüfung nachgewiesen werden? 50

3.6 Wie wird die praktische Prüfung durchgeführt? 51
3.7 Wann kann auf die praktische Prüfung verzichtet
oder hiervon befreit werden?. 52
3.8 Wie wird das Ergebnis der Prüfung festgestellt? 52

**VI. Ausübung der Fachaufsicht
über die Sportbootführerscheinprüfung** 53
1. Welche Behörden sind zuständig? 53
2. Umfang der Fachaufsicht 53

**VII. Verwaltungsmaßnahmen
nach Abschluß der Prüfung** 54
1. Wann und wie wird der Sportbootführerschein
ausgestellt? 54
2. Wann ist der Sportbootführerschein unter Auflagen zu
erteilen und wie werden die Auflagen überwacht? 54
2.1 Welche Auflagen werden erteilt, wenn eine
Sehhilfe erforderlich ist? 54
2.2 Welche Auflagen werden erteilt, wenn nur die
Mindestanforderungen an das Sehvermögen
erfüllt werden? 54
2.3 Wie werden die Auflagen erteilt und überwacht? 55
3. Wie kann man sich gegen das Nichtbestehen der
Prüfung rechtlich wehren? 56
4. Welche Kosten werden für die einzelnen
Amtshandlungen erhoben? 56
5. Wie werden die Kosten erhoben? 57

**VIII. Ausstellung des Sportbootführerscheins ohne
Prüfung** 59
1. Berechtigen Fertigkeitszeugnisse der Verbände? 59
2. Welche amtlichen Befähigungszeugnisse berechtigen? . . 59
3. Welche amtlichen Prüfungszeugnisse berechtigen? 59
4. Welche Unterlagen sind einem Antrag beizufügen? 60

**IX. Verwaltungsmaßnahmen nach Ausstellung
eines Sportbootführerscheins** 61
1. Wann müssen Eintragungen im Sportbootführerschein
geändert werden? 61

2. Wann kann eine Ersatzausfertigung ausgestellt
werden?. 61
3. Wird ein Verzeichnis geführt?. 62
4. Dürfen Auskünfte aus dem Verzeichnis erteilt werden? . . . 62

**X. Maßnahmen zur Überwachung der Führer von
Sportbooten und zur Ahndung von Verstößen
gegen die Sportbootführerscheinverordnung** 63
1. Wer ist für die Durchführung der schiffahrtpolizeilichen
Kontrolle zuständig und wie erfolgt sie? 63
2. Welche Maßnahmen erfolgen bei Nichtbeachtung der
Auflagen und bei Verdacht körperlicher oder geistiger
Mängel? 64
3. Werden Verstöße gegen die Sportbootführerscheinverordnung mit Bußgeld geahndet? 64
4. Wie kann man sich gegen die Erteilung eines
Bußgeldbescheides rechtlich wehren? 66

**XI. Entzug der Fahrerlaubnis,
Erteilung eines Fahrverbotes** 67
1. Unter welchen Voraussetzungen kann die
Fahrerlaubnis entzogen werden? 67
2. Von wem sind der zuständigen Behörde Tatsachen
mitzuteilen? 68
3. Wer ist für die Entziehung der Fahrerlaubnis zuständig? . . 68
4. Wann erlischt die Fahrerlaubnis? 68
5. Können für die Neuerteilung eines Sportbootführerscheins Fristen und Bedingungen festgesetzt werden? . . 69
6. Unter welchen Voraussetzungen kann ein Fahrverbot
erteilt werden und wer ist dafür zuständig? 69

**XII. Anerkennung des Sportbootführerscheins
außerhalb seines Geltungsbereichs** 70
1. Wo wird der Sportbootführerschein auf Landeswasserstraßen der Bundesrepublik Deutschland anerkannt? . . . 70
2. Wo wird der Sportbootführerschein im Ausland
anerkannt?. 71

**XIII. Der amtlich vorgeschriebene Befähigungsnach-
weis auf Binnenschiffahrtsstraßen des Bundes** . . . 72

Teil II   Die amtlichen Fragen und Antworten

Gesetzeskunde (1–222) 76

Allgemeines (1–29) 76
Geltungsbereich der SeeStrO und SeeSchStrO (1–3) 76
Verantwortung des Fahrzeugführers (4–6) 78
Definitionen (7–18) 79
Verwendung von Positionslaternen (19–29) 82

Seestraßenordnung (30–107) 85
Lichter- und Signalkörperführung (30–63) 85
  Maschinenfahrzeuge (30, 31) 85
  Schleppverbände (32–35) 86
  Manövrierunfähige Fahrzeuge (36–40) 87
  Manövrierbehinderte Fahrzeuge (41–43) 89
  Auf Grund sitzende Fahrzeuge (44–46) 90
  Tiefgangbehinderte Fahrzeuge (47, 48) 91
  Fischende Fahrzeuge (49–52) 92
  Fahrzeuge unter Ruder oder Segel (53–56) 93
  Kleine Maschinenfahrzeuge (57–60) 95
  Ankerlieger (61–63) 98
Nebelschallsignale (64–75) 100
Ausweichregeln (76–89) 103
  Segelfahrzeuge untereinander (76–78) 104
  Maschinenfahrzeuge untereinander (79, 80) 107
  Maschinenfahrzeuge – Segelfahrzeuge (81) 109
  Maschinenfahrzeuge (82–84) 110
  – manövrierunfähige (82) 110
  – behinderte (83) 110
  – fischende Fahrzeuge (84) 112
  Segelfahrzeuge (85–87) 113
  – manövrierunfähige (85) 113
  – behinderte (86) 114
  – fischende Fahrzeuge (87) 115
  Wegerechtsschiffe (88, 89) 115
Durchführung der Ausweichmanöver (90–94) 117
Manöver- und Warnsignale (95–98) 119
Verhalten im Bereich von Verkehrstrennungsgebieten
(99–102) 120
Vorbeifahren an manövrierbehinderten Fahrzeugen
(103–107) 122

Seeschiffahrtsstraßen-Ordnung (108–179) 125
Allgemeines (108, 109) 125

Lichterführung (110–120) 126
  Fahrzeuge des öffentlichen Dienstes (110–113) 126
  Fahrzeuge mit gefährlichen Gütern (114, 115) 128
  Kleine Fahrzeuge (116–120) 128
Achtungs- und Warnsignale (121–124) 130
Vorfahrtregeln (125–127) 131
Rechtsfahrgebot (128) 135
Fahren außerhalb des Fahrwassers (129, 130) 136
Überholen (131, 132) 137
Durchfahrt durch Brücken, Sperrwerke und Schleusen
(133, 134) 138
Wasserskilaufen (135–137) 140
Ankern (138) 142
Anlegen und Festmachen (139) 143
Maßnahmen beim Sinken (140, 141) 145
Nord-Ostsee-Kanal (142–144) 145
Grenze in der Lübecker Bucht (145) 147
Gebots- und Verbotszeichen (146–179) 149
Bezeichnung der Fahrwasser (180–222) 165
Allgemeines 165
Ansteuerung und Seiten der Fahrwasser (180–189) 167
Einmündungen und Abzweigungen (190, 191) 170
Nachtbezeichnung der Fahrwasser (192–195) 171
Bezeichnung der Gefahrenstellen (196–205) 173
Allgemeine Gefahrenstellen (196–205) 173
Einzelgefahrstellen (204) 175
Neue Gefahrenstellen (205) 175
Befeuerung (206–222) 180
Festfeuer (206, 207) 180
Leitfeuer (208–211) 180
Richtfeuer (212, 213) 181
Quermarkenfeuer (214, 215) 183
Kennungen (216–222) 183

Nautik (223–233) 186
Nautische Veröffentlichungen (223–233) 186
Die Seemeile (234, 235) 195
Die Geschwindigkeit (236–238) 196
Kurse und Bezugsrichtungen (239–242) 198
Mißweisung, Ablenkung, Fehlweisung (243–247) 200

Kursbeschickung (248, 249) 203

Bestimmung des Schiffsortes durch optische Peilungen
(250–253) 205

Strom- und Windversetzung (254, 255) 207

Gekoppelter Schiffsort (256) 208

Aufstellung des Magnetkompasses an Bord (257) 209

Die Gezeiten (258–264) 209

Manövrieren (265–285) 212

Verhalten in engen Gewässern (265–268) 212

Überholen (269, 270) 213

Schleppen (271, 273) 214

Ankern (274–276) 215

Anlegen (277–282) 218

Geschwindigkeit (283–285) 220

Wetterkunde (286–309) 221

Allgemeines (286, 287) 221

Einfluß des Luftdrucks auf die
Wetterentwicklung (288–291) 222

Wetterkarte (292–295) 223

Wind- und Sturmwarnungen (296–309) 227

Sicherheit (310–329) 231

Vorbeugende Sicherheitsmaßnahmen vor dem Auslaufen
(310–314) 231

Flüssiggasanlagen (315–318) 233

Sicherheitsausrüstung (319, 320) 234

Feuerverhütung und -bekämpfung (321–325) 239

Verhalten nach einem Zusammenstoß (326, 327) 240

Mann über Bord (328, 329) 241

Notsignale (330–342) 243

Kartenaufgaben (343–362) 250

1. Allgemeines 250
   1.1 Gebrauch der Seekarte 250
   1.2 Geräte für das Arbeiten in der Seekarte 251

2. Die Arbeit in der Seekarte 252
   2.1   Der Schiffsort 252
   2.1.1 Entnehmen des Schiffsortes aus der Seekarte . 252
   2.1.2 Eintragen des Schiffsortes in die Seekarte 252
   2.2   Entfernungen 253
   2.2.1 Entnehmen der Entfernung am Kartenrand . . . 253
   2.2.2 Abtragen der Entfernung auf einer Kurslinie . . . 253
   2.3   Kurse 254
   2.3.1 Entnehmen des rechtweisenden Kurses
        aus der Seekarte 254
   2.3.2 Kursbeschickung bei Wind 254
   2.3.3 Eintragen des rwK in die Seekarte 256
   2.4   Peilungen 257
   2.4.1 Eintragen der rechtweisenden Peilung
        in die Seekarte 257
   2.4.2 Verwandlung von Seitenpeilungen
        in rechtweisende Peilungen 258
   2.4.3 Schiffsortermittlung mit Hilfe
        einer Doppelpeilung 259

3. Die Kartenaufgaben 261

Teil III   Die praktische Prüfung

Allgemeines 282

**1. Steuern nach Schiffahrtszeichen, anderen
   Objekten oder nach Kompaß** 283
   1.1   Steuern 283
   1.1.1 Steuern nach Kompaß 283
   1.1.2 Steuern nach Schiffahrtszeichen oder anderen
        Objekten 284

   1.2   Die Steuerwirkung 284
   1.2.1 Steuerwirkung des Ruders bei Vorwärts- und
        Rückwärtsfahrt 284
   1.2.2 Steuerwirkung des Außenbordmotors bei Vorwärts-
        und Rückwärtsfahrt 284

2. Manövrieren 289
   2.1   Vertrautsein mit den Fahreigenschaften 289
   2.2   Ab- und Anlegen 289

2.2.1   Ablegemanöver   290
2.2.1.1 Ohne Wind und Strömung   290
2.2.1.2 Gegen Wind und/oder Strömung   290
2.2.1.3 Mit Wind und/oder Strömung   291
2.2.1.4 Bei ablandigem Wind   291
2.2.1.5 Bei auflandigem Wind   292
2.2.2   Anlegemanöver   292
2.2.2.1 Ohne Wind und Strömung   292
2.2.2.2 Gegen Wind und/oder Strömung   293
2.2.2.3 Bei ablandigem Wind   293
2.2.2.4 Bei auflandigem Wind   294
2.3   **Festmachen**   294
2.3.1   Längsseits Festmachen   295
2.3.2   Festmachen zwischen Brücke und Pfählen   295
2.3.3   Längsseits Festmachen an einem Fahrzeug   295
2.3.4   Festmachen von zwei Leinen auf einem Poller an Land   296
2.3.5   Festmachen von zwei Leinen in Ringen an Land   296
2.4   **Wenden auf engem Raum**   297
2.5   **„Mann über Bord"-Manöver mit Hilfe eines**
              treibenden Gegenstandes   297

2.5.1   Ruf „Mann über Bord"   297
2.5.2   Zuwerfen des Rettungsringes   298
2.5.3   Beobachtung des Überbordgefallenen   298
2.5.4   Letztes Bootsmanöver   298
2.5.5   Zuwerfen der Leine und Anbordnehmen   298

3. Wichtige Knoten   299

3.1 Achtknoten   299
3.2 Ein halber Schlag   299
3.3 Zwei halbe Schläge   299
3.4 Kreuzknoten   299
3.5 Einfacher Schotstek   300
3.6 Doppelter Schotstek   300
3.7 Palstek   300
3.8 Feuerwehrstek   301
3.9 Belegen von Enden   301

4. Anlegen einer Rettungsweste   302

4.1 Aufblasbarer Rettungskragen   302
4.2 Geschlossener Schaumstoffkörper   303

Teil VI Die Prüfung für Seenot-Signalmittel mit den amtlichen Fragen und Antworten

1. Allgemeines   306
2. Die Prüfung   306
3. Die amtlichen Fragen und Antworten   307

     A. Allgemeines   307

B. Zusätzliche Fragen für den Erwerb einer Waffenbesitz-
     karte nach dem Waffengesetz   308
C. Zusätzliche Fragen für den Erwerb, die Aufbewahrung
     und die Verwendung von pyrotechnischen Notsignalen
     nach dem Sprengstoffgesetz   309

Anlagen

Sportbootführerscheinverordnung-See   311

Sportbootführerscheinverordnung-Binnen   315

Bekanntmachung
     einer Übersicht über amtliche Befähigungsnachweise,
     Berechtigungsscheine und Prüfungszeugnisse nach der
     Sportbootführerscheinverordnung-Binnen   318

Zeichenerklärungen und Abkürzungen

1. Zeichenerklärung

1.1 Darstellung der Lichter

 Rundumlicht

Festes Licht, sichtbar über einen begrenzten Horizontbogen

Festes Licht, sichtbar über einen begrenzten Horizontbogen, vom Beobachter abgekehrte Richtung

Funkellicht, sichtbar über den ganzen Horizont

Festes Licht, sichtbar über drei begrenzte Horizontbögen

1.2 Darstellung der Schall- und Lichtsignale

 1 langer Ton

1 kurzer Ton

Glockenschlag

Rasches Läuten der Glocke

 Rasches Schlagen des Gongs

 Kurzes Lichtsignal (Blitz)

 Über den ganzen Horizont sichtbares Lichtsignal (Blitz)

1.3 Darstellung der Funkelfeuer

Funkelfeuer mit dauerndem Funkel

Schnelles Funkelfeuer mit dauerndem schnellen Funkel

Funkelfeuer mit Gruppen von 3 Funkeln

Schnelles Funkelfeuer mit Gruppen von 3 schnellen Funkeln

Funkelfeuer mit Gruppen von 6 Funkeln und 1 Blink

Schnelles Funkelfeuer mit Gruppen von 6 schnellen Funkeln und 1 Blink

Funkelfeuer mit Gruppen von 9 Funkeln

Schnelles Funkelfeuer mit Gruppen von 9 schnellen Funkeln

1.4 Sonstige Darstellungen in den Teilen II und III

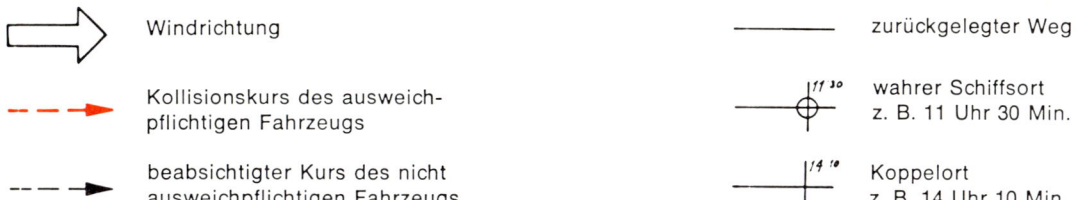

➡ (Windrichtung)	Windrichtung	——————	zurückgelegter Weg
– – → (rot)	Kollisionskurs des ausweich-pflichtigen Fahrzeugs	⊕ ¹¹ ³⁰	wahrer Schiffsort z. B. 11 Uhr 30 Min.
– – – →	beabsichtigter Kurs des nicht ausweichpflichtigen Fahrzeugs	⊕ ¹⁴ ¹⁰	Koppelort z. B. 14 Uhr 10 Min.

2. Abkürzungen und Fundstellen von Gesetzen, Verordnungen usw.

BodenseeSchO

Gesetz zu dem Übereinkommen vom 1. Juni 1973 über die Schiffahrt auf dem Bodensee und zu dem Vertrag vom 1. Juni 1973 über die Schiffahrt auf dem Untersee und dem Rhein zwischen Konstanz und Schaffhausen vom 1. Oktober 1975 (BGBl. II, 1973, S. 1405)
Literaturhinweis:
Schmitt/Lehmann, Bodenseeschiffahrts-Ordnung, Busse Verlag, Herford

BekanntmSportsee/-hochseeschiffer

Bekanntmachung über die Einführung von Sportsee- und Sporthochseeschifferprüfungen an den Seefahrtschulen vom 6. Juni 1934 (BGBl. III 9513-3-1)
Literaturhinweis:
Deutscher Küsten-Almanach IV A 5, Carl-Heymanns-Verlag, Köln

PVO Schiffsweg Elbe/Weser

Verordnung über den Verkehr auf dem Binnenschiffahrtsweg Elbe/Weser vom 21. Januar 1963 (Brem. GBl. S. 32 ff.)

RiVerb

Richtlinien für den Deutschen Motoryachtverband und den Deutschen Segler-Verband über die Durchführung der Aufgaben nach der Sportbootführerscheinverordnung vom 27. April 1977 (See 20/48.57.01-2/17 VvA 77)
Literaturhinweis:
Deutscher Küsten-Almanach IV A 2, Carl Heymanns Verlag, Köln

RiWSV

Richtlinien für die Wasser- und Schiffahrtsverwaltung des Bundes über die Durchführung der Aufgaben nach der Sportbootführerscheinverordnung vom 28. April 1975 geändert am 7. April 1976 (See 1/48.57.01/I R 76 II)
Literaturhinweis:
Deutscher Küsten-Almanach IV A 3, Carl Heymanns Verlag, Köln

SeeAufgG

Gesetz über die Aufgaben des Bundes auf dem Gebiet der Seeschiffahrt vom 24. Mai 1965 (BGBl. II S. 833), zuletzt geändert durch Art. 3 des Gesetzes vom 23. Dezember 1981 (BGBl. II S., 1982 S. 2)
Literaturhinweis:
Deutscher Küsten-Almanach I B 1, Carl Heymanns Verlag, Köln

SBAO

Verordnung über die Mindestbesatzung von Seeschiffen mit Kapitänen und Schiffsoffizieren des nautischen und maschinentechnischen Schiffsdienstes sowie deren Ausbildung und Befähigung vom 19. August 1970 (BGBl. 1970 I S. 1253) geändert durch Verordnung vom 12. Dezember 1974 (BGBl. I S. 3505)
Literaturhinweis:
Deutscher Küsten-Almanach I B 36, Carl Heymanns Verlag, Köln

Seenot-Signalmittel

Die Zusatzprüfung bei Prüfungsausschüssen für Wassersportführerscheine. Herausgegeben in Verbindung mit dem Bundesverkehrsministerium – Abteilung Seeverkehr – und dem Bundesinnenministerium von der Busseschen Verlagshandlung, Herford

SeeSchStrO

Seeschiffahrtstraßen-Ordnung vom 3. Mai 1971 (BGBl. I S. 641 ff.), zuletzt geändert durch Verordnung vom 16. Februar 1983 (BGBl. I S. 87)
Literaturhinweis:
Graf/Steinicke, Seeschiffahrtstraßen-Ordnung, Carl Heymanns Verlag, Köln
Deutscher Küsten-Almanach I A 2, Carl Heymanns Verlag, Köln

SeeStrO

Seestraßenordnung, Regeln zur Verhütung von Zusammenstößen auf See
siehe VO SeeStrO
Literaturhinweis:
Seestraßenordnung 1972, Carl Heymanns Verlag, Köln
Deutscher Küsten-Almanach I A 1, Carl Heymanns Verlag, Köln

SpbootFüV-See

Verordnung über die Eignung und Befähigung zum Führen von Sportbooten auf den Seeschiffahrtstraßen vom 20. Dezember 1973 (BGBl. I S. 1988), geändert durch VO vom 21. März 1983 (BGBl. I S. 314)

SportbootFüV-Binnen

Verordnung über das Führen von Sportbooten auf den Binnenschiffahrtstraßen vom 21. März 1978 (BGBl. I S. 409)

3. Sonstige Abkürzungen

Abs.	Absatz
Abschn.	Abschnitt
Abt.	Abteilung
δ	Ablenkung
Art.	Artikel
Bb	Backbord
BfS	Bekanntmachungen für Seefahrer
Bft	Beaufort
BGBl	Bundesgesetzblatt
BremGBl	Bremisches Gesetzblatt
BVM	Bundesverkehrsministerium
DGzRS	Deutsche Gesellschaft zur Rettung Schiffbrüchiger
DHI	Deutsches Hydrographisches Institut
DIN	Deutsche-Industrie-Norm
DMYV	Deutscher Motoryachtverband e.V.
DSV	Deutscher Segler-Verband e.V.
E-Anlage	Elektrische Anlage
Erl.	Erläuterung

VwKostG

Verwaltungskostengesetz vom 23. Juni 1970 (BGBl. I S. 821)

SpbootFüVO/Berlin

Verordnung über die Eignung und Befähigung zum Führen von Motor- und Segelbooten auf den Gewässern von Berlin vom 27. Juli 1976 (GVBL S. 1675).

See-SportbootvermietungsVO

Verordnung über die gewerbsmäßige Vermietung und Benutzung von Sportbooten im Küstenbereich vom 7. April 1981 (BGBl. I S. 343)
Literaturhinweis:
Deutscher Küsten-Almanach IV A 7, Carl Heymanns Verlag, Köln

VwGO

Verwaltungsgerichtsordnung vom 21. Januar 1960 (BGBl. I S. 17), zuletzt geändert durch Gesetz vom 25. Mai 1976 (BGBl. I S. 1253)

ff	folgende
f	Fehlweisung
GVOBl.	Gesetz- und Verordnungsblatt
Sch.-H.S.	Schleswig-Holstein
GVBl. HB	Gesetz- und Verordnungsblatt Hamburg
5°	Grad (z. B. fünf)
KoA	Koordinierungsausschuß Deutscher Motoryachtverband e.V. und Deutscher Segler-Verband e.V.
KpK	Kompaßkurs
KpN	Kompaßnord
λ	Lambda
mw	Mißweisung
mb	Millibar
min	Minute
mwK	Mißweisender Kurs
mwN	Mißweisend Nord
NfS	Nachrichten für Seefahrer

VBKatBin-See

Verwarnungs- und Bußgeldkatalog für Zuwiderhandlungen gegen strom- und schiffahrtpolizeiliche Vorschriften des Bundes auf Binnen- und Seeschiffahrtstraßen sowie auf der Hohen See vom 11. Dezember 1974 (Verkbl 1975 S. 15)
Literaturhinweis: Graf/Steinicke, Der Verwarnungs- und Bußgeldkatalog für die Binnen- und Seeschiffahrt, Band 1, Sportschiffahrts-Verlag, Hamburg 1980

VOSeeStrO

Verordnung zu den Internationalen Regeln von 1972 zur Verhütung von Zusammenstößen auf See (Verordnung zur Seestraßenordnung) vom 13. Juni 1977 (BGBl. I S. 813), geändert durch VO vom 2. Mai 1983 (BGBl. I S. 521)
Literaturhinweis:
Seestraßenordnung 1972, Carl Heymanns Verlag, Köln
Deutscher Küsten-Almanach I A 1, Carl Heymanns Verlag, Köln

PA	Prüfungsausschuß für den amtlichen Sportbootführerschein
PS	Pferdestärke
φ	Phi
rwK	Rechtweisender Kurs
rwN	Rechtweisend Nord
SAR	Search and Rescue (Suche und Rettung)
5′	Minute (z. B. fünf)
Stb	Steuerbord
Std	Stunde
Verkbl	Verkehrsblatt
vgl.	vergleiche
Wk	wahrer Kurs
WSA	Wasser- und Schiffahrtsamt
WSD	Wasser- und Schiffahrtsdirektion
§	Paragraph (wenn im Text ohne Zusatz = SpbootFüV)
Vorz.	Vorzeichen

Teil I

Das Wichtigste über den Sportbootführerschein

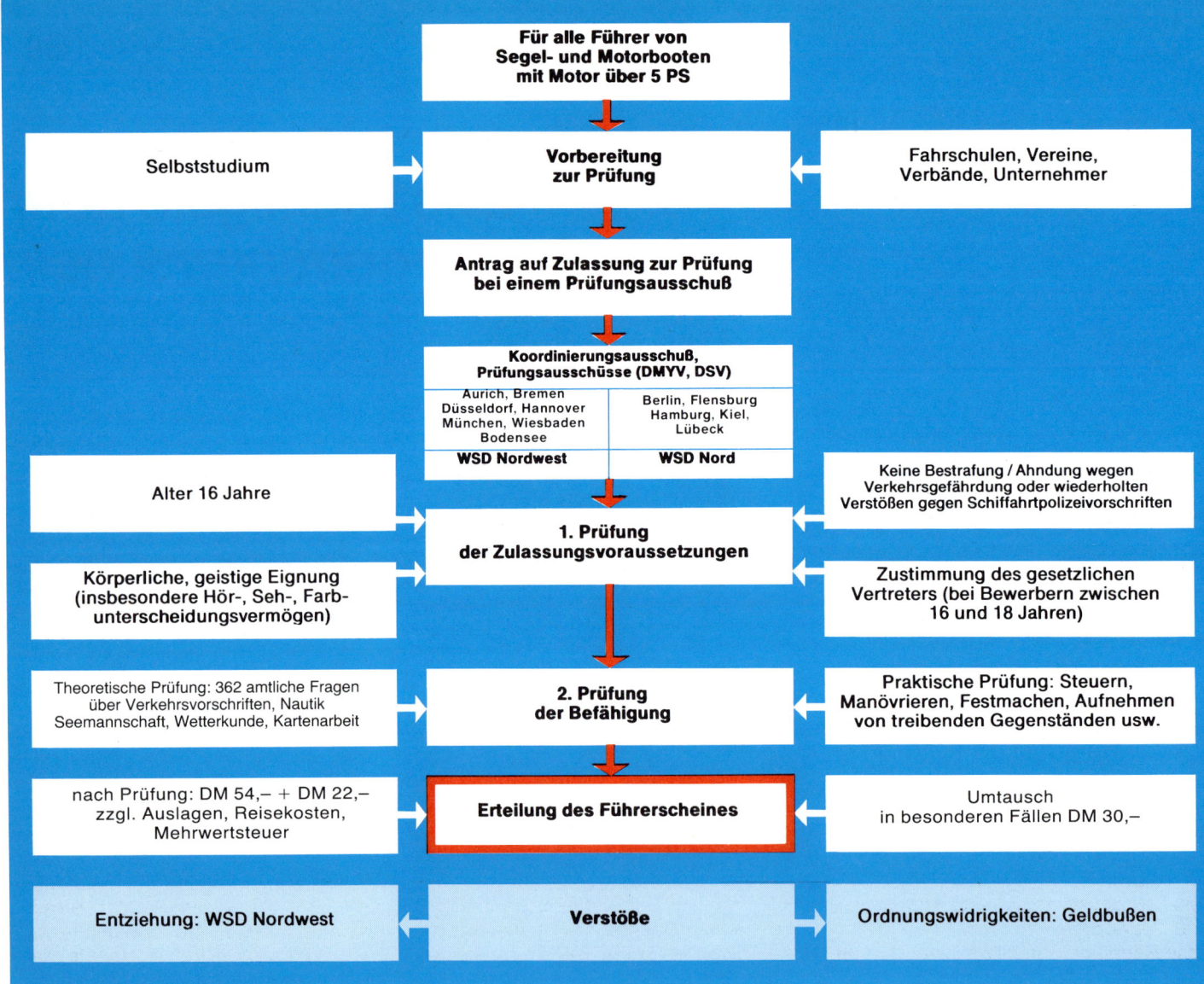

Für alle Führer von
Segel- und Motorbooten
mit Motor über 5 PS

Selbststudium

Vorbereitung
zur Prüfung

Fahrschulen, Vereine,
Verbände, Unternehmer

Antrag auf Zulassung zur Prüfung
bei einem Prüfungsausschuß

Koordinierungsausschuß,
Prüfungsausschüsse (DMYV, DSV)

Aurich, Bremen Düsseldorf, Hannover München, Wiesbaden Bodensee	Berlin, Flensburg Hamburg, Kiel, Lübeck
WSD Nordwest	**WSD Nord**

Alter 16 Jahre

1. Prüfung
der Zulassungsvoraussetzungen

Keine Bestrafung / Ahndung wegen
Verkehrsgefährdung oder wiederholten
Verstößen gegen Schiffahrtpolizeivorschriften

Körperliche, geistige Eignung
(insbesondere Hör-, Seh-, Farbunterscheidungsvermögen)

Zustimmung des gesetzlichen
Vertreters (bei Bewerbern zwischen
16 und 18 Jahren)

Theoretische Prüfung: 362 amtliche Fragen
über Verkehrsvorschriften, Nautik
Seemannschaft, Wetterkunde, Kartenarbeit

2. Prüfung
der Befähigung

Praktische Prüfung: Steuern,
Manövrieren, Festmachen, Aufnehmen
von treibenden Gegenständen usw.

nach Prüfung: DM 54,– + DM 22,–
zzgl. Auslagen, Reisekosten,
Mehrwertsteuer

Erteilung des Führerscheines

Umtausch
in besonderen Fällen DM 30,–

Entziehung: WSD Nordwest

Verstöße

Ordnungswidrigkeiten: Geldbußen

I. Inhalt und Umfang der Verpflichtung zum Besitz eines Sportbootführerscheins

1. Warum ist der Sportbootführerschein erforderlich?

Wer am Verkehr teilnimmt – gleichgültig ob im Straßenverkehr oder im Schiffsverkehr –, muß die Verkehrsregeln kennen! Dabei ist es gleichgültig, ob er Berufsschiffer ist oder ob er die Schiffahrt zum Vergnügen betreibt, d. h. Sportschiffer ist. Die Verkehrsregeln lernt man aber nicht dadurch, daß man gegen sie verstößt und dafür bestraft wird, sondern daß man sich ausbildet oder durch Fachkundige ausbilden läßt. Das Prinzip, Ausbildung durch Erziehung und nicht durch Bestrafung zu erreichen, hat den Gesetzgeber veranlaßt, in dem Gesetz über die Aufgaben des Bundes auf dem Gebiet der Seeschiffahrt vorzusehen, daß die Sicherheit und Leichtigkeit des Verkehrs auf dem Gebiet der Sportschiffahrt durch die Festlegung der Anforderungen an die Eignung und Befähigung der Führer von Sportfahrzeugen und die erforderlichen Befähigungszeugnisse zu gewährleisten ist. [§ 9 Abs. 1 Nr. 3 SeeAufgG]
Diese Regelung entspricht einer langen Tradition im Seebereich, denn seit alt-ersher steht der Ausbildungsgrundsatz in der Seeschiffahrt im Vordergrund. Eine Notwendigkeit, die Ausbildung für Wassersportler zwingend vorzuschreiben, ergab sich jedoch erst Mitte der sechziger Jahre. Welche Ursachen hatte dies?
Anfang der sechziger Jahre war die Zahl der Wassersportfahrzeuge sprunghaft angestiegen. Immer mehr Wassersportler kamen auch aus dem Binnenland mit ihren Booten auf die Seeschiffahrtsstraßen und an die See. Sie stießen hier auf Verhältnisse, die sie nicht kannten und von denen sie zum Teil überhaupt noch keine Vorstellung hatten. Gleichzeitig nahm aber auch die Berufsschiffahrt erheblich zu. Dies führte zu einer Verkehrslage, die von jedem Verkehrsteilnehmer eine besondere Disziplin und spezielle Kenntnisse erforderte. Es verwundert daher nicht, daß die Unfallzahlen, an denen Sportboote beteiligt waren, in die Höhe stiegen. Dies beruhte – soweit sich die Ursachen überhaupt feststellen ließen – nicht nur auf der Unterschätzung der allgemeinen Gefahren der See, der Unkenntnisse auf dem Gebiete der Navigation, der Sicherheitsausrüstung und der Nichtbeachtung von Wettermeldungen und Warnsignalen; auch Geltungssucht und Leichtsinn allein waren es nicht, die die Wassersportler dazu verleiteten, die erforderlichen Sicherheitsvorkehrungen außer acht zu lassen. Sondern es waren vor allem die Unkenntnis der Verkehrsregeln, die gerade bei einem engen räumlichen Nebeneinander von Berufs- und Sportschiffahrt zu einer nicht länger tragbaren Gefährdung der Verkehrssicherheit führten. Wenn auch noch keine spektakulären Kollisionen zu verzeichnen waren, so häuften sich die Beinahe-Unfälle von Sportbooten, bei denen nur durch entsprechende Rücksichtnahme seitens der Berufsschiffahrt schwerwiegende Beeinträchtigungen der Sicherheit und Leichtigkeit des Verkehrs verhindert werden konnten. Deshalb forderten nicht nur die Wasserschutzpolizei, sondern auch die Lotsen, die Deutsche Gesellschaft zur Rettung Schiffbrüchiger, die Wasser- und Schiffahrtsdirektionen im Küstenbereich und die Verbände der Berufsschiffahrt, sogar in Sammelunterschriftsaktionen, durch geeignete Maßnahmen hiergegen einzuschreiten.

Nachdem in den Jahren 1963 und 1965 der Bundesminister für Verkehr mehrmals die Wassersportler auf die Gefahren einer ungeübten Ausübung des Wassersports auf den Seeschiffahrtstraßen und auf See hingewiesen hatte und die Ergebnisse zeigten, daß diese Aufrufe allein nicht ausreichend waren, wurde die Führerscheinpflicht für Motorsportboote mit mehr als 5 PS durch die Motorbootführerscheinverordnung vom 17. Januar 1967 am 1. März 1967 gesetzlich eingeführt. Diese Beschränkung der Führerscheinpflicht auf nur einen Teil der Sportschiffahrt war lediglich eine Zweckmäßigkeitsentscheidung. Es galt zunächst, die erforderliche Verwaltungsorganisation aufzubauen und die notwendigen Erfahrungen zu sammeln. Es stand aber von vornherein fest, daß dies nur der erste Schritt war. Der zweite Schritt folgte am 1. Januar 1974, als durch die Sportbootführerscheinverordnung vom 23. Dezember 1973 die Führerscheinpflicht auf motorisierte Segelfahrzeuge mit mehr als 5 PS erweitert wurde. Daß auch Wassersportler mit motorisierten Fahrzeugen mit weniger als 5 PS oder reinen Segelbooten die Verkehrsregeln

kennen und beachten müssen, liegt auf der Hand. Ob dies durch eine Ausdehnung der Führerscheinpflicht auf alle Sportboote gewährleistet werden muß, wird die Zukunft erweisen. Dies gilt genauso für die Frage, ob für größere Sport- und Vergnügungsfahrzeuge bzw. Sport- und Vergnügungsfahrzeuge mit besonders starken Motoren nicht die Mindestanforderungen an die erforderlichen Kenntnisse erhöht werden müssen.

2. Welche rechtliche Bedeutung hat der Sportbootführerschein?

Durch die Sportbootführerscheinverordnung wird das Führen eines Sportbootes mit einem Motor von mehr als 5 PS auf den Seeschiffahrtstraßen von dem Besitz einer Fahrerlaubnis abhängig gemacht. [§ 1 Abs. 1] Das bedeutet: Wer ohne Fahrerlaubnis fährt, verstößt gegen ein Fahrverbot und muß mit einer entsprechend hohen Geldbuße rechnen. [§ 12]
Der Sportbootführerschein hat nur die Bedeutung eines Nachweises, daß der Inhaber die Fahrerlaubnis besitzt. Der

Sportbootführerschein ist kein Befähigungszeugnis im Sinne der Patente der Berufsschiffahrt.

3. Wo ist der Sportbootführerschein erforderlich?

Eine Fahrerlaubnis, d. h. der Sportbootführerschein, ist auf den Seeschiffahrtstraßen erforderlich (siehe nebenstehende Übersicht). Er ist nicht erforderlich auf der Hohen See. Auf den Binnschiffahrtstraßen ist ab 1. 4. 1979 ebenfalls ein Befähigungsnachweis zum Führen von Sportbooten erforderlich vgl. Abschnitt XIII. [§ 1 Abs. 1]
Seeschiffahrtstraßen sind die von Seeschiffen befahrbaren Wasserstraßen im Küstenbereich, auf denen die Seestraßenordnung und die Seeschiffahrtstraßen-Ordnung gelten. Sie sind seewärts begrenzt durch die seewärtige Grenze des Küstenmeeres, d. h. die Hoheitsgrenze und binnenwärts begrenzt durch die Binnenschiffahrtstraßen bzw. Häfen. [§ 1 Abs. 1 SeeSchStrO]
Schwierig feststellbar für den Wassersportler ist die auf dem Wasser nicht gekennzeichnete seewärtige Begren-

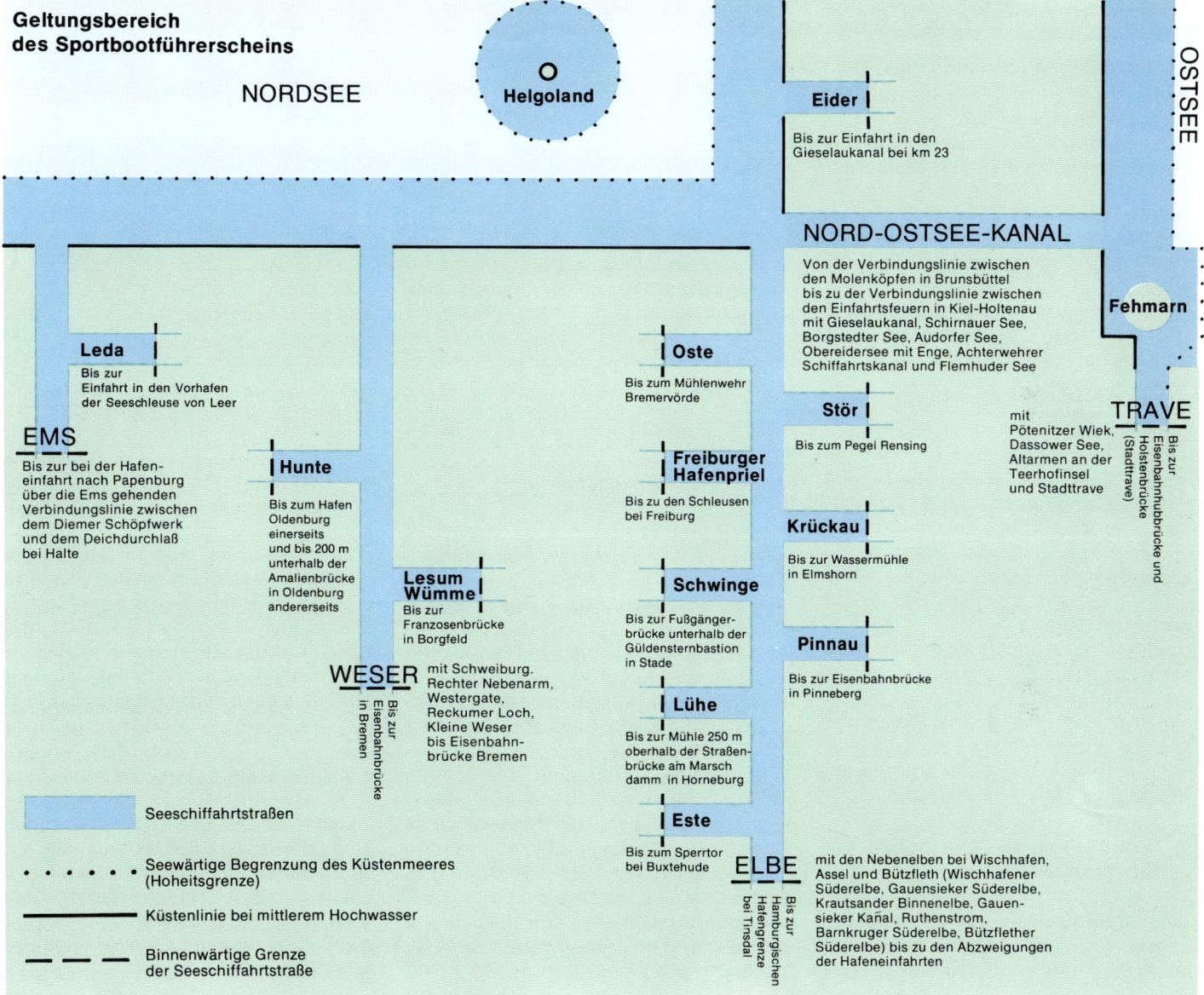

**Geltungsbereich
des Sportbootführerscheins**

NORDSEE

○
Helgoland

OSTSEE

Eider

Bis zur Einfahrt in den
Gieselaukanal bei km 23

NORD-OSTSEE-KANAL

Von der Verbindungslinie zwischen
den Molenköpfen in Brunsbüttel
bis zu der Verbindungslinie zwischen
den Einfahrtsfeuern in Kiel-Holtenau
mit Gieselaukanal, Schirnauer See,
Borgstedter See, Audorfer See,
Obereidersee mit Enge, Achterwehrer
Schiffahrtskanal und Flemhuder See

Fehmarn

Leda

Bis zur
Einfahrt in den Vorhafen
der Seeschleuse von Leer

Oste

Bis zum Mühlenwehr
Bremervörde

Stör

Bis zum Pegel Rensing

mit
Pötenitzer Wiek,
Dassower See,
Altarmen an der
Teerhofinsel
und Stadttrave

TRAVE

Bis zur
Eisenbahnhubbrücke und
Holstenbrücke
(Stadttrave)

EMS

Bis zur bei der Hafen-
einfahrt nach Papenburg
über die Ems gehenden
Verbindungslinie zwischen
dem Diemer Schöpfwerk
und dem Deichdurchlaß
bei Halte

Hunte

Bis zum Hafen
Oldenburg
einerseits
und bis 200 m
unterhalb der
Amalienbrücke
in Oldenburg
andererseits

**Freiburger
Hafenpriel**

Bis zu den Schleusen
bei Freiburg

Krückau

Bis zur Wassermühle
in Elmshorn

**Lesum
Wümme**

Bis zur
Franzosenbrücke
in Borgfeld

Schwinge

Bis zur Fußgänger-
brücke unterhalb der
Güldensternbastion
in Stade

Pinnau

Bis zur Eisenbahnbrücke
in Pinneberg

WESER

Bis zur
Eisenbahnbrücke
in Bremen

mit Schweiburg.
Rechter Nebenarm,
Westergate,
Reckumer Loch,
Kleine Weser
bis Eisenbahn-
brücke Bremen

Lühe

Bis zur Mühle 250 m
oberhalb der Straßen-
brücke am Marsch
damm in Horneburg

Seeschiffahrtsstraßen

Este

Bis zum Sperrtor
bei Buxtehude

Seewärtige Begrenzung des Küstenmeeres
(Hoheitsgrenze)

ELBE

Bis zur
Hamburgischen
Hafengrenze
bei Tinsdal

mit den Nebenelben bei Wischhafen,
Assel und Bützfleth (Wischhafener
Süderelbe, Gauensieker Süderelbe,
Krautsander Binnenelbe, Gauen-
sieker Kanal, Ruthenstrom,
Barnkruger Süderelbe, Bützflether
Süderelbe) bis zu den Abzweigungen
der Hafeneinfahrten

Küstenlinie bei mittlerem Hochwasser

Binnenwärtige Grenze
der Seeschiffahrtsstraße

zung des Küstenmeeres, d. h. die Hoheitsgrenze. Diese Grenze ist nur in den
amtlichen Seegrenzkarten des Deutschen Hydrographischen Instituts eingetragen (Beispiel D 50).
Was die Breite des Küstenmeeres betrifft, so hält die Bundesrepublik
Deutschland z. Z. noch an der traditio-
nellen Drei-Meilen-Zone fest, die von
der Basislinie aus berechnet wird. Da
dies die Niedrigwasserlinie entlang der
Küste ist, verläuft sie in der Nordsee 3
Meilen seewärts der Ost- und Nordfrie-
sischen Inseln und Wattengebiete. In
der Ostsee ist sie identisch mit der Küstenlinie.
Nach dem Ergebnis der 3. Seerechts-
konferenz der Vereinten Nationen dürfen die Küstenstaaten ihre Hoheitsgewässer bis auf zwölf Seemeilen ausdeh-
nen. Die Bundesrepublik Deutschland
hat bisher davon noch keinen Gebrauch
gemacht. Mit einer Ausdehnung der Hoheitsgewässer würde sich auch automatisch die Führerscheinpflicht weiter seewärts erstrecken.
Helgoland liegt außerhalb der der Nord-
seeküste vorgelagerten Hoheitsgewässer. Gleichwohl ist dort der Führerschein erforderlich. Denn Helgoland besitzt als einzige deutsche Insel ein abge-
schlossenes vom Festland getrenntes
Küstenmeer von 3 Seemeilen.

4. Wer muß einen Sportboot-
führerschein haben?

Einen Sportbootführerschein muß jeder
Führer eines Sportbootes haben, das
mit einem Motor von 3,68 kW (5 PS) oder

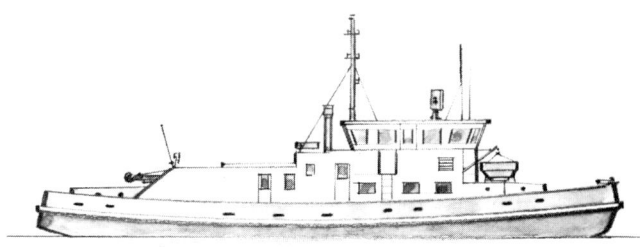

Fluß-Schlepper und Eisbrecher (Oberelbe)

mehr ausgerüstet ist, es sei denn, daß er
von dem Erfordernis einer Fahrerlaubnis
ausgenommen ist. [§ 1 Abs. 1] Während
deutsche Staatsangehörige generell der
Führerscheinpflicht unterliegen (Ausnahmen § 1 Abs. 1 Nr. 1), gilt dies für
Ausländer nur in bestimmten Fällen. [§ 1
Abs. 1 Nr. 2] (Ausnahmen siehe Ziff. 5.)

4.1 Wer ist Fahrzeugführer?

Fahrzeugführer im Sinne der SportFüV
ist, wer für das Befolgen der schiffahrts-
polizeilichen Vorschriften verantwortlich ist. [§ 4 Abs. 1 u. 4 SeeSchStrO]
Steht der Fahrzeugführer bei Fahrtbe-
ginn nicht fest, so ist von den Beteiligten
der verantwortliche Fahrzeugführer
festzulegen, der im Besitz der Fahrerlaubnis sein muß. Der Fahrzeugführer
kann sich beim Steuern des Fahrzeuges
oder bei der Bedienung des Motors
Hilfspersonen bedienen, die keiner
Fahrerlaubnis bedürfen, soweit diese
nach seinen Anweisungen tätig werden
und die Möglichkeit der sofortigen Ein-
flußnahme auf die Bedienung der Ru-
der- und Maschinenanlage zur Führung
des Schiffes besteht. Dies gilt nicht für
schnelle Sportboote, bei denen es für

die Befolgung der schiffahrtpolizeilichen Vorschriften sowie zur Sicherheit
des Fahrzeuges unerläßlich ist, daß der
Fahrzeugführer das Sportboot selbst
steuert und den Motor bedient. [2.1
RiWSV]
Diese Regelung führt zur Bildung von
zwei Gruppen von Fahrzeugführern,
nämlich solchen, die nicht selbst steuern und den Motor bedienen müssen,
d. h. sich eines Steuermannes bedienen
können, sowie solchen, die das Sportboot allein führen müssen, weil es eine
bestimmte Geschwindigkeit überschrei-
tet. Eine bestimmte Geschwindigkeits-
grenze kann allerdings nicht festgelegt
werden. Diese Zweiteilung ist auch der
Berufsschiffahrt nicht fremd und daher
durchaus auf Sportboote übertragbar.

4.2 Was ist ein Sportboot?

Sportboote im Sinne der Verordnung
sind alle Wasserfahrzeuge, die vom
Bootsführer nicht gewerbsmäßig für
Sport- und Erholungszwecke verwendet
werden (§ 1 Abs. 1 Satz 2).
Bei der Anwendung dieser Regelung ist
folgendes zu beachten:

1. Wasserfahrzeug

Zu Wasserfahrzeugen im Sinne der Verordnung sind alle Fahrzeuge zu zählen, die zur Beförderung von Personen auf dem Wasser geeignet und bestimmt sind. Aufgrund ihrer Konstruktion zählen hierzu nicht nur die konventionellen Wasserfahrzeuge wie Verdränger und Gleiter, sondern auch Fahrzeuge mit halb oder ganz aus dem Wasser herausragendem Fahrzeugkörper wie Tragflächenfahrzeuge und Luftkissenfahrzeuge, die während der schnellen Fahrt nur mit den Tragflächen bzw. gar nicht mit dem Wasser in Berührung kommen. Auch Amphibienfahrzeuge sind hierzu zu zählen, die bereits heute serienmäßig für private Zwecke hergestellt und verwendet werden. Schließlich sind auch solche neuartigen Wassersportgeräte wie das Wetbike, ein Motorrad zu Wasser, und das Motorsurfboard hierzu zu zählen.

Dagegen sind die aufblasbaren Schwimmhilfen und Badematratzen nicht als Wasserfahrzeuge im Sinne der Verordnung anzusehen.

Aufgrund der Konstruktion und des Einsatzbereiches lassen sich die Sportboote in folgende Kategorien einteilen:

1. Wasserfahrzeuge, die für Fahrten seewärts der Grenze der Seefahrt geeignet und bestimmt sind, insbesondere Segel- und Motoryachten.
2. Wasserfahrzeuge, die für Fahrten binnenwärts der Grenze der Seefahrt oder in Strandnähe geeignet und bestimmt sind, insbesondere offene Segel-, Motor-, Ruder-, Falt-, Schlauch- und Tretboote sowie Kanus.

Diese Einteilung ist auch für das Mieten von Charterbooten maßgeblich (vgl. § 1 See-SportbootvermietungsVO).

2. Verwendung für Sport- und Erholungszwecke

Bei der Verwendung zu Sport- und Erholungszwecken kommt es auf den bestimmungsmäßigen Einsatz im Einzelfall an. Hierzu ist der Einsatz eines Wasserfahrzeugs zum Angeln, zur Jagd, zum Wasserskilaufen, für Rund- und Wanderfahrten, Regatten usw. zu zählen.

Dagegen ist das Übersetzen von Personen von einem Flußufer zum anderen oder vom Festland zu den Inseln nicht als Sport- oder Erholungszweck anzusehen. Vielmehr handelt es sich hierbei um Personenbeförderung im Fährverkehr.

Bei der Frage, ob ein Wasserfahrzeug für Sport- und Erholungszwecke verwendet wird, ist zwar die Bauart und Ausrüstung nicht maßgeblich, so daß auch umgebaute Fischkutter und Kümos, alte Polizei- und Marinefahrzeuge, also alles Fahrzeuge, die vor ihrem Einsatz als Sportboot in der Berufsschiff-fahrt verwendet wurden, durchaus als Sportboote im Sinne der Verordnung angesehen werden können. Bei diesen Fahrzeugen ist jedoch besonders sorgfältig zu prüfen, ob sie nicht für gewerbliche Zwecke oder öffentliche Aufgaben verwendet werden.

3. Nicht gewerbsmäßige Verwendung

Die Verwendung von Wasserfahrzeugen für Sport- und Erholungszwecke ist dann nicht gewerbsmäßig, wenn sie nicht dem Erwerb durch Seefahrt dient. Typischer Anwendungsfall der Verordnung ist die Benutzung des eigenen Sportbootes für private Sport- und Erholungszwecke. Auch die Überlassung des eigenen Bootes an einen Freund für eine Bootstour gegen Unkostenerstattung ist noch keine gewerbsmäßige Nutzung.

Ein wichtiges Indiz für die Gewerbsmäßigkeit kann die entgeltliche Beschäftigung von Personen als Schiffsbesatzung sein. Entscheidend ist, daß die Nutzung des Bootes als Gewerbe anzusehen ist, d. h. auf Dauer in der Absicht zur Gewinnerzielung erfolgt.

Erfolgt die Verwendung der Wasserfahr-

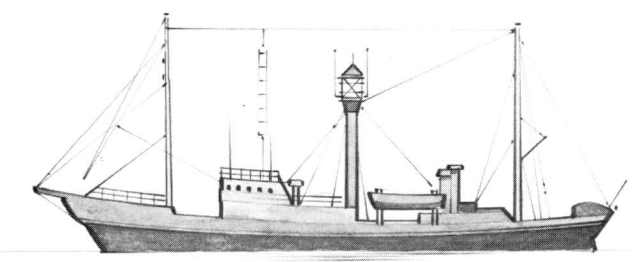

Feuerschiff „Amrumbank" auf Station „Deutsche Bucht"

zeuge für Sport- und Erholungszwecke gewerbsmäßig, verlieren sie hierdurch ihren Charakter als Sportboot mit der Folge, daß diese Fahrzeuge dann der Schiffssicherheitsverordnung und der Schiffsbesetzungs- und Ausbildungsordnung als Sondervorschriften unterliegen. Wasserfahrzeuge, die zu organisierten und entgeltlichen Angelfahrten eingesetzt werden oder der Wassersportausbildung durch gewerbliche Segelschulen dienen, sind daher keine Sportboote im Sinne der Verordnung. Anders verhält es sich wiederum mit Fahrzeugen gemeinnütziger Sportvereine und Verbände, die für die Ausbildung ihrer Mitglieder eingesetzt werden. Dies gilt auch für Fahrzeuge der Deutschen Lebensrettungsgesellschaft und der Wasserwacht des Deutschen Roten Kreuzes, die weder für Sport- und Erholungszwecke noch gewerblich eingesetzt werden.

Aber auch dann, wenn mit einem Fahrzeug noch gewerbliche Berufsschiffahrt betrieben wird, kann es durchaus zeitweise für einen Sport- und Erholungszweck verwendet werden mit der Folge, daß es während dieser Zeit nicht mit einem nach der SBAO vorgeschriebenen Patentinhaber besetzt sein muß, sondern ein Sportbootführerschein-Inhaber an Bord ausreichend ist. Bei der Frage, ob das Wasserfahrzeug schon für einen Sport- und Erholungszweck verwendet wird oder ob es noch für einen gewerbsmäßigen Einsatz bestimmt ist, werden strenge Maßstäbe anzulegen sein. Die Beweislast hierfür trägt der Fahrzeugführer.

Ein gesetzlich geregelter Sonderfall ist die gewerbsmäßige Vermietung von Sportbooten, die in der See-Sportbootsvermietungsverordnung geregelt ist. Danach muß der Mieter eines Sportbootes, das von ihm für Sport- und Erholungszwecke verwendet wird, ebenfalls im Besitz eines Sportbootführerscheins sein (§§ 1 Abs. 1, 7. Abs. 2).

4.3 Wann ist ein Sportboot mit einem Motorantrieb ausgerüstet?

Ein Sportboot ist nicht nur dann mit einem Motorantrieb ausgerüstet, wenn es einen eingebauten Motor oder einen fest angebrachten Außenbordmotor besitzt, sondern auch dann, wenn z. B. der Außenbordmotor an Bord mitgeführt, aber noch nicht fest angebracht ist.

4.4 Wann hat ein Motor 3,68 kW (5 PS) oder mehr?

Ein Motor hat mehr als 3,68 kW (5 PS), wenn dessen größte nicht überschreitbare Nutzleistung an der Propellerwelle mehr als 3,68 kW beträgt. [§ 1 Abs. 1 Nr. 3].

Die Leistungsprüfung ist nach den Bestimmungen der DIN 1941 („Abnahmeprüfung von Verbrennungsmotoren") durchzuführen und die Leistung an der Propellerwelle als „Leistung B" nach DIN 6270 („Leistungsbegriffe, Leistungsangaben, Verbrauchsangaben, Bezugszustand") anzugeben. Dieses muß aus dem Prüfbericht hervorgehen. Der Prüfbericht soll weiter neben den Forderungen der Ziffer 8 der DIN 1941

eine kurze Beschreibung der Versuchsdurchführung enthalten. [2.2 RiWSV] Bei Änderung der Typbezeichnung, der äußeren Aufmachung oder anderen die Leistung nicht beeinflussenden Veränderungen, aber sonst im wesentlichen gleicher Ausführung wie bei bereits anerkannten Motoren, ist eine nochmalige Leistungsprüfung zwar nicht erforderlich, aber die Gleichheit glaubhaft nachzuweisen. [2.2 RiWSV]

Den Nachweis, daß der Motor 3,68 kW oder weniger als Dauerleistung abgibt, hat der Fahrzeugführer bzw. der Hersteller oder Importeur zu führen. Bestehen Zweifel, welche Leistung der Motor abgibt, insbesondere ist ein Motor höherer Leistung durch nachträgliche technische Maßnahmen auf eine Leistung von 3,68 kW oder weniger gedrosselt worden, ist der Nachweis gegenüber der WSD durch Vorlage eines Gutachtens von einem zuverlässigen, in der Bundesrepublik Deutschland ansässigen Sachverständigen zu führen. Als Sachverständige sind zugelassen: Institute der Technischen Hochschulen (Universitäten) und Ingenieurschulen (Fachhochschulen) sowie die technischen Überwachungsvereine. Wird ein Gutachten für eine bestimmte Bauserie vorgelegt, so trifft die Entscheidung das BVM, Abteilung Seeverkehr.

Wie bei jeder Abgrenzung sind auch hier die Grenzwerte um 3,68 kW herum interessant, denn bei vollen 3,68 kW ist noch kein Sportbootführerschein erforderlich, sondern erst bei 3,69 kW. Die in diesem Grenzbereich bestehende Unsicherheit wird dadurch noch verstärkt, daß die Leistung der Mehrzahl der importierten ausländischen Motoren nicht nach DIN 6270 (durch DIN 6271, Ausgabe Mai 1979, abgelöst; DIN 6270 soll für neue Motoren nicht mehr angewendet werden), sondern nach anderen Methoden, z. B. nach der amerikanischen OBC-Norm, gemessen und darüber hinaus auch in anderen Maßeinheiten angegeben ist, so daß sie im allgemeinen größer ist als die nach DIN 6270. Ein ausländischer 6-HB-Motor kann daher eine Leistung von weniger als 3,68 kW erreichen und wird daher von der Verordnung nicht erfaßt.

Das BVM hat daher die Motoren, die nachweislich aufgrund von Sachverständigengutachten eine Leistung von 3,68 kW oder weniger abgeben, in eine sog. Freiliste (nebenstehend) aufgenommen. Diese Liste ist im Besitz der Wasserschutzpolizei, damit sie sich schnell und einfach unterrichten kann. Die Liste ermöglicht es der Industrie und dem Handel, die Kundschaft entsprechend zu beraten. [*2.2 RiWSV*]

Weitere Auskünfte hierüber erteilen das BVM, die WSDen und WSÄ und die Wasserschutzpolizeidienststellen im Bereich der Seeschiffahrtsstraßen (s. Anlage).

4.5 Welche Sportboote sind fahrerlaubnisfrei?

Fahrerlaubnisfrei sind [*§ 1 Abs. 1 Nr. 3*]:

1. Sportboote, die mit einem Motorantrieb ausgerüstet sind, dessen größte nicht überschreitbare Nutzleistung

		Freiliste	
Hersteller	Typ(en)	Max. Nutzleistung des geprüften Außenbordmotors an der Propellerwelle kW	Bemerkungen
Aspera Motors	MEP 7	2,13	
BMW	D 5	3,57	
Mariner	4 (M/ML)	2,66	
	5 (M/ML)	3,27	
	6 (B, BL, M, ML)*)	3,56	
Chrysler	6 HP (60 bis 62, 64, 67)*)	3,64	
Evinrude	6 (BG, BGL)*)	3,68	
	6 (BF, BFL)*)	3,60	
Honda	50 EH	3,40	ab Serien-Nr. BF 75–1 200 001 3,53 kW
Johnson	CD (22 bis 25)*)	3,38	
	6 R (69 bis 72)*)	3,38	
	6 BR 73	3,38	
	6 BA (74, 75)*)	3,38	
	6 (BG, BGL)*)	3,41	
	6 (BF, BFL)*)	3,60	
König	4,206910	1,82	
Mercury	Merc 3,5 (M, ML)	1,92	
	Merc 3,6	1,92	
	Merc 4	2,08	Merc 40 bis 1978
	Merc 4,5	2,65	Merc 45 bis 1978
	Merc 6	3,39	
Selva	5 (S 125)*)	3,50	
	5 S (S 130)*)	3,50	
Suzuki	DT 5	3,60	
Tomos	4,4-Electronic*)	1,82	
	3	1,82	
Volvo Penta	VP R 75	3,60	
Yamaha	2 A	1,47	
	3,5 (A, AC)*), P 65	2,38	
	4 A	2,66	
	5 C	3,27	
	P 95, 5 B	2,83	
	6 A	3,48	
	6 B	3,63	Ab Serien-Nr. 250746 (Normalschaft) bzw. 550301 (Langschaft) 3,38 kW
	6 D	3,48	
Zündapp	304–(03,04)*)	3,38	

*) Die in Spalte 2 in Klammern aufgeführten Bezeichnungen sind ergänzende, den Umfang der Freistellung kennzeichnende Angaben zu den verschiedenen Ausführungsarten des Motortyps.

Patente der Handelsschiffahrt

AKü	Seeschiffer in der Küstenfahrt
AKW	Nautischer Schiffsoffizier auf Kleiner Fahrt
AK	Kapitän auf Kleiner Fahrt
AMW	Nautischer Schiffsoffizier auf Mittlerer Fahrt
AM	Kapitän auf Mittlerer Fahrt
AGW	Nautischer Schiffsoffizier auf Großer Fahrt
AG	Kapitän auf Großer Fahrt

Patente der Fischerei

BKü	Seeschiffer in der Küstenfischerei
BKW	Nautischer Schiffsoffizier in der Kleinen Hochseefischerei
BK	Kapitän in der Kleinen Hochseefischerei
BGW	Nautischer Schiffsoffizier in der Großen Hochseefischerei
BG	Kapitän in der Großen Hochseefischerei

[§ 1 Abs. 1 Nr. 1 / § 4 und 5 SBAO]

an der Propellerwelle 3,68 Kilowatt oder weniger beträgt.

2. Sportboote, die keinen Motorantrieb haben, wie z. B. Ruder- und Paddelboote, Segelboote, Wassertreter, Wellenroller, Kanus usw.

5. Wer ist von der Führerscheinpflicht befreit?

Von der Führerscheinpflicht sind befreit:

1. Deutsche Staatsangehörige, wenn sie ein deutsches Patent der Handelsschiffahrt oder der Fischerei oder ein sonstiges, vom BVM anerkanntes amtliches deutsches Befähigungszeugnis zum Führen eines Wasserfahrzeugs auf den Seeschifffahrtstraßen besitzen. *[§ 1 Abs. 1 Satz 3 Nr. 1]*

2. Personen mit Wohnsitz außerhalb des Geltungsbereiches dieser Verordnung, die sich nicht länger als ein Jahr im Geltungsbereich dieser Verordnung aufhalten, es sei denn, daß in dem Staat ihres Wohnsitzes für das Führen von Sportbooten auf Wasserstraßen, die mit den Seeschiffahrtstraßen vergleichbar sind, ein Befähigungsnachweis amtlich vorgeschrieben ist; in diesem Fall sind die Inhaber des in dem Staat ihres Wohnsitzes geltenden Befähigungsnachweises ausgenommen soweit Gegenseitigkeit gewährleistet ist. *[§ 1 Abs. 1 Satz 3 Nr. 2]*

Vom BVM anerkannte amtliche deutsche Befähigungszeugnisse:

Wasser- und Schiffahrtsdirektionen		Ausnahmegenehmigung der Wasser- und Schiffahrtsdirektion aufgrund eines Prüfungszeugnisses zum Seeschiffer in der Küstenfahrt – AKü – oder zum Seeschiffer in der Küstenfischerei – BKü –
Bundeswehr	Marine:	„Führerschein der Marine für Segelboote und Kraftboote" mit der erteilten Erlaubnis für „Kraftboot" (Kraftbootführerschein der Marine)
		Sind die Voraussetzungen für die Ausstellung des Kraftbootführerscheines der Marine erfüllt, ohne daß der Schein ausgestellt worden ist, kann die Berechtigung durch Vorlage einer entsprechenden Bescheinigung des Marineunterstützungskommandos in Wilhelmshaven nachgewiesen werden.
	Heer:	Betriebsberechtigungsschein für Pioniermaschinen mit dem Zusatz „Zusatzprüfung für Seeschiffahrtstraßen, Küstengewässer und Nord-Ostsee-Kanal"
		Lehrberechtigungsschein für Ausbilder der Pioniermaschinenführer mit dem Zusatz „Zusatzprüfung für Seeschiffahrtstraßen, Küstengewässer und Nord-Ostsee-Kanal"
		Prüfberechtigungsschein für Prüfer der Pioniermaschinenführer mit dem Zusatz „Zusatzprüfung für Seeschiffahrtstraßen, Küstengewässer und Nord-Ostsee-Kanal".
	Anmerkung:	Die erfolgreich abgelegte „Zusatzprüfung für Seeschiffahrtstraßen, Küstengewässer und Nord-Ostsee-Kanal" ist nur gültig in Verbindung mit Dienststempel und Unterschrift des Dienststellenleiters des schweren Pionierbataillon 620 in Schleswig.
		Sind die Voraussetzungen für die Erteilung eines der vorstehenden Berechtigungsscheine erfüllt, ohne daß sich der Schein im Besitz des Antragstellers befindet, kann die Berechtigung durch Vorlage einer entsprechenden Bescheinigung des schweren Pionierbataillon 620 in Schleswig nachgewiesen werden.
Binnenschiffahrt		Für eine Seeschiffahrtstraße gültiges Schifferpatent oder Schifferausweis nach der Verordnung über Befähigungszeugnisse in der Binnenschiffahrt vom 15. Juni 1956 (BGBl. II S. 722), zuletzt geändert durch die Verordnung vom 21. Februar 1968 (BGBl. II S. 110), sowie Befähigungsnachweise im Sinne der §§ 24, 39 dieser Verordnung, sofern diese zum Führen von Wasserfahrzeugen mit eigener Antriebskraft auf einer Seeschiffahrtstraße berechtigen.
Wasserschutzpolizei		Bescheinigung der Wasserschutzpolizeischule Hamburg über die erfolgreiche Teilnahme an einem wasserschutzpolizeilichen Einweisungslehrgang in Verbindung mit einem Ausweis über die Zulassung zur selbständigen Führung von Wasserfahrzeugen der Wasserschutzpolizei oder Kraftbooten der Polizei sowie Ausweis über die Zulassung zum Führen von Dienstbooten der Wasserschutzpolizei, der von der zuständigen Stelle der Küstenländer Hamburg, Bremen, Niedersachsen oder Schleswig-Holstein erteilt ist.
Bundesgrenzschutz Bereitschaftspolizei/Länder		Kraftbootführerschein des Bundesgrenzschutzes See sowie Bootsführerschein See/Binnen und Bootsfahrlehrerschein des Bundesgrenzschutzes und der Bereitschaftspolizeien der Länder (BPdL); entsprechende Ausbildungsnachweise des Bundesgrenzschutzes und der Bereitschaftspolizeien der Länder mit dem darauf vermerkten Prüfergebnis, daß der Inhaber die Bootsführerprüfung bestanden hat und berechtigt ist, „motorisierte Wasserfahrzeuge" des BGS und der Bereitschaftspolizeien der Länder (BPdL) zu führen, nur noch bis zum 31. Dezember 1980.

5.2 Welche ausländischen Befähigungszeugnisse befreien?

Folgende ausländische Befähigungsnachweise, die zum Führen von Sportbooten auf Wasserstraßen vorgeschrieben sind, die mit den Seeschiffahrtstraßen vergleichbar sind, befreien von der Führerscheinpflicht:

Land	Bezeichnung
Deutsche Demokratische Republik	Befähigungsnachweis zum Führen von Sportbooten für die Bereiche Seewasserstraßen, Küstenfahrt, Seefahrt und Hochseefahrt
Frankreich	1. „Permis A" 2. „Permis B" 3. „Certificat d'aplitude au commandement des navires de plaisance à moteur"

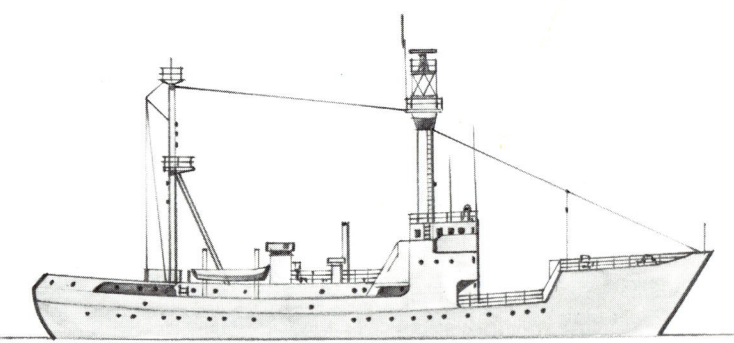

Feuerschiff „Borkumriff"

Land	Bezeichnung
Italien	„PATENTE DI ABILITAZIONE a condurre MOTOSCAFI od IMBARCAZIONI a MOTORE per uso privato" (Gesetz Nr. 813 vom 9.5.1932, veröffentlicht im italienischen Gesetzblatt „Gazzetta Ufficiale del 16 juglio 1932, n. 163). Ausländer, die im Besitz eines amtlichen Befähigungsnachweises oder eines anderen von ihrem Heimatstaat anerkannten gleichwertigen Zeugnisses sind, können im Rahmen der nachgewiesenen Befähigung auf den italienischen Binnenwasserstraßen kostenfrei Sportschiffe oder Sportboote befehligen oder führen. Damit ist der deutsche amtliche Sportbootführerschein auch von Italien anerkannt worden.
Jugoslawien	„Motorist Skipper's Licence of Competency" (Mornar Motorist) Dieses Patent berechtigt zum Führen von Maschinenfahrzeugen bis 20 BRT und wird aufgrund des Art. 6 der Verordnung über die Berufsbezeichnungen, die Fachausbildung und die Befugnisse der Besatzungsmitglieder der Schiffe der jugoslawischen Handelsmarine (Amtsblatt SFR Nr. 30, 34/66; 18/69) ausgestellt.

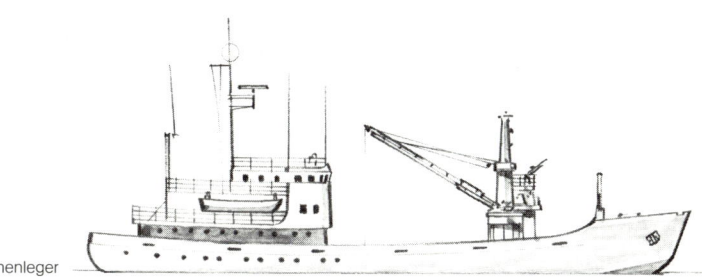

Tonnenleger

Land	Bezeichnung
Polen	„MOTORBOOTSTEUERMANN 1. KLASSE" Dieses Zertifikat wird vom polnischen Motoryachtverband aufgrund der Verordnung des Hauptkomitees für Körperkultur und Touristik über die Führung von Segel- und Motoryachten vom 25.8.1969 ausgestellt.
Portugal	1. »PATRÃO DE EMBARÇÃCOES A MOTOR« 2. »PATRÃO DE COSTA« 3. »PATRÃO DE ALTO MAR« Diese Zertifikate werden aufgrund der Artikel 40–42 des Gesetzes »Porturia No. 12:815, de Majo de 1949« ausgestellt.
Schweiz	1. Fähigkeitsausweis „B" Cruising Club Schweiz (CCS) 2. Fähigkeitsausweis „B" u. „C" Segelschule Rorschach, Goldach/SG (SSR) 3. Fähigkeitsausweis „B" Sportnavigation Office, Zürich (SNO)
Spanien	1. »CAPITÁN DE YATE« 2. »PATRÓN DE YATE« 3. »TITULO DE PATRÓN DE EMBARCACIONES DEPORTIVAS A MOTOR DE PRIMERO CLASE« 4. »TITULO DE PATRÓN DE EMBARCACIONES DEPORTIVAS A MOTOR DE SECUNDA CLASE« Diese vier Befähigungsnachweise werden aufgrund der Verordnung »ORDEN DE 10 DE DICIEMBRE DE 1.965 (B. O. del Estado no. 280) por la que se reorganizan los titulos a exigir para el manejo de las embarcaciones de recreo« (Erlaß vom 10. 12. 1965 des Handelsministeriums/Boletin Oficial del Estado Numero 280) ausgestellt.

Ausländer, in deren Heimatstaat ein Befähigungszeugnis gemäß der vorstehenden Übersicht **nicht** vorgeschrieben ist, sind automatisch ohne weiteren Befähigungsnachweis von der Führerscheinpflicht befreit, wenn sie sich nicht länger als ein Jahr im Geltungsbereich der Verordnung aufhalten. Mit dieser in Anpassung an § 6 SpoFüV-Binnen erfolgten Befreiung ausländischer Wassersportler ist dem Bedürfnis nach möglichst ungehinderter Durchfahrt ausländischer Wassersportler, insbesondere aus Großbritannien und Skandinavien, durch die deutschen Hoheitsgewässer – vor allem durch den Nord-Ostsee-Kanal – Rechnung getragen worden, zumal sich bei der schon vorher vorläufig ein-

geführten Regelung keine Gefährdungen des Verkehrs ergeben hatten.

Leuchtturm Rotersand (Weser)

6. Wie wird der Besitz der Fahrererlaubnis oder die Ausnahme von dem Erfordernis einer Fahrerlaubnis nachgewiesen?

Der Besitz der erforderlichen Fahrerlaubnis kann durch eine der folgenden amtlichen Bescheinigungen nachgewiesen werden:			[§ 1 Abs. 2 u. Abs. 3]
Sportboot-Führerschein, Motorboot-Führerschein nach der Motorbootführerschein-verordnung v. 17. 1. 1967	Amtliches deutsches Befähigungs-zeugnis	Anerkanntes amtliches deutsches Befähigungs-zeugnis	Anerkanntes amtliches ausländisches Befähigungs-zeugnis (Nur für ausl. Staatsangeh.)

II. Beauftragung des Deutschen Motoryachtverbandes und des Deutschen Segler-Verbandes

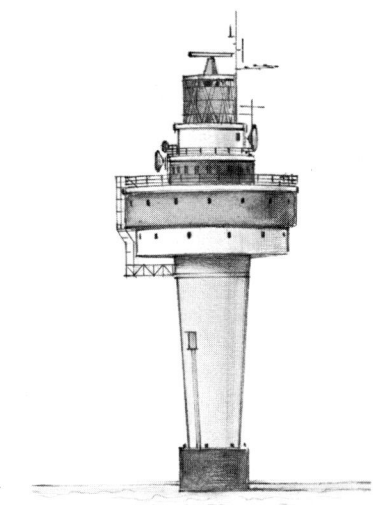

Leuchtturm Alte Weser

Die Entscheidung über Anträge auf Zulassung zur Sportbootführerscheinprüfung, die Abnahme dieser Prüfungen, die Ausstellung der Sportbootführerscheine bei Bestehen der Prüfung sowie die Erhebung der dafür entstandenen Kosten sind Hoheitsaufgaben. Für sie wären an sich die Behörden der Wasser- und Schiffahrtsverwaltung als Schiffahrtpolizeibehörden zuständig. Das BVM hat sich jedoch abweichend hiervon für eine „unbürokratische Lösung" entschieden. Es hat nämlich den DMYV und den DSV gemeinsam beauftragt, diese Aufgabe für die Bundesrepublik Deutschland durchzuführen. Den Ausschlag hierzu gab, daß die Bundesbehörden neue Aufgaben nur nach Personalverstärkung übernehmen konnten, der Schwerpunkt der Behörden der Wasser- und Schiffahrts-

verwaltung nicht auf dem Gebiet des Wassersports liegt, die Sportverbände sich bereits auf diesem Gebiet betätigt hatten, die Reserven der Verbände und Vereine insoweit noch nicht erschöpft waren und die gesetzliche Grundlage für die Beauftragung der Sportverbände vorhanden war. [*§§ 4 und 7 SeeaufG*]

Bei dieser gesetzlichen Ermächtigungsgrundlage handelt es sich um die gesetzlich vorgesehene Möglichkeit, einen privaten Unternehmer mit der Durchführung hoheitlicher Aufgaben zu beauftragen (sog. „beliehener Unternehmer"), d. h. ihn zu ermächtigen, Verwaltungsakte auf dem Gebiet des öffentlichen Rechts zu erlassen. In dieser Rechtsstellung müssen die beauftragten Sportverbände als beliehene Unternehmer unabhängig von ihrer

normalen Verbandsarbeit diese hoheitlichen Aufgaben – auch im Hinblick auf Nichtmitglieder – nach den Weisungen des Hoheitsträgers, nämlich des BVM durchführen und dürfen dabei Mitglieder nicht bevorzugen und Nichtmitglieder nicht schlechterstellen.

Die gesetzlich vorgeschriebene gemeinsame Durchführung der oben dargestellten Hoheitsaufgaben wird dadurch sichergestellt, daß die beauftragten Verbände gemeinsame Prüfungsausschüsse eingerichtet haben und darüber hinaus einen Koordinierungsausschuß gegründet haben, der einerseits den Kontakt zu den einzelnen Prüfungsausschüssen hält und andererseits Ansprechpartner für das BVM ist, der die Fach- und Rechtsaufsicht ausübt. Der Ausschuß führt die Bezeichnung:

Diese gemeinsamen Ausschüsse sind durch Vertreter beider Sportverbände paritätisch besetzt. Wo dies z. Z. noch nicht der Fall ist, wird dies aber im Rahmen des normalen Wechsels bzw. bei der Vergrößerung oder der Neuschaffung von Ausschüssen angestrebt. Aufgabe der gemeinsamen Prüfungsausschüsse ist es, über Anträge auf Zulassung zur Prüfung zu entscheiden, die Prüfungen abzunehmen, bei Bestehen der Prüfung Fahrerlaubnisse zu erteilen, die Sportbootführerscheine auszustellen sowie die vorgeschriebenen Gebühren zu erheben. Die Prüfungsausschüsse führen die Bezeichnung:

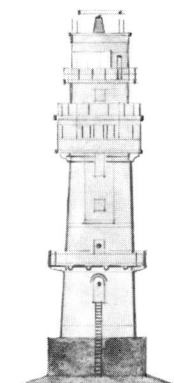

Oberfeuer Robbenplate (Weser)

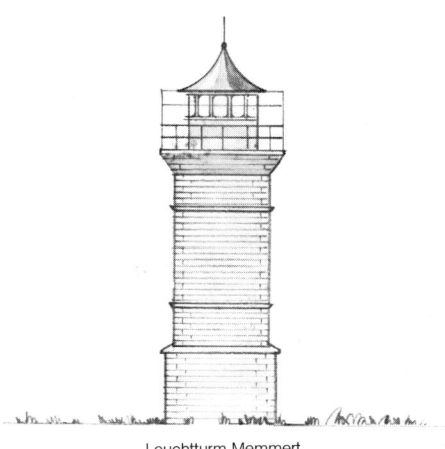

Leuchtturm Memmert

III. Die Zulassung zur Sportbootführerscheinprüfung

1. Welche Voraussetzungen müssen erfüllt sein?

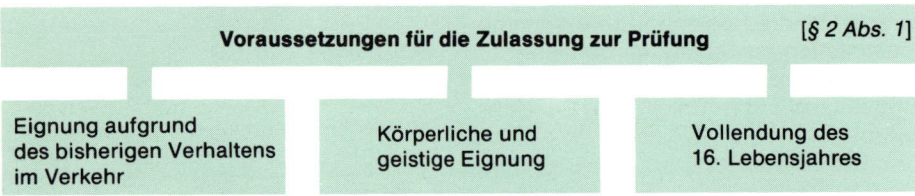

Voraussetzungen für die Zulassung zur Prüfung [§ 2 Abs. 1]

Eignung aufgrund des bisherigen Verhaltens im Verkehr

Körperliche und geistige Eignung

Vollendung des 16. Lebensjahres

1.1. Wie alt muß der Bewerber sein?

Der Bewerber muß mindestens das 16. Lebensjahr vollendet haben.

Bewerber, die das 18. Lebensjahr noch nicht vollendet haben, bedürfen der schriftlichen Zustimmung des gesetzlichen Vertreters.

Das 16. bzw. 18. Lebensjahr ist mit Erreichen des 16. bzw. 18. Geburtstages vollendet.

Das bedeutet, daß vor dem Erreichen des 16. Geburtstages eine Zulassung zur Sportbootführerschein-Prüfung nicht zulässig ist.

Die Unterschrift in der Zustimmungserklärung muß amtlich beglaubigt sein. Das BVM hat hierfür ein besonderes Formular vorgesehen. Die Beglaubigung kann durch einen Notar oder

auch durch eine Behörde erfolgen. [*Anlage 12 RiVerb*]

Mit dem Erfordernis der schriftlichen Zustimmung des gesetzlichen Vertreters wird der Erziehungsberechtigte aufgrund seiner Aufsichtspflicht in die Mitverantwortung einbezogen. Vor Erteilung der Zustimmung sollte er kritisch prüfen, ob dem Jugendlichen ein Boot zur selbständigen und verantwortlichen Führung anvertraut werden kann.

Ein Jugendlicher ist ordnungswidrigkeitenrechtlich und strafrechtlicht nur dann verantwortlich, wenn er zur Zeit der Tat nach seiner sittlichen und geistigen Entwicklung reif ist, das Unrecht der Tat einzusehen und nach dieser Einsicht zu handeln. Liegt diese Reife nicht vor, dann ist an Stelle des Ju-

gendlichen der Erziehungsberechtigte verantwortlich, wenn der Jugendliche später ein Boot führt und hierbei eine Verkehrsordnungswidrigkeit oder eine Straftat begeht.

Auch die Haftung für die Folgen eines von dem Jugendlichen angerichteten Schadens bei dem Führen eines Bootes sollte der Erziehungsberechtigte bei der Erteilung der Zustimmung mit bedenken. Ein Jugendlicher wird nämlich nur in seltenen Ausnahmefällen selbst finanziell hierfür einstehen können.

1.2 Wann ist der Bewerber zum Führen eines Sportbootes geeignet?

1.2.1 *Welche körperliche Eignung muß der Bewerber besitzen?*

Der Bewerber ist körperlich geeignet, wenn er die Anforderungen an das Hör-, Seh- und Farbunterscheidungsvermögen erfüllt und wenn er keine sonstigen körperlichen Mängel besitzt (siehe nebenstehende Tabelle). [§ 2 Abs. 2]

Die Anforderungen an das Hörvermögen und das Farbunterscheidungsvermögen müssen in jedem Falle voll erfüllt sein, damit der Bewerber zur Prüfung zugelassen werden kann.

34

Hör-, Seh- und Farbunterscheidungsvermögen [2.1.3 RiVerb]

Hörvermögen

Verstehen der Sprache gewöhnlicher Lautstärke in 3 m Entfernung mit dem jeweils dem Untersucher zugewandten Ohr und in 5 m Entfernung mit beiden Ohren zugleich ohne Hörhilfe. Ein Mangel des Hörvermögens kann nicht durch eine Hörhilfe ausgeglichen werden. Werden diese Voraussetzungen nicht erreicht, muß auf dem besseren Ohr mindestens Umgangssprache aus 5 m Entfernung verstanden werden.

Sehvermögen

Sehschärfe mit oder ohne Sehhilfe mindestens noch auf dem einen Auge 0,7 und auf dem anderen Auge 0,5; die addierte Sehschärfe beider Augen muß jedoch ohne Sehhilfe mindestens 0,15 ergeben. Dabei muß das schlechtere Auge noch ein ausreichendes Orientierungsvermögen besitzen. Die Augen sind einzeln auf ihre Sehschärfe mit Sehprobetafeln in einem Abstand von 5 m zu prüfen.

Werden diese Voraussetzungen nicht erreicht, müssen mindestens folgende Anforderungen erfüllt werden:

1. Die Sehschärfe auf einem Auge muß mit oder ohne Sehhilfe mindestens 1,0, ohne Sehhilfe mindenstens 0,5 ergeben.
2. Das Auge darf keine fortschreitende Augenerkrankung haben.
3. Die campimetrische Untersuchung muß freie Gesichtsfeldaußengrenzen und darf keine Skotome ergeben.

Farbunterscheidungsvermögen

Schnelles und richtiges Erkennen der Farbtafeln zweier anerkannter Systeme (Farbtafeln nach Velhagen, Ishihara oder Bostroem) oder der Farbentestscheibe Nr. 173. In Zweifelsfällen muß eine augenfachärztliche Untersuchung mit dem Anomaloskop durchgeführt werden. Diese Untersuchung muß Farbtüchtigkeit (normale Trichromasie mit einem Anomalquotienten zwischen 0,7 und 1,4) oder eine Grünschwäche (Deuteranomalie mit einem Anomalquotienten zwischen 1,4 und 6,0) ergeben.

Bei den Anforderungen an das Sehvermögen sind, um Härtefälle zu vermeiden, die in der Tabelle vorgesehenen Ausnahmen möglich, die der Bewerber mindestens erfüllen muß, um noch zugelassen zu werden. [2.1.3.4 *RiVerb*]

Erfüllt der Bewerber nur diese Anforderungen, kann ihm die Fahrerlaubnis nur unter Auflagen erteilt werden (vgl. Abschn. VII. 2).

Über das Vorliegen eines ausreichenden Hör-, Seh- und Farbunterscheidungsvermögens ist ein ärztliches Zeugnis auf vorgeschriebenem Formblatt vorzulegen. Ein besonderes augenärztliches Zeugnis ist für den Fall vorzulegen, daß nur die Ausnahmevoraussetzungen hinsichtlich des Sehvermögens erfüllt sind. Im Zweifelsfalle kann die Vorlage eines amts- oder fachärztlichen Zeugnisses oder die Beantragung der Erteilung eines Führungszeugnisses nach § 28 Abs. 5 des Bundeszentralregistergesetzes verlangt werden. (§ 2 Abs. 2 Satz 2 [*Anlagen 2 u. 3 RiVerb*])

Aus den in den Richtlinien festgelegten Anforderungen an die körperliche Eignung ergibt sich, daß der Verlust eines Auges durch Erfüllung bestimmter Mindestvoraussetzungen des verbliebenen Auges ausgeglichen werden kann. Dagegen schließt starke Gehörminderung die Eignung zum Führen eines Sportbootes auf dem Wasser in jedem Falle aus. Denn die auf den Seeschiffahrtstraßen vorgeschriebenen verkehrsüblichen Schallsignale erfordern, daß der Führer eines Sportbootes über ein ausreichendes Hörvermögen verfügen muß, um sich sicher und verkehrsgerecht, insbesondere bei Nebel, im Schiffsverkehr bewegen zu können. Der Mangel des Hörvermögens kann auch nicht durch ein Hörgerät ausgeglichen werden, da dieses die in unmittelbarer Nähe des Fahrzeugführers bestehenden Eigengeräusche des eigenen Antriebes verstärkt und dadurch die von anderen Fahrzeugen abgegebenen Schallsignale überlagert.

Das Vorliegen einer erheblichen Farbschwäche schließt ebenfalls den Erwerb einer Fahrerlaubnis aus, da die Beachtung der farbigen Schiffahrtzeichen als Gebots- und Verbotszeichen voraussetzt, daß die Farben richtig erkannt und eingeordnet werden. Bei der Festlegung der Anforderungen an das Farbunterscheidungsvermögen ist jedoch eine leichte Grünschwäche in Kauf genommen worden.

Außer dem Besitz eines ausreichenden Hör-, Seh- und Farbunterscheidungsvermögens muß der Bewerber auch sonst noch körperlich geeignet sein. Insoweit bestehen keine speziellen Regelungen, so daß in jedem Einzelfall zu prüfen ist, ob das Fehlen körperlicher Gliedmaßen oder das Vorliegen sonstiger körperlicher Mängel wie z. B. Arteriosklerose, Schüttellähmung usw. die körperliche Eignung ausschließen.

Werden solche körperlichen Mängel, die die Eignung des Bewerbers ausschließen, festgestellt und können diese Mängel nicht durch Hilfsmittel oder entsprechenden Auflagen ausgeglichen werden, so kann der Bewerber nicht zur Prüfung zugelassen werden. [2.1.3 *RiVerb*]

1.2.2 Wann ist der Bewerber geistig geeignet?

Als Tatsachen, die Zweifel an der geistigen Eignung begründen, sind anzusehen:

1. Sucht (Trunk- und Rauschgiftsucht),

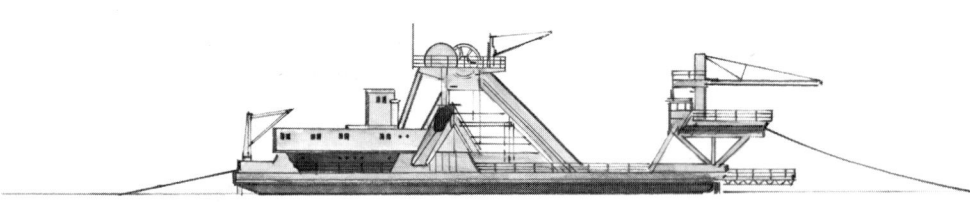

Eimerketten-Bagger

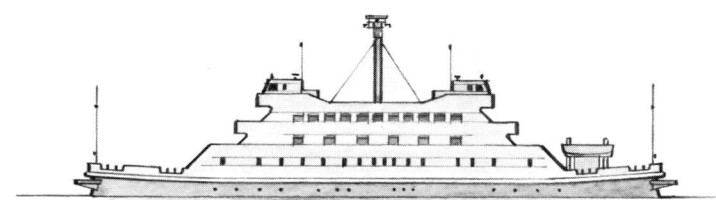

Kraftfahrzeug- und Personenfähre (Unterweser)

2. Entmündigung und
3. organisch sowie psychisch bedingte Geisteskrankheiten. [*2.1.4 RiVerb*]
Die Neigung zur Trunksucht kann sich einmal aus den Vorstrafen des Bewerbers ergeben, die in dem polizeilichen Führungszeugnis nach § 28 Abs. 5 des Bundeszentralregistergesetzes enthalten sind. Dabei ist es unerheblich, wo das Trunkenheitsdelikt begangen worden ist, auf dem Wasser oder auf der Straße. Es kann aber auch noch auf andere Weise festgestellt werden, daß der Bewerber zur Trunksucht neigt, nämlich wenn Veranlassung besteht, hierüber ein amts- oder fachärztliches Zeugnis zu verlangen. [*§ 2 Abs. 1 Nr. 2, Abs. 2*]
Sind Zweifel an der geistigen Eignung oder aufgrund des bisherigen Verhaltens im Verkehr begründet, kann der Vorsitzende die Beibringung eines Zeugnisses eines Medizinisch-Psychologischen Instituts oder eines sonstigen amts- oder fachärztlichen Zeugnisses verlangen. [*2.2 RiVerb*]

1.2.3 Wann ist der Bewerber aufgrund seines bisherigen Verhaltens im Verkehr geeignet?

Der Bewerber muß aufgrund seines bisherigen Verhaltens im Verkehr zum Führen eines Sportbootes geeignet sein.
Als Tatsachen, die Zweifel an der Eignung auf Grund des bisherigen Verhaltens im Verkehr begründen, sind anzusehen, wenn der Bewerber

1. wegen Gefährdung des Schiffsverkehrs rechtskräftig bestraft worden ist,
2. wiederholt mit Geldbuße geahndete Zuwiderhandlungen gegen Schiffahrtpolizeivorschriften begangen hat oder
3. sonst erheblich gegen allgemeine Verkehrsvorschriften verstoßen oder Straftaten im Verkehr begangen hat. [*2.1.4 RiVerb*]

Bei den Straftaten wegen Gefährdung des Schiffsverkehrs handelt es sich um die Vorschriften der §§ 315 aff StGB (gefährliche Eingriffe in den Schiffsverkehr, Gefährdung des Schiffsverkehrs, Trunkenheit im Verkehr).
Zuwiderhandlungen gegen Schiffahrtpolizeivorschriften sind alle Verstöße gegen die Seestraßenordnung, die Seeschiffahrtstraßen-Ordnung, die Sperrgebietsverordnung, die Verordnung über das Verhalten in Verkehrstrennungsgebieten auf der Hohen See usw. Eine wiederholte Zuwiderhandlung muß mindestens zweimal erfolgen sein. Dies setzt voraus, daß die einzelnen Zuwiderhandlungen von Sportbootführern in einer Kartei festgehalten werden (vgl. Abschn. X. 3). [*§ 2 Abs. 1 Nr. 2, Abs. 2 S. 3*]
Unter allgemeinen Verkehrsvorschriften sind hier insbesondere Verkehrsregeln der Straßenverkehrsordnung und der Luftverkehrsordnung zu verstehen, denn Verstöße gegen Schiffahrtpolizeivorschriften sind bereits erfaßt. Dementsprechend sind auch unter Straftaten im Verkehr nicht Verstöße

gegen die §§ 315 a ff. StGB zu verstehen, sondern sonstige allgemeine Straftaten, die im Verkehr beim Führen von Kraft- oder Luftfahrzeugen begangen werden. Beispiele aus der Rechtsprechung der Verwaltungsgerichte:

Fahrlässiger Vollrausch, fahrlässiges Führen eines Kraftfahrzeugs im fahruntüchtigen Zustand (§ 330 a StGB), vorsätzliches Führen eines Kraftfahrzeugs ohne Fahrerlaubnis in Tateinheit mit fahrlässiger Körperverletzung, Unfallflucht, Diebstahl mit Hilfe eines Pkw usw.

In vorgenannten Fällen haben die Verwaltungsgerichte festgestellt, daß die Täter aufgrund ihrer „rechtsfeindlichen Gesinnung" charakterlich nicht mehr zum Führen von Sportbooten aufgrund ihres Verhaltens im Verkehr geeignet sind.
Die Verwaltungsgerichte haben auch festgestellt, daß die gleichzeitige Bestrafung von Straftaten im Verkehr bzw. Ahndung von Zuwiderhandlungen gegen Schiffahrtpolizeivorschriften einerseits und der Entzug der Fahrerlaubnis andererseits nicht gegen das Verbot der Doppelbestrafung verstößt.

1.3 Wie und wo ist der Antrag auf Zulassung zur Prüfung und Erteilung der Fahrerlaubnis zu stellen?

Die Zulassung zur Prüfung erfolgt nur auf Antrag. Hierfür hat der Antragsteller das vorgeschriebene, nebenstehende Formblatt zu verwenden, damit die Zulassungsprüfung mit den damit verbundenen Verwaltungsmaßnahmen eingeleitet werden kann und klar ist, daß der Antragsteller die hiermit verbundenen Kosten zu tragen hat. [*§§ 5,6 Abs. 1 / Anlage 1 RiVerb*]

1.3.1 Welche Angaben und Unterlagen muß der Antrag enthalten?

Die beizufügenden Unterlagen dürfen nicht älter als 6 Monate sein. Dies gilt auch für den Fall, daß der Antragsteller bereits eine Prüfung nicht bestanden hat und eine erneute Zulassung beantragt.
Eine Zulassung zur Prüfung erfolgt erst dann, wenn die Unterlagen und das Führungszeugnis nach Nr. 3 vorliegen. Das Lichtbild wird in den Führerschein eingeheftet. Anträge, denen das entsprechend geeignete Lichtbild nicht beiliegt, sind mangelhaft und können

abgelehnt werden. Lichtbilder für die Kartei sind nicht erforderlich und können daher auch nicht abverlangt werden.
Das ärztliche Zeugnis ist obligatorisch. Der Bewerber hat darauf zu achten, daß der von ihm ausgewählte Arzt das vorgeschriebene Formular vollständig ausfüllt. Die PAs sind nicht in der Lage, für eine vollständige Beantwortung zu sorgen und lehnen lückenhaft ausgefüllte Formulare ab. Die Formulare selbst befreien den untersuchenden Arzt von Tauglichkeitsbeurteilungen, er hat lediglich festgestellte Tatsachen zu vermerken, aus denen der PA die notwendigen Konsequenzen zieht.

Die Vorlage eines polizeilichen Führungszeugnisses selbst ist nicht möglich, so daß die Erklärung genügt, daß die Erteilung eines Führungszeugnisses nach § 28 Abs. 5 des BundeszentrRegG zur Vorlage beim Prüfungsausschuß beantragt worden ist. Nach Inkrafttreten des BundeszetrRegG werden nämlich Tatbestände wie Geisteskrankheit und Trunksucht nicht mehr in dem polizeilichen Führungszeugnis vermerkt, das dem Antragsteller ausgehändigt wird, sondern nur noch in einem zur Vorlage

bei einer Behörde erteilten Führungszeugnis, das dieser Behörde direkt zu-
gesandt wird. Die PAs sind insoweit Behörden.

1.3.2 Wo ist der Antrag zu stellen?

Der Antrag ist bei dem PA zu stellen, bei
dem er die Prüfung ablegen will (vgl.
Abschn. V. 2. Ein bestimmter PA ist
nicht vorgeschrieben. Bei der Auswahl
des PA sollte der Bewerber jedoch beachten, daß es zweckmäßig ist, den
nächstgelegenen PA zu wählen, da andernfalls dem Bewerber Mehrkosten
entstehen können. [§ 5 Abs. 1]

2. Wann und durch wen erfolgt die Zulassung zur Prüfung?

Der Bewerber wird erst dann zur Prüfung zugelassen, wenn er die Zulassungsvoraussetzungen erfüllt. Zusätzlich zu den in Nr. 1 dargestellten Voraussetzungen muß die Frist von einem
Monat für eine erneute Teilnahme nach
Nichtbestehen einer Prüfung eingehalten sein. [§ 5 Abs. 2]

Die Zulassung zur Prüfung erfolgt
durch den Vorsitzenden des PA, bei

**Antrag auf Zulassung
zur Prüfung für den amtlichen Sportbootführerschein**

„(Auszug aus Anlage 1)"

**An den
Prüfungsausschuß Hamburg des DMYV/DSV
für den Amtlichen Sportbootführerschein
z. Hd. des Vors. Herrn Kurt Meuthien**
Beim Schlump 2
2000 Hamburg 13

Betr.: Erwerb des amtlichen Sportbootführerscheines

Hiermit beantrage ich die Zulassung zur Prüfung und Erteilung der Fahrerlaubnis gemäß § 5 Abs. 1 der Sportbootführerscheinverordnung vom Dezember 1973 (Bundesgesetzbl. I S. 1988) und bitte um einen Prüfungstermin.

Meinem Antrag füge ich folgende Unterlagen bei:

1. ein ärztliches Zeugnis über ein ausreichendes Hör-, Seh- und Farbunterscheidungsvermögen gemäß Vordruck,
2. eine Erklärung (Bestätigung), daß die Erteilung eines Führungszeugnisses nach § 28 Abs. 5 des Bundeszentralregistergesetzes zur Vorlage beim Prüfungsausschuß beantragt worden ist,
3. ein Lichtbild (38 mm × 45 mm, Halbprofil ohne Kopfbedeckung),
4. bei 16- bis 18jährigen Bewerbern die Zustimmung durch den gesetzlichen Vertreter gemäß Vordruck.

Mir ist bekannt, daß die Unterlagen nicht älter als 6 Monate sein dürfen. Eine Zulassung zur Prüfung erfolgt erst dann, wenn die vorstehenden Unterlagen und das polizeiliche Führungszeugnis vollzählig vorliegen.

Der Motorboot-/Sportbootführerschein ist mir am .... entzogen worden*) / nicht entzogen worden*).

Ich habe keinen weiteren Antrag auf Zulassung zur Prüfung für den amtlichen Sportbootführerschein bei einem Prüfungsausschuß des DMYV/DSV für den amtlichen Sportbootführerschein gestellt. Ein Antrag auf Zulassung zur Prüfung ist noch nicht durch schriftlichen Bescheid abgelehnt worden.

Ich habe auch noch nicht an einer Prüfung teilgenommen, die ich nicht bestanden habe.

Mir ist bekannt, daß die Prüfung bei Nichtbestehen frühestens nach Ablauf von 1 Monat wiederholt werden kann.

Mir ist weiterhin bekannt, daß bei wissentlich falschen Angaben die Fahrerlaubnis durch die Wasser- und Schiffahrtsdirektion Nordwest entzogen werden kann.

Sollte ich zum festgesetzten Termin nicht erscheinen, wird ein Zuschlag zur Prüfungsgebühr von DM 20,– erhoben und von mir entrichtet.

Zur Deckung der Prüfungsgebühren werde ich einen Kostenvorschuß vor der Prüfung einzahlen, dessen Höhe mir noch mitgeteilt wird. Die Bank- oder Postscheck-Quittung bringe ich zur Prüfung mit.

Falls ich trotz wiederholter Aufforderung zur Prüfung nicht erscheine, ist mein Antrag als zurückgenommen anzusehen. In diesem Falle beträgt die Gebühr 3/4 der Prüfungsgebühr zuzüglich DM 20,– wegen nichtentschuldigten Fernbleibens bei der Prüfung und Mehrwertsteuer. Die Gebühr wird vom Prüfungsausschuß festgesetzt.

* Der Prüfungstermin wurde mir bereits durch meinen Lehrgangsleiter mitgeteilt. Auf eine weitere Ladung verzichte ich.

* Da ich mich auf die Prüfung selbst vorbereitet habe, bitte ich um schriftliche/mündliche Ladung zu einem Prüfungstermin.

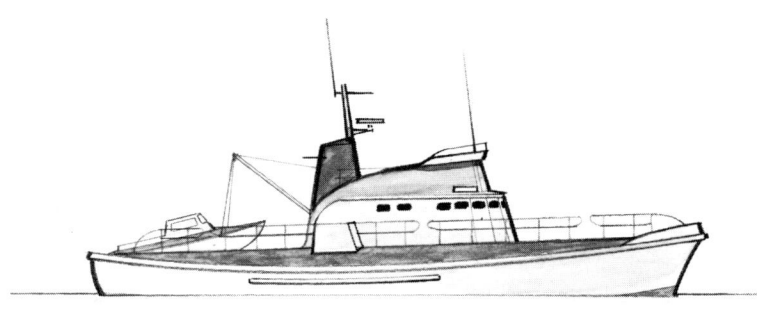

Seenot-Rettungskreuzer mit Tochterboot

dem der Bewerber seinen Antrag gestellt hat. Der Vorsitzende hat insbesondere darauf zu achten, daß die vorgeschriebenen Unterlagen einschließlich des Führungszeugnisses vorliegen. Im Ausnahmefall kann ein Bewerber, dessen Führungszeugnis noch nicht vorliegt, dann zur Prüfung zugelassen werden, wenn nachweislich ein längerer Zeitraum seit der Antragstellung verstrichen ist, und zwar unter dem Vorbehalt, daß im Falle des erfolgreichen Bestehens der Prüfung die Aushändigung des Führerscheins von dem Ergebnis der Prüfung des Führungszeugnisses abhängig gemacht wird.

Die Durchführung der Prüfung vor der Zulassung ist nicht statthaft. Eine förmliche Zulassung ist jedoch nicht erforderlich, sie kann vielmehr auch durch die Ladung zu einem Prüfungstermin erfolgen. Da es sich bei der Entscheidung über die Zulassung zur Prüfung um einen Verwaltungsakt handelt, ist

die Prüfung des Vorliegens der Zulassungsvoraussetzungen sorgfältig durchzuführen. Dabei wird, bestehen hierüber Zweifel, die Entscheidung im Einvernehmen mit der für den PA zuständigen WSD getroffen (vgl. Abschn. VI. 1). [*§ 6 Abs. 1*]

Außerdem ist der Vorsitzende des PA berechtigt, bei Zweifeln hinsichtlich der körperlichen und geistigen Eignung eines Bewerbers zusätzlich ein amts- oder fachärztliches Gutachten einzuholen.

Wird der Bewerber zur Prüfung nicht zugelassen, erteilt der Vorsitzende des PA dem betreffenden Bewerber einen schriftlichen Ablehnungsbescheid mit Gründen, Kostenentscheidung und Rechtsbehelfsbelehrung nach vorgeschriebenem Muster (§§ 37 bis 39, 41 und 80 Verwaltungsverfahrensgesetz). [*Anlage 4 RiVerb*]

3. Wie kann man sich gegen die Nichtzulassung rechtlich wehren?

Der Bewerber kann den die Zulassung zur Prüfung ablehnenden Bescheid anfechten, d. h. Widerspruch beim PA einlegen. Der PA hat seine Entscheidung dann zu überprüfen. Hält der PA den Widerspruch für zutreffend (begründet), wird der Ablehnungsbescheid aufgehoben und der Bewerber wird zur Prüfung zugelassen. Hält der PA den Widerspruch nicht für begründet, erläßt der KoA im Einvernehmen mit der zuständigen WSD einen Widerspruchsbescheid mit Gründen, mit Kostenentscheidung und Rechtsbehelfsbelehrung nach vorgeschriebenem Muster (§§ 37 bis 39, 41 und 80 Verwaltungsverfahrensgesetz) [*2. 3, Anlage 4, Ri Verb*]

IV. Erwerb der erforderlichen Befähigung

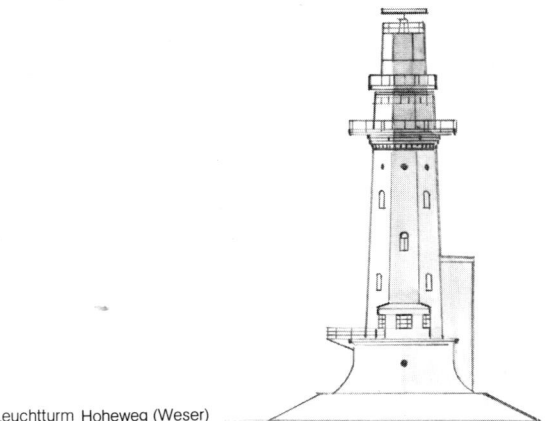

Leuchtturm Hoheweg (Weser)

1. Wer bildet aus?

Die Ausbildung der Sportbootführerscheinbewerber ist gesetzlich nicht geregelt. Es ist vielmehr dem Bewerber überlassen, wie er sich die erforderlichen Kenntnisse aneignet. Nach den bisherigen Erfahrungen haben sich vor allem diejenigen Bewerber im Selbststudium auf die Prüfung vorbereitet, die schon über Vorkenntnisse oder gar über ein eigenes Boot verfügten. Hierfür stand ihnen im Buchhandel genügend Literatur zur Verfügung. Der Bewerber sollte bei der Auswahl darauf achten, daß er einen möglichst übersichtlichen und klaren Leitfaden auswählt, der ihm das für die Prüfung erforderliche Wissen richtig vermittelt. Denn der Bewerber trägt das Risiko dafür, daß das benutzte Ausbildungsmaterial richtig ist. Eine Berufung auf fehlerhafte Unterlagen ist in der Prüfung nicht möglich.

Welche Kenntnisse sich der Bewerber über das für die Führerscheinprüfung erforderliche Wissen hinaus freiwillig aneignen will, um sich oder sein Fahrzeug zu schützen, bleibt ihm überlassen. Er sollte sich jedoch bei dieser Frage bewußt sein, daß es sich bei den vorgeschriebenen Kenntnissen nur um ein Mindestwissen handelt, das ihn in die Lage versetzt, sich richtig im Verkehr zu verhalten.
Der Großteil der Führerscheinbewerber bereitet sich jedoch nicht im Selbststudium auf die Prüfung vor, sondern läßt sich in Ausbildungskursen in gewerblichen Fahrschulen oder bei gemeinnützigen Organisationen wie Sportvereinen, Volkshochschulen, ÖTV-Schiffahrtsschulen usw. das erforderliche Wissen vermitteln. Die genaue Anzahl der von den verschiedenen Stellen durchgeführten Ausbildungskurse ist nicht bekannt, weil eine besondere Registrierpflicht nicht besteht. Auch gibt

es zum gegenwärtigen Zeitpunkt noch keine Richtlinien, wie z. B. im Straßenverkehr, nach denen die Ausbildung durchzuführen ist. Die Entwicklung wird aber von der Verwaltung sorgfältig insbesondere daraufhin überprüft, ob der Erlaß von Ausbildungsrichtlinien notwendig wird. Eine gesetzliche Regelung wie im Straßenverkehr zeichnet sich nicht ab.

Was die Qualität der verschiedenen Ausbildungskurse betrifft, so muß daher der Bewerber selbst darauf achten, ob die Ausbilder geeignet und befähigt sind, das vorgeschriebene Wissen zu vermitteln. Der Bewerber wird ebenfalls auf die Höhe der Kosten für die einzelnen Kurse zu achten haben, da sie im Hinblick auf die unterschiedliche Dauer und Methoden der Ausbildung sehr differieren. Sie müssen auf jeden Fall aber von der Prüfungsgebühr unterschieden werden.

2. Wo gibt es Ausbildungsstätten?

Da die Durchführung von Ausbildungs-kursen nicht amtlich registriert wird, kann ein genauer Überblick über die einzelnen Orte nicht gegeben werden. Soweit bekannt, wurden in der Vergangenheit in folgenden Orten Ausbildungskurse durchgeführt:

Aachen
Aalen
Achim b. Bremen
Altena
Amrum
Attendorn/Westf.
Augsburg

Bad Arnis/Schlei
Bad Schwartau
Bad Zwischenahn
Baden-Baden
Balingen
Baltrum
Bamberg
Bayreuth
Bensberg-Refrath
Berlin
Bernkastel
Bevensen
Bielefeld
Bielenberg
Bingen
Bingum
Bodman
Böblingen
Braunschweig
Bredstedt
Bremen

Bremerhaven
Bremervörde
Breuberg/Neustadt
Bruchköbel
Bruchsal
Brunsbüttel
Buchholz
Büsum
Burg (Fehmarn)
Burgtiefe (Fehmarn)
Buxtehude

Castrop-Rauxel
Celle
Cochem
Coesfeld
Cuxhaven

Damp
Darmstadt
Dollerupholz
Dormagen
Dornum Kr. Norden
Dortmund
Düren
Düsseldorf
Duisburg

Eckernförde

Eicklingen
Elmshorn
Elsfleth
Emden
Emmerich/Rhein
Ennepetal
Erder
Erlangen
Eschweiler
Esens (Ostfriesland)
Essen
Esslingen am Neckar
Euskirchen
Eutin

Fallersleben
Flensburg
Forchheim
Frankfurt
Frauenchiemsee
Freiburg
Freilassing
Friedrichshafen
Friedrichstadt
Friesenhagen
Fröndenberg
Fulda

Geilenkirchen

Geldern
Gellersheim
Geretsries
Gernsheim/Rhein
Glücksburg (Ostsee)
Glückstadt
Gollenshausen
Goltoft
Gräfelfing
Grömitz
Großenbrode
Großschwarzenlohe
Grünendeich
Gstadt
Gummersbach
Guntershausen
Gustavsburg

Haan
Hagen
Hahnbach
Halver
Hamburg
Hameln
Hamminkeln
Hanau
Hanerau-
   Hademarschen
Hannover

Harrislee
Hassmersheim
Hattingen
Heidmühle
Heikendorf
Heilbronn
Heiligenhafen
Heinsberg
Helgoland
Hemmenhofen
Herdecke
Herne
Herrsching
Herzogenrath
Hilchenbach
Hilden
Hof/Saale
Holzminden
Hoya
Hückelhoven
Hückeswagen
Husum

Immenstaad/Bodensee
Ingolstadt
Iserlohn
Itzehoe

Johannesberg

Juist
Jülich

Kaarst
Kaiserslautern
Kamp-Lintfort
Kappeln/Schlei
Karlsruhe
Kerschlach
Kettwig
Kevelaer
Kiel
Kirchhellen
Kleve
Koblenz
Köln
Königswinter
Körbecke
Kollmar
Konz/Trier
Krefeld

Laboe
Lage
Landau
Langenargen
Langenfeld/Rheinland
Langeoog
Lauf
Lauffen/Neckar
Leer
Leverkusen
Lexfähre/Wrohm
Lindau/Bodensee
Linnich
List/Sylt
Lochau/Bodensee
Ludwigshafen/
  Bodensee

Lübbecke
Lübeck
Lübeck-Travemünde
Lüdenscheid
Lüneburg
Lünen
Lunden

Mainz
Mannheim
Mardorf
Marienheide
Marl
Meersburg
Meinerzhagen
Memmingen
Menden
Meschede
Mettmann
Minden
Mönchengladbach
Mückenwald
Mühlbrook
  üb. Neumünster
Mühlheim/Main
Mülheim/Ruhr
München
Münster
Munkbarup

Nebel-Westerheide
Neckargemünd
Neckarsulm
Neßmersiel üb. Norden
Netphen 2
Neuhaus
Neumarkt
Neunkirchen/Saar
Neuss
Neustadt/Holst.

Nieblum
Niebüll
Niederkassel/Rheidt
Nienburg/Weser
Niendorf/Ostsee
Norddeich
Norden
Nordenham
Norderney
Norderstedt
Nordstrand
Nottensdorf
Nürnberg

Oberhausen
Offenbach/Main
Oldenburg
Olpe/Biggesee
Osnabrück
Ostgroßefehn

Paderborn
Pahlen
Papenburg
Passau
Pelzerhaken
Pforzheim
Pinneberg
Plettenberg
Plochingen
Poll
Prien

Radolfzell
Rastatt
Ratingen
Ratzeburg
Rees
Regensburg
Reinbek

Remscheid
Rendsburg
Rheinau/Freistett
Rheinberg
Rheydt
Rodenbach
Rodenkirchen
Rosenheim
Rothenbach
Rottenburg
Rüdesheim
Russee

Saarlouis
Seestermühe
Seevetal
Seligenstadt
Siegen
Sipplingen
Solingen
Syke
Schenefeld
Schleiden
Schleswig
Schönberg
Schwanewede
Schwerte
St. Peter-Ording
Steinberg
Steinebach
Steinhude
Stolberg
Straubing
Stuttgart
Speyer

Teisnach
Thierhaupten
Timmendorfer Strand
Tübingen

Übach-Palenberg
Überlingen/Bodensee
Uetersen
Ulm
Unna
Unterhaching
Utting

Varel
Velbert
Verden/Aller
Viersen
Vlotho-Valdorf
Voerde

Wachtberg
Wallhausen
Waltrop
Warmbronn
Warstein
Wassenberg
Wasserburg
Wedel
Weisweil
Werdohl
Wesel
Wien/Österreich
Wiesbach
Wiesbaden
Wilhelmshaven
Willich
Wischhafen
Witten
Woeßburg
Wolfsburg
Worms
Wuppertal
Wyk/Föhr

Zeyern

V. Die Durchführung der Sportboot- führerscheinprüfung

Die Prüfung, in der die Befähigung zum Führen eines Sportbootes nachzuweisen ist, soll zeigen, ob der Bewerber ausreichende Kenntnisse der für das Führen eines Sportbootes maßgeblichen schiffahrtpolizeilichen Vorschriften und die zur sicheren Führung eines Sportbootes auf den Seeschiffahrtstraßen erforderlichen Kenntnisse hat und zu ihrer praktischen Anwendung fähig ist. [§ 3]
Inhalt und Verfahren der Prüfung hat das BVM in Richtlinien geregelt, um die Einheitlichkeit der Prüfungsanforderungen zu gewährleisten und damit dem Gleichbehandlungsgrundsatz Rechnung zu tragen. [§ 3 RiVerb]

1. Wer prüft?

Die Prüfungen werden von den gemeinsamen Prüfungsausschüssen der beauftragten Verbände abgenommen (siehe nebenstehende Übersicht): [§ 6 Abs. 1 / 1 RiVerb]
Den Sitz dieser PA hat das BVM auf Vorschlag der beauftragten Verbände bestimmt. Nach diesem Verfahren können je nach Bedarf weitere PA einge-

Die Prüfungsausschüsse des DMYV/DSV

Prüfungs- ausschuß	Vorsitzender	Ort	Telefon
Aurich	Dieter Böse	Rolfskamp 6 **2950 Leer/Ostfriesland**	(04 91) 6 20 09
Berlin	Wolfgang Oelschläger	Königsberger Straße 3a **1000 Berlin 45**	(0 30) 7 72 58 96
Bodensee	Ernst Speiser	Akazienweg 19 **7990 Friedrichshafen 1**	(0 75 41) 7 26 75 Mo. bis Fr. 9 bis 12 Uhr
Bremen	Hans-Günter Oltmann	Worpsweder Straße 56 **2800 Bremen**	(04 21) 35 58 11 Mo. bis Fr. 9 bis 12 Uhr, Mi. 16 bis 18 Uhr
Düsseldorf	Peter Klöckner	Holzstraße 1 **4000 Düsseldorf 1 (Hafen)**	(02 11) 39 34 94 Mo. bis Fr. 9 bis 13 Uhr
Flensburg	Ernst-G. Mühlenhardt	Lindenweg 19 **3292 Glücksburg**	(0 46 31) 22 39 Mo. bis Fr. 8 bis 17 Uhr Sa. 8 bis 12.30 Uhr
Hamburg	Kurt Meuthien	Beim Schlump 2 **2000 Hamburg 13**	(0 40) 4 10 14 41 Mo. bis Fr. 8.30 bis 12.30 Uhr
Hannover	Gerhard Kallmeyer	Hildesheimer Straße 409 **3000 Hannover**	(05 11) 86 12 09 Mo. bis Fr. 9 bis 12 Uhr, 14 bis 19 Uhr
Kiel	Gerhard Schröder	Kleiner Eiderkamp 5 **2300 Schulensee**	(04 31) 65 18 20 Mo., Di. u. Do. 15 bis 18 Uhr
Lübeck	Karl Milatz	Stecknitzstraße 5 **2400 Lübeck**	(04 51) 80 35 55 Mo. bis Fr. 18 bis 20 Uhr,
München	Wolfgang Neumann	Untertaxetweg 134 **8035 Gauting**	(0 89) 8 50 55 29 Mo. bis Fr. 9 bis 13 Uhr
Wiesbaden	Rudolf Thoelen	Moritzstraße 28 **6200 Wiesbaden**	(0 61 21) 37 20 78 Mo. bis Fr. 9 bis 13 Uhr

Feststehende Prüfungstermine können beim KOA oder bei den PA erfragt werden.

richtet werden. Die Vorsitzenden eines PA und deren Stellvertreter werden ebenfalls auf gemeinsamen Vorschlag der beauftragten Verbände (KoA) vom BVM bestellt. Die Beisitzer werden von den beauftragten Verbänden (KoA) und von den zuständigen WSDn jeweils für ihren Bereich benannt. Ein Rechtsanspruch auf Bestellung als Prüfer besteht weder für einzelne Personen noch für Vereine.

Die Prüfung wird von dem Vorsitzenden des PA oder dessen Stellvertreter, einem von den beauftragten Verbänden und einem von der zuständigen WSD benannten Beisitzer abgenommen. Diese Regelung besagt jedoch nicht, daß der PA nur aus diesen drei Prüfungsmitgliedern besteht, vielmehr kann ein PA, was auch in der Regel der Fall ist, aus mehreren stellvertretenden Vorsitzenden und einer größeren Anzahl von Beisitzern der beauftragten Verbände und der zuständigen WSD bestehen, um mit größtmöglicher Flexibilität die jeweils erforderliche Anzahl von Prüfungskommissionen bilden zu können. [§ 6 Abs. 2]

Der Vorsitzende, dessen Stellvertreter und die Beisitzer müssen geeignet und

zuverlässig sein, insbesondere mindestens einen amtlichen Motorbootführerschein bzw. Sportbootführerschein besitzen. Der Vorsitzende und dessen Stellvertreter müssen die Gewähr bieten, daß die Hoheitsaufgaben nach Maßgabe der Durchführungsrichtlinien ordnungsgemäß ausgeführt werden. Die beauftragten Verbände überzeugen sich gemeinsam davon, daß diese Voraussetzungen jederzeit vorliegen; sie bedienen sich hierbei des KoA. [1.3 RiVerb / 1.1 RiWSV]

Eine Schulungstätigkeit, die der Vorbereitung auf die Sportbootführerscheinprüfung dient, ist unvereinbar mit der Tätigkeit als Vorsitzender oder Beisitzer eines PA. Üben der Vorsitzende oder ein stellvertretender Vorsitzender eines PA eine derartige Schulungstätigkeit aus, so unterrichten die beauftragten Verbände unverzüglich das BVM, das nach Anhörung der beauftragten Verbände die Bestellung widerrufen oder zurücknehmen kann. Ist der Betreffende ein von den beauftragten Verbänden benannter Beisitzer, so wird er von ihnen von seiner Prüfungstätigkeit entbunden. Ist der Betreffende ein von der zuständigen WSD benannter

Beisitzer, so wird diese unverzüglich benachrichtigt, damit sie die erforderliche Maßnahme trifft. Das gilt auch dann, wenn sonstige Umstände vorliegen, die das Mitglied des PA für seine Tätigkeit ungeeignet oder unzuverlässig erscheinen lassen. [§ 6 Abs. 1]

2. Wo wird geprüft?

Der Ort der Prüfung wird von dem PA festgelegt, bei dem der Bewerber den Antrag zur Prüfung gestellt hat. Grundsätzlich werden die Prüfungen am Sitz des PA durchgeführt. Auf Veranlassung der Bewerber kann der PA auch Prüfungen außerhalb seines Sitzes durchführen. Die damit verbundenen Kosten gehen dann zu Lasten der Bewerber. [1.1 RiVerb]

Eine räumliche Abgrenzung der Zuständigkeit· der einzelnen PA ist nicht festgelegt worden. Gleichwohl sind die Tätigkeitsbereiche der einzelnen PA so abgestimmt, daß nicht zwei PA am gleichen Ort prüfen. Die Übersicht auf den Seiten 46 und 47 zeigt, wo die PA bisher im wesentlichen Prüfungen abgenommen haben.

Prüfungsorte für den amtlichen Sportboot-Führerschein

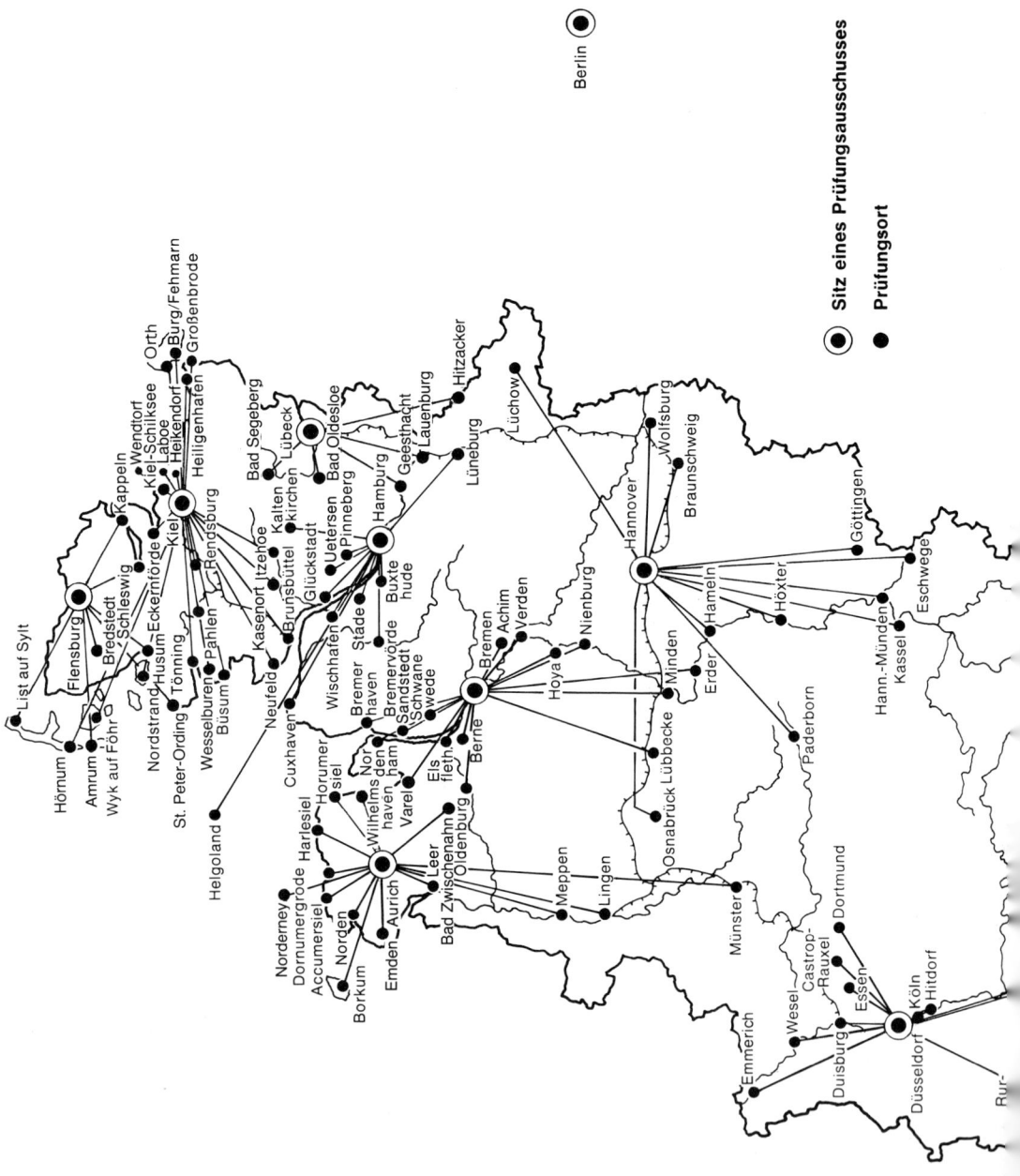

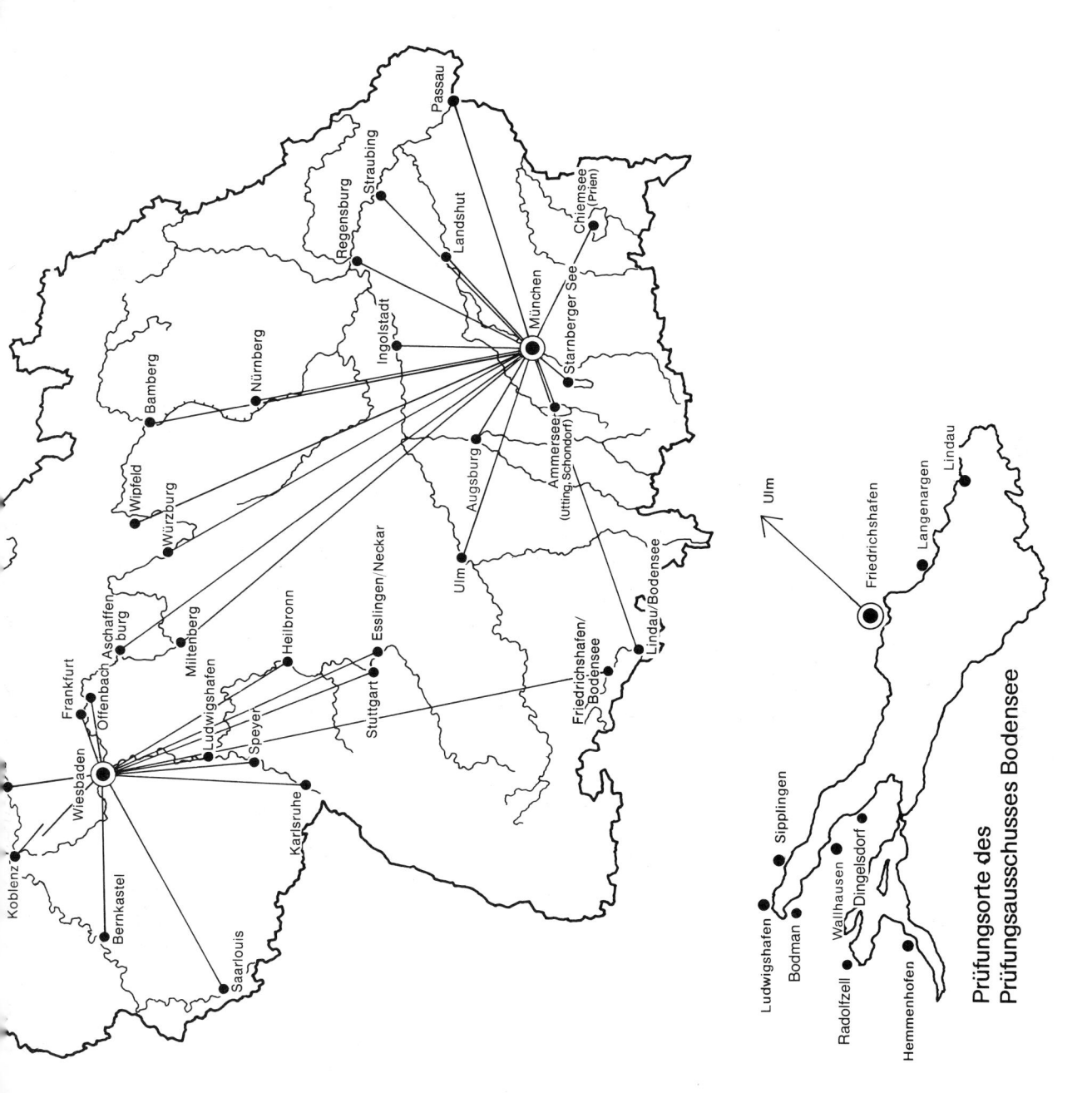

Passau

Straubing

Regensburg

Landshut

Chiemsee
(Prien)

München

Ingolstadt

Starnberger See

Bamberg

Nürnberg

Ammersee
(Utting, Schondorf)

Augsburg

Wipfeld

Würzburg

Esslingen/Neckar

Heilbronn

Ulm

Offenbach Aschaffen-
burg

Miltenberg

Lindau/Bodensee

Frankfurt

Ludwigshafen

Stuttgart

Friedrichshafen/
Bodensee

Speyer

Wiesbaden

Koblenz

Karlsruhe

Bernkastel

Saarlouis

Ulm

Langenargen

Lindau

Friedrichshafen

Sipplingen

Ludwigshafen

Bodman

Wallhausen

Dingelsdorf

Radolfzell

Hemmenhofen

**Prüfungsorte des
Prüfungsausschusses Bodensee**

3. Wie wird geprüft?

3.1 Allgemeines

Die Prüfung wird von dem Vorsitzenden des PA oder dessen Stellvertreter und zwei Beisitzern abgenommen, die mit Stimmenmehrheit entscheiden. Der eine Beisitzer wird von den beauftragten Verbänden, der andere von der zuständigen WSD benannt. [*§ 6 Abs. 2 / 3.2.1 RiVerb*]

Die Prüfung besteht aus einem theoretischen und einem praktischen Teil und soll möglichst an einem Tag durchgeführt werden. Die Prüfung wird von dem Vorsitzenden des PA oder dessen Stellvertreter geleitet. Der Vorsitzende und die Beisitzer prüfen soweit zweckmäßig gemeinsam. Die Prüfung wird so lange durchgeführt, bis sich die Prüfer ein ausreichendes Urteil gebildet haben. Der PA achtet darauf, daß sich die Fragen und die Anforderungen im vorgeschriebenen Rahmen halten. Er achtet ferner darauf, daß bei der Prüfung niemand, insbesondere wegen der Zugehörigkeit oder Nichtzugehörigkeit zu einem Verein, bevorzugt oder benachteiligt wird. Soweit das Prüfungsverfahren in den Durchführungsrichtlinien nicht geregelt ist, liegt die Ausgestaltung der Prüfung im pflichtgemäßen Ermessen der beauftragten Verbände. Kann die Prüfung aus zwingenden Gründen nicht an einem Tag abgeschlossen werden, ist darauf zu achten, daß der noch ausstehende Teil der Prüfung möglichst von denselben Prüfern abgenommen wird.

Möchte der Bewerber gleichzeitig mit der Prüfung für den Sportbootführerschein den Befähigungsnachweis nach der SpoFüV-Binnen erwerben, soll der PA dies dadurch ermöglichen, daß die getrennten Prüfungen in einem zeitlichen Zusammenhang abgelegt werden [*§ 6 Abs. 6*]. Im Hinblick darauf, daß die beiden Prüfungen von verschiedenen PA's abgenommen werden, die allerdings im Einzelfall teilweise aus denselben PA-Mitgliedern bestehen können, sind entsprechende organisatorische Vorkehrungen notwendig. Der Bewerber sollte daher einen entsprechenden Antrag rechtzeitig stellen.

3.2 Vorbereitung der Prüfung

Ort und Zeitpunkt der Prüfung wird vom Vorsitzenden des PA im Einvernehmen mit der zuständigen WSD rechtzeitig vorher festgesetzt. Zu diesem Zweck werden vorher der zuständigen WSD der beabsichtigte Prüfungstermin und -ort sowie die voraussichtliche Anzahl der Prüflinge mitgeteilt. Gleichzeitig werden die Prüfungsteilnehmer schriftlich geladen. In der Ladung wird der Bewerber auf die Kostenfolgen im Falle eines unentschuldigten Fernbleibens hingewiesen. [*3.2.2 RiVerb*]

Auf die Einhaltung einer Ladungsfrist und der Schriftform kann der Bewerber verzichten. Mit Zustimmung des Bewerbers kann die Ladung auch an den Lehrgangsleiter gerichtet werden. Die erforderlichen Erklärungen kann der Bewerber im Antragsformular abgeben.

Prüfungstermine, insbesondere in der Wassersportsaison, werden so festgesetzt, daß längere Wartezeiten für die Bewerber vermieden werden. Damit die Bewerber die Prüfung zu dem von ihnen vorgesehenen Termin ablegen können, haben sie in ihrem eigenen Interesse darauf zu achten, daß sie den Antrag rechtzeitig stellen und die vorgeschriebenen Unterlagen vollständig und fristgerecht beifügen.

3.3 Welche Kenntnisse müssen in der theoretischen Prüfung nachgewiesen werden?

Durch die theoretische Prüfung ist der Nachweis folgender Kenntnisse zu erbringen (siehe nebenstehende Tabelle) [*3.1.2. RiVerb*]

Der Vorsitzende des PA sorgt dafür, daß die Prüfung an einem geeigneten Ort durchgeführt wird, der sowohl genügend große Räume für die theoretische Prüfung als auch einen Bootsanleger für die praktische Prüfung aufweist.

Die Zahl der Prüfungsteilnehmer sollte mindestens 10, höchstens 30 Bewerber betragen. In besonderen Fällen kann die Höchstzahl überschritten werden, wenn besondere Umstände vorliegen und durch organisatorische Maßnahmen sichergestellt ist, daß die Prüfung ordnungsgemäß abgenommen werden kann. [*3.1.2. RiVerb*]

1. Kenntnisse der maßgebenden schiffahrtpolizeilichen Vorschriften
- Seestraßenordnung
- Seeschiffahrtstraßen-Ordnung
- Schiffahrtpolizeiverordnung über Sicherungsmaßnahmen für militärische Sperr- und Warngebiete an der schleswig-holsteinischen Ost- und Westküste und am Nord-Ostsee-Kanal

2. Nautische Grundkenntnisse
- terrestrische Navigation
- Kompaßlehre
- Gebrauch der Seekarten und Seebücher
- Auswertung nautischer Nachrichten und Bekanntmachungen
- Kenntnis der Schiffahrtzeichen, soweit sie nicht in der Seeschiffahrtstraßen-Ordnung geregelt sind
- Gezeitenkunde

3. Seemannschaft
- Manövrieren, Fahren im Schlepp, Ankern
- Verhalten bei Seenotfällen und Havarien sowie bei schlechtem Wetter, Notsignale
- Sicherheitsmaßnahmen und Sicherheitsausrüstung
- Verhütung und Bekämpfung von Bränden

4. Wetterkunde
- Gebrauch des Barometers
- Lesen von Wetterkarten
- Wind- und Sturmwarnungen

Welche Kenntnisse im einzelnen erforderlich sind, ergibt sich aus dem Fragenkatalog (vgl. Teil II), da nur der darin enthaltene Prüfungsstoff Gegenstand der theoretischen, schriftlichen oder mündlichen Prüfung ist.

3.4 Wie wird die theoretische Prüfung durchgeführt, kann auf sie verzichtet oder hiervon befreit werden?

Die theoretische Prüfung wird grundsätzlich schriftlich und mündlich gemeinsam von dem Vorsitzenden und den Beisitzern durchgeführt. Vor der Prüfung legen der Vorsitzende und die Beisitzer gemeinsam fest, welcher von den 20 Fragebögen mit je 30 Fragen und einer Kartenaufgabe mit je 3 Fragen, die jeweils einen wohlausgewogenen Querschnitt der Fragen aus dem Fragenkatalog (vgl. Teil II) für die theoretische Prüfung enthalten, für die schriftliche Beantwortung innerhalb einer Stunde und 15 Minuten verwendet werden soll. [3.2.2 RiVerb]
Der von den beauftragten Verbänden gemeinsam mit den WSDn erstellte und vom BVM fachlich geprüfte Fragenkatalog enthält 342 Fragen und 20 Karten-

aufgaben. Um eine möglichst große Einheitlichkeit der Prüfungen zu erreichen und gleichzeitig Täuschungsmanöver zu verhindern, sind die in dem Fragenkatalog enthaltenen Fragen in 20 Fragebogenkombinationen in der Weise aufgeteilt worden, daß jede Frage in mindestens einem der 20 Fragebogenkombinationen erscheint und daß die für die Sicherheit und Leichtigkeit des Verkehrs besonders wichtigen Fragen entsprechend häufig wiederkehren.

Hilfsmittel, wie z.B. Bücher dürfen bei der Beantwortung der Fragen nicht benutzt werden. Bei einem Täuschungsversuch gilt die Prüfung als nicht bestanden. [3.2.3.1 RiVerb]
Vor Beginn der Prüfung wird festgestellt, ob die zum Prüfungstermin geladenen Bewerber vollzählig erschienen sind. Ist ein Bewerber trotz Ladung nicht erschienen, wird er erneut geladen und dabei darauf hingewiesen, daß be bei erneutem Nichterscheinen sein Antrag auf Prüfung als zurückgewiesen gilt. [7.2 RiVerb]
Der Vorsitzende belehrt vor Beginn der Prüfung die Bewerber über die Folgen eines Täuschungsversuchs. Die Prüfung wird von einem Mitglied des PA beaufsichtigt. Während der Prüfung dürfen außer den Bewerbern nur die Mitglieder und Bediensteten des Prüfungsausschusses, des KoA und Ver-

treter der zuständigen Aufsichtsbehörde anwesend sein. [3.2.2 RiVerb]
Die Fragen sind je nach ihrem Schwierigkeitsgrad mit jeweils ●, ●● oder ●●● Punkten bewertet worden. Zur Gewährleistung eines einheitlichen Prüfungsmaßstabes sind für die Prüfer Antwortvorschläge für die Bewertung der von den Bewerbern gegebenen Antworten vorgesehen, die eine Empfehlung an den Prüfer darstellen. Die Antwort des Bewerbers braucht nicht wörtlich mit dem Antwortvorschlag übereinzustimmen. Die Bewertung der Beantwortung der Frage richtet sich danach, in welchem Umfang die gegebene Antwort mit dem sachlichen Inhalt des Antwortvorschlages übereinstimmt. Hat er eine mit ●●● Punkten bewertete Frage richtig beantwortet, so erhält er ●●● Punkte; hat er sie dagegen nur teilweise rischtig beantwortet, so erhält er entweder nur ● oder ●● Punkte, je nachdem, in welchem Umfang er sich der richtigen Antwort genähert hat. Hat der Bewerber eine mit ●● Punkten bewertete Frage teilweise richtig beantwortet, so kann er allenfalls nur ● Punkt erhalten. Hat der Bewerber eine mit ● Punkt bewertete Frage nur teilweise richtig beantwortet, so kann er keinen Punkt erhalten. Erreichbar sind 66 Punkte.
Die Prüfung gilt als nicht bestanden, wenn der Bewerber nur 43 oder weniger Punkte erreicht hat, es sei denn, es

liegen besondere Umstände vor. Werden 54 Punkte erreicht, ist eine mündliche Prüfung erforderlich. Erreicht der Bewerber eine Punktzahl von mindestens 55 Punkten, wird er von der mündlichen Prüfung befreit, wenn nicht besondere Umstände eine solche Prüfung erfordern.
In der mündlichen Prüfung sollen keine Fragen gestellt werden, die in der schriftlichen Prüfung nicht richtig beantwortet sind. [3.2 RiVerb]
Der Nachweis der erforderlichen Kenntnisse gilt als erbracht, wenn der Bewerber Inhaber des Zeugnisses über die Prüfung zum Sportseeschiffer, nach der Bekanntmachung Sportsee/hochseeschiffer, ist. [3.2.3.3.1 RiVerb]
Der Bewerber kann vom PA von der theoretischen Prüfung befreit werden, wenn er in einer früheren nicht bestandenen Prüfung hierbei überdurchschnittliche Kenntnisse nachgewiesen hat. [§ 6 Abs. 5] Die vorangegangene Prüfung sollte nicht länger als 6 Monate zurückliegen. Die Befreiung liegt im pflichtgemäßen Ermessen des PA. [3.2.3.4 RiVerb]

3.5 Welche Fähigkeiten müssen in der praktischen Prüfung nachgewiesen werden?

Die Prüfung erstreckt sich auf die praktische Beherrschung folgender Manöver und Fertigkeiten:

- Steuern nach Schiffahrtszeichen, anderen Objekten oder nach Kompaß
- Manövrieren (Ablegen, Anlegen, Festmachen, Wenden auf engem Raum, „Mann-über-Bord"-Manöver mit Hilfe eines treibenden Gegenstandes)
- Wichtige Knoten (Achtknoten, halber Schlag, zwei halbe Schläge, Kreuzknoten, einfacher Schotenstek, doppelter Schotenstek, Palstek, Feuerwehrstek, Belegen von Enden)
- Anlegen einer Rettungsweste

3.6 Wie wird die praktische Prüfung durchgeführt?

Der Vorsitzende und die Beisitzer sollen sich, soweit notwendig gemeinsam, durch die praktische Prüfung an Bord davon überzeugen, daß der Bewerber die zur sicheren Führung eines Sportbootes erforderlichen Kenntnisse anwenden (vgl. Teil III) kann.

Erscheint es dem PA zweckmäßig, so kann er bestimmen, daß die praktische Prüfung zunächst von nur einem Mitglied des Prüfungsausschusses durchgeführt wird. Dieses Mitglied hat dann den anderen Mitgliedern Bericht über den Verlauf des begutachteten Prüfungsteils zu erstatten und einen Bewertungsvorschlag zu unterbreiten. Halten die übrigen Mitglieder die vorgeschlagene Bewertung nach dem Verlauf der bisherigen Prüfung für zutreffend, können sie sich dem Vorschlag ohne Fortsetzung der praktischen Prüfung anschließen. Bestehen Zweifel an der Eignung, ist die Prüfung gemeinsam so lange durchzuführen, bis sich jeder Prüfer ein ausreichendes Urteil gebildet hat. [*3.2.3.2 RiVerb*]

Für die praktische Prüfung sollte ein Gewässer gewählt werden, das entweder eine Seeschiffahrtstraße ist oder wenigstens in etwa vergleichbare Verhältnisse aufweist. [*3.2.3.2 RiVerb*]

Für die Abnahme der praktischen Prüfung hat der Bewerber ein betriebsfähiges Sportboot mit mehr als 5 PS und einen Bootsführer zu stellen, der eine Fahrerlaubnis haben muß. Der Vorsitzende kann ein Sportboot ablehnen, wenn es nicht verkehrssicher ist oder aufgrund seiner Bauart, Größe und Tragfähigkeit für die Durchführung der Prüfung ungeeignet ist. Auf dem Sportboot müssen ein Anker mit ausreichender Leine oder Kette, ein Bootshaken, ein Rettungsring, ein Feuerlöscher und gegebenenfalls zwei Stechpaddel sowie für jede an Bord befindliche Person eine zugelassene Rettungsweste vorhanden sein.

Während der Prüfungsfahrt haben anleitende oder unterstützende Maßnahmen, die dem Zweck der Prüfung zuwiderlaufen, zu unterbleiben.

Während der Prüfung dürfen außer den Bewerbern nur die Mitglieder und Bediensteten des PA, des KoA und Vertreter der zuständigen Aufsichtsbehörde sowie zusätzlich der verantwortliche

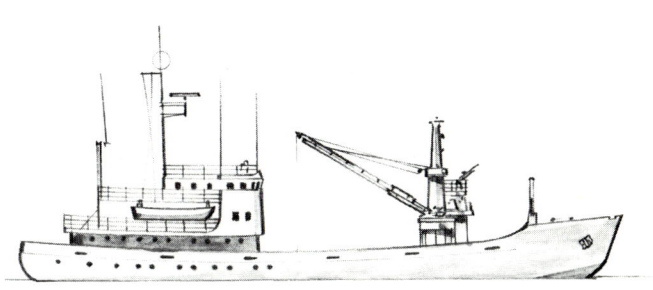

Tonnenleger

Bootsführer sowie das zur Bedienung erforderliche Personal anwesend sein. Die Anwesenheit des Fahrlehrers ist nicht gestattet, es sei denn, daß er der verantwortliche Bootsführer ist.

Ergibt die praktische Prüfung, daß der Bewerber die vorgeschriebenen Manöver und Fertigkeiten nicht beherrscht oder die notwendigen Schiffahrtpolizeivorschriften nicht anwenden kann, so gilt die Prüfung als nicht bestanden. [*3.2.3.2 RiVerb*]

3.7 Wann kann auf die praktische Prüfung verzichtet oder hiervon befreit werden?

Der Nachweis der Fähigkeit zur Anwendung der zur sicheren Führung eines Sportbootes auf den Seeschiffahrtstraßen erforderlichen Kenntnisse gilt als erbracht, wenn der Bewerber eines der nachfolgenden Fertigkeitszeugnisse besitzt:

1. Schifferpatent, Schifferausweis oder Befähigungszeugnis im Sinne der §§ 15, 24, 26 und 39 der Verordnung über Befähigungszeugnisse in der Binnenschiffahrt vom 15. Juni 1956 (Bundesgesetzbl. II S. 722), soweit

diese Patente oder Zeugnisse nur für Binnenschiffahrtstraßen oder Teile von ihnen gelten.
2. Befreiung für Elbschifferzeugnisse oder Zeugnis für die Zulassung zum Verkehr mit Motorfahrzeugen auf Teilen einer Seeschiffahrtstraße, z. B. Inhaber eines Hafenpatentes nach der Hamburgischen Verordnung über Befähigungszeugnisse in der Hafenschiffahrt vom 16. September 1959 (GVBl. S. 128).
3. Zeugnis nach § 9 der Polizeiverordnung über die Benutzung von maschinengetriebenen Wasserfahrzeugen zur gewerblichen Personenbeförderung auf den Gewässern um Helgoland vom 2. Juni 1964 (GVOBl. Sch.-H.S. 67).

Der Bewerber kann vom PA von der praktischen Prüfung befreit werden, wenn er in einer früheren nicht bestandenen Prüfung hierbei überdurchschnittliche Kenntnisse nachgewiesen hat. [*§ 6 Abs. 5*] Die vorangegangene Prüfung sollte nicht länger als 6 Monate zurückliegen. Die Befreiung liegt im pflichtgemäßen Ermessen des PA. [*PA 3.2.3.4 RiVerb*]

3.8 Wie wird das Ergebnis der Prüfung festgestellt?

Die Prüfung ist solange durchzuführen, bis sich die Prüfer ein ausreichendes Urteil gebildet haben.

Der Bewerber hat die Prüfung bestanden, wenn er die erforderlichen Kenntnisse und Fähigkeiten durch die theoretische und praktische Prüfung nachgewiesen hat, es sei denn, daß er von der letzteren befreit ist. Der Prüfungsausschuß beschließt mit Stimmenmehrheit.

Besteht dagegen ein Bewerber die Prüfung nicht, so hat ihm der Vorsitzende des PA das Ergebnis mündlich mit dem Hinweis mitzuteilen, daß er einen schriftlichen Bescheid mit Gründen, Kostenentscheidung und Rechtsbehelfsbelehrung erhält.

Über den Prüfungsverlauf wird für jeden Bewerber eine Ergebnisniederschrift nach Muster aufgenommen und aufbewahrt. [*3.2.3.4 Anlage 4 RiVerb*]

VI. Ausübung der Fachaufsicht über die Sportbootführerscheinprüfung

Die den beiden Sportverbänden übertragenen Hoheitsaufgaben verpflichten den Staat als Auftraggeber, diese Tätigkeit zu beaufsichtigen. Die Fach- und Rechtsaufsicht hat sich dabei sowohl auf die Gesetzmäßigkeit als auch auf die Zweckmäßigkeit der Ausübung der Hoheitsbefugnisse zu erstrecken.

1. Welche Behörden sind zuständig?

Bei der Durchführung der übertragenen Hoheitsaufgaben unterstehen die beauftragten Sportverbände der Fachaufsicht des BVM, der sich bei der Durchführung der Fachaufsicht über die PA – nicht dagegen über den KoA – der WSDn Nord und Nordwest bedient. Die Zuständigkeit der beiden WSDn für die einzelnen PAs hat das BVM wie folgt festgelegt:

WSD Nord
für die Prüfungsausschüsse
Hamburg, Lübeck,
Kiel, Flensburg, Berlin

WSD Nordwest
für die Prüfungsausschüsse
Aurich, Bodensee, Bremen,
Düsseldorf, Hannover, Wiesbaden,
München

Die WSDn üben die Fachaufsicht über die ihnen zugewiesenen PA insbesondere durch die Entsendung von Beisitzern aus. Die Beisitzer sollen möglichst Inhaber eines Motorboot- oder Sportbootführerscheins, eines gleichwertigen oder eines nautischen Befähigungszeugnisses sein.

2. Umfang der Fachaufsicht

Grundsätzlich haben die von den WSDn bestellten Beisitzer darauf zu achten, daß die RiVerb beachtet werden. Bei der Zulassung von Bewerbern haben sie darauf zu achten, daß sie erst dann erfolgt, wenn aufgrund der beizufügenden Unterlagen feststeht, daß die Zulassungsvoraussetzungen vorliegen. [*1.2 RiWSV*]
Bei der Durchführung der Prüfung erstreckt sich die Fachaufsicht insbesondere darauf, daß

● die zugelassene Teilnehmerzahl nicht überschritten wird,
● der Gleichheitsgrundsatz nicht verletzt wird, d. h. Vereinsmitglieder nicht im Verhältnis zu Nichtmitgliedern bevorzugt werden und die Fragen hinsichtlich der Schwierigkeit und Bedeutung in der mündlichen Prüfung wohl ausgewogen sind,

● in der theoretischen Prüfung erst kurz vor Beginn der Prüfung der Fragebogen ausgewählt wird.
● bei der praktischen Prüfung
  a) ein verkehrssicheres Prüfungsfahrzeug vorhanden ist, das aufgrund seiner Bauart, Sicherheitsausrüstung, Größe, Tragfähigkeit und Motorenleistung für die Durchführung der Prüfung geeignet ist,
  b) das Gewässer, auf dem die Prüfung stattfindet, eine Seeschiffahrtstraße ist oder wenigstens vergleichbare Verhältnisse aufweist und
  c) geeignete Wetterverhältnisse herrschen.

Kann die Prüfung aus zwingenden Gründen nicht an einem Tag abgeschlossen werden, ist darauf zu achten, daß der noch ausstehende Teil der Prüfung möglichst von denselben Prüfern abgenommen wird.

VII. Verwaltungsmaßnahmen nach Abschluß der Prüfung

1. Wann und wie wird der Sportbootführerschein ausgestellt?

Nach bestandener Prüfung wird dem Bewerber die Fahrerlaubnis erteilt und ihm der Sportbootführerschein innerhalb einer Woche ausgehändigt oder mit Einschreiben zugestellt. [*4.1. Ri-Verb*]

Der Vorsitzende des Prüfungsausschusses unterschreibt den Führerschein. Der Führerschein wird in der linken unteren Ecke des für das Lichtbild vorgesehenen Raumes auf dem Lichtbild und neben der Unterschrift des Vorsitzenden mit dem Stempel des Prüfungsausschusses versehen, aus dem sich ergibt, daß er im Auftrage der beiden beauftragten Verbände tätig geworden ist.

Sämtliche Unterlagen eines Bewerbers werden von dem von den beauftragten Verbänden eingerichteten KoA sieben Jahre lang aufbewahrt. Die eingereichten Unterlagen der Bewerber, die die Prüfung nicht bestanden haben, werden wieder zurückgegeben. [*4.3 Ri-Verb*]

2. Wann ist der Sportbootführerschein unter Auflagen zu erteilen und wie werden die Auflagen überwacht?

Bewerbern, die beschränkt körperlich geeignet sind oder die als ungeeignet angesehen werden können, weil sie wegen Gefährdung des Schiffsverkehrs rechtskräftig bestraft worden sind oder wiederholt mit Geldbuße geahndete Zuwiderhandlungen gegen Schiffahrtspolizeivorschriften begangen haben, kann die Fahrerlaubnis unter Auflagen erteilt werden, soweit dadurch die mit dem Mangel der Eignung verbundenen Gefahren durch den Bewerber ausgeglichen werden können [*§ 2 Abs. 3 Satz 1*].

2.1 Welche Auflagen werden erteilt, wenn eine Sehhilfe erforderlich ist?

Wird von einem Bewerber die vorgeschriebene Sehschärfe (vgl. Abschn. III. 1.2.1) nur mit Sehhilfe erreicht, so wird ihm die Auflage erteilt, die Sehhilfe bei der Führung des Sportbootes ständig zu tragen und eine Ersatzsehhilfe mitzuführen. [*4.2.1 RiVerb*]

Zusätzlich wird der Führerschein des betreffenden Bewerbers mit einem Stempel folgenden Inhalts versehen:

Der (Die) Führerscheininhaber(in) muß beim Führen eines Sportbootes eine Sehhilfe tragen, die seine (ihre) Sehschärfe ausreichend k o r r i g i e r t. Eine Ersatzsehhilfe ist mitzuführen.

2.2 Welche Auflagen werden erteilt, wenn nur die Mindestanforderungen an das Sehvermögen oder das Hörvermögen erfüllt werden?

Werden von einem Bewerber nur die Mindestvoraussetzungen für das Sehvermögen (vgl. Abschn. III, 1.2.1) erreicht, so wird ihm die Auflage erteilt, durch eine im Abstand von 2 Jahren durchzuführende augenärztliche Wiederholungsuntersuchung nachzuweisen, daß die Voraussetzungen noch vorliegen. Die Frist kann auf Vorschlag des Augenarztes bis auf 4 Jahre verlängert oder auf 1 Jahr verkürzt werden. Der Termin der nächsten Untersuchung wird im Führerschein wie folgt vermerkt: [*4.2.2 RiVerb*]

Nächste Untersuchung .... (Mon./Jahr)

Eine Wiederholungsuntersuchung ist deshalb angezeigt, weil eine Verschlechterung des Sehvermögens auf dem bislang völlig gesunden Auge, die altersbedingt oder aus sonstigen Gründen eintreten kann, bei einem nur „Einäugigen" geeignet ist, viel schneller dahin zu führen, daß die Schwelle zur körperlichen Ungeeignetheit überschritten wird, als dies bei einem unbeschränkt Geeigneten zutrifft. Um solche wesentlichen Minderungen der optischen Wahrnehmung zu erkennen, ist die Durchführung von Wiederholungsuntersuchungen in regelmäßigen Abständen das geeignete Mittel. Die Tatsache, daß der Bewerber nicht an einer fortschreitenden Augenkrankheit leidet, ist hierfür ohne Belang. Die periodische Beibringung des augenärztlichen Zeugnisses mag zwar lästig sein, sie stellt aber im Hinblick auf den zeitlichen und geringen finanziellen Aufwand nur eine relativ geringfügige Beeinträchtigung dar, die wegen des Interesses der Allgemeinheit an der Verhütung von Unfällen im Rahmen des Grundsatzes der Verhältnismäßigkeit hingenommen werden muß.

Zusätzlich wird der Führerschein des Bewerbers mit einem Stempel folgenden Inhalts versehen:

> Der (Die) Führerscheininhaber(in) hat sich der nächsten Wiederholungsuntersuchung im .... (Monat/Jahr) zu unterziehen und darf eine Höchstgeschwindigkeit von 10 sm/Std. nicht überschreiten.

Auch diese Auflage ist mit dem rechtsstaatlichen Grundsatz der Verhältnismäßigkeit vereinbar. Denn ohne Zweifel wird durch den Verlust des räumlichen Sehens die Orientierungsfähigkeit insbesondere in der Dunkelheit stark beeinträchtigt. Das macht ganz allgemein Einschätzungen von Entfernungen und von Bewegungsrichtungen anderer Fahrzeuge schwieriger als für andere

Schiffsführer. Die Fähigkeit zum räumlichen Sehen spielt auf dem Wasser u. a. deshalb aber eine gegenüber dem Verkehr zu Lande gesteigerte Rolle, weil die Boote ihre Umgebung nicht durch Scheinwerfer ausleuchten. Die Beschränkung der Geschwindigkeit auf 10 sm in der Stunde, die dem Führerscheininhaber die Möglichkeit läßt, alle Sportboote – außer ausgesprochen schnellen – zu fahren, hält sich daher innerhalb des sachlich Gebotenen und Zumutbaren. Dem Führerscheininhaber wird weiterhin schriftlich auferlegt, jede Änderung des Wohnsitzes unverzüglich dem PA mitzuteilen. [4.2.2 RiVerb]

Werden von einem Bewerber nur die Mindestvoraussetzungen für das Hörvermögen (vgl. Abschn. III, 1.2.1) erreicht, so wird ihm die Auflage erteilt, durch eine im Abstand von 2 Jahren durchzuführende ärztliche Wiederholungsuntersuchung nachzuweisen, daß die Voraussetzungen noch vorliegen. Die Frist kann auf Vorschlag des Arztes verkürzt werden [4.2.3]. Die Auflage wird ebenfalls im Führerschein eingetragen.

2.3 Wie werden die Auflagen erteilt und überwacht?

Die Auflagen werden dem Führerscheininhaber durch einen schriftlichen Bescheid mit Rechtsmittelbelehrung mitgeteilt. Die Erteilung der Auflagen ist ein selbständiger Verwaltungsakt, der unabhängig von der Fahrerlaubnis an-

gefochten werden kann (insoweit vgl. Abschn. III, 3.).

Der PA, der den Führerschein ausgestellt hat, überwacht den Termin der Wiederholungsuntersuchung. Der Vorsitzende trägt nach rechtzeitiger Vorlage eines augenärztlichen Attestes über die Wiederholungsuntersuchung, in der dem Führerscheininhaber ein ausreichendes Seh- und Farbunterscheidungsvermögen nach den oben angegebenen Werten bescheinigt wird, in den Sportbootführerschein den Zeitpunkt der nächsten Wiederholungsuntersuchung unter Angabe von Jahr und Monat ein. Für den Fall der rechtzeitigen Vorlage eines ärztlichen Attestes über ein ausreichendes Hörvermögen gilt entsprechendes.

Wird ein ärztliches Zeugnis über eine Wiederholungsuntersuchung nicht rechtzeitig vorgelegt, so wird der betreffende Führerscheininhaber unter Festsetzung einer Frist von 10 Tagen zur Vorlage des Zeugnisses aufgefordert und zugleich darauf hingewiesen, daß nach Fristablauf ein Entziehungsverfahren eingeleitet wird. Nach erfolgloser Mahnung übergibt der PA den Vorgang unverzüglich der WSD Nordwest und sendet eine Kopie an den KoA. Ergibt die Wiederholungsuntersuchung, daß kein ausreichendes Hör-, Seh- oder Farbunterscheidungsvermögen mehr vorliegt, wird ebenfalls ein Entziehungsverfahren eingeleitet (vgl. Abschn. XI).

3. Wie kann man sich gegen das Nichtbestehen der Prüfung rechtlich wehren?

Erteilung und Nichterteilung der Fahrerlaubnis sind Verwaltungsakte. Sie können nach Durchführung eines Vorverfahrens (Widerspruchsverfahren) vor den Verwaltungsgerichten angefochten werden. [§§ 40, 42 VWGO]
Legt ein Betroffener Widerspruch gegen die Nichterteilung einer Fahrerlaubnis ein, hat der PA seine Entscheidung zu überprüfen. Hält der PA den Widerspruch für zutreffend (begründet), wird der Ablehnungsbescheid aufgehoben und dem Bewerber die Fahrerlaubnis erteilt. Hält der PA dagegen den Widerspruch nicht für begründet, erläßt der KoA im Einvernehmen mit der für den PA zuständigen WSD einen Widerspruchsbescheid mit Kostenrechnung und Rechtsbehelfsbelehrung. Für diese Maßnahmen sind die beauftragten Verbände deshalb selbst zuständig, da die nächsthöhere Behörde, nämlich das BVM, oberste Bundesbehörde ist. [§ 73 Abs. 1 Nr. 2 VWGO]
Das vorstehende Verfahren gilt auch für den Fall, daß die Ausstellung eines Sportbootführerscheins ohne Prüfung verweigert wird (vgl. Abschn. VIII.).

4. Welche Kosten werden für die einzelnen Amtshandlungen erhoben?

Die Kosten sollen den Aufwand der Verwaltung einschließlich der beauftragten Verbände decken (Kostendeckungsprinzip).

Zusätzlich zu den Kosten werden 11 % Mehrwertsteuer erhoben.

Zu Nr. 1
Diese Gebühr wird auch dann erhoben, wenn der Bewerber von der mündlichen oder praktischen Prüfung befreit wird oder wenn der Bewerber zusätzlich zur

Kosten (Gebühren und Auslagen)		
Nr.	Tatbestand	DM
1.	Für die Abnahme der Führerscheinprüfung	54,–
2.	für die Erteilung einer Fahrerlaubnis nach Bestehen der Prüfung	22,–
3.	für die nachträgliche Erteilung von Auflagen nach § 2 Abs. 3	11,50
4.	für die Ausstellung einer Ersatzausfertigung nach § 7	30,–
5.	für die Erteilung einer Fahrerlaubnis ohne Prüfung nach § 13	30,–
6.	für die Ablehnung eines Antrags	19,–
7.	für die Entziehung einer Fahrerlaubnis nach § 8 und Verhängung eines Fahrverbots nach § 8 a	85,– bis 250,–
8.	Reisekosten für die Prüfungsmitglieder	tatsächlich entstandene Kosten

Vorlage seines Sportseeschifferzeugnisses noch die praktische Prüfung ablegen muß, um die Fahrerlaubnis zu erhalten.

Zu Nr. 2
Mit dieser Gebühr wird der Verwaltungsaufwand für die Ausstellung des Sportbootführerscheins und seiner Registrierung abgedeckt.

Zu Nr. 3
Diese Gebühr wird dann erhoben, wenn nach Erteilung der Fahrerlaubnis aufgrund des Fahrverhaltens des Führerscheininhabers im Verkehr Auflagen erteilt werden müssen, um zwischenzeitlich eingetretene Mängel der Eignung auszugleichen.

Zu Nr. 4
Im Falle der Ausstellung einer Ersatzausfertigung ist in den Kosten der für die Veröffentlichung der Ungültigkeitserklärung im Verkehrsblatt erforderliche Betrag enthalten.

Zu Nr. 5
Mit dieser Gebühr wird der mit der Prüfung der Voraussetzungen und der mit der Ausstellung des Sportbootführerscheins und seiner Registrierung verbundene Verwaltungsaufwand abgedeckt.

Zu Nr. 6
Handelt es sich lediglich um eine schriftliche oder mündliche Anfrage, wird noch keine Gebühr erhoben. Dies gilt nicht, wenn der Antragsteller gleichzeitig mit der Anfrage die Zulassung und Abnahme der Prüfung begehrt.

Zu Nr. 8
Hier ist zu unterscheiden zwischen den Reisekosten der amtlichen Beisitzer der WSDn und den der übrigen Mitglieder des PA. Reisekosten der amtlichen Beisitzer fallen immer dann an, wenn die Prüfungen nicht am Sitz der WSD stattfinden. Reisekosten der Verbandsvertreter fallen nur dann an, wenn die Prüfung nicht am Sitz des PA stattfindet (vgl. Abschn. V. 2).
Es hängt daher vom Bewerber ab, in welcher Höhe Reisekosten als Auslagen anfallen. In seinem Interesse wird von dem PA darauf geachtet, daß die Prüfungen nicht willkürlich und gegen sein Interesse an anderen Orten stattfinden. Die Reisekosten werden anteilig auf die Bewerber einer Prüfung umgelegt.

5. Wie werden die Kosten erhoben?
Die Kosten werden, ausgenommen im Falle der Entziehung einer Fahrerlaubnis, der Erteilung eines Fahrverbots oder der Erteilung eines Führerscheins ohne Prüfung, von dem PA festgesetzt und eingezogen. Im Falle der Entziehung der Fahrerlaubnis und der Erteilung eines Fahrverbots werden die Kosten von der WSD Nordwest, im Falle der Erteilung eines Führerscheins ohne Prüfung von dem KoA festgesetzt und eingezogen. [*7.3 RiVerb*]

Schuldner der Kosten ist,

1. Wer die Amtshandlung veranlaßt oder zu wessen Gunsten sie vorgenommen wird,
2. wer die Kosten durch eine vor der zuständigen Behörde abgegebene oder ihr mitgeteilte Erklärung übernommen hat.

Die Gebührenschuld entsteht, soweit ein Antrag notwendig ist, mit dessen Eingang, im übrigen mit der Beendigung der gebührenpflichtigen Amtshandlung. [*§ 10 VwKostG*]
Die Verpflichtung zur Erstattung von Auslagen entsteht mit der Aufwendung des zu erstattenden Betrages.
Die Kosten können jedoch erst eingezogen werden, wenn sie fällig sind.

Dazu ist erforderlich, daß eine Kostenentscheidung getroffen und dem Kostenschuldner bekanntgegeben wird. [§ 17 VwKostG]

Die Entscheidung über die Kosten ergeht, soweit möglich, zusammen mit der Sachentscheidung. Aus der Kostenentscheidung müssen mindestens hervorgehen: kostenerhebende Stelle, Kostenschuldner, kostenpflichtige Amtshandlung, Einzelbeträge, Zeit, Ort und Art der Zahlung.

Die Kostenentscheidung kann mündlich ergehen; sie wird auf Antrag schriftlich bestätigt. Soweit sie schriftlich ergeht oder schriftlich bestätigt wird, wird auch die Rechtsgrundlage für die Erhebung der Kosten sowie deren Berechnung angegeben. [§ 14 VwKostG]

Bei der Abnahme von Prüfungen wird die Kostenentscheidung in der Regel am Ende der Prüfung getroffen werden. Soweit der Führerschein sofort ausgehändigt wird, wird normalerweise eine mündliche Kostenentscheidung ergehen. Wird hingegen der Führerschein übersandt oder ist die Prüfung nicht bestanden, so wird die Kostenentscheidung schriftlich mit der Übersendung des Führerscheins bzw. dem Bescheid über das Nichtbestehen der Prüfung erlassen. Da die Kostenentscheidung ein selbständiger Verwaltungsakt ist, kann sie mit Rechtsmitteln angefochten werden (vgl. Abschn. III, 3, VII. 3). Ergeht die Kostenentscheidung mündlich, sollen Beanstandungen sofort erhoben werden.

Besteht ein Bedürfnis, die voraussichtlichen Kosten bereits vor Vornahme der Amtshandlung einzuziehen, was insbesondere bei der Abnahme von Prüfungen zweckmäßig sein kann, so kann ein angemessener Vorschuß oder eine angemessene Sicherheitsleistung bis zur Höhe der voraussichtlich entstehenden Kosten gefordert werden. [§ 16 VwKostG]

Wird ein angeordneter Vorschuß nicht geleistet, so kann die Vornahme der Amtshandlung abgelehnt werden. Die Anordnung der Vorschußzahlung kann mit der Zulassung bzw. der Ladung zur Prüfung verbunden werden. Bei der Zahlung eines Vorschusses wird bei der Kostenentscheidung klargestellt, inwieweit durch den Vorschuß die ausstehenden Kosten bereits geleistet bzw. welche zusätzlichen Beträge zu zahlen sind.

Wird ein Antrag ausschließlich wegen Unzuständigkeit abgelehnt, so wird keine Gebühr erhoben. Wird ein Antrag auf Vornahme einer Amtshandlung zurückgenommen, nachdem mit der fachlichen Arbeit begonnen, die Amtshandlung aber noch nicht beendet ist, oder wird ein Antrag aus anderen Gründen als wegen Unzuständigkeit abgelehnt, oder wird eine Amtshandlung zurückgenommen oder widerrufen, so ermäßigt sich die vorgesehene Gebühr um ein Viertel; es kann von ihrer Erhebung abgesehen werden, wenn dies der Billigkeit entspricht.

Für die Stundung, Niederschlagung und den Erlaß von Kostenforderungen gelten die Vorschriften der Bundeshaushaltsordnung. Diese Maßnahmen sollen nur im Einvernehmen mit den zuständigen WSDn erfolgen.

Werden die Gebühren nicht gezahlt, werden sie mit Unterstützung der zuständigen WSD beigetrieben. Der Anspruch auf Zahlung von Kosten verjährt nach drei Jahren, spätestens mit dem Ablauf des vierten Jahres nach der Entstehung. Die Verjährung beginnt mit dem Ablauf des Kalenderjahres, in dem der Anspruch fällig geworden ist. [§ 20 VwKostG]

VIII. Ausstellung des Sportbootführerscheins ohne Prüfung

1. Berechtigen Fertigkeitszeugnisse der Verbände?

Fertigkeitszeugnisse der Verbände berechtigen nicht mehr zur Ausstellung eines Sportbootführerscheins ohne Prüfung. Zwar ist in der SportFüV vorgesehen, daß Verbandszertifikate, die bis zum Stichtag der Verkündung der Verordnung ausgestellt sind, innerhalb eines Jahres in einen amtlichen Sportbootführerschein ohne weitere Prüfung umgetauscht werden können; diese Umtauschfrist ist aber am 31. Dezember 1974 abgelaufen

2. Welche amtlichen Befähigungszeugnisse berechtigen?

Die in Abschn. I.5.1 aufgeführten amtlichen Befähigungszeugnisse zum Führen von Wasserfahrzeugen auf den Seeschiffahrtstraßen befreien zwar von der Führerscheinpflicht; gleichwohl hat sich in der Vergangenheit die Notwendigkeit ergeben, diesem Personenkreis zu Legitimationszwecken auf Antrag einen Sportbootführerschein auszustellen. Dies stellt nicht nur für den einzelnen Fahrzeugführer eine Vereinfa-

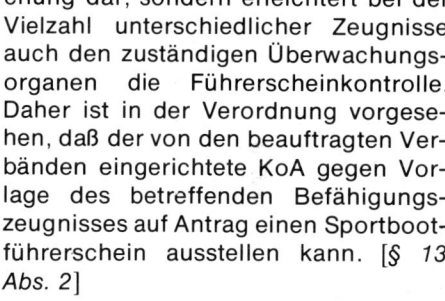

chung dar, sondern erleichtert bei der Vielzahl unterschiedlicher Zeugnisse auch den zuständigen Überwachungsorganen die Führerscheinkontrolle. Daher ist in der Verordnung vorgesehen, daß der von den beauftragten Verbänden eingerichtete KoA gegen Vorlage des betreffenden Befähigungszeugnisses auf Antrag einen Sportbootführerschein ausstellen kann. [*§ 13 Abs. 2*]

3. Welche amtlichen Prüfungszeugnisse berechtigen?

Gegen Vorlage eines
● Zeugnisses über die Prüfung zum Sporthochseeschiffer nach der Bekanntmachung Sportsee-/Hochseeschiffer,
● Prüfungszeugnisses der Gruppe A und B der Schiffsbesetzungs- und Ausbildungsordnung
kann der KoA ebenfalls einen Sportbootführerschein ausstellen, sofern die Inhaber körperlich, geistig und aufgrund ihres bisherigen Verhaltens im Verkehr zum Führen eines Sportbootes geeignet sind, insbesondere über ein ausreichendes Hör-, Seh- und Farbunter-

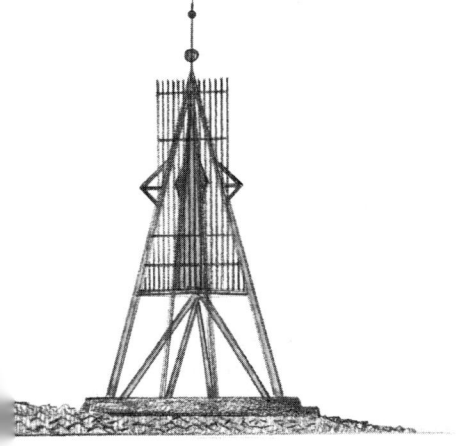

Kugelbake Cuxhaven

scheidungsvermögen verfügen [§ 2 Abs. 1 Nr. 2/6.2 RiVerb].

Die Frist für die Ausstellung eines Sportbootführerscheins ohne Prüfung bei Vorlage bestimmter, bis zum 31. 12. 1974 ausgestellter Zeugnisse der Bundeswehr, ist am 31. 12. 1980 abgelaufen.

4. Welche Unterlagen sind einem Antrag beizufügen?

Die Ausstellung eines Sportbootführerscheins kann in den in Nr. 3 aufgeführten Fällen nur gegen Vorlage des Originalzeugnisses, einer Zweitausfertigung oder einer beglaubigten Kopie erfolgen. Außerdem sind die im Abschn. I. 1.3.1 angegebenen Unterlagen beizu-

fügen, die nicht älter als 6 Monate sein dürfen. [6.2.2 RiVerb]

Die Ablehnung des Antrages ist ein selbständiger Verwaltungsakt, der mit einem Rechtsmittel angefochten werden kann (vgl. insoweit Abschn. III. 3). Wird der Antrag abgelehnt, wird dies daher dem Antragsteller durch einen schriftlichen Bescheid mit Rechtsbehelfsbelehrung mitgeteilt.

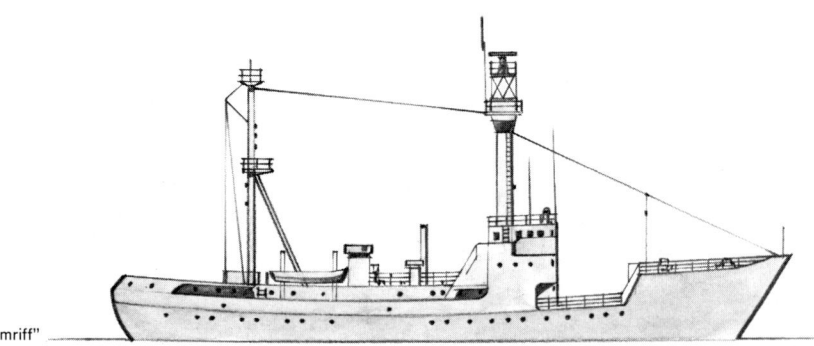

Feuerschiff „Borkumriff"

IX. Verwaltungsmaßnahmen nach Ausstellung eines Sportbootführerscheins

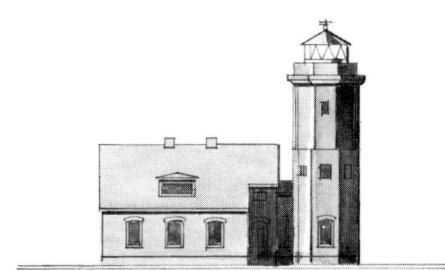

Leuchtturm Westermarkelsdorf

1. Wann müssen Eintragungen im Sportbootführerschein geändert werden?

Ergeben sich im Laufe der Zeit Änderungen der Eintragungen im Führerschein, so können diese von dem KoA berichtigt werden. Die Änderung wird so vorgenommen, daß sie als solche erkenntlich und die ändernde Stelle ersichtlich ist. Die Tatsache der einzutragenden Änderung muß der Inhaber des Sportbootführerscheins durch Vorlage der Urkunde beweisen (Heiratsurkunde, Bescheinigung des Einwohnermeldeamtes usw.). Abgesehen von Schreib- und Portokosten werden keine Gebühren erhoben. Auf Wunsch des Führerscheininhabers kann auch ein neuer Führerschein ausgestellt werden. Der bisherige Führerschein ist dann einzuziehen. In diesem Fall sind Gebühren zu erheben (vgl. Abschn. VII. 4). [*5.1 RiVerb*]

2. Wann kann eine Ersatzausfertigung ausgestellt werden?

Ist ein Sportbootführerschein unbrauchbar geworden oder wird glaubhaft gemacht, daß er gestohlen oder verlorengegangen ist, so wird auf Antrag (Formular) vom KoA eine Ersatzausfertigung ausgestellt, wenn der Antragsteller als Inhaber des Sportbootführerscheins anhand der Unterlagen identifiziert wird. [*§ 7 / 5.2, Anlage 13 RiVerb*]
Der unbrauchbar gewordene Sportbootführerschein wird eingezogen. Ein Sportbootführerschein ist unbrauchbar geworden, wenn er unleserlich oder teilweise beschädigt worden ist oder sonst als Urkunde im Rechtsverkehr nur erschwert verwendet werden kann. Ist der Sportbootführerschein gestohlen worden, muß der Antragsteller nachweisen, daß er den Diebstahl bei der Polizei angezeigt hat.

Ist der Sportbootführerschein verlorengegangen, muß er diese Tatsache möglichst unter Angabe von Zeugen durch eine schriftliche Versicherung bestätigen. Ist nach den Umständen ein Mißbrauch des verlorengegangenen Führerscheins zu befürchten, wird er öffentlich für ungültig erklärt. Diese im Verkehrsblatt veröffentlichte Erklärung enthält die Nummer des Sportbootführerscheins, den Prüfungsausschuß, den Ausstellungstag und -ort sowie die Personenangaben des Inhabers.

Die Ersatzausfertigung wird als solche bezeichnet und die Tatsache ihrer Ausstellung in den Prüfungsunterlagen vermerkt. Unter das Datum der Ausstellung der Ersatzausfertigung wird zusätzlich das Datum der Ausstellung der Erstausfertigung gesetzt. Als Gebühr werden DM 30,– erhoben. [*§ 10 Abs. 1, Nr. 4*]

3. Wird ein Verzeichnis geführt?

Der KoA führt ein Verzeichnis der Inhaber der Fahrerlaubnisse und daneben eine alphabetische Kartei. In das Verzeichnis und die Kartei werden das Datum der Erteilung der Fahrerlaubnis und ggf. der Verlust des Sportbootführerscheins sowie bei Entzug der Fahrerlaubnis auch der Grund sowie die Frist eingetragen, innerhalb derer eine neue Fahrerlaubnis nicht erteilt werden darf. Die Ausstellung von Ersatzausfertigungen wird ebenfalls eingetragen. [*§ 9 Abs. 1 / 5.3 RiVerb*]
Dieses Verzeichnis enthält den jeweiligen Bestand der ausgestellten Führerscheine und bildet die Grundlage für alle Auskünfte.

4. Dürfen Auskünfte aus dem Verzeichnis erteilt werden?

Die Führerscheinkartei dient dem Zweck, den zuständigen amtlichen Stellen die für ihre Tätigkeit notwendigen Unterlagen zu liefern. Auskünfte aus dem Verzeichnis dürfen nur an die Gerichte, Seeämter, Staatsanwaltschaften und Polizeibehörden erteilt werden, soweit dies im öffentlichen Interesse liegt und gesetzliche Vorschriften nicht entgegenstehen. Der KoA ist gegenüber den genannten Stellen nicht nur zur Auskunftserteilung berechtigt, sondern auch verpflichtet. Die Erteilung von Auskünften an nicht genannte Behörden ist ausgeschlossen, auch wenn sie dort amtlichen Zwecken dienen sollten. [*§ 9 Abs. 2 / 5.4 RiVerb*]
Privatpersonen sind in keinem Falle auskunftsberechtigt, insbesondere auch nicht Rechtsanwälte im Falle privatrechtlicher Schadensersatzprozesse.

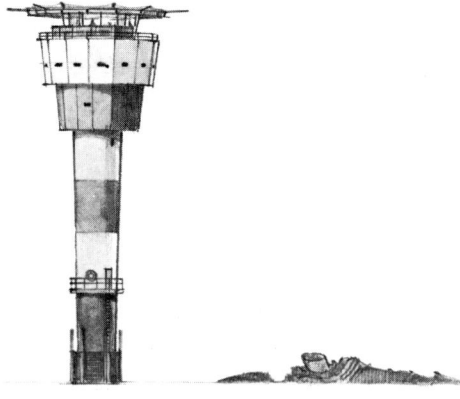

Leuchtturm Vogelsand (Elbe)

X. Maßnahmen zur Überwachung der Führer von Sportbooten und zur Ahndung von Verstößen gegen die Sportbootführerscheinverordnung

1. Wer ist für die Durchführung der schiffahrtpolizeilichen Kontrolle zuständig und wie erfolgt sie?

Die Kontrolle der Führer von Sportbooten, ob sie einen gültigen Sportbootführerschein oder ein anerkanntes Befähigungszeugnis mitführen oder etwa erteilte Auflagen erfüllt haben, obliegt den Schiffahrtspolizeibehörden. Schiffahrtspolizeibehörden sind die WSDn Nord und Nordwest sowie die ihnen nachgeordneten Wasser- und Schiffahrtsämter; diese bedienen sich der Vollzugshilfe der Wasserschutzpolizei der Länder nach Maßgabe einer Vereinbarung zwischen dem Bund und den Ländern über die Ausübung der schiffahrtpolizeilichen Vollzugsaufgaben sowie des Bundesgrenzschutzes und der Zollverwaltung. [§ 11 /3.1 RiWSV / § 60 SeeSchStrO]

Zur Überwachung der Führer von Sportbooten werden in unregelmäßigen Abständen Kontrollen durchgeführt (siehe nebenstehende Tabelle).

Kontrollziel 1
Besitz der Fahrerlaubnis
Mitführen eines gültigen
– Sportbootführerscheins/Motorbootführerscheins
– amtlichen deutschen Befähigungszeugnisses,
– anerkannten amtlichen deutschen Befähigungszeugnisses.
– anerkannten amtlichen ausländischen Befähigungszeugnisses

Kontrollziel 2
Einhaltung der im Sportbootführerschein eingetragenen Auflagen
Anhaltspunkte, daß die körperliche oder geistige Eignung nicht mehr gegeben ist

Bei Führern von Sportbooten, die gemäß den Eintragungen im Führerschein ihr Sehvermögen durch eine Sehhilfe korrigieren müssen, wird festgestellt, ob sie beim Führen des Fahrzeugs eine Sehhilfe tragen und die Ersatzsehhilfe mitführen. [3.2 RiWSV]
Bei Führerscheininhabern, die sich einer Wiederholungsuntersuchung zu unterziehen haben, wird darauf geachtet, ob die eingetragene Frist für die Wiederholungsuntersuchung eingehalten worden ist und ggf. die vorgeschriebene Höchstgeschwindigkeit von 10 sm/Std. nicht überschritten wurde.
Was die Durchführung der Kontrollen betrifft, so sind der Eigentümer sowie der Führer des Fahrzeugs verpflichtet, den Beamten der Wasserschutzpolizei jederzeit das Betreten des Fahrzeugs und die Ausübung ihrer Befugnisse zu ermöglichen. Das bedeutet, daß sie auf Aufforderung anzuhalten, das Anbordkommen des Beamten zu ermöglichen, die nötigen Auskünfte zu erteilen und den Sportbootführerschein bzw. sonstige Nachweise auszuhändigen haben. Diese Pflicht besteht auch nach Beendigung der Fahrt, solange ein zeitlicher Zusammenhang mit der beendeten Fahrt gegeben ist, also auch nach dem Festmachen. [§ 8 SeeAufG]

2. Welche Maßnahmen erfolgen bei Nichtbeachtung der Auflagen und bei Verdacht körperlicher oder geistiger Mängel?

Kann bei einer schiffahrtpolizeilichen Kontrolle der Führer eines Sportbootes entgegen den Eintragungen im Führerschein eine Ersatzsehhilfe nicht vorweisen oder ist die eingetragene Frist für die Wiederholungsuntersuchung bereits verstrichen, kann ihm die Weiterfahrt durch schiffahrtpolizeiliche Verfügung untersagt werden. [*3.3 RiWSV*]

Außerdem sind zu unterrichten:

1. der Prüfungsausschuß, der den Sportbootführerschein ausgestellt hat, damit der Führerscheininhaber noch einmal zur Vornahme der Wiederholungsuntersuchung aufgefordert wird,

2. die WSD Nordwest, die nach erfolgloser Mahnung ein Entziehungsverfahren einleitet, [*§ 8 Abs. 3*]

3. die zuständige WSD als Schiffahrtpolizeibehörde, die wegen des Verstoßes ein Ordnungswidrigkeitsverfahren einleitet. [*§12 Abs. 1 Nr. 4*]

Besteht aufgrund des Verhaltens eines Sportbootführerscheininhabers bei einer Führerscheinkontrolle Anlaß zu der Annahme, daß eine nicht im Führerschein vermerkte Schwäche des Hör-, Seh- oder Farbunterscheidungsvermögens vorliegt oder daß sich eine derartige eingetragene Schwäche verstärkt hat, so wird im ersten Fall der PA unterrichtet, der den Führerschein ausgestellt hat und der erforderlichenfalls nachträgliche Auflagen erteilt [*§ 2 Abs. 3 Satz 2*], und im zweiten Fall die WSD Nordwest informiert, die ein Entziehungs- oder Fahrverbotsverfahren einleitet und hierfür die Vorlage eines amts- oder fachärztlichen Zeugnissen verlangen kann. [*3.3 RiWSV / § 8 Abs. 1 / § 8a*] Wird aufgrund einer ärztlichen Wiederholungsuntersuchung festgestellt, daß Anlaß zu der Annahme besteht, daß nach dem Erwerb der Fahrerlaubnis eine Beschränkung der körperlichen Eignung eingetreten ist, wird der Führerscheininhaber zunächst aufgefordert, sich innerhalb einer angemessenen Frist zur Überprüfung seiner körperlichen Eignung einer amts- oder fachärztlichen Untersuchung zu unterziehen und ein neues Zeugnis vorzulegen. Sind danach die Voraussetzungen für das normale Seh- oder Hörvermögen (vgl. Abschn. III.1.2.1) nicht mehr, aber noch die Ausnahmebestimmungen gegeben, werden die vorgesehenen Auflagen erteilt. Ist auch letzteres nicht der Fall, wird die WSD Nordwest zwecks Einleitung eines Entziehungs- oder Fahrverbotsverfahrens unterrichtet. Für die Erteilung der Auflagen und deren Überwachung ist der PA zuständig, der die Fahrerlaubnis erteilt hat. [*4.2.4 RiVerb*]

3. Werden Verstöße gegen die Sportbootführerscheinverordnung mit Bußgeld geahndet?

Verstöße oder Zuwiderhandlungen gegen Vorschriften können durch Strafen oder Geldbußen geahndet werden. Die Strafbarkeit einer Tat wird im Strafgesetzbuch und in Nebenstrafgesetzen bestimmt. Die Möglichkeit, eine Zuwiderhandlung mit einer Geldbuße zu ahnden, ist im Ordnungswidrigkeitengesetz geregelt. Strafe und Ordnungswidrigkeit unterscheiden sich durch ihren Unrechtsgehalt. Straftat ist das kriminelle Unrecht, Ordnungswidrigkeit das sog. Verwaltungsunrecht. Die Bezeichnung „Ordnungswidrigkeit" bringt zum Ausdruck, daß es sich bei diesem Unrecht um Verstöße gegen Gebots- oder Verbotsvorschriften handelt, die im wesentlichen ordnungssetzende oder -erhaltende Bedeutung haben. Im Gegensatz dazu wird als Straftat die Verletzung von Rechtsvorschriften gewertet, die den Schutz der Grundlagen der Gesellschaftsordnung und sonstiger für das sittliche Zusammenleben von Menschen wesentlicher Rechtsgüter bezwecken.

Die Ordnungswidrigkeit ist also nicht ein Weniger gegenüber der Straftat, sondern etwas anderes. Sie ist ihrem Charakter nach keine Sühne für ein Verschulden und soll auch nicht erzieherisch wirken. Sie hat keine herabsetzende Wirkung — keine Eintragung in das Strafregister — und kann nicht in eine Ersatzfreiheitsstrafe umgewandelt werden. Demgemäß bestehen auch gegenüber der Straftat erhebliche Unterschiede in den Verfahrensvorschriften. Es werden nur Verwaltungsbehörden tätig, die im Gegensatz zu den Justizbehörden, für die grundsätzlich Strafverfolgungszwang besteht (Legalitätsprinzip), nach pflichtgemäßem Ermessen zu entscheiden haben, ob sie eine Geldbuße festsetzen wollen oder nicht (Opportunitätsprinzip). Die Grenzen des pflichtgemäßen Ermessens sind gesetzlich nicht näher bestimmt. [§ 47 OWiG]

Im Hinblick darauf, daß es sich bei der Sportbootführerscheinverordnung um polizeiliche Gebot- und Verbotsvorschriften handelt, hat der Gesetzgeber Zuwiderhandlungen dagegen als Ordnungswidrigkeiten eingestuft, die mit einem Bußgeld geahndet werden. Um eine möglichst gleichmäßige Ahndung der Ordnungswidrigkeiten zu gewährleisten, hat der Bundesminister für Verkehr einen Verwarnungs- und Bußgeldkatalog erlassen und darin die Ahndung von Verstößen gegen die Sportbootführerscheinverordnung wie folgt geregelt (siehe untenstehende Tabelle):* [§ 12 / § 12 Abs. / 4 RiWSV]

* Auszug aus dem ,,Verwarnungs- und Bußgeldkatalog für Zuwiderhandlungen gegen strom- und schiffahrtpolizeiliche Vorschriften des Bundes auf Binnen- und Seeschiffahrtstraßen sowie auf der Hohen See'' vom 15. Februar 1980 (VkBl. 1980 S. 86), abgedruckt in Graf/Steinicke Verwarnungs- und Bußgeldkatalog für die See- und Binnenschiffahrt einschließlich der Sportschiffahrt — Band 1 Seeschiffahrt —, Sportschiffahrts Verlag GmbH, Hamburg.

Lfd. Nr.	Tatbestand	§§ der SportFüV	V-Geld DM	G-Buße DM
7.1	Führen eines Sportbootes ohne Fahrerlaubnis; Zulassen oder Anordnen als Eigentümer oder Führer eines Sportbootes, daß jemand dieses führt, der nicht die dazu erforderliche Fahrerlaubnis besitzt	§ 1 Abs.1	—	250,—
7.2	Nichtmitführen des Sportbootführerscheins beim Führen von Sportbooten	§ 1 Abs. 2 Satz 2	10,—	—
7.3	Zuwiderhandeln gegen eine vollstreckbare Auflage	§ 2 Abs. 3		50,—
7.4	Nichtabliefern des Sportbootführerscheins nach Entziehung der Fahrerlaubnis	§ 8 Abs. 5 Satz 1 und 2	—	100,—

Aus dem Verwarnungs- und Bußgeld- katalog ergibt sich, daß lediglich das Nichtmitführen des Sportbootführer- scheins bzw. eines anerkannten Befä- higungsnachweises beim Führen von Sportbooten verwarnungsgeldfähig ist, wobei der Betrag von DM 10,– zwin- gend vorgeschrieben ist. Bei allen übri- gen Zuwiderhandlungen darf der Ver- stoß nur mit einem Bußgeld geahndet werden, wobei es sich bei den im Kata- log angegebenen Beträgen um Regel- sätze handelt, die auf einer fahrlässigen Begehung, normalen Tatumständen und mittleren geregelten wirtschaftli- chen Verhältnissen beruhen. Das be- deutet, daß bei vorsätzlichem Handeln oder bei rücksichtslosem oder grob verkehrswidrigem Handeln der Buß- geldbetrag höher liegen kann und wird. Ist ein anderer gefährdet oder geschä- digt worden, ist der Bußgeldbetrag mindestens 25 % höher als der Regel- satz.

4. Wie kann man sich gegen die Erteilung eines Bußgeld- bescheides rechtlich wehren?

Gegen alle Maßnahmen der Wasser- und Schiffahrtsdirektionen im Buß- geldverfahren stehen dem betroffenen Fahrzeugführer die üblichen formlosen Rechtsbehelfe zu, die ohne Einhaltung einer besonderen Form (Schriftform), also auch mündlich, erhoben werden können. Er kann bei der Polizeidienst- stelle, der der Beamte angehört, dessen Maßnahme beanstandet wird, Gegen- vorstellungen erheben. Auf die Gegen- vorstellung hin kann die Polizeidienst- stelle die beanstandete Maßnahme auf- heben oder abändern. Außerdem kann der Betroffene gegen die Maßnahme Aufsichtsbeschwerde einlegen, mit der er entweder das dienstliche Verhalten des betreffenden Polizeibeamten bean- standen (Dienstaufsichtsbeschwerde) oder die von diesem getroffene sachli- che Entscheidung angreifen kann (Fachaufsichtsbeschwerde). Vor allem hat der Betroffene die Mög- lichkeit, gegen den Bußgeldbescheid innerhalb von einer Woche nach Zu- stellung schriftlich oder zur Nieder- schrift bei der WSD, die den Bußgeld- bescheid erlassen hat, Einspruch zu erheben. Die Einlegung dieses förmli- chen Rechtsbehelfs führt jedoch noch nicht unmittelbar zu einer gerichtlichen Nachprüfung der getroffenen Ent- scheidung durch das Amtsgericht, in dessen Bezirk die WSD ihren Sitz hat, sondern ermöglicht zunächst der WSD eine Überprüfung ihrer Entscheidung. Die WSD kann den Bußgeldbescheid zurücknehmen, wenn das Vorbringen des Betroffenen oder die daraufhin vorgenommenen Ermittlungen die Be- schuldigung entkräften oder eine Ahn- dung nicht mehr geboten erscheinen lassen, und das Verfahren einstellen. Hebt die WSD den Bußgeldbescheid nicht auf oder ermäßigt sie das Bußgeld nicht und nimmt der Betroffene seinen Einspruch nicht zurück, übersendet die WSD die Akten an die Staatsanwalt- schaft, die sie dem Amtsrichter vor- legt.*

---

* Weitere Einzelheiten vgl. Graf/Steinicke Verwarnungs- und Bußgeldkatalog für die See- und Binnenschiffahrt einschließlich der Sportschiffahrt, Bd. 1 Seeschiffahrt, Ham- burg 1980.

XI. Entzug der Fahrer-laubnis, Erteilung eines Fahrverbotes

1. Unter welchen Voraussetzungen kann die Fahrerlaubnis entzogen werden?

Die Erteilung der Fahrerlaubnis ist ein begünstigender Verwaltungsakt, dessen Rücknahme nur möglich ist, wenn die ausdrücklich geregelten Entziehungstatbestände vorliegen. Hierbei ist zwischen zwingenden Entscheidungstatbeständen („ist") [§ 8 Abs. 1 / 5.1 *RiWSV*] und Ermessenstatbeständen („kann") [§ 8 Abs. 2] zu unterscheiden:

Zu Nr. 1 und 2
Bei fehlender körperlicher oder geistiger Eignung muß die Fahrerlaubnis entzogen werden. Da es keine generellen Nachuntersuchungen im Hinblick auf die körperliche oder geistige Eignung zum Führen von Sportfahrzeugen gibt, wird eine Entziehung der Fahrerlaubnis aus diesen Gründen nur möglich sein, wenn im Einzelfall die Schiffahrtpolizeibehörden (vgl. Abschn. X. 2), die PA (vgl. Abschn. VII. 2) oder die Verbände konkrete Hinweise darüber erhalten, daß die Voraussetzungen, die zur Erteilung des Führerscheins geführt haben (vgl. Abschn. III. 1), nicht mehr vorliegen. In diesem Falle kann, wenn Anlaß zu der Annahme besteht, daß der Führerscheininhaber zum Führen von Sportbooten ungeeignet ist, die Vorlage eines amts- oder fachärztlichen Zeugnisses verlangt werden. Ergibt sich daraus, daß der Führerscheininhaber nicht mehr geeignet ist, so muß die Fahrerlaubnis entzogen werden. Dies gilt auch für den Fall, daß der Führerscheininhaber aufgrund seines gesamten Verhaltens im Verkehr, einschließlich des Straßenverkehrs, nicht mehr geeignet ist.

Zu Nr. 3 und 4
Bei der Entziehung der Fahrerlaubnis handelt es sich in beiden Fällen rechtstechnisch um die Rücknahme eines rechtswidrigen Verwaltungsaktes gemäß § 48 Abs. 2 Verwaltungsverfahrensgesetz. Die Fahrerlaubnis ist durch falsche Angaben erwirkt, wenn die in dem Antragsformular vorgesehenen Angaben nicht der Wahrheit entsprechen, beispielsweise, wenn der Antragsteller bereits eine Fahrerlaubnis besitzt und im Umtauschwege versucht, einen weiteren Sportbootführerschein zu erhalten. Die Angaben sind aber auch

Entziehungstatbestände

Zwingende Entziehung

1. Fehlen der körperlichen und geistigen Eignung

2. Fehlen der Eignung aufgrund des Verhaltens im Verkehr

Ermessensentscheidung

3. Erwirken durch in wesentlicher Bezeichnung unrichtige oder unvollständige Angaben

4. Erwirken durch arglistige Täuschung, Drohung oder Bestechung

5. Rechtskräftige Verurteilung wegen Gefährdung des Schiffsverkehrs

6. Wiederholte Begehung von mit Geldbuße geahndeten Zuwiderhandlungen gegen strom- und schiffahrtspolizeiliche Vorschriften

7. Führung eines Sportbootes unter erheblicher Einwirkung geistiger Getränke oder anderer berauschender Mittel

8. Nichterfüllen einer mit der Fahrerlaubnis verbundenen Auflage

dann falsch, wenn sie wörtlich genommen der Wahrheit nicht widersprechen, aber Wesentliches verschweigen, so daß das Verschwiegene den Sinn der Angaben verändert.

Zu Nr. 5 und 6

Die Fahrerlaubnis kann entzogen werden, wenn der Inhaber nach der Erteilung wegen Gefährdung des Schiffsverkehrs rechtskräftig verurteilt worden ist oder wiederholt mit Geldbuße geahndete Zuwiderhandlungen gegen Schifffahrtspolizeivorschriften begangen hat. Während eine einmalige rechtskräftige Bestrafung wegen Gefährdung des Schiffsverkehrs für eine Entziehung der Fahrerlaubnis ausreicht, kann die Fahrerlaubnis im Falle von mit Geldbuße bedrohten Zuwiderhandlungen gegen Schiffahrtspolizeivorschriften erst im Wiederholungsfalle entzogen werden. Dabei bedeutet der Wiederholungsfall, daß mindestens zwei Zuwiderhandlungen begangen worden sind. [§ 8 Abs. 2 / 5.1 RiWSV] Im Gegensatz zur mangelnden körperlichen oder geistigen Eignung steht es im Ermessen der zuständigen Verwaltungsbehörde, in vorstehenden Fällen die Fahrerlaubnis zu entziehen, da es sich um eine „Kann"-Vorschrift handelt (vgl. Abschn. III. 1).

2. Von wem sind der zuständigen Behörde Tatsachen mitzuteilen?

Die beauftragten Verbände, der KoA, die PA und die Schiffahrtpolizeibehörden haben der WSD Nordwest alle Tatsachen unverzüglich mitzuteilen, die eine Entziehung der Fahrerlaubnis rechtfertigen können. Hierbei handelt es sich um eine Rechtsverpflichtung, bei der kein Ermessen besteht. [§ 8 Abs. 4 / 4.4 RiVerb]

3. Wer ist für die Entziehung der Fahrerlaubnis zuständig?

Für die Entziehung der Fahrerlaubnis ist allein die WSD Nordwest zuständig. Seit Inkrafttreten der Sportbootführerscheinverordnung wurden Fahrerlaubnisse bisher nur in wenigen Fällen entzogen, beispielsweise wegen Trunkenheit am Ruder (Entziehung für ein Jahr), wegen allgemeiner Erkrankung (Epilepsie), wegen Fehlens des ausreichenden Sehvermögens usw. Wegen wiederholter Verstöße gegen Schiffahrtpolizeivorschriften wurde bisher nur in einem einzigen Fall die Fahrerlaubnis entzogen. Wegen Gefährdung des Schiffsverkehrs bisher noch in keinem Falle. In Zukunft können aber Entziehungsverfahren dieser Art häufiger eingeleitet werden, da die WSD Nordwest alle gegen Sportbootführerscheininhaber erteilten Bußgeldbescheide registriert. [§ 8 Abs. 3]

4. Wann erlischt die Fahrerlaubnis?

Die Fahrerlaubnis erlischt einmal mit der freiwilligen Rückgabe des Führerscheins; sie erlischt zum andern mit der Rechtskraft der Entscheidung über die Entziehung. Das bloße Einbehalten des Sportbootführerscheins zu Kontrollzwecken oder im polizeilichen Ermittlungsverfahren führt dagegen noch nicht zum Erlöschen der Fahrerlaubnis. [§ 8 Abs. 5]

Gegen die Entziehung der Fahrerlaubnis ist, da es sich um einen Verwaltungsakt handelt, das Rechtsmittel des Widerspruchs gegeben (vgl. Abschn. III.3, VII.3).

Hat die WSD Nordwest die sofortige Vollziehung der Entziehung der Fahrerlaubnis im öffentlichen Interesse besonders angeordnet und wird die Entziehung der Fahrerlaubnis mit einem Rechtsmittel angefochten, so erlischt zwar die Fahrerlaubnis nicht, gleichwohl ist der Sportbootführerschein unverzüglich abzuliefern. Wird dagegen vom Gericht die aufschiebende Wirkung der Einlegung eines Rechtsmittels wieder hergestellt, ist der Sportbootführerschein bis zur Entscheidung des Gerichts zu belassen. [§ 80 Abs. 5 VWGO]

Ist die Entscheidung über die Entziehung der Fahrerlaubnis rechtskräftig geworden, ist der Sportbootführerschein unverzüglich der WSD Nordwest abzuliefern.

5. Können für die Neuerteilung eines Sportbootführerscheins Fristen und Bedingungen festgesetzt werden?

In jedem Entziehungsfall wird von der WSD Nordwest geprüft, ob eine Frist zu bestimmen ist, vor deren Ablauf eine neue Fahrerlaubnis nicht erteilt werden darf. Die Frist wird in dem Führerscheinverzeichnis des KoA vermerkt. [5.2 RiWSV]

6. Unter welchen Voraussetzungen kann ein Fahrverbot erteilt werden und wer ist dafür zuständig?

Ein Fahrverbot, d. h. die vorübergehende oder dauernde Untersagung des Führens eines Sportbootes auf den Seeschiffahrtstraßen, kommt nur gegenüber solchen Fahrzeugführern in Betracht, die aufgrund eines Befähigungszeugnisses der Gruppen A und B der Schiffsbesetzungs- und Ausbildungsordnung oder eines sonstigen vom Bundesminister für Verkehr anerkannten amtlichen deutschen Befähigungszeugnisses von der Führerscheinpflicht ausgenommen sind (vgl. Abschn. I. 5). [§ 8a i. V. m. § 1 Abs. 1 Satz 3]

Dieses Fahrverbot ist zu erteilen, wenn die Entziehung der Fahrerlaubnis bei einem Sportbootführerscheininhaber zwingend vorgeschrieben ist (vgl. Nrn. 1 und 2 in Abschnitt XI. 1). Das Fahrverbot steht im Ermessen der für die Erteilung zuständigen Wasser- und Schiffahrtsdirektion Nordwest, wenn einer der 4 Tatbestände gegeben ist, bei denen die Entziehung einer Fahrerlaubnis bei einem Sportbootführerschein ebenfalls in das Ermessen der Wasser- und Schiffahrtsdirektion Nordwest gestellt ist (vgl. Nrn. 5—8 in Abschnitt XI. 1).

Die Wasser- und Schiffahrtsdirektion Nordwest teilt ihre Entscheidung, soweit der Inhaber eines Sportbootführerscheins betroffen ist, unter Angabe der Gründen dem KoA mit. Dies ist deshalb notwendig, weil der gemäß § 1 Abs. 1 Satz 3 SpoFüV von der Führerscheinpflicht befreite Inhaber eines amtlichen oder amtlich anerkannten Befähigungszeugnisses gleichzeitig einen Sportbootführerschein nach § 13 SpoFüV im Wege des Umtausches erhalten haben kann, so daß insoweit ein Entziehungsverfahren einzuleiten ist.

XII. Anerkennung des Sportbootführerscheins außerhalb seines Geltungsbereichs

Leuchtturm Kalkgrund

1. Wo wird der Sportbootführer- schein auf Landeswasser- straßen der Bundesrepublik Deutschland anerkannt?

Der Sportbootführerschein wird auf folgenden Landeswasserstraßen der Bundesrepublik anerkannt:

1. Berliner Wasserstraßen
Wenn am 1. Januar 1979 die Führer- scheinpflicht für Motor- und Segel- boote in Kraft tritt, sind Inhaber des Sportbootführerscheins bei der Füh- rung von Motorbooten hiervon be- freit. Dies gilt auch für das Führen von Kleinfahrzeugen, die außerdem mit Segel ausgerüstet sind, wenn der Maschinenantrieb die Hauptan- triebskraft darstellt (§ 1 SpbootFüVO/ Berlin).

2. Auf dem **Bodensee** wird der Sport- bootführerschein als Schifferpatent anerkannt. Die Anerkennung ist durch eine Bescheinigung der zu- ständigen Behörde nachzuweisen und darf höchstens für die Dauer ei- nes Monats innerhalb eines Jahres ausgesprochen werden. Sie kann auf formlosen Antrag unter Beifü- gung des Sportbootführerscheins in beglaubigter Fotokopie bei den zu- ständigen Behörden beantragt wer- den. Ferner ist die genaue Anschrift das Geburtsdatum und der Geburts- ort anzugeben (Artikel 1209 Boden- see-SchO).

3. Elbe-Weser-Binnenschiffahrtsweg
Inhaber von Sportbootführerschei- nen, die Sportboote von mehr als 15 t Wasserverdrängung führen sind von dem Erfordernis eines Bin- nenschifferpatentes befreit (PVO Schiffsweg Elbe/Weser).

2. Wo wird der Sportbootführerschein im Ausland anerkannt?

Wenn in den Staaten, in denen keine Führerscheinpflicht besteht, eine Pflicht eingeführt wird, wird sichergestellt werden, daß der Sportbootführerschein dort anerkannt wird. Unabhängig davon erleichtert aber der Besitz des Sportbootführerscheins bei Kontrollen und Unglücksfällen die Formalitäten.

Land	Führerscheinpflicht	Anerkennung
Belgien	nein	–
Dänemark	nein	–
Finnland	nein	–
Frankreich	ja	–
Griechenland	nein	–
Großbritannien	nein	–
Irland	nein	–
Italien	ja	ja
Jugoslawien	ja	ja
Malta	nein	–
Niederlande	nein	–
Norwegen	nein	–
Polen	ja	–
Portugal	ja	ja
Schweden	nein	–
Spanien	ja	ja (für kleine Motorsportfahrzeuge)
Türkei	nein	–

XIII. Der amtlich vorgeschriebene Befähigungsnachweis auf den Binnenschiffahrtstraßen des Bundes

1. Allgemeines

Durch die Verordnung über das Führen von Sportbooten auf den Binnenschiffahrtstraßen (Sportbootführerscheinverordnung-Binnen) vom 21. März 1978 (BGBl. I S. 420) — siehe anliegenden Verordnungstext — ist nunmehr auch auf den Binnenschiffahrtstraßen des Bundes eine Führerscheinpflicht (Befähigungsnachweis) für alle Sportboote von weniger als 15 m³ Wasserverdrängung, die mit einem Motor von 3,68 kW (5 PS) oder mehr ausgerüstet sind, eingeführt worden. Sie tritt jedoch erst ab 1. April 1979 in Kraft. Auf Kleinfahrzeuge, die nicht Sportboote sind (z. B. Rettungsboote, Fischerboote, Proviantboote) ist die Verordnung nicht anwendbar. Die Befähigung zum Führen eines Sportbootes ist durch den Motorbootführerschein A für Binnenfahrt des DMYV oder durch den Führerschein für Binnenfahrt (A) des DSV nachzuweisen. In dem Führerschein für Segelfahrzeuge des DSV muß die Berechtigung zum Führen von Fahrzeugen mit Motorantrieb vermerkt sein. Die beiden Sportverbände werden ihren A-Schein Mitgliedern und Nichtmitgliedern erteilen (Gleichbehandlung) [§§ 1, 2, 8 Abs. 1 und 18 SportbootFüV-Bin].

2. Welche Voraussetzungen gelten für den Erwerb des Führerscheins?

Voraussetzung für den Erwerb des amtlich vorgeschriebenen Befähigungsnachweises für die Binnenschiffahrtstraßen ist, daß der Bewerber körperlich und geistig geeignet ist und das 16. Lebensjahr vollendet hat. Die Anforderungen an die körperliche und geistige Eignung müssen denen für den Erwerb des amtlichen Sportbootführerscheins entsprechen [§ 2 SportbootFüV-Bin].

3. Müssen Ausländer einen Führerschein besitzen?

Personen mit Wohnsitz außerhalb des Geltungsbereiches der Verordnung, die sich nicht länger als ein Jahr in der Bundesrepublik Deutschland aufhalten, bedürfen eines Befähigungsnachweises für die Binnenschiffahrtstraßen nur dann, wenn in dem Staat ihres Wohnsitzes für das Führen von Sportbooten auf vergleichbaren Binnenwasserstraßen bzw. Binnenseen ein Befähigungsnachweis amtlich vorgeschrieben ist [§ 6 SportbootFüV-Bin].

4. Können Führerscheine anderer Verbände umgetauscht werden?

Motorbootführerscheine eines anderen Wassersportverbandes ersetzen den A-Schein der beiden genannten Verbände nicht. Soweit sie vor dem 1. April 1978 unter entsprechenden Voraussetzungen wie der A-Schein erworben wurden und der Bundesminister für Verkehr dies anerkannt hat, berechtigen die Motorbootführerscheine zum prüfungslosen Erwerb eines A-Scheines der beiden Verbände. Das gleiche gilt für Motorbootführerscheine des Deutschen Roten Kreuzes, der Deutschen Lebensrettungsgesellschaft und des Verbandes Deutscher Segelschulen. Diesbezügliche Anträge müssen in der Zeit vom 1. Mai 1978 bis zum 30. April 1980 bei der Geschäftsstelle des DMYV oder des DSV gestellt werden [§ 13 SportbootFüV-Bin]. Eine amtlich bekanntgemachte Übersicht über die anerkannten Scheine und Zeugnisse ist in der Anlage abgedruckt.

Beschwerden gegen die Entscheidung des DMYV und des DSV bezüglich der Rechtmäßigkeit und der Zweckmäßigkeit können bei der Wasser- und Schiffahrtsdirektion Mitte in Hannover innerhalb eines Monats nach der Entscheidung schriftlich oder zur Niederschrift eingelegt werden. Die Entscheidung der Wasser- und Schiffahrtsdirektion Mitte ist verbindlich [§ 9 SportbootFüV-Bin].

5. Ist der Sportbootführerschein im Geltungsbereich der Sportbootführerscheinverordnung-Binnen gültig?

Sportbootführerscheine, die vor dem 1. April 1978 erteilt worden sind, sind dem amtlich vorgeschriebenen Befähigungsnachweis für die Binnenschifffahrtstraßen gleichgestellt. Dies gilt auch für die amtlichen Motorbootführerscheine nach der Motorbootführerscheinverordnung vom 17. Januar 1967 sowie für amtliche Berechtigungsscheine zum Führen eines mit Motorantrieb ausgerüsteten Dienstfahrzeugs auf den Seeschiffahrtstraßen, die nach der Sportbootführerscheinverordnung anerkannt sind, und für Befähigungszeugnisse der Gruppen A und B der SBAO, sofern die vorstehenden Scheine und Zeugnisse ebenfalls vor dem 1. April 1978 erteilt worden sind [§ 5 Abs. 1 Nrn. 4–7 SportbootFüV-Bin].

6. Erleichtert der Besitz des amtlichen Sportbootführerscheins den Erwerb der amtlich vorgeschriebenen Befähigungsnachweise?

Inhaber eines amtlichen Sportbootführerscheines, der nach dem 31. März 1978 erteilt worden ist, sind von der praktischen Prüfung für den amtlich vorgeschriebenen Befähigungsnachweis für die Binnenschiffahrtstraßen befreit, soweit die Prüfung das Fahren unter Motor und das Festmachen des Sportbootes betrifft. Das bedeutet, daß Inhaber amtlicher Sportbootführerscheine nur noch eine theoretische Prüfung ablegen müssen [§ 15 SportbootFüV-Bin].

Im Hinblick darauf, daß die Zulassungsvoraussetzungen (körperliche und geistige Eignung, insbesondere ausreichendes Hör-, Seh- und Farbunterscheidungsvermögen) mit denen für den Erwerb des amtlichen Sportbootführerscheins identisch sind, ist die Vorlage des amtlichen Sportbootführerscheins ausreichend für den Nachweis der Eignung [§ 4 Abs. 1 SportbootFüV-Bin].

Die vorstehend genannten Regelungen gewährleisten daher, wenn ein Sportbootführerschein bereits vorhanden ist, einen wesentlich schnelleren und reibungsloseren Erwerb des amtlich vorgeschriebenen Befähigungsnachweises für die Binnenschiffahrtstraßen. Darüber hinaus dürften auch die beim Erwerb des amtlichen Sportbootführerscheins erlangten Kenntnisse das Bestehen der theoretischen Prüfung für den amtlich vorgeschriebenen Befähigungsnachweis für die Binnenschiffahrtstraßen erleichtern. Denn die Schiffahrtszeichen nach der Seeschiffahrtstraßen-Ordnung sind im wesentlichen mit den Schiffahrtszeichen nach den verschiedenen Binnenschiffahrtpolizeiverordnungen identisch. Auch die Ausweichregeln im Binnenbereich stimmen weitgehend mit denen im Seebereich überein (vgl. Graf/Steinicke Sportschiffahrt Binnen und Küste; Bussesche Verlagshandlung Herford).

7. Ist der gleichzeitige Erwerb des amtlichen Sportbootführerscheins und des amtlich vorgeschriebenen Befähigungsnachweises für die Binnenschiffahrtstraßen möglich?

Damit beide Führerscheine in e i n e r Prüfung abgelegt werden können, sind die Sportverbände DMYV und DSV durch die Verordnung ausdrücklich verpflichtet worden, daß sie den Bewerbern ermöglichen müssen, die erforderlichen Prüfungen in zeitlichem Zusammenhang abzulegen. Das hat für den Bewerber den Vorteil, daß er

— die Unterlagen nur einmal einreichen muß,

— nur einmal zu einem Prüfungstermin anreisen muß und damit Zeit und Kosten spart,

— beide Führerscheine gleichzeitig erhält.

[§ 8 Abs. 2 SportbootFüV-Bin]

Teil II

Die amtlichen
Fragen und Antworten

Zu Übungs- und Testzwecken werden die 20 amtlichen Fragebogen mit Antwortenblättern für die Sportbootführerscheinprüfung empfohlen.

Diese Fragebogen sind gleichfalls im Busse-Verlag, Herford, erschienen.

Gesetzeskunde

Allgemeines

Geltungsbereich der SeeStrO und SeeSchStrO

1

Wo gilt allgemein die Seestraßenordnung (SeeStrO)?

Antwort: ● ● ●

Die Seestraßenordnung gilt auf der Hohen See und auf den mit dieser zusammenhängenden, von Seeschiffen befahrbaren Gewässern, soweit nicht örtliche Sondervorschriften Vorrang haben.

2

Wo gilt die Seeschiffahrtstraßen-Ordnung (SeeSchStrO)?

Antwort: ● ● ●

Die Seeschiffahrtstraßen-Ordnung gilt im Hoheitsgebiet der Bundesrepublik Deutschland auf den Seeschiffahrtstraßen. Die Begrenzungen sind in der Seeschiffahrtstraßen-Ordnung festgelegt.

Zu Fragen 1 und 2:

Auf den Seeschiffahrtstraßen gelten 2 Verkehrsordnungen:

■ Die Seestraßenordnung *) und
■ die Seeschiffahrtstraßen-Ordnung **)

Die Seestraßenordnung hat internationalen Charakter, denn auf der riesigen keiner

Hoheitsgewalt unterliegenden Hohen See müssen für alle Schiffe dieselben Verkehrsregeln gelten. Diese Verkehrsordnung gilt auch auf den Seeschiffahrtstraßen (vgl. Karte Teil I.3), da diese von Seeschiffen befahren werden. Aber ihre Bestimmungen berücksichtigen nicht die Verkehrsverhältnisse auf dichter befahrenen, weniger tiefen, engen und teilweise künstlich angelegten Wasserstraßen, auf denen auch Seeschiffe fahren. Deshalb müssen die Regeln der Seestraßenordnung im Hinblick auf die weit ins Land reichenden Seeschiffahrtstraßen der Bundesrepublik Deutschland durch die Vorschriften der nationalen Seeschiffahrtstraßen-Ordnung ergänzt wer-

den, die den besonderen örtlichen Verhältnissen Rechnung tragen. Diese Zweiteilung zwischen nationaler und internationaler Verkehrsordnung ist daher unvermeidlich.

Vorschriften: § 1 SeeSchStrO, § 2 Abs. 1 VO SeeStrO.

Wichtiger Hinweis:

Die seewärtige Grenze der deutschen Hoheitsgewässer und damit der Geltungsbereich der Seeschiffahrtstraßen-Ordnung ist in der vom Deutschen Hydrographischen Institut herausgegebenen Seegrenzkarte D 50 und in anderen Küstenkarten mit einem Maßstab von 1 : 50 000 eingezeichnet.

---

*) Eine Textausgabe der Seestraßenordnung 1972 mit bildlichen Darstellungen ist im Carl Heymanns Verlag in Verbindung mit dem Bundesverkehrsministerium, Abteilung Seeverkehr, erschienen.

**) Graf/Steinicke, Seeschiffahrtstraßen-Ordnung, Textausgabe mit Einführung, Hinweisen und Sachregister, Carl Heymanns Verlag KG, Köln.

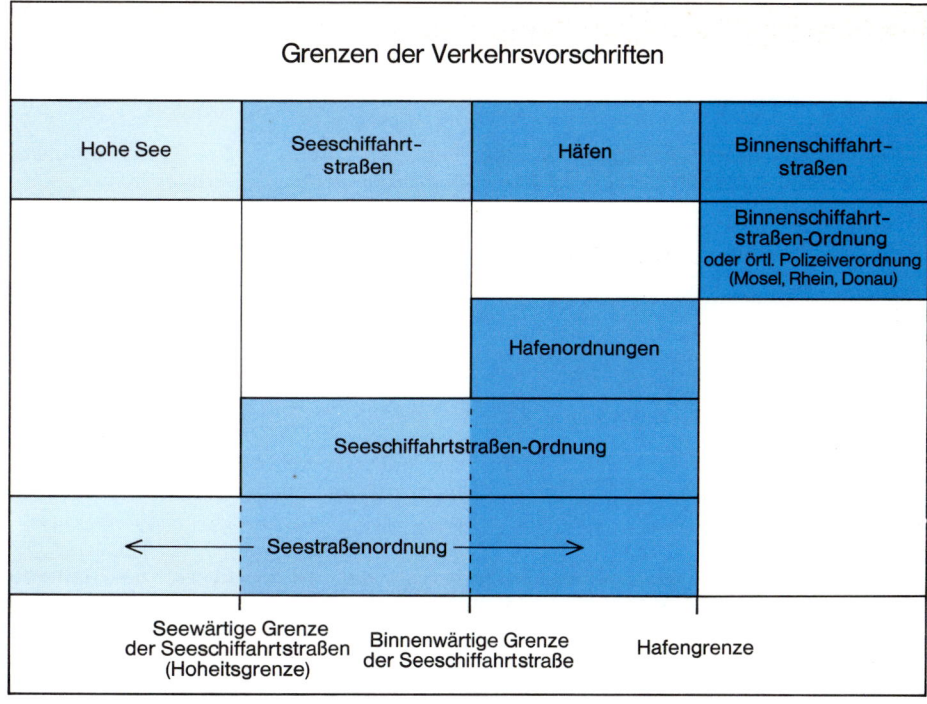

3

Welche Vorschrift gilt, wenn eine Bestimmung der Seeschiffahrtstraßen-Ordnung mit der Seestraßenordnung im Widerspruch steht?

Antwort:

Die Seeschiffahrtstraßen-Ordnung.

••

Zu Frage 3:   **Vorschrift:** § 1 Abs. 3 SeeSchStrO, § 2 Abs. 2 VO SeeStrO

Verantwortung des Fahrzeugführers

4

Wer ist auf einem Fahrzeug für die Befolgung der strom- und schiffahrtpolizeilichen Vorschriften verantwortlich?

Antwort: •

Der Fahrzeugführer und jeder sonst für die Sicherheit Verantwortliche.

5

Was ist zu tun, wenn vor Antritt der Fahrt nicht feststeht, wer Fahrzeugführer ist?

Antwort: ••

Wenn nicht feststeht, wer Fahrzeugführer ist und wenn mehrere Personen zum Führen eines Fahrzeuges berechtigt sind, dann haben sie vor Antritt der Fahrt zu bestimmen, wer verantwortlicher Fahrzeugführer ist.

6

Wie hat sich ein Fahrzeugführer zu verhalten, der infolge des Genusses alkoholischer Getränke oder anderer berauschender Mittel in der sicheren Führung des Fahrzeuges behindert ist?

Antwort: •

Er darf das Fahrzeug nicht führen.

Zu Fragen 4 und 5:

Vorschriften:
§ 4 SeeSchStrO, § 4 VO SeeStrO
Während in der Berufsschiffahrt durch Seemannsgesetz und durch die Schiffsbesetzungs- und Ausbildungsordnung festgelegt ist, wer Fahrzeugführer oder sonst für die Sicherheit verantwortlich ist, steht dies auf einem Sportfahrzeug nicht immer eindeutig fest. Sind mehrere Personen zur verantwortlichen Führung eines Fahrzeugs berechtigt und haben sie die ggf. erforderliche Fahrerlaubnis, so haben sie vor Antritt der Fahrt festzulegen, wer der verantwortliche Fahrzeugführer ist.

Wichtige Hinweise: Der Fahrzeugführer ist nicht mit dem Rudergänger zu verwechseln. Auch auf Sportfahrzeugen braucht der verantwortliche Fahrzeugführer nicht ständig selbst Ruder zu gehen, sondern kann sich eines Rudergängers bedienen, der selbst nicht im Besitz einer Fahrerlaubnis sein muß. Andererseits hat der Fahrzeugführer sicherzustellen, daß aufgrund seiner Verantwortung für die Einhaltung der Verkehrsvorschriften seinen Anordnungen Folge geleistet wird (vgl. Teil I. 4.1).

Zu Frage 6:

Ist ein Fahrzeugführer aufgrund des Genusses alkoholischer Getränke nicht mehr in der Lage, das Fahrzeug sicher zu führen, besteht für ihn automatisch ein Fahrverbot. Setzt er sich über dieses Verbot hinweg, kann ihm von der Wasserschutzpolizei die Weiterfahrt untersagt werden und er muß damit rechnen, daß ihm ein Bußgeld in Höhe von 200,— DM auferlegt wird und ihm der Sportbootführerschein entzogen wird.

Vorschriften: § 3 Abs. 3 SeeSchStrO, § 3 Abs. 3 VO SeeStrO

Definitionen

7   Antwort: ● ● ●

Wann ist ein Fahrzeug in Fahrt?

Wenn es weder vor Anker liegt noch an Land festgemacht ist noch auf Grund sitzt.

8   Antwort: ● ●

Wann gilt ein Segelfahrzeug als Maschinenfahrzeug?

Wenn es mit Maschinenkraft fährt, auch wenn es gleichzeitig unter Segel ist.

Zu Fragen 7 und 8:
Vorschrift: Regel 3 b, c und i SeeStrO
Ein Fahrzeug ist also umgekehrt immer dann in Fahrt, wenn es Fahrt durchs Wasser macht. Ob es gleichzeitig auch Fahrt über Grund macht, spielt keine Rolle. So befindet sich z. B. ein gegen die Tide fahrendes Fahrzeug in Fahrt, obwohl es keine Fahrt über Grund macht.

9   Antwort: ●

Wie lang ist die Dauer eines kurzen Tones (●)?

Etwa 1 Sekunde.

10   Antwort: ●

Wie lang ist die Dauer eines langen Tones (▬)?

Etwa 4 bis 6 Sekunden.

Zu Fragen 9 und 10:   **Vorschrift:** Regel 32 b und c SeeStrO

11   Antwort: ● ●

Was verstehen Sie unter dem Begriff „Manöver des letzten Augenblicks"?

Ist der Kurshalter dem Ausweichpflichtigen aus irgendeinem Grund so nahe gekommen, daß ein Zusammenstoß durch Manöver des Letzteren allein nicht vermieden werden kann, so muß der Kurshalter so manövrieren, wie es zur Vermeidung eines Zusammenstoßes am dienlichsten ist.

Zu Frage 11:

Vorschrift: Regel 17 b SeeStrO
Diese Regel verpflichtet das kurshaltepflichtige Fahrzeug

1. Kurs und Geschwindigkeit solange beizubehalten, bis das ausweichpflichtige Fahrzeug allein auszuweichen vermag,

2. selbst Ausweichmanöver einzuleiten, wenn ein Zusammenstoß durch Manöver des ausweichpflichtigen Fahrzeugs allein nicht mehr vermieden werden kann.
In dieser Lage einer unmittelbar drohenden Gefahr müssen im Rahmen des Manövers des letzten Augenblicks

auch dann die erforderlichen Maßnahmen zur Abwehr der Gefahr getroffen werden, wenn diese ein Abweichen von den Vorschriften der SeeStrO und SeeSchStrO erfordern (Regel 2 b SeeStrO, § 3 Abs. 2 SeeSchStrO – vgl. Erl. zu Frage 109).

12

Wann gelten Sie als Überholer?

Antwort:

Wenn ich mich einem anderen Fahrzeug aus einer Richtung von mehr als 22,5 Grad achterlicher als querab (Bereich des Hecklichtes) nähere. Im Zweifelsfalle habe ich mich als Überholer zu betrachten.

Zu Frage 12: **Vorschrift:** Regel 13 b und c SeeStrO

13

Was verstehen Sie unter dem Begriff „manövrierunfähiges Fahrzeug"?

Antwort:

Ein Fahrzeug, das wegen außergewöhnlicher Umstände nicht wie vorgeschrieben manövrieren und daher einem anderen Fahrzeug nicht ausweichen kann.

14

Was verstehen Sie unter dem Begriff „manövrierbehindertes Fahrzeug"?

Antwort:

Ein Fahrzeug, das durch die Art seines Einsatzes behindert ist, so wie vorgeschrieben zu manövrieren und daher einem anderen Fahrzeug nicht ausweichen kann.

Zu Fragen 13 und 14:
Vorschrift: Regel 3 f und g SeeStrO.
Ein Fahrzeug ist z. B. manövrierunfähig, wenn die Maschinen- oder die Ruderanlage ausgefallen ist.

Ein Fahrzeug ist z. B. manövrierbehindert, wenn es Seezeichen, Unterwasserkabel oder eine Rohrleitung aufnimmt, versorgt oder auslegt, wenn es baggert oder Vermessungen oder Unterwasserarbeiten ausführt oder

wenn es Versorgungsmanöver ausführt oder aufgrund eines Schleppvorgangs nicht in der Lage ist, von seinem Kurs abzuweichen.
Hinweis: Lichterführung vgl. Erl. zu Fragen 36 ff.

15   Antwort: ●●

Was verstehen Sie unter dem Begriff „verminderte Sicht"?

Sichteinschränkung durch Nebel, dickes Wetter, Schneefall, heftige Regengüsse oder ähnliche Umstände.

16   Antwort: ●●●

Welche Maßnahmen treffen Sie bei verminderter Sicht?

1. **Es muß mit sicherer Geschwindigkeit gefahren werden.**
2. **Es müssen Nebelsignale gegeben werden.**
3. **Es müssen Positionslichter eingeschaltet werden.**
4. **Es muß Ausguck gegangen werden.**

Zu Fragen 15 und 16:

Regelung	SeeStrO
Begriff	Regel 3 l
Sichere Geschwindigkeit	6, 19 b
Nebelschallsignale	35
Positionslichter	20 c
Ausguck	5

Hinweis: Nebelschallsignale vgl. Erl. zu Fragen 64 ff. Lichterführung vgl. Fragen 30 ff. Maßnahmen beim Hören eines Nebelschallsignals vgl. Frage 93.

17   Antwort: ●

Welche Seite wird als die Luvseite bezeichnet?

Die dem Wind zugekehrte Seite.

18   Antwort: ●

Welche Seite wird als die Leeseite bezeichnet?

Die dem Wind abgekehrte Seite.

Zu Fragen 17 und 18:   **Vorschrift:** Regel 12 SeeStrO

                        Hinweis: Ausweichregel für Segelfahrzeuge vgl. Erl. zu Frage 77.

Verwendung von Positionslaternen

19

Wann müssen Sie Positionslaternen an Bord haben?

Antwort: ●

Sie müssen ständig mitgeführt werden.

20

Wann müssen die Lichter von Fahrzeugen geführt oder gezeigt werden?

Antwort: ●●

Von Sonnenuntergang bis Sonnenaufgang sowie bei verminderter Sicht.

21

Welcher Zeitraum gilt als „am Tage"?

Antwort: ●

Von Sonnenaufgang bis Sonnenuntergang.

22

Welcher Zeitraum gilt als „bei Nacht"?

Antwort: ●

Von Sonnenuntergang bis Sonnenaufgang.

23

Was sind Positionslaternen?

Antwort: ●

Es sind Laternen, die zur Lichterführung nach der SeeStrO und SeeSchStrO verwendet werden müssen.

24

Welche Vorschriften regeln die Ausrüstung, Anordnung und Anbringung der Positionslaternen auf Fahrzeugen?

Antwort: ●●

1. Die SeeStrO.
2. Die SeeSchStrO.

25

Was für Laternen dürfen Sie nur als Positionslaternen verwenden?

Antwort: ●

Nur solche Laternen, deren Baumuster vom DHI zur Verwendung auf der Hohen See oder auf Seeschiffahrtstraßen zugelassen sind.

Zu Fragen 19 bis 25:

Vorschriften:

Regelung	SeeStrO/SeeSchStrO
Ständiges Mitführen von Positionslaternen	§ 8 Abs. 1 SeeSchStrO
Lichterführungspflicht	Regel 20 b SeeStrO, § 8 Abs. 1 SeeSchStrO
Definitionen am Tage, bei Nacht	§ 2 Abs. 2 Nr. 1 und 2 SeeSchStrO
Anbringung	Regel 21, Anhang I SeeStrO, § 8 SeeSchStrO
Verwendung nur baumustergeprüfter Positionslaternen	§ 9 SeeSchStrO
Mindesttragweite	Regel 22 SeeStrO, § 8 Abs. 2 SeeSchStrO
Lichtstärke	Anhang I Abschnitt 8 SeeStrO
Verantwortlichkeit, allg.	§ 4 VO SeeStrO, § 4 SeeSchStrO
Verantwortlichkeit für Betriebssicherheit und Wirksamkeit	§§ 8 Abs. 1, 9 Abs. 2 SeeSchStrO

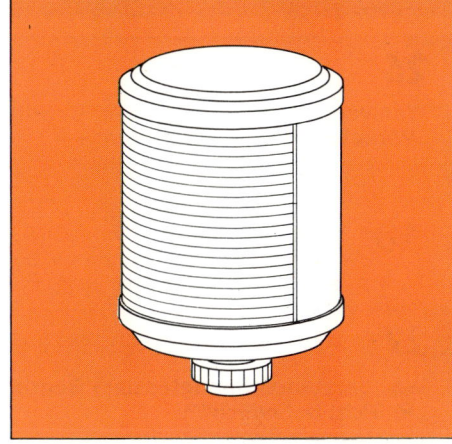

Positionslaterne. Sie muß vom DHI zugelassen und mit einer Baumusternummer versehen sein (z. B. DHI/00/01/76)

Wichtige Grundsätze:

■ Nur die SeeStrO und die SeeSchStrO regeln, welche Lichter geführt oder gezeigt werden dürfen. Andere Lichter dürfen nur verwendet werden, wenn sie mit den vorgeschriebenen Lichtern nicht verwechselt werden können.

■ Positionslaternen müssen ständig mitgeführt werden, d. h. am Tage und bei Nacht.

■ Die vorgeschriebenen Lichter müssen bei Nacht und bei verminderter Sicht geführt und Lichtsignale gezeigt werden.

■ Positionslaternen sind in der Zeit, in der sie zu führen sind, fest anzubringen. Bei der Anbringung sind die Vorschriften der SeeStrO und der SeeSchStrO über die Anordnung, den Abstand und die Abschirmung der Lichter sowie die An- und Einbauanweisung des Laternenherstellers zu beachten. Es ist darauf zu achten, daß die Ausstrahlungsbereiche der Positionslaternen nicht durch stehendes oder laufendes Gut beeinträchtigt werden.

■ Es dürfen nur baumustergeprüfte Positionslaternen verwendet werden, die vom DHI für die Hohe See und die Seeschiffahrtsstraßen zugelassen und mit einer Baumusternummer (z. B. DHI/00/01/76) versehen sind. Für diese Laternen sind keine Wiederholungsprüfungen mehr vorgeschrieben.

■ Fahrzeuge unter Ruder oder Segel von weniger als 20 m Länge, die keine ausreichende Stromerzeugung an Bord haben, können weiterhin zugelassene Petroleum-Positionslaternen nach DIN 89 950 verwenden.

■ Die zugelassenen Positionslaternen müssen die vorgeschriebenen Lichtstärken erbringen, damit die für die einzelnen Lichter vorgeschriebenen Mindesttragweiten erreicht werden. Beachte daher die auf der Positionslaterne angebrachten Zeichen betr. Mindesttragweite!

■ Die Wirksamkeit und Betriebssicherheit der Positionslaternen muß jederzeit gewährleistet sein. Die Einhaltung der vorstehenden Regeln kann von der Wasserschutzpolizei daher auch am Tage kontrolliert werden. Verantwortlich sind der Fahrzeugführer und der Eigentümer.

(vgl. Fragen 58 bis 60 und die dortigen Erläuterungen)

26   Antwort: ● ● ●

Was verstehen Sie unter dem Begriff „Verkehrstrennungsgebiet"?

Es sind Schiffahrtswege, die durch Trennlinien oder Trennzonen in Einbahnwege geteilt sind und jeweils nur in Verkehrsrichtung rechts befahren werden dürfen.

Zu Frage 26:   **Vorschrift:** § 6 VO SeeStrO; Regel 10 SeeStrO
                 Hinweis: Verhalten im Bereich von Verkehrstrennungsgebieten; vgl. Erl. zu Fragen 99 ff.

27   Antwort: ● ●

Was verstehen Sie unter dem Begriff „in Sicht befindlich"?

Fahrzeuge gelten nur dann als einander in Sicht befindlich, wenn jedes vom anderen optisch wahrgenommen werden kann.

Zu Frage 27:   **Vorschrift:** Regel 3 k SeeStrO
                 Beachte: Die Optische Wahrnehmung kann auch mit Hilfe eines Fernglases erfolgen. Die Erfassung eines anderen Fahrzeuges mit Hilfe eines Radargerätes ist dagegen keine optische Wahrnehmung!

28   Antwort: ● ● ●

Wie haben Sie allgemein Ihre Geschwindigkeit einzurichten?

Ich muß stets mit einer Geschwindigkeit fahren, die es erlaubt, durch geeignete und wirksame Maßnahmen einen Zusammenstoß zu vermeiden, und die es ermöglicht, daß ich unter den gegebenen Verhältnissen mein Fahrzeug auf einer angemessenen Strecke aufstoppen kann (sog. sichere Geschwindigkeit).

Zu Frage 28:   **Vorschrift:** Regel 6 Abs. 1 SeeStrO

29   Antwort: ●

Was ist bei der Benutzung von Laternen, Leuchten und Scheinwerfern zu beachten?

Sie dürfen nicht blenden und dadurch die Schiffahrt gefährden oder behindern.

Zu Frage 29:   **Vorschrift:** § 8 Abs. 3 SeeSchStrO

Seestraßenordnung

Lichter- und Signalkörperführung

Maschinenfahrzeuge

30

Sie sehen folgendes Fahrzeug:

Was ist das für ein Fahrzeug?

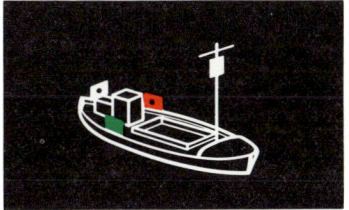

Antwort: ●●●

Maschinenfahrzeug in Fahrt von weniger als 50 Meter Länge.

31

Sie sehen folgendes Fahrzeug:

Was ist das für ein Fahrzeug?

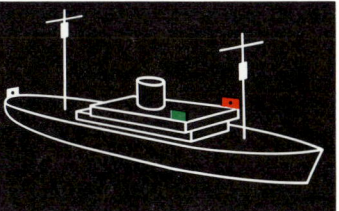

Antwort: ●●●

Maschinenfahrzeug in Fahrt von 50 und mehr Meter Länge.

Zu Fragen 30 und 31:

Beschreibung der Lichter:

■ ein weißes Topplicht vorn (unter 50 m Länge)

■ ein zweites weißes Topplicht achterlicher und höher als das erste Topplicht (ab 50 m Länge)
■ Seitenlichter grün und rot
■ ein weißes Hecklicht

Vorschrift: Regel 23 a SeeStrO

Hinweis: Nebelschallsignale Regel 35 a u. b SeeStrO; vgl. Erl. zu Fragen 64 ff.

Schleppverbände

32

●●●

Sie sehen folgenden Schleppverband:

1. Was ist das für ein Schleppverband?
2. Was bedeutet es, wenn das schleppende Fahrzeug zusätzlich drei Rundumlichter senkrecht übereinander – das obere und untere rot, das mittlere weiß – führt?

Antwort:

1. **Schleppverband in Fahrt von 200 Meter Länge oder weniger.**

2. **Der Schleppverband kann nicht vom Kurs abweichen.**

33

●●●

Sie sehen folgenden Schleppverband:

1. Was ist das für ein Schleppverband?
2. Was bedeutet es, wenn das schleppende Fahrzeug zusätzlich drei Rundumlichter senkrecht übereinander – das obere und untere rot, das mittlere weiß – führt?

Antwort:

1. **Schleppverband in Fahrt von mehr als 200 Meter Länge.**

2. **Der Schleppverband kann nicht vom Kurs abweichen.**

Zu Fragen 32 und 33:

Beschreibung der Lichter:
Schlepper:

■ Anstelle des für Maschinenfahrzeuge vorgeschriebenen Topplichts zwei Topplichter senkrecht übereinander (Schleppverband unter 200 m Länge, schleppendes Fahrzeug unter 50 m Länge)

■ drei weiße Topplichter (Schleppverband ab 200 m Länge, schleppendes Fahrzeug unter 50 m Länge)
■ Seitenlichter grün und rot
■ ein weißes Hecklicht und ein gelbes Schlepperlicht senkrecht über dem Hecklicht

■ drei Rundumlichter – das obere und das untere rot, das mittlere weiß

Vorschrift: Regel 24 a und c SeeStrO

Hinweis: Nebelschallsignale Regel 35 c u. d SeeStrO; vgl. Erl. zu Fragen 64 ff.

34

Welche Lichter führen geschleppte Fahrzeuge?

Antwort: ●●

Seitenlichter rot und grün und ein weißes Hecklicht

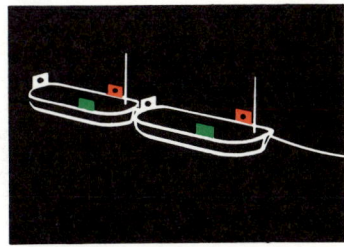

Vorschrift: Regel 24 e und f SeeStrO
Hinweis: Nebelschallsignale Regel 35 d; vgl. Erl. zu Fragen 64 ff.

35

Was bedeutet es, wenn jedes Fahrzeug eines Schleppverbandes einen schwarzen Rhombus führt?

Antwort: ●●

Schleppverband von mehr als 200 Meter Länge.

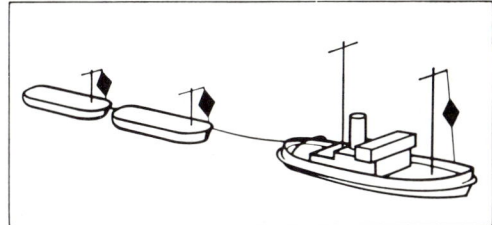

Vorschrift: Regel 24 a und e SeeStrO
Hinweis: Nebelschallsignale Regel 35 c und d SeeStrO; vgl. Erl. zu Fragen 64 ff.

Manövrierunfähige Fahrzeuge

36

Sie sehen folgendes Fahrzeug:

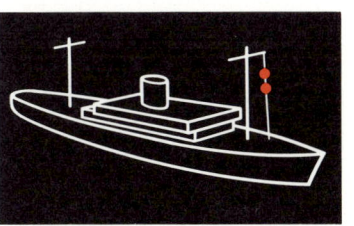

Was ist das für ein Fahrzeug?

Antwort: ●●

Ein manövrierunfähiges Fahrzeug ohne Fahrt durchs Wasser.

37

Sie sehen folgendes Fahrzeug:

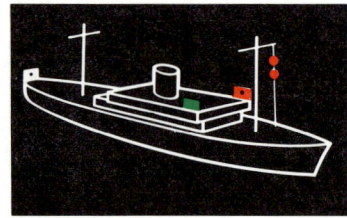

Was ist das für ein Fahrzeug?

Antwort: ●●

Ein manövrierunfähiges Fahrzeug mit Fahrt durchs Wasser.

38

Sie sehen folgendes Fahrzeug:

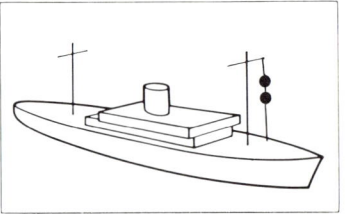

Was ist das für ein Fahrzeug?

Antwort: ●●

Ein manövrierunfähiges Fahrzeug.

Zu Fragen 36 bis 38:

Beschreibung der Sichtzeichen:

■ Bei Nacht: 2 rote Rundumlichter übereinander dort, wo sie am besten zu sehen sind. Bei Fahrt durchs Wasser zusätzlich Seitenlichter grün und rot und ein weißes Hecklicht.

■ Am Tage: 2 schwarze Bälle senkrecht übereinander dort, wo sie am besten zu sehen sind.

Beachte: Topplichter dürfen nicht geführt werden, wenn das Fahrzeug Fahrt durchs Wasser macht.

Vorschrift: Regel 27 a SeeStrO

Hinweise: Definition vgl. Frage 13; Nebelschallsignale Regel 35c SeeStrO; vgl. Erl. zu Fragen 64 ff.

39

Welche Signalkörper haben Sie zu führen, wenn Ihr Fahrzeug von 12 und mehr Meter Länge manövrierunfähig ist?

Antwort: ●●

Zwei schwarze Bälle senkrecht übereinander.

Zu Frage 39:

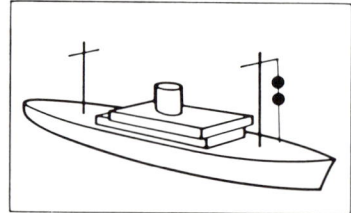

Vorschrift: Regel 30 b SeeStrO

40

Welche Lichter haben Sie zu führen, wenn Ihr Fahrzeug von 12 und mehr Meter Länge manövrierunfähig ist?

Antwort: ● ● ●

1. **Zwei rote Rundumlichter senkrecht übereinander.**
2. **Mit Fahrt durchs Wasser zwei rote Rundumlichter senkrecht übereinander und zusätzlich die Seitenlichter und das Hecklicht.**

Zu Frage 40:

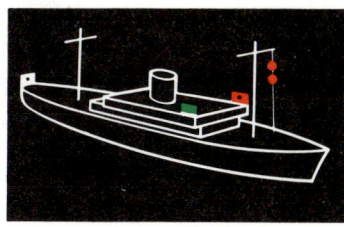

Vorschrift: Regel 27 a SeeStrO

Manövrierbehinderte Fahrzeuge

41

Sie sehen folgendes Fahrzeug:

Was ist das für ein Fahrzeug?

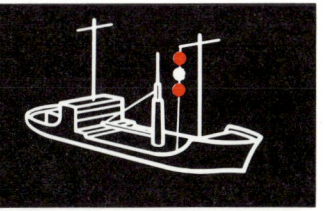

Antwort: ● ●

Ein manövrierbehindertes Fahrzeug ohne Fahrt durchs Wasser.

42

Sie sehen folgendes Fahrzeug:

Was ist das für ein Fahrzeug?

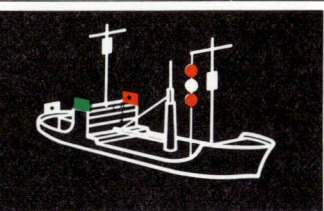

Antwort: ● ●

Ein manövrierbehindertes Fahrzeug mit Fahrt durchs Wasser von 50 und mehr Meter Länge.

43

Sie sehen folgendes Fahrzeug:

Was ist das für ein Fahrzeug?

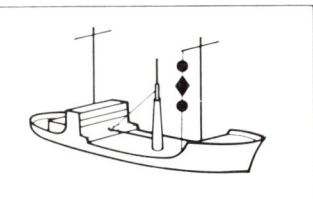

Antwort: ● ●

Ein manövrierbehindertes Fahrzeug.

Zu Fragen 41 bis 43:

Beschreibung der Sichtzeichen:

■ Bei Nacht: 3 Rundumlichter übereinander, das obere rot, das mittlere weiß und das untere rot dort, wo sie am besten zu sehen sind.
Mit Fahrt durchs Wasser zusätzlich ein weißes Topplicht vorn und ein zweites weißes Topplicht achterlicher und höher als das erste Topplicht (über 50 m Länge) sowie Seitenlichter grün und rot und ein weißes Hecklicht.

■ Am Tage: 3 Signalkörper senkrecht übereinander, oben einen schwarzen Ball, in der Mitte einen schwarzen Rhombus und unten einen schwarzen Ball dort, wo sie am besten zu sehen sind.

Vorschrift: Regel 27 b SeeStrO

Hinweise: Definition vgl. Frage 14; Nebelschallsignale Regel 35 c SeeStrO; vgl. Erl. zu Fragen 64 ff.

Auf Grund sitzende Fahrzeuge

44

Sie sehen folgendes Fahrzeug:

Was ist das für ein Fahrzeug?

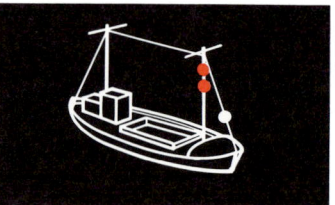

Antwort:

Ein Grundsitzer von weniger als 50 Meter Länge.

●●●

45

Sie sehen folgendes Fahrzeug:

Was ist das für ein Fahrzeug?

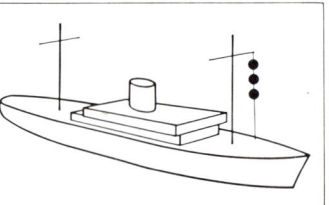

Antwort:

Ein Grundsitzer.

●●

46

Sie sehen folgendes Fahrzeug:

Was ist das für ein Fahrzeug?

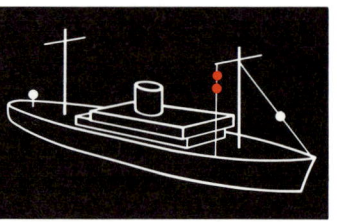

Antwort:

Ein Grundsitzer von 50 und mehr Meter Länge.

●●●

Zu Fragen 44 bis 46:

Beschreibung der Sichtzeichen:

■ Bei Nacht: Ein weißes Rundumlicht dort, wo es am besten zu sehen ist, und zusätzlich 2 rote Rundumlichter senkrecht übereinander dort, wo sie am be- sten zu sehen sind, bei 50 und mehr Meter Länge zusätzlich ein weißes Rundumlicht niedriger als das vordere Licht am Heck.

■ Am Tage: 3 schwarze Bälle senkrecht übereinander dort, ·wo sie am besten zu sehen sind.

Vorschrift: Regel 30 a, b und d SeeStrO

Hinweis: Nebelschallsignale Regel 35 g SeeStrO; vgl. Erl. zu Fragen 64 ff.

Tiefgangbehinderte Fahrzeuge

47   ● ●

Sie sehen folgendes Fahrzeug:

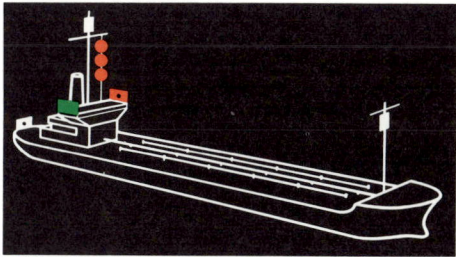

Was ist das für ein Fahrzeug?

Antwort:

Ein tiefgangbehindertes Fahrzeug von 50 und mehr Meter Länge (Wegerechtschiff).

48   ● ●

Sie sehen folgendes Fahrzeug:

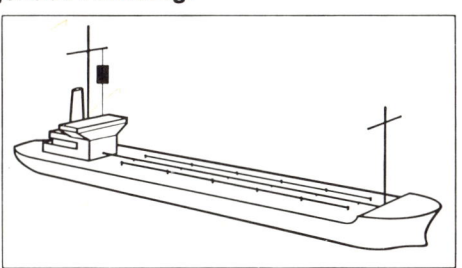

Was ist das für ein Fahrzeug?

Antwort:

Ein tiefgangbehindertes Fahrzeug (Wegerechtschiff).

Zu Fragen 47 und 48:

Beschreibung der Sichtzeichen:

■ Bei Nacht: Ein weißes Topplicht vorn, ein zweites weißes Topplicht achterlicher und höher als das vordere Topplicht, Seitenlichter grün und rot und ein weißes Hecklicht sowie zusätzlich drei rote Rundumlichter senkrecht übereinander dort, wo sie am besten zu sehen sind.

■ Am Tage: Ein schwarzer Zylinder dort, wo er am besten zu sehen ist.

Vorschrift: Regel 28 SeeStrO

Definition: Ein durch seinen Tiefgang behindertes Fahrzeug ist ein Maschinenfahrzeug, das durch seinen Tiefgang im Verhältnis zu der vorhandenen Wassertiefe stark behindert ist, von seinem Kurs abzuweichen (Regel 3 b SeeStrO).

Hinweis: Nebelschallsignale Regel 35 c SeeStrO; vgl. Erl. zu Fragen 64 ff.

Fischende Fahrzeuge

49

Sie sehen folgendes Fahrzeug:

Was ist das für ein Fahrzeug?

Antwort: ● ● ●

Ein fischender Trawler (Fischereifahrzeug) bei Fahrt durchs Wasser von 50 und mehr Meter Länge.

50

Sie sehen folgendes Fahrzeug:

Was ist das für ein Fahrzeug?

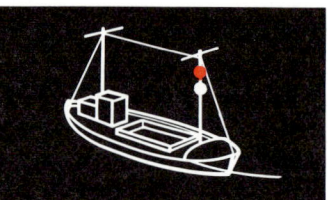

Antwort: ● ●

Ein fischendes Fahrzeug, das nicht trawlt, z. B. Treibnetzfischer.

51

Sie sehen folgendes Fahrzeug:

Was ist das für ein Fahrzeug?

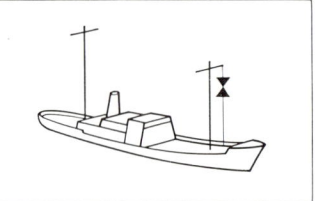

Antwort: ● ● ●

Ein fischender Trawler (Fischereifahrzeug) oder ein fischendes Fahrzeug, das nicht trawlt, von 20 und mehr Meter Länge.

52

Sie sehen folgendes Fahrzeug:

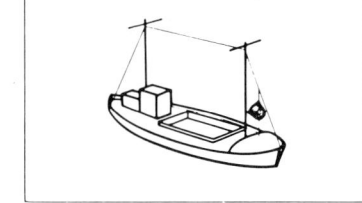

Was ist das für ein Fahrzeug?

Antwort: ● ● ●

Ein fischender Trawler oder ein fischendes Fahrzeug, das nicht trawlt, von weniger als 20 Meter Länge.

Zu Fragen 49 bis 52:

Beschreibung der Sichtzeichen:
Fischender Trawler (Schleppnetzfischer) von 50 und mehr Meter Länge:
- Bei Nacht: 2 Rundumlichter, das obere grün, das untere weiß und ein weißes Topplicht achterlicher und höher als das grüne Rundumlicht, zusätzlich Seitenlichter grün und rot und ein weißes Hecklicht.
- Am Tage: Ein schwarzes Stundenglas dort, wo es am besten zu sehen ist

oder, bei einer Länge von weniger als 20 m, ein Korb.

Vorschrift: Regel 26 b SeeStrO

Fischendes Fahrzeug, das nicht trawlt (Treibnetzfischer):
- Bei Nacht: 2 Rundumlichter übereinander, das obere rot, das untere weiß.
- Am Tage: Ein schwarzes Stundenglas dort, wo es am besten zu sehen ist oder, bei einer Länge von weniger als 20 m, ein Korb.

Vorschrift: Regel 26 c SeeStrO

Definition: Ein fischendes Fahrzeug ist ein Fahrzeug, das mit Netzen, Leinen, Schleppnetzen oder anderen Fanggeräten fischt, welche die Manövrierfähigkeit einschränken. Als fischende Fahrzeuge sind nicht anzusehen Fahrzeuge, die mit Schleppangeln oder anderen, die Manövrierfähigkeit nicht einschränkenden Fanggeräten fischen (Regel 3 d SeeStrO).

Hinweis: Nebelschallsignale Regel 35 c SeeStrO; vgl. Erl. zu Fragen 64 ff.

Fahrzeuge unter Ruder oder Segel

53

Welche Fahrzeuge führen nur Seitenlichter rot und grün und ein weißes Hecklicht?

Antwort: ● ●

Segler, Ruderboote und geschleppte Fahrzeuge.

Zu Frage 53:   **Vorschriften:** Regel 24 e, 25 SeeStrO

               Definition: Segelfahrzeug ist ein Fahrzeug unter Segel, dessen Maschinenkraft, falls vorhanden, nicht benutzt wird (Regel 3 c SeeStrO).

               Hinweis: Nebelschallsignale (Regel 35 c SeeStrO); vgl. Erl. zu Fragen 64 ff.

54

WasfüreineLaternekanneinSegelfahrzeugvonweniger als 20 Meter Länge anstelle der Seitenlichter und des Hecklichtes führen?

Antwort: ●

Eine Dreifarbenlaterne.

Zu Frage 54:

Vorschrift: Regel 25 b SeeStrO

55

Welche Lichter darf ein Fahrzeug unter Ruder führen oder zeigen?

Antwort: ● ●

Es darf die Seitenlichter und das Hecklicht führen. Andernfalls ist ein weißes Licht gebrauchsfertig zur Hand zu haben, das rechtzeitig gezeigt werden muß, um einen Zusammenstoß zu verhüten.

Zu Frage 55:

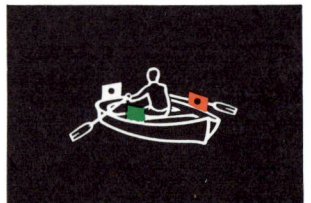

Vorschrift: Regel 25 d SeeStrO

56

Welchen Signalkörper muß ein Fahrzeug unter Segel, das gleichzeitig mit Maschinenkraft fährt, führen?

Antwort: ● ●

Einen schwarzen Kegel, Spitze unten.

Zu Frage 56:

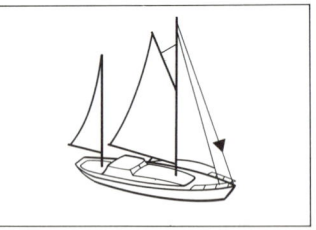

Vorschrift: Regel 25 e SeeStrO

Kleine Maschinenfahrzeuge

57

Antwort: ●●●

Welche Lichter kann bzw. muß ein Maschinenfahrzeug von weniger als 7 Meter Länge, dessen Höchstgeschwindigkeit 7 Knoten nicht übersteigt, führen?

Tragen Sie die Lichter unter Angabe der Farben und Sichtwinkel ein.

1. kann:

2. muß, soweit möglich:

3. muß mindestens:

1. kann:

2. muß, soweit möglich:

3. muß mindestens:

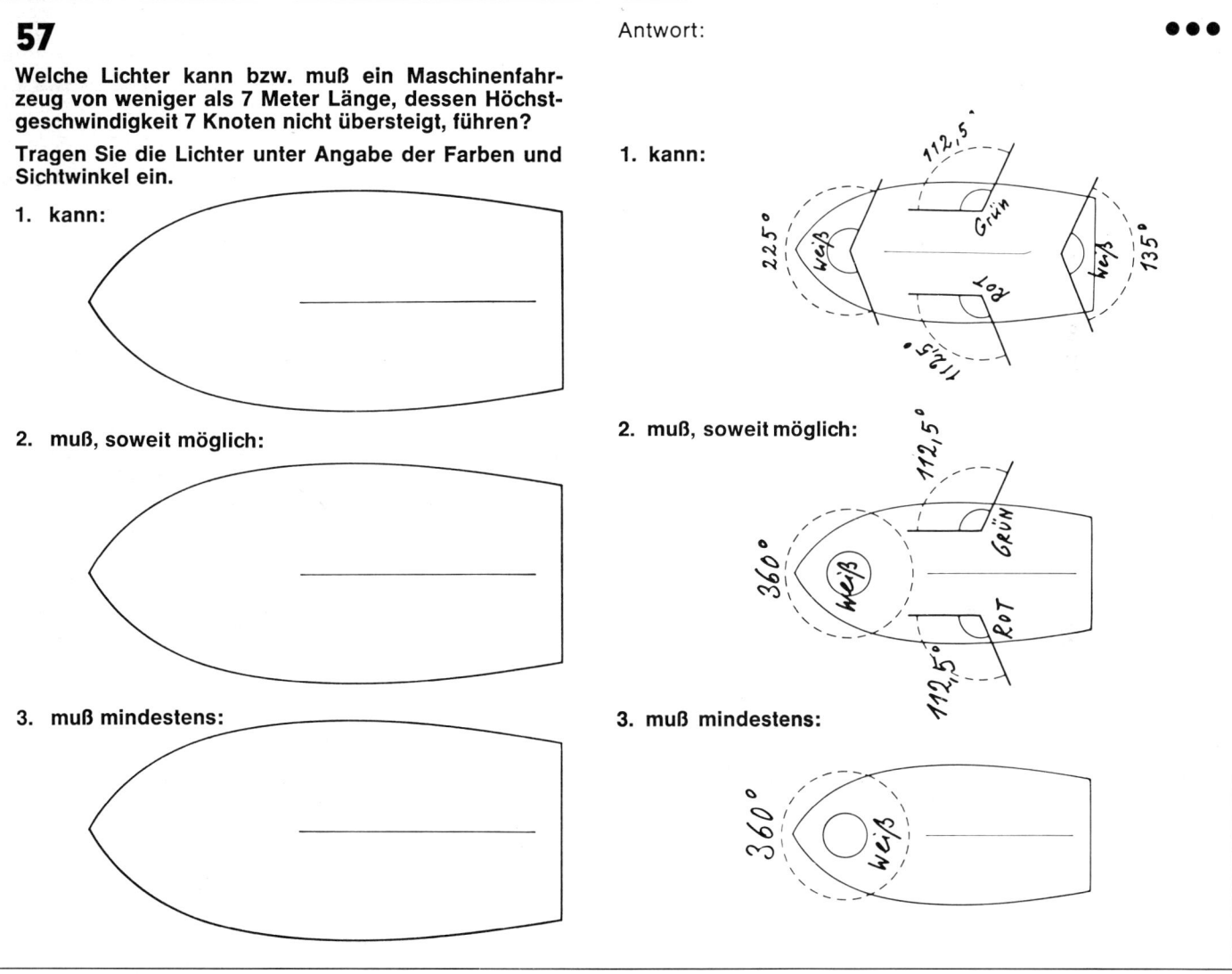

Zu Frage 57: **Vorschriften:** Regel 23 a und c, 21 a, b u. c SeeStrO

Hinweise: Nebelschallsignale Regel 35 a und h SeeStrO; vgl. Erl. zu Fragen 64 ff., abweichende Lichterführung auf den Seeschiffahrtstraßen. Vgl. Erl. zu Fragen 117, 118

58

Welche Lichter kann bzw. muß ein Maschinenfahrzeug von weniger als 12 Meter Länge führen?

Tragen Sie die Lichter unter Angabe der Farben und Sichtwinkel ein.

1. kann:

2. muß mindestens:

Antwort: ●●●

1. kann:

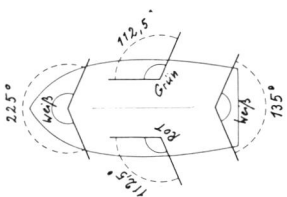

2. muß mindestens:

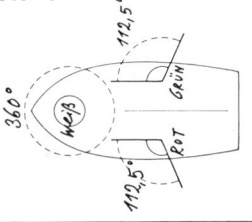

59

Welche Lichter muß ein Maschinenfahrzeug in Fahrt von 12 und mehr, jedoch weniger als 20 Meter Länge führen?

Tragen Sie die Lichter unter Angabe der Farben und Sichtwinkel ein und geben Sie ferner den senkrechten Abstand des Topplichtes zum Schandeckel an.

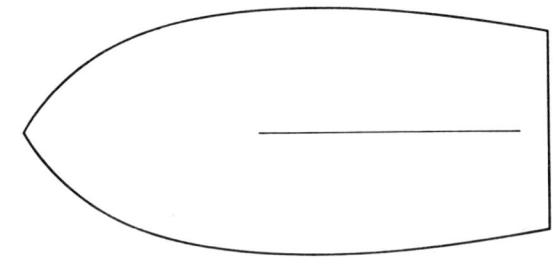

Antwort: ●●●

Senkrechter Abstand:
Mindestens 2,50 Meter

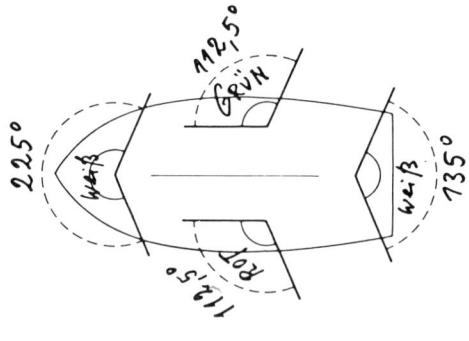

60

Antwort: • • •

Welche Lichter muß ein Maschinenfahrzeug in Fahrt von 20 und mehr, jedoch weniger als 50 Meter Länge führen?

Tragen Sie die Lichter unter Angabe der Farben und Sichtwinkel ein.

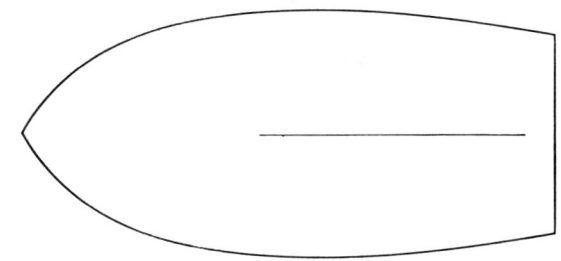

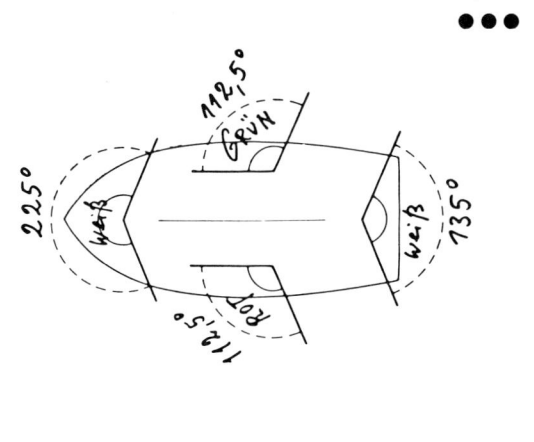

Zu Fragen 58 bis 60:

Merke: Die Lichterführung von Maschinenfahrzeugen zwischen 7 und 50 m Länge unterscheidet sich lediglich durch die verschiedenen Tragweiten der Lichter und ihre Anbringungshöhe:

■ Fahrzeuge unter 12 m Länge Topplicht 2 sm, mind. 1 m höher als Seitenlichter
  Seitenlicht 1 sm
  Hecklicht 2 sm

■ Fahrzeuge über 12 m, aber unter 20 m Länge Topplicht 3 sm, mind. 2,5 m über dem Schandeckel
  Seitenlicht 2 sm
  Hecklicht 2 sm

■ Fahrzeuge über 20 m, aber unter 50 m Länge Topplicht 5 sm, mind. 6 m über dem Schiffskörper
  Seitenlicht 2 sm
  Hecklicht 2 sm

Die vorgeschriebene Anbringungshöhe über dem Bootskörper wird vom Schandeckel aus gerechnet, der die obere Verkleidung der Außenhautbeplankung in Höhe des Setzbordes darstellt. Da das oberste Deck oftmals einen erheblichen Sprung besitzt, liegt der Ausgangspunkt der Messung vorn, mittschiffs und achtern nicht in der gleichen Ebene. Deshalb sollte zweckmä-

ßigerweise die höchste Ebene als Ausgangsbasis für die „Höhe" gewählt werden.

Auf den Seeschiffahrtsstraßen ist für Fahrzeuge unter Bundesflagge unter 12 m Länge abweichend von Regel 22 b und c SeeStrO vorgeschrieben, daß die Tragweite der Seitenlichter 2 sm betragen muß (§ 10 Abs. 1 SeeSchStrO).

Vorschriften: Regel 23 a, 22 b und c Anlage I Nr. 2 a, c und d SeeStrO

Hinweis: Nebelschallsignale Regel 35 a u. h SeeStrO; vgl. Erl. zu Fragen 64 ff.

Ankerlieger

61

Was für ein Licht muß ein Ankerlieger von weniger als 50 Meter Länge führen?

Antwort: ●●

Ein weißes Rundumlicht.

Zu Frage 61:

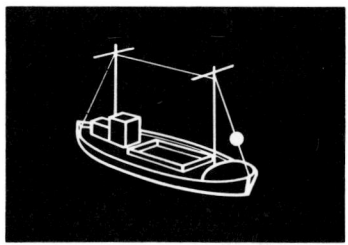

Vorschrift: Regel 30 b SeeStrO
Hinweis: Nebelschallsignale
Regel 35 f SeeStrO;
vgl. Erl. zu Fragen 64 ff.

62

Sie sehen folgendes Fahrzeug:

Was ist das für ein Fahrzeug?

Antwort: ●●

Ein vor Anker liegendes Fahrzeug von 50 und mehr Meter Länge.

Zu Frage 62:

Beschreibung der Lichter: Rundumlicht im vorderen Teil dort, wo es am besten zu sehen ist, und ein weißes Rundumlicht an oder nahe dem Heck, niedriger als das vordere Licht und zusätzlich die eingeschaltete Decksbeleuchtung.

Vorschriften: Regel 30 a und c SeeStrO
Hinweis: Nebelschallsignale Regel 35 f SeeStrO; vgl. Erl. zu Fragen 64 ff.

63

Was für einen Signalkörper muß ein Ankerlieger führen?

Antwort: ●●

einen schwarzen Ball.

Zu Frage 63:

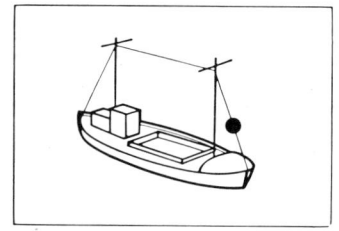

Vorschrift: Regel 30 a SeeStrO

Zu Fragen 64 bis 74:

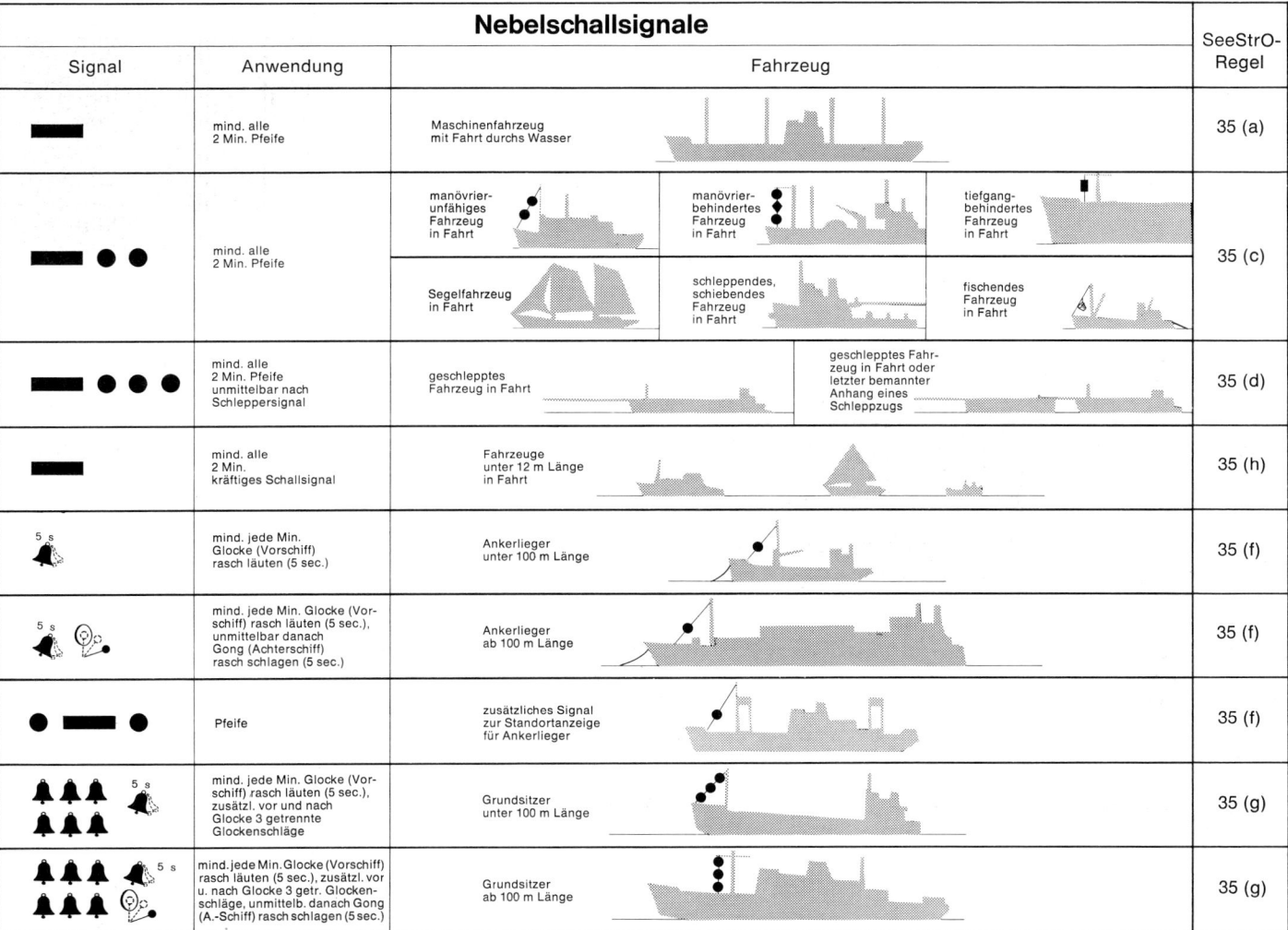

Signal	Anwendung	Fahrzeug			SeeStrO-Regel
▬	mind. alle 2 Min. Pfeife	Maschinenfahrzeug mit Fahrt durchs Wasser			35 (a)
▬ ● ●	mind. alle 2 Min. Pfeife	manövrier-unfähiges Fahrzeug in Fahrt	manövrier-behindertes Fahrzeug in Fahrt	tiefgang-behindertes Fahrzeug in Fahrt	35 (c)
		Segelfahrzeug in Fahrt	schleppendes, schiebendes Fahrzeug in Fahrt	fischendes Fahrzeug in Fahrt	
▬ ● ● ●	mind. alle 2 Min. Pfeife unmittelbar nach Schleppersignal	geschlepptes Fahrzeug in Fahrt	geschlepptes Fahrzeug in Fahrt oder letzter bemannter Anhang eines Schleppzugs		35 (d)
▬	mind. alle 2 Min. kräftiges Schallsignal	Fahrzeuge unter 12 m Länge in Fahrt			35 (h)
🔔 5 s	mind. jede Min. Glocke (Vorschiff) rasch läuten (5 sec.)	Ankerlieger unter 100 m Länge			35 (f)
🔔 5 s 🔔	mind. jede Min. Glocke (Vorschiff) rasch läuten (5 sec.), unmittelbar danach Gong (Achterschiff) rasch schlagen (5 sec.)	Ankerlieger ab 100 m Länge			35 (f)
● ▬ ●	Pfeife	zusätzliches Signal zur Standortanzeige für Ankerlieger			35 (f)
🔔🔔🔔 5 s 🔔🔔🔔	mind. jede Min. Glocke (Vorschiff) rasch läuten (5 sec.), zusätzl. vor und nach Glocke 3 getrennte Glockenschläge	Grundsitzer unter 100 m Länge			35 (g)
🔔🔔🔔 5 s 🔔🔔🔔	mind. jede Min. Glocke (Vorschiff) rasch läuten (5 sec.), zusätzl. vor u. nach Glocke 3 getr. Glockenschläge, unmittelb. danach Gong (A.-Schiff) rasch schlagen (5 sec.)	Grundsitzer ab 100 m Länge			35 (g)

Nebelschallsignale

64   Antwort: ● ●

Sie hören bei verminderter Sicht mindestens alle zwei Minuten einen langen Ton mit der Pfeife (▬).

Welches Fahrzeug gibt dieses Signal?

Ein Maschinenfahrzeug, das Fahrt durchs Wasser macht.

---

65   Antwort: ● ●

Sie hören bei verminderter Sicht mindestens alle zwei Minuten zwei aufeinanderfolgende lange Töne mit der Pfeife (▬ ▬).

Welches Fahrzeug gibt dieses Signal?

Ein Maschinenfahrzeug in Fahrt, das seine Maschine gestoppt hat und keine Fahrt durchs Wasser macht.

---

66   Antwort: ● ● ●

Sie hören bei verminderter Sicht mindestens alle zwei Minuten drei aufeinanderfolgende Töne mit der Pfeife, und zwar lang, kurz, kurz (▬ ● ●).

Welche Fahrzeuge geben dieses Signal?

1. Ein manövrierunfähiges Fahrzeug in Fahrt.
2. Ein manövrierbehindertes Fahrzeug in Fahrt od. vor Anker.
3. Ein tiefgangbehindertes Fahrzeug in Fahrt.
4. Ein Segelfahrzeug in Fahrt.
5. Ein schleppendes oder schiebendes Fahrzeug in Fahrt.
6. Ein fischendes Fahrzeug in Fahrt oder vor Anker.

---

67   Antwort: ● ●

Sie hören bei verminderter Sicht mindestens alle zwei Minuten vier aufeinanderfolgende Töne mit der Pfeife, und zwar lang, kurz, kurz, kurz (▬ ● ● ●).

Welche Fahrzeuge geben dieses Signal?

Ein geschlepptes Fahrzeug oder das letzte bemannte Fahrzeug eines Schleppverbandes in Fahrt.

---

68   Antwort: ● ●

Was für ein Schallsignal muß ein Segelfahrzeug von 12 und mehr Meter Länge bei verminderter Sicht geben?

Mindestens alle zwei Minuten drei aufeinanderfolgende Töne mit der Pfeife, und zwar lang, kurz, kurz. (▬ ● ●)

69

Welches Schallsignal muß ein Fahrzeug von weniger als 12 Meter Länge bei verminderter Sicht geben, wenn es die sonst vorgeschriebenen Schallsignale nicht geben kann?

Antwort: ●●

Mindestens alle zwei Minuten ein kräftiges Schallsignal, das mit den vorgeschriebenen nicht verwechselt werden kann.

70

Sie hören bei verminderter Sicht mindestens jede Minute 5 Sekunden lang rasches Läuten der Glocke.

5 s

Welches Fahrzeug gibt dieses Signal?

Antwort: ●●

Ein Fahrzeug vor Anker von weniger als 100 Meter Länge.

71

Sie hören bei verminderter Sicht jede Minute etwa 5 Sekunden lang rasches Läuten der Glocke und unmittelbar danach ungefähr 5 Sekunden lang rasch den Gong schlagen.

5 s   5 s

Welches Fahrzeug gibt dieses Signal?

Antwort: ●●

Ein Fahrzeug vor Anker von 100 und mehr Meter Länge.

72

Welches zusätzliche Schallsignal darf jeder Ankerlieger bei verminderter Sicht geben, um einem sich nähernden Fahrzeug seinen Standort anzuzeigen?

Antwort: ●●

Kurz, lang, kurz (● ▬ ●)

73   Antwort: ●●●

Sie hören bei verminderter Sicht mindestens jede Minute 3 Einzelschläge der Glocke, darauf 5 Sekunden lang rasches Läuten der Glocke und anschließend wieder 3 Einzelschläge der Glocke.

Ein Grundsitzer von weniger als 100 Meter Länge.

5 s

Was ist das für ein Fahrzeug?

74   Antwort: ●●●

Sie hören bei verminderter Sicht mindestens jede Minute 3 Einzelschläge der Glocke, darauf 5 Sekunden lang rasches Läuten der Glocke, anschließend wieder 3 Einzelschläge der Glocke und dann ungefähr 5 Sekunden lang rasch den Gong schlagen.

Ein Grundsitzer von 100 und mehr Meter Länge.

5 s   5 s

Was ist das für ein Fahrzeug?

Zu Fragen 64 bis 74:

Beachte: Die Nebelschallsignalanlagen müssen den Anforderungen der Anlage 3 zur SeeStrO entsprechen und vom DHI baumustergeprüft sein (Regel 33 SeeStrO, §§ 6 Abs. 3 SeeSchStrO)

Definition: „verminderte Sicht" vgl. Frage 15

Hinweise: vgl. die Kursänderungssignale in Fragen 95–99 und die Gefahren- und Warnsignale nach der SeeSchStrO in Fragen 121–124

75   Antwort: ●●●

Wann besteht die Möglichkeit der Gefahr eines Zusammenstoßes?

Wenn die Fahrzeuge sich einander nähern und die Peilung zu dem anderen Fahrzeug sich nicht oder nur unwesentlich verändert. Im Zweifelsfalle ist die Gefahr als bestehend anzunehmen.

Zu Frage 75:   **Vorschriften:**   Regel 7 a und d SeeStrO

Ausweichregeln

Zu Fragen 76 bis 82:

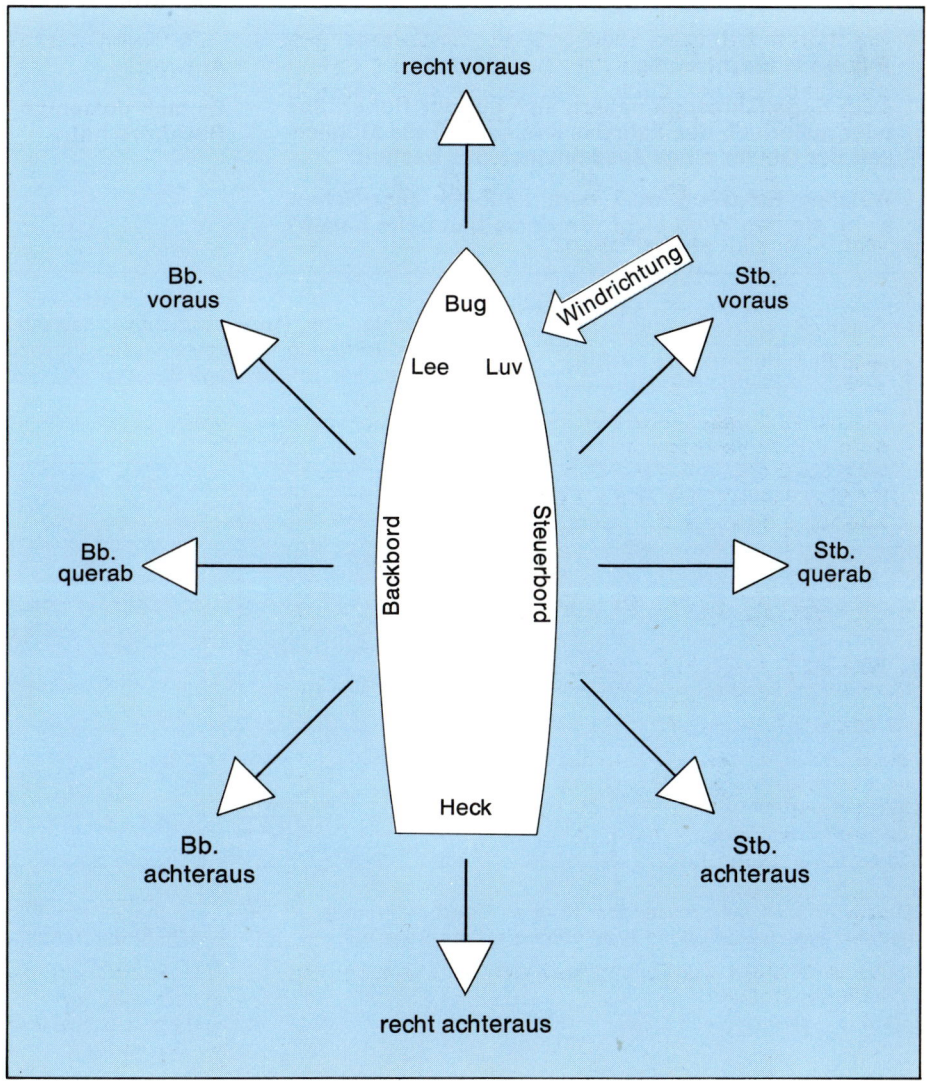

Richtungen und Seitenbezeichnungen (auf das Schiff bezogen)

Segelfahrzeuge untereinander

76

Zwei Segelfahrzeuge nähern sich auf der Hohen See oder außerhalb des Fahrwassers so, daß die Möglichkeit der Gefahr eines Zusammenstoßes besteht.

Welches Fahrzeug muß dem anderen ausweichen, wenn sie den Wind nicht von derselben Seite haben?

Antwort:

Es muß dasjenige Fahrzeug ausweichen, das den Wind von Backbord hat.

Zu Frage 76:

Vorschriften: Regel 12 a, i SeeStrO

Beachte: Das Ausweichmanöver ist möglichst frühzeitig und entschlossen durchzuführen; vgl. Erl. zu Frage 91

Hinweis: Ausweichregeln bei verminderter Sicht Regel 19 SeeStrO; vgl. Erl. zu Frage 93

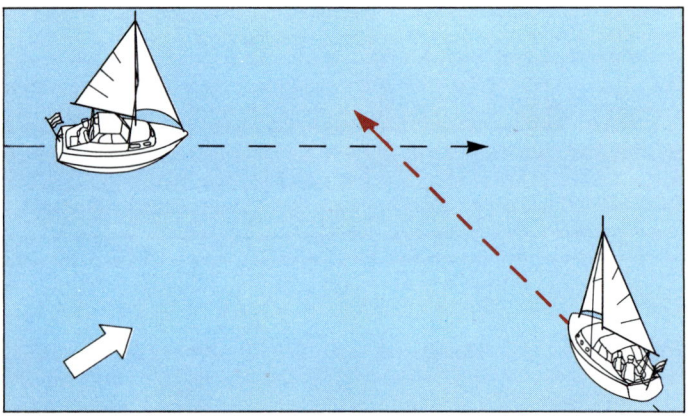

Mir nähert sich auf kreuzendem Kurs an Backbord voraus ein Segelfahrzeug, das den Wind nicht von derselben Seite hat.

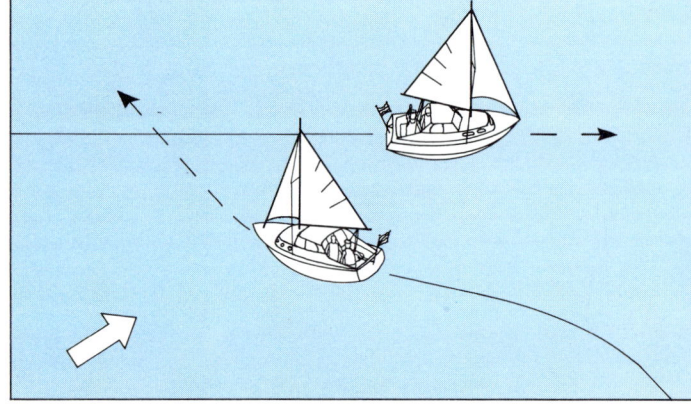

Ich habe den Wind von Backbord und muß daher ausweichen, d. h. hinter seinem Heck passieren.

77

Zwei Segelfahrzeuge nähern sich auf der Hohen See oder außerhalb des Fahrwassers so, daß die Möglichkeit der Gefahr eines Zusammenstoßes besteht.

Welches Fahrzeug muß dem anderen ausweichen, wenn sie den Wind von derselben Seite haben?

Antwort: ● ● ●

Es muß das luvwärtige Fahrzeug dem leewärtigen Fahrzeug ausweichen.

Zu Frage 77:

Definition: „luvwärtig" vgl. Fragen 17, 18

Vorschrift: Regel 12 ii SeeStrO

Beachte: Das Ausweichmanöver ist möglichst frühzeitig und entschlossen durchzuführen; vgl. Erl. zu Frage 91

Hinweis: Ausweichregeln bei verminderter Sicht Regel 19 SeeStrO; vgl. Erl. zu Frage 93

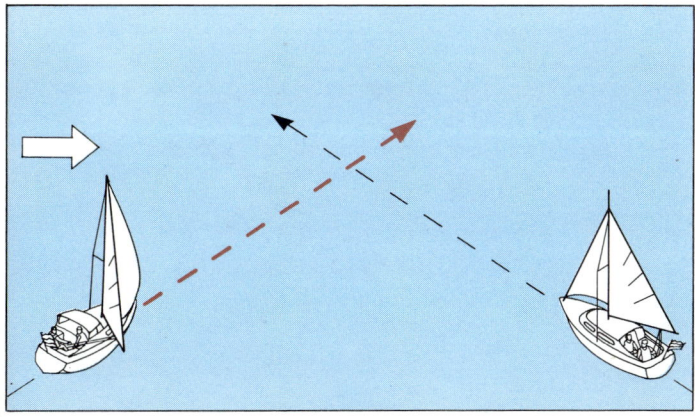

Mir nähert sich auf kreuzendem Kurs ein Segelboot an Steuerbord voraus, das den Wind von derselben Seite hat.

Ich bin das luvwärtige Fahrzeug und muß daher dem leewärtigen ausweichen, d. h. hinter seinem Heck passieren.

78

Wie hat sich ein Segelfahrzeug auf der Hohen See oder außerhalb des Fahrwassers zu verhalten, wenn es mit dem Wind von Backbord ein Segelfahrzeug in Luv sichtet und nicht mit Sicherheit feststellen kann, ob das andere Fahrzeug den Wind von Backbord oder von Steuerbord hat, und die Möglichkeit der Gefahr eines Zusammenstoßes besteht?

Antwort: ● ● ●

Es muß ausweichen.

Zu Frage 78:

Definition: „luvwärtig" vgl. Fragen 17, 18
Vorschrift: Regel 12 a iii SeeStrO

Beachte: Das Ausweichmanöver ist möglichst frühzeitig und entschlossen durchzuführen, vgl. Erl. zu Frage 91

Hinweis: Ausweichregeln bei verminderter Sicht Regel 19 SeeStrO; vgl. Erl. zu Frage 93

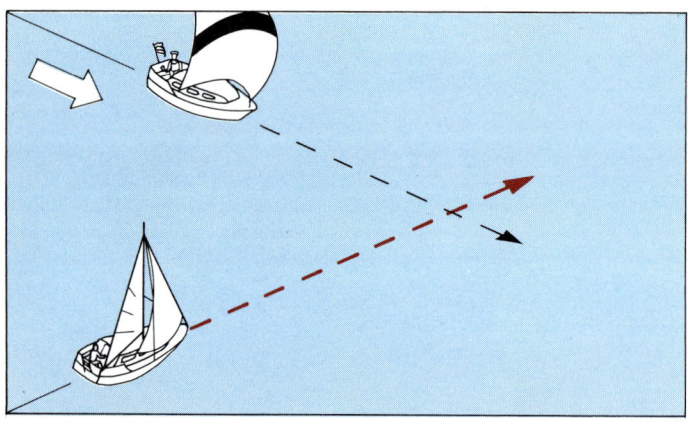

Mir nähert sich auf kreuzendem Kurs ein Segelfahrzeug an Backbord voraus, das in Luv liegt; ich kann nicht mit Sicherheit feststellen, ob es den Wind von Backbord oder von Steuerbord hat.

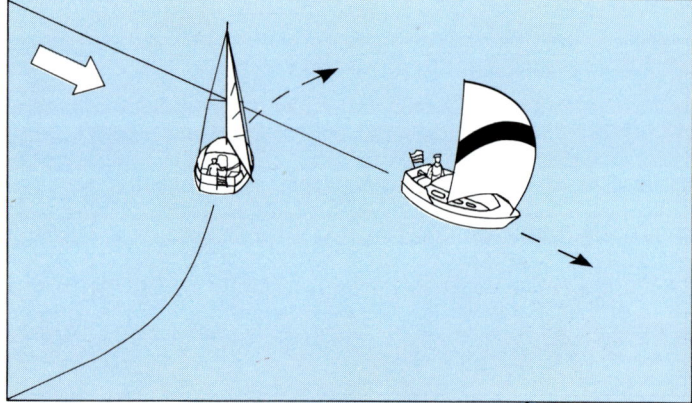

Ich habe den Wind von Backbord und muß daher ausweichen, d. h. hinter seinem Heck passieren.

Maschinenfahrzeuge untereinander

79

Wie müssen sich zwei Maschinenfahrzeuge verhalten, die sich einander auf entgegengesetzten oder fast entgegengesetzten Kursen nähern, um die Möglichkeit der Gefahr eines Zusammenstoßes zu vermeiden?

Antwort: ●●

Jedes Fahrzeug muß seinen Kurs nach Steuerbord ändern.

Zu Frage 79:

Vorschriften: Regel 14 SeeStrO

Beachte: Das Ausweichmanöver ist möglichst frühzeitig und entschlossen durchzuführen; vgl. Erl. zu Frage 91

Hinweis: Ausweichregeln bei verminderter Sicht Regel 19 SeeStrO; vgl. Erl. zu Frage 93

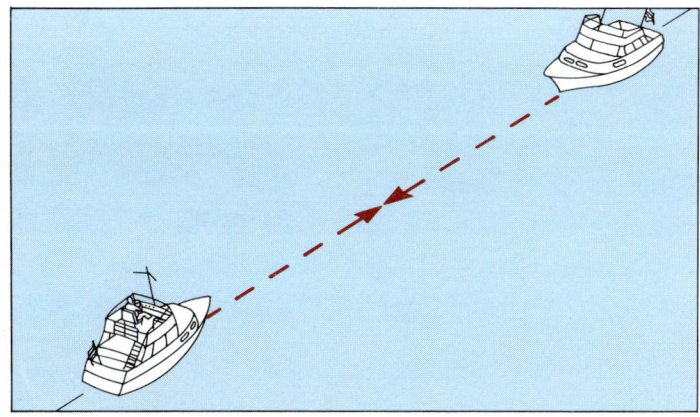

Mir nähert sich auf entgegengesetztem Kurs ein Maschinenfahrzeug recht voraus.

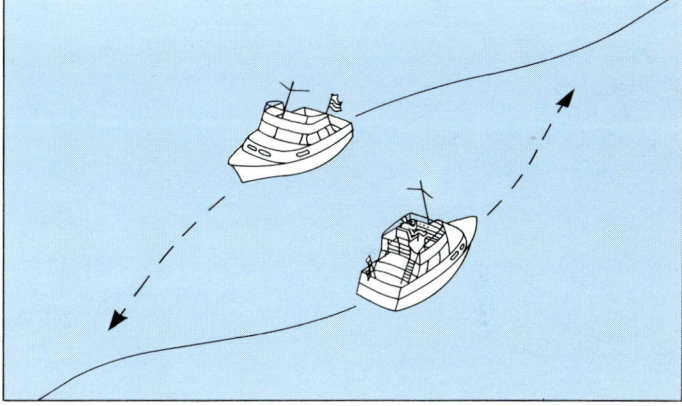

Beide Fahrzeuge müssen ausweichen, d. h. ihren Kurs nach Steuerbord so ändern, daß sie einander an der Backbordseite passieren.

80

Welches von zwei Maschinenfahrzeugen, deren Kurse einander so kreuzen, daß die Möglichkeit der Gefahr eines Zusammenstoßes besteht, ist ausweichpflichtig?

Antwort: ● ●

Dasjenige Fahrzeug muß ausweichen, welches das andere an seiner Steuerbordseite hat.

Zu Frage 80:

Vorschrift: Regel 15 SeeStrO

Beachte: Das Ausweichmanöver ist möglichst frühzeitig und entschlossen durchzuführen; vgl. Erl. zu Frage 91

Hinweis: Ausweichregeln bei verminderter Sicht Regel 19 SeeStrO; vgl. Erl. zu Frage 93

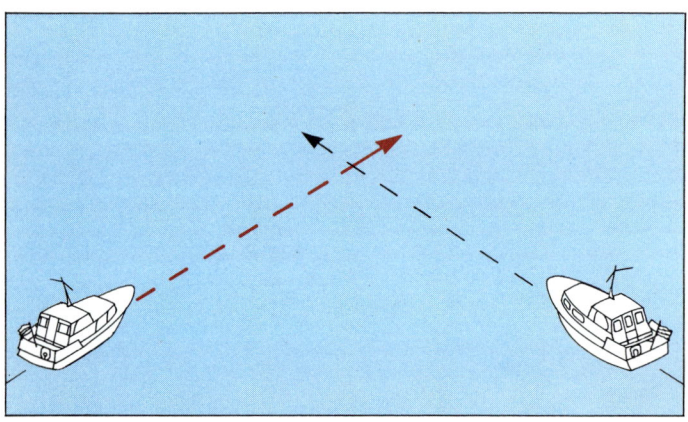

Mir nähert sich auf kreuzendem Kurs an Steuerbord voraus ein Maschinenfahrzeug.

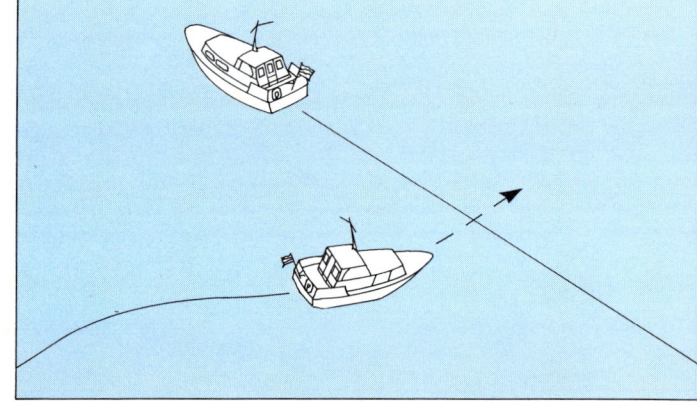

Ich habe das andere Fahrzeug an meiner Steuerbordseite und muß daher ausweichen, d. h. hinter seinem Heck passieren.

Maschinenfahrzeuge — Segelfahrzeuge

81

Wie hat sich ein Maschinenfahrzeug auf der Hohen See oder außerhalb des Fahrwassers gegenüber einem Segelfahrzeug zu verhalten, wenn die Möglichkeit der Gefahr eines Zusammenstoßes besteht?

Antwort: ●

Das Maschinenfahrzeug muß ausweichen.

Zu Frage 81:

Vorschrift: Regel 18 a SeeStrO

Beachte: Das Ausweichmanöver ist möglichst frühzeitig und entschlossen durchzuführen, vgl. Erl. zu Frage 91

Hinweis: Ausweichregeln bei verminderter Sicht Regel 19 SeeStrO; vgl. Erl. zu Frage 93

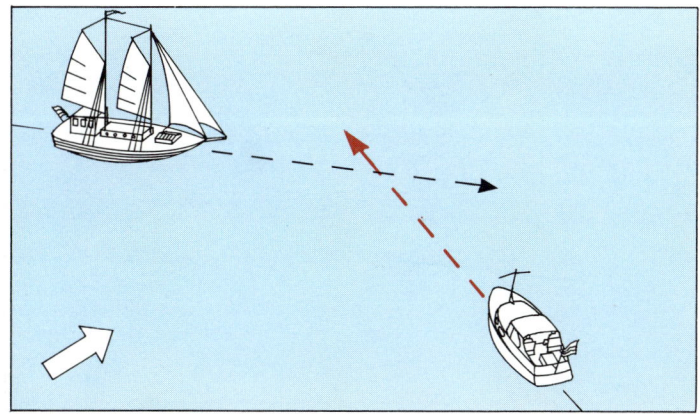

Mir nähert sich auf kreuzendem Kurs ein Segelfahrzeug an Backbord voraus.

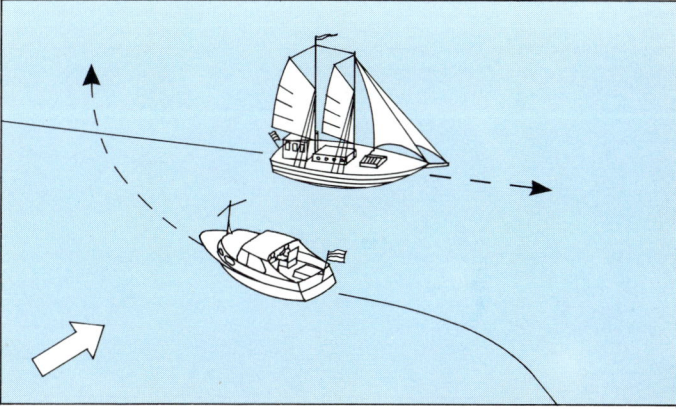

Ich bin ausweichpflichtig, d. h. ich muß meinen Kurs nach Backbord so ändern, daß ich hinter seinem Heck passieren kann.

Maschinenfahrzeuge — manövrierunfähige, — behinderte, — fischende Fahrzeuge

82

Wie hat sich ein Maschinenfahrzeug auf der Hohen See oder außerhalb des Fahrwassers gegenüber einem manövrierunfähigen Fahrzeug zu verhalten, wenn die Möglichkeit der Gefahr eines Zusammenstoßes besteht?

Antwort: ●

Das Maschinenfahrzeug muß ausweichen.

Zu Frage 82:

Vorschrift: Regel 18 a SeeStrO
Definition: „Manövrierunfähiges Fahrzeug" vgl. Frage 13

Beachte: Das Ausweichmanöver ist möglichst frühzeitig und entschlossen durchzuführen; vgl. Erl. zu Frage 91

Hinweis: Ausweichregeln bei verminderter Sicht Regel 19 SeeStrO; vgl. Erl. zu Frage 93

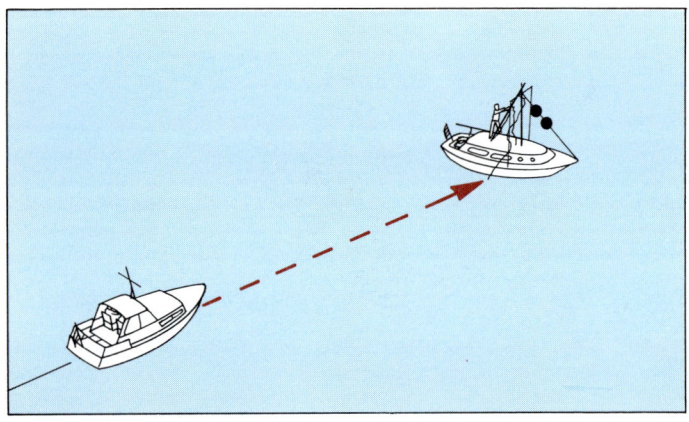

Ich nähere mich einem manövrierunfähigen Fahrzeug, das recht voraus liegt.

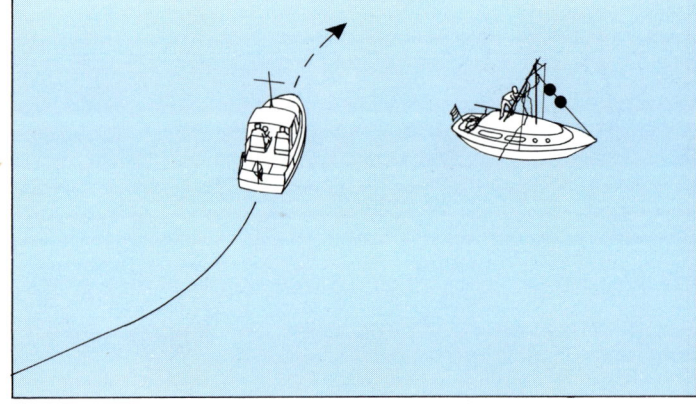

Ich bin ausweichpflichtig, d. h. ich muß meinen Kurs nach Backbord oder Steuerbord ändern.

83

Wie hat sich ein Maschinenfahrzeug auf der Hohen See oder außerhalb des Fahrwassers gegenüber einem manövrierbehinderten Fahrzeug zu verhalten, wenn die Möglichkeit der Gefahr eines Zusammenstoßes besteht?

Antwort:

Das Maschinenfahrzeug muß ausweichen.

Zu Frage 83:

Vorschrift: Regel 18 a SeeStrO
Definition: „Manövrierbehindertes Fahrzeug" vgl. Frage 14

Beachte: Das Ausweichmanöver ist möglichst frühzeitig und entschlossen durchzuführen, vgl. Erl. zu Frage 91

Hinweis: Ausweichregeln bei verminderter Sicht Regel 19 SeeStrO; vgl. Erl. zu Frage 93

Ich nähere mich einem manövrierbehinderten Fahrzeug, das recht voraus liegt.

Ich bin ausweichpflichtig, d. h. ich muß meinen Kurs entweder nach Backbord oder Steuerbord ändern.

84

Wie hat sich ein Maschinenfahrzeug auf der Hohen See oder außerhalb des Fahrwassers gegenüber einem fischenden Fahrzeug zu verhalten, wenn die Möglichkeit der Gefahr eines Zusammenstoßes besteht?

Antwort:

Das Maschinenfahrzeug muß ausweichen.

Zu Frage 84:

Vorschrift: Regel 18 a SeeStrO
Definition: „Fischendes Fahrzeug", vgl. Erl. zu Fragen 49–52

Beachte: Das Ausweichmanöver ist möglichst frühzeitig und entschlossen durchzuführen; vgl. Erl. zu Frage 91

Hinweis: Ausweichregeln bei verminderter Sicht Regel 19 SeeStrO; vgl. Erl. zu Frage 93

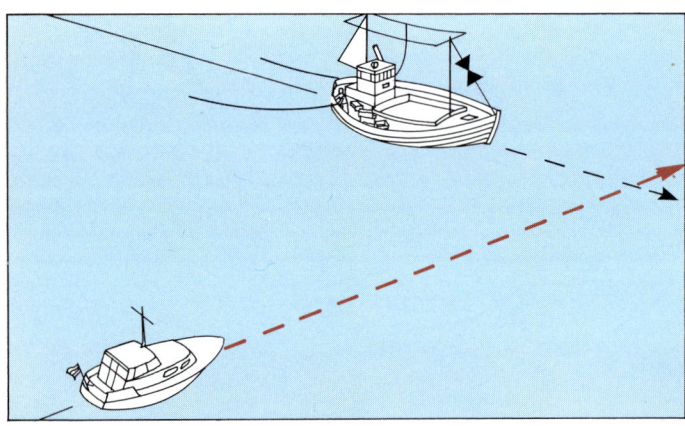

Ich nähere mich einem fischenden Fahrzeug, das an Backbord voraus liegt und meinen Kurs kreuzt.

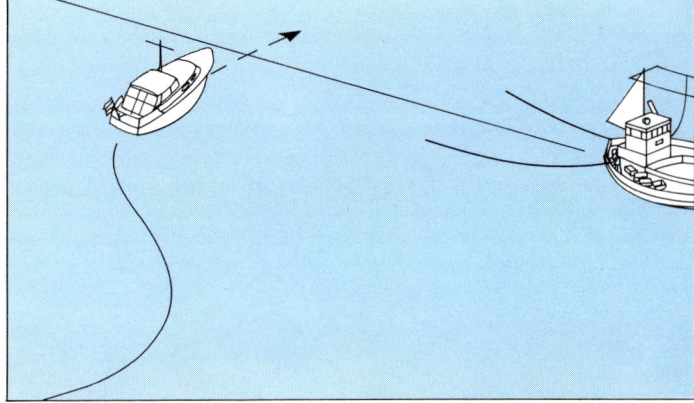

Ich bin ausweichpflichtig, d. h. ich muß meinen Kurs nach Backbord so ändern, daß ich das Fahrzeug mit deutlichem Abstand von seinem Heck passieren kann.

Segelfahrzeuge – manövrierunfähige, – behinderte, – fischende Fahrzeuge

85

Wie hat sich ein Segelfahrzeug auf der Hohen See oder außerhalb des Fahrwassers gegenüber einem manövrierunfähigen Fahrzeug zu verhalten, wenn die Möglichkeit der Gefahr eines Zusammenstoßes besteht?

Antwort:

Das Segelfahrzeug muß ausweichen.

Zu Frage 85: **Vorschrift:** Regel 18 b SeeStrO

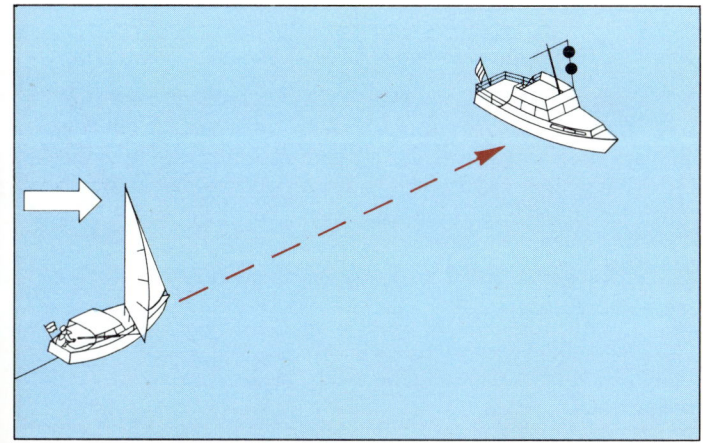

Ich nähere mich einem manövrierunfähigen Fahrzeug, das recht voraus liegt.

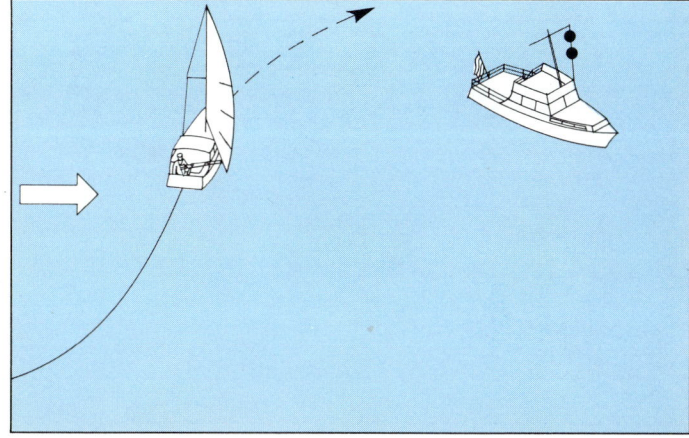

Ich bin ausweichpflichtig und ändere daher meinen Kurs nach Backbord oder Steuerbord.

86

Wie hat sich ein Segelfahrzeug auf der Hohen See oder außerhalb des Fahrwassers gegenüber einem manövrierbehinderten Fahrzeug zu verhalten, wenn die Möglichkeit der Gefahr eines Zusammenstoßes besteht?

Antwort:

Das Segelfahrzeug muß ausweichen.

Zu Frage 86:   **Vorschrift:** Regel 18 b SeeStrO

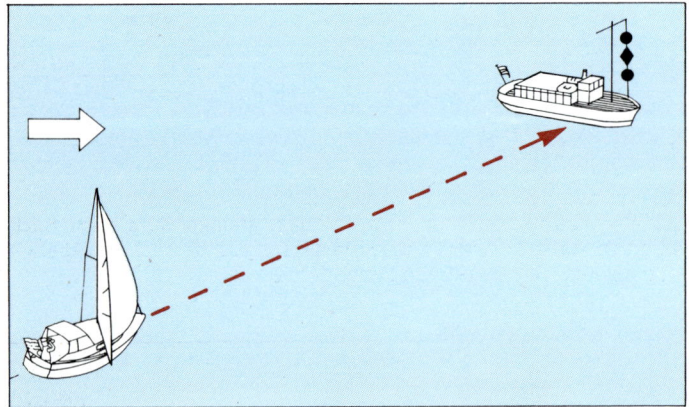

Ich nähere mich einem manövrierbehinderten Fahrzeug, das recht voraus liegt

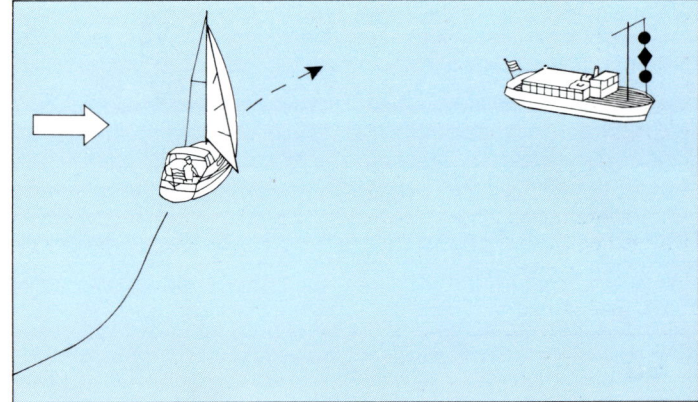

Ich bin ausweichpflichtig und ändere daher meinen Kurs nach Backbord, um das Schiff hinter seinem Heck zu passieren.

87

Wie hat sich ein Segelfahrzeug auf der Hohen See oder außerhalb des Fahrwassers gegenüber einem fischenden Fahrzeug zu verhalten, wenn die Möglichkeit der Gefahr eines Zusammenstoßes besteht?

Antwort: ●

Das Segelfahrzeug muß ausweichen.

Zu Frage 87: **Vorschrift:** Regel 18 b SeeStrO

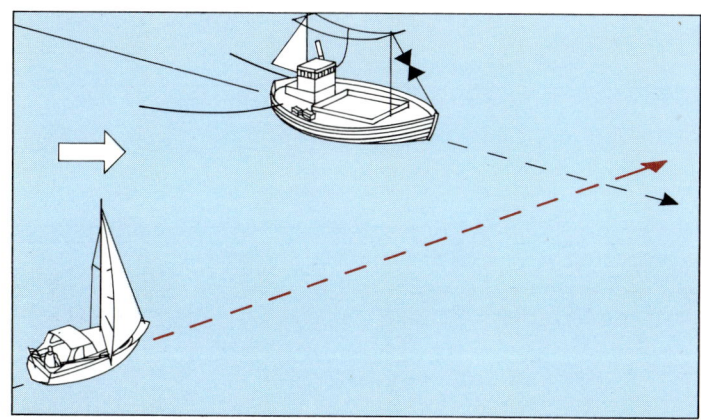 

Ich nähere mich einem fischenden Fahrzeug, das an Backbord voraus liegt.

Ich bin ausweichpflichtig, d. h. ich muß meinen Kurs nach Backbord so ändern, daß ich das Fahrzeug mit deutlichem Abstand von seinem Heck passieren kann.

88

Sie sehen folgendes Fahrzeug:

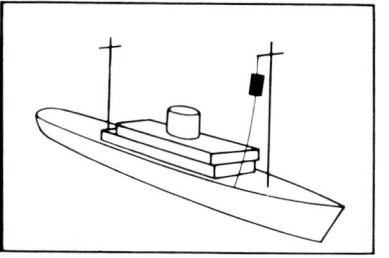

Wie verhalten Sie sich gegenüber diesem Fahrzeug?

Antwort: ●●

Ich muß ausweichen und darf die sichere Durchfahrt des Fahrzeuges (Wegerechtschiff) nicht behindern.

89

Sie sehen folgendes Fahrzeug:

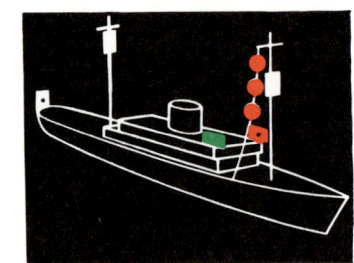

Wie verhalten Sie sich gegenüber diesem Fahrzeug?

Antwort: ● ●

Ich muß ausweichen und darf die sichere Durchfahrt des Fahrzeuges (Wegerechtschiff) nicht behindern.

Zu Fragen 88 und 89: **Vorschrift:** Regel 18 d SeeStrO

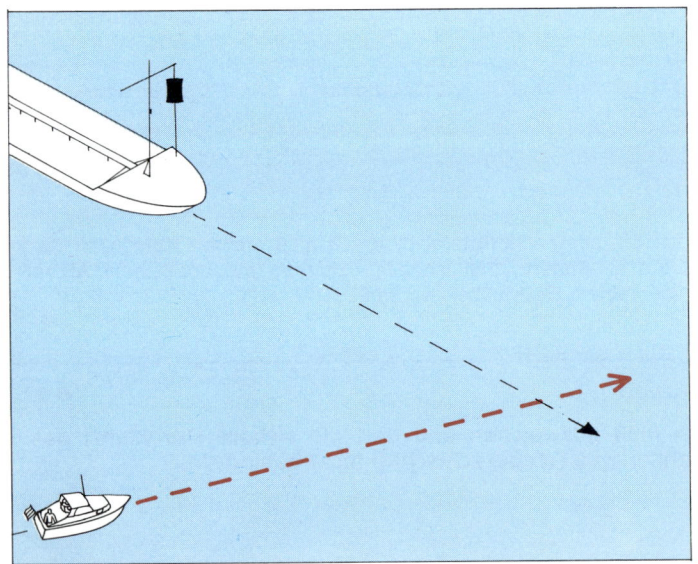

Ich nähere mich einem tiefgangbehinderten Fahrzeug (Wegerechtschiff).

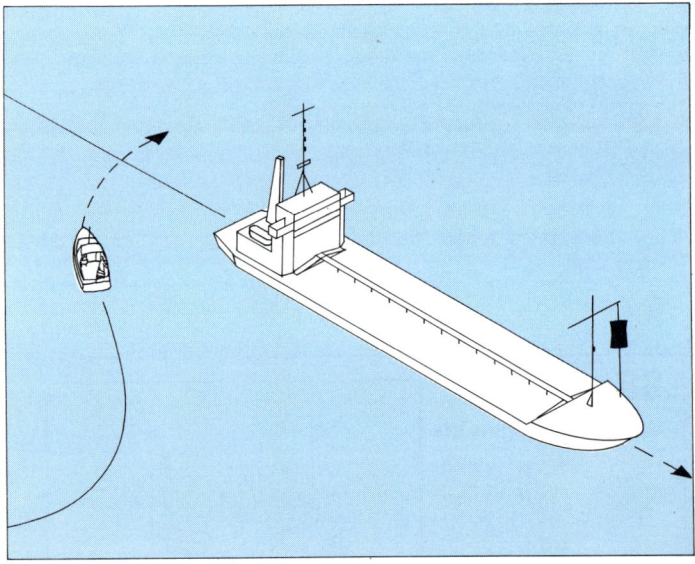

Ich bin ausweichpflichtig und ändere daher meinen Kurs nach Backbord, um die sichere Durchfahrt des Wegerechtschiffes nicht zu behindern.

Durchführung der Ausweichmanöver

90

Wie verhalten Sie sich gegenüber einem ausweichpflichtigen Fahrzeug?

Antwort:

Kurs und Geschwindigkeit sind beizubehalten.

●●

91

Wie müssen die Ausweichmanöver durchgeführt werden?

Antwort:

Ausweichmanöver müssen rechtzeitig und entschlossen durchgeführt werden.

●●

Zu Fragen 90 und 91:

■ **Pflichten des Kurshalters:** Das kurshaltepflichtige Fahrzeug muß unbedingt Kurs und Geschwindigkeit beibehalten. Es darf jedoch durch eigene Manöver Maßnahmen zur Vermeidung eines Zusammenstoßes ergreifen, sobald klar ist, daß das ausweichpflichtige Fahrzeug nicht das vorgeschriebene Ausweichmanöver rechtzeitig und entschlossen durchführt. Ist aus irgendeinem Grund das kurshaltepflichtige Fahrzeug dem ausweichpflichtigen Fahrzeug so nahe gekommen, daß ein Zusammenstoß durch das Manöver des ausweichpflichtigen Fahrzeugs allein nicht vermieden werden kann, so muß es so manövrieren, wie es zur Vermeidung eines Zusammenstoßes am dienlichsten ist (Manöver des letzten Augenblicks, vgl. Erl. zu Frage 11).

■ **Pflichten des Ausweichpflichtigen:** Das ausweichpflichtige Fahrzeug muß das Ausweichmanöver möglichst frühzeitig und entschlossen durchführen.

Vorschriften: Regeln 16, 17 a und b SeeStrO

Hinweis: Beachtung der Vorfahrt vgl. Erl. zu Frage 125

92

Wie hat sich ein überholendes Fahrzeug zu verhalten?

Antwort:

Das überholende Fahrzeug hat auszuweichen.

●

Zu Frage 92:   **Vorschrift:** Regel 13 a SeeStrO

Hinweis: Zur Frage, wann ein Fahrzeug als überholendes gilt, vgl. Erl. zu Frage 12, Regel 13 b bis d SeeStrO

93

Wie haben Sie sich zu verhalten, wenn Sie vorlicher als querab das Nebelsignal eines anderen Fahrzeuges hören?

Antwort:

●●●

Ich muß meine Fahrt auf das für die Erhaltung der Steuerfähigkeit geringstmögliche Maß verringern. Erforderlichenfalls ist jegliche Fahrt wegzunehmen und in jedem Fall mit äußerster Vorsicht zu manövrieren, bis die Gefahr eines Zusammenstoßes vorüber ist.

Zu Frage 93:

Beachte: Wenn Fahrzeuge in einem Bereich oder in der Nähe eines Bereiches verminderter Sicht fahren und sich daher einander nicht in Sicht haben, finden die Ausweichregeln der Seestraßenordnung keine Anwendung! In diesem Fall muß mit einer den gegebenen Umständen und Bedingungen der verminderten Sicht angepaßten sicheren Geschwindigkeit gefahren werden (Regel 19 a und b SeeStrO). Diese Geschwindigkeit muß auf das für die Erhaltung der Steuerfähigkeit geringstmögliche Maß weiter verringert werden, wenn vorlicher als querab das Nebelsignal eines anderen Fahrzeugs ertönt. In diesem Fall ist äußerste Vorsicht geboten!

Vorschrift: Regel 19 e SeeStrO

Hinweis: Nebelschallsignale vgl. Erl. zu Fragen 64 ff. Weitere Maßnahmen bei verminderter Sicht vgl. Frage 16.

94

Wie verhalten Sie sich als Kurshalter, wenn Sie feststellen, daß ein anderes Fahrzeug seiner Ausweichpflicht nicht nachkommt?

Antwort:

●●●

Ich behalte zunächst Kurs und Geschwindigkeit bei und gebe mindestens 5 kurze Töne. Im letzten Augenblick muß ich so manövrieren, daß ein Zusammenstoß vermieden wird.

Zu Frage 94:

Vorschrift: Regel 34 d SeeStrO

Hinweis: Vgl. die sonstigen Manöver und Warnsignale in Fragen 95 ff. und die Achtungs- sowie Gefahren- und Warnsignale in Fragen 121 ff.

Manöver- und Warnsignale

95

Welche Bedeutung hat folgendes von Maschinenfahrzeugen gegebene Schallsignal:

ein kurzer Ton (●)?

Antwort:

Kursänderung nach Steuerbord.

●

96

Welche Bedeutung hat folgendes von Maschinenfahrzeugen gegebene Schallsignal:

zwei kurze Töne (● ●)?

Antwort:

Kursänderung nach Backbord.

●

97

Welche Bedeutung hat folgendes von Maschinenfahrzeugen gegebene Schallsignal:

drei kurze Töne (● ● ●)?

Antwort:

Antrieb läuft rückwärts.

●

Kursänderungssignale

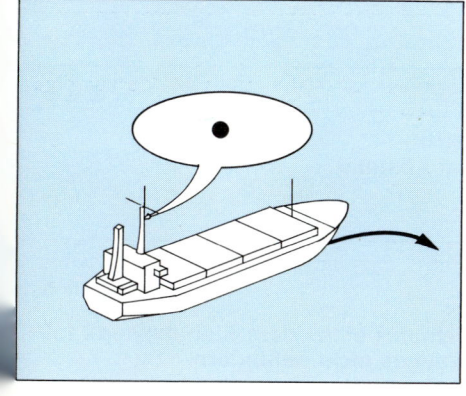

Ich ändere meinen Kurs nach Steuerbord!

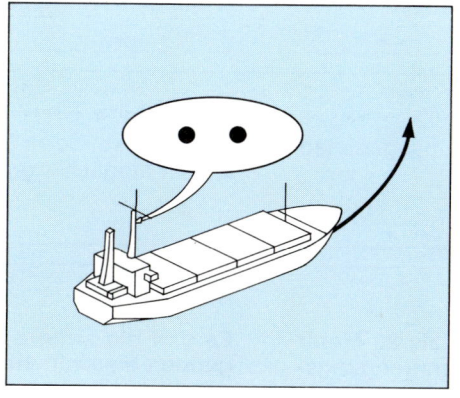

Ich ändere meinen Kurs nach Backbord!

Ich arbeite rückwärts!

98

Welche Bedeutung hat folgendes Schallsignal:

Mindestens **fünf kurze, rasch aufeinanderfolgende Töne (● ● ● ● ●)?**

Antwort:

Ein Ausweichpflichtiger wird auf seine Ausweichpflicht aufmerksam gemacht.

Zu Fragen 95 bis 98:   **Vorschriften:** Regel 34 a und d SeeStrO

Verhalten im Bereich von Verkehrstrennungsgebieten

99

Wie müssen Sie in Verkehrstrennungsgebieten fahren?

Antwort:

1. Der allgemeinen Verkehrsrichtung der Einbahnwege folgen.
2. Klar Abstand von den Trennlinien und Trennzonen halten.
3. Das Ein- und Ausfahren darf normalerweise nur am Anfang und am Ende der Einbahnwege erfolgen.

100

Was ist hinsichtlich des Querens der Einbahnwege von Verkehrstrennungsgebieten zu beachten?

Antwort:

1. Das Queren ist möglichst zu vermeiden.
2. Falls gequert wird, hat dies im rechten Winkel zur allgemeinen Verkehrsrichtung zu erfolgen.

101

Wie ist in der Nähe von Verkehrstrennungsgebieten zu fahren?

Antwort:

1. Mit besonderer Vorsicht.
2. Mit möglichst großem Abstand.

102

Wie hat sich ein Fahrzeug von weniger als 20 Meter Länge oder ein Segelfahrzeug in Verkehrstrennungsgebieten zu verhalten?

Antwort:

Es darf die sichere Durchfahrt eines dem Einbahnwege folgenden Maschinenfahrzeuges nicht behindern.

Zu Fragen 99 bis 102:

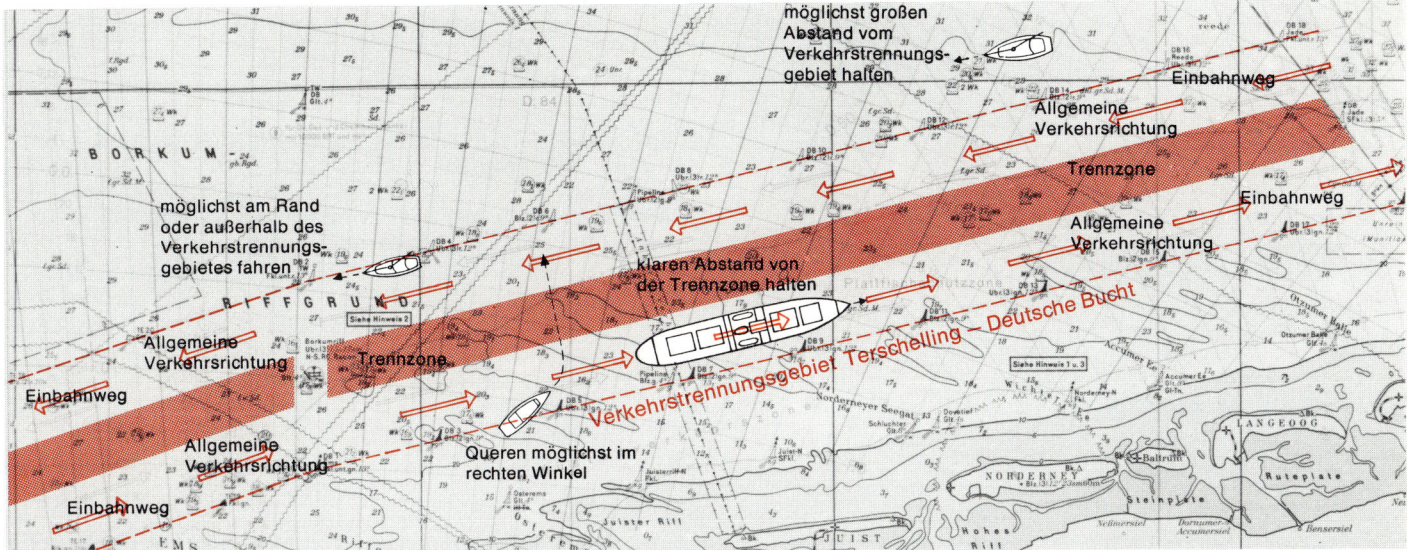

Beachte: Verkehrstrennungsgebiete sind die Autobahnen der See: Es sind Schifffahrtswege, die durch Trennlinien oder Trennzonen in Einbahnwege geteilt sind, auf denen jeweils nur in Fahrtrichtung rechts gefahren werden darf (vgl. Definition in Erl. zu Frage 26). Auf diesen Schifffahrtswegen wird auch bei Nebel mit großer Geschwindigkeit gefahren. Verkehrstrennungsgebiete sollten daher von kleinen Fahrzeugen gemieden werden. Dies gilt vor allem auch für das Queren von Einbahnwegen. Auch in der Nähe von Verkehrstrennungsgebieten ist mit besonderer Vorsicht und mit möglichst großem Abstand zu fahren, um Kollisionssituationen zu vermeiden.

Vorschrift: Regel 10 SeeStrO

Vorbeifahren an manövrierbehinderten Fahrzeugen

103

Sie sehen folgendes
Fahrzeug:

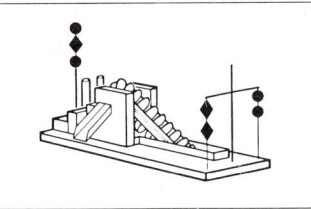

1. Was ist das für
ein Fahrzeug?

2. Wie müssen Sie an diesem Fahrzeug
vorbeifahren?

Antwort: ● ● ●

1. Ein manövrierbehindertes Fahrzeug, das baggert oder Unterwasserarbeiten ausführt und dabei die Schiffahrt behindert.
2. An der Seite, an der sich zwei schwarze Rhomben senkrecht übereinander angeordnet befinden.

104

Sie sehen
folgendes Fahrzeug
im Fahrwasser:

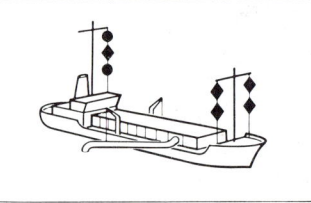

1. Was ist das für
ein Fahrzeug?

2. Wie müssen Sie an diesem Fahrzeug
vorbeifahren?

Antwort: ● ● ●

1. Ein manövrierbehindertes Fahrzeug, das baggert oder Unterwasserarbeiten ausführt und dabei die Schiffahrt behindert.
2. An der Seite, die in Fahrtrichtung rechts liegt.

105

Sie sehen folgendes
Fahrzeug:

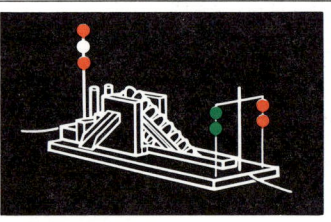

1. Was ist das für
ein Fahrzeug?

2. Wie müssen Sie an diesem Fahrzeug
vorbeifahren?

Antwort: ● ● ●

1. Ein manövrierbehindertes Fahrzeug, das baggert oder Unterwasserarbeiten ausführt und dabei die Schiffahrt behindert.
2. An der Seite, an der sich 2 grüne Rundumlichter senkrecht übereinander angeordnet befinden.

106

Sie sehen
folgendes Fahrzeug
im Fahrwasser:

1. **Was ist das für
   ein Fahrzeug?**

2. **Wie müssen Sie an diesem Fahrzeug
   vorbeifahren?**

Antwort:

1. **Ein manövrierbehindertes Fahrzeug in Fahrt von 50 und
   mehr Meter Länge, das baggert oder Unterwasserarbeiten
   ausführt und dabei die Schiffahrt behindert.**
2. **An der Seite, die in Fahrtrichtung rechts liegt.**

Zu Fragen 103 bis 106

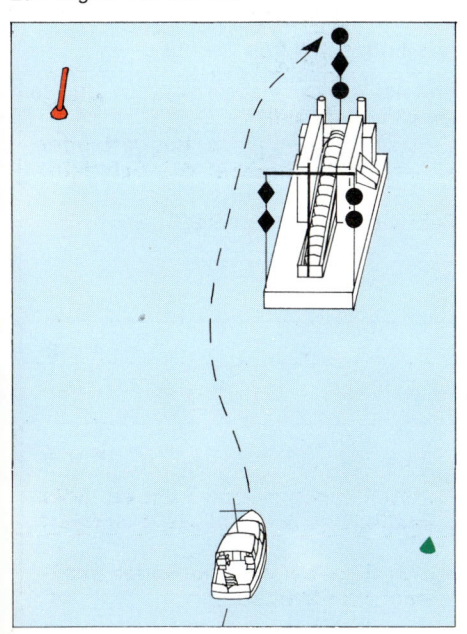

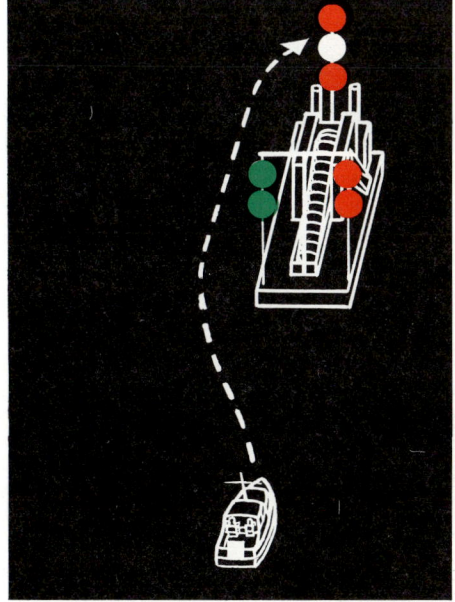

Immer an der Seite passieren, an der 2 schwarze Rhomben bzw. 2 grüne Lichter geführt
werden.

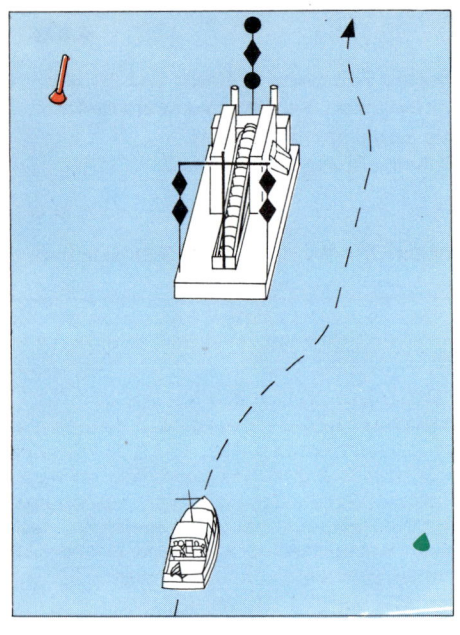 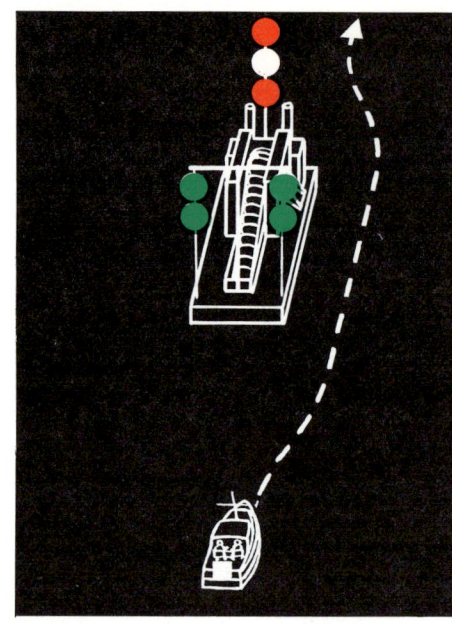

Ist die Vorbeifahrt an beiden Seiten frei, ist im Fahrwasser rechts vorbei zu fahren.

Merke: Beim Vorbeifahren an manövrierbehinderten Fahrzeugen, die baggern oder Unterwasserarbeiten ausführen, ist auf folgendes zu achten:

1. Ist das manövrierbehinderte Fahrzeug in Fahrt?
2. Ist auf einer Seite oder auf beiden Seiten eine Behinderung angezeigt?

Derartige Fahrzeuge sollten immer auf der Seite passiert werden, an der das Fahrzeug zwei schwarze Rhomben (am Tage) oder zwei grüne Rundumlichter (bei Nacht) führt!

Werden diese Sichtzeichen an beiden Seiten geführt, ist im Fahrwasser rechts vorbeizufahren.

Vorschrift: Regel 27 d SeeStrO

Hinweis: Ausweichregeln, vgl. Erl. zu Fragen 83 und 86

107

Sie sehen auf einem Fahrzeug folgende Flagge:

Was bedeutet dieses Signal?

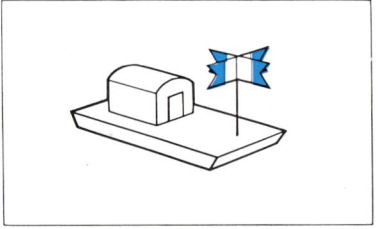

Antwort: ●

Taucherarbeiten.

Zu Frage 107:   **Vorschrift:** Regel 27 e SeeStrO

Seeschiffahrtstraßen-Ordnung

Allgemeines

108

Wo können örtliche Sondervorschriften zusätzlich zur Seeschiffahrtstraßen-Ordnung (SeeSchStrO) festgelegt sein?

Antwort:　　　　　　　　　　●●

In den Bekanntmachungen der Wasser- und Schiffahrtsdirektionen.

Zu Frage 108:

Bedeutung der Bekanntmachungen zur SeeSchStrO: Durch zahlreiche Bestimmungen der SeeSchStrO werden die WSDen ermächtigt, den örtlichen und sachlichen Anwendungsbereich bestimmter Ge- und Verbote durch Bekanntmachungen festzulegen.
Beispiele: Ankerverbotsgebiete (§ 32 Abs. 1 SeeSchStrO), Stellen, an denen das Anlegen und Festmachen verboten ist (§ 33 Abs. 2 SeeSchStrO), Zeiträume, Wasserstände und Wetterverhältnisse, bei denen ein Fahrverbot besteht (§ 30 Abs. 2 SeeSchStrO), Wasserflächen innerhalb des Fahrwassers, auf denen das Wasserskilaufen erlaubt ist (§ 31 Abs. 1 SeeSchStrO), usw. Die Bekanntmachungen der WSDen sind nach § 60 Abs. 1 SeeSchStrO im Bundesanzeiger zu veröffentlichen. Darüber hinaus werden sie im DHI-Handbuch Nr. 2114 abgedruckt. Verschiedene im Buchhandel erhältliche Textausgaben der SeeSchStrO *) sowie Gesetzessammlungen **) enthalten die Bekanntmachungen der WSDen zur SeeSchStrO ebenfalls.
Verstöße gegen die durch Bekanntmachung festgelegten Ge- und Verbote sind genauso wie Verstöße gegen die abschließend in der SeeSchStrO selbst enthaltenen Vorschriften Ordnungswidrigkeiten nach § 61 SeeSchStrO, die von den WSDen mit einem Bußgeld geahndet werden.

---

*) Graf/Steinicke, Textausgabe der SeeSchStrO, Carl Heymanns-Verlag, Köln
**) Deutscher Küsten-Almanach, herausgegeben in Verbindung mit dem BVM-Abt. Seeverkehr vom Carl Heymanns-Verlag, Köln

109

Wie lautet die Grundregel der Seestraßenordnung (SeeStrO) und der Seeschiffahrtstraßen-Ordnung (SeeSchStrO) für das Verhalten im Verkehr?

Antwort:　　　　　　　　　　●●●

Jeder Verkehrsteilnehmer hat sich so zu verhalten, daß die Sicherheit und Leichtigkeit des Verkehrs gewährleistet ist und daß kein Anderer geschädigt, gefährdet oder mehr, als nach den Umständen unvermeidbar, behindert und belästigt wird. Er hat insbesondere die Vorsichtsmaßregeln zu beachten, die Seemannsbrauch oder besondere Umstände des Falles erfordern.

Zu Frage 109:

Bedeutung und Inhalt der Grundregel: Die Grundregel für das Verhalten im Verkehr ist die wichtigste Verhaltensvorschrift, aus der sich alle Einzelregelungen der SeeStrO und SeeSchStrO als Konkretisierungen herleiten lassen. Das bedeutet, daß in allen Fällen, in denen eine besondere Verhaltensvorschrift nicht besteht, die Grundregel Anwendung findet.
Die Grundregel verpflichtet auch zur Be-

achtung von Vorsichtsmaßregeln, die der Seemannsbrauch oder besondere Umstände des Falles erfordern. Das bedeutet, daß neben den ausdrücklich durch die SeeStrO und SeeSchStrO vorgeschriebenen Verhaltensregeln auch die ungeschriebenen Vorsichtsmaßregeln zu beachten sind, die sich durch ständige Übung der Fahrzeugführer oder Seelotsen herausgebildet haben oder deren Beachtung sich in einem Einzelfall aufgrund der besonderen Umstände ergeben.

Die Grundregel dient nicht nur dem Zweck, die Sicherheit des Verkehrs, sondern auch dessen Leichtigkeit, d. h. Flüssigkeit, zu gewährleisten. Die Sicherheit ist nicht mehr gewährleistet, wenn ein anderer Fahrzeugführer geschädigt, d. h. mit dessen Fahr-

zeug kollidiert wird, oder dessen Fahrzeug gefährdet wird, d. h. der Möglichkeit einer Kollision ausgesetzt wird. Die Leichtigkeit des Verkehrs ist nicht mehr gewährleistet, wenn ein anderer Fahrzeugführer vermeidbar behindert, d. h. z. B. zum Verlangsamen der Geschwindigkeit oder gar zum Aufstoppen gezwungen wird, ohne daß er bereits geschädigt oder gefährdet wird, oder wenn ein anderer Fahrzeugführer belästigt wird, z. B. durch zu starkes Motorengeräusch beeinträchtigt wird.

Da die Grundregel für das Verhalten im Verkehr selbständig unter Bußgelddrohung gestellt ist, kann eine Ordnungswidrigkeit auch dann vorliegen, wenn kein Verstoß gegen eine besondere Vorschrift, sondern nur gegen die Grundregel vorliegt.

Zur Grundregel für das Verhalten im Verkehr gehören auch noch folgende Regelungen:
Zur Abwehr einer unmittelbar drohenden Gefahr müssen unter Berücksichtigung der besonderen Umstände auch dann alle erforderlichen Maßnahmen ergriffen werden, wenn diese ein Abweichen von den Vorschriften der SeeSchStrO notwendig machen.
Wer infolge körperlicher oder geistiger Mängel oder des Genusses alkoholischer Getränke oder berauschender Mittel in der sicheren Führung des Fahrzeugs behindert ist, darf ein Fahrzeug nicht führen.

Vorschriften: § 3 SeeSchStrO, § 3 VO SeeStrO

Lichterführung

Fahrzeuge des öffentlichen Dienstes

110

Sie sehen folgendes Fahrzeug:

Was ist das für ein Fahrzeug?

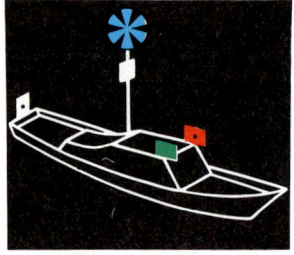

Antwort: •

Polizeifahrzeug oder ein anderes Fahrzeug des öffentlichen Dienstes im Einsatz, wenn dadurch die Sicherheit und Leichtigkeit des Verkehrs gefährdet wird.

Zu Frage 110:

Beachte: Das Blaulicht wird von Fahrzeugen des öffentlichen Dienstes im Einsatz nur dann gezeigt, wenn bei der Erfüllung polizeilicher Aufgaben die Sicherheit und Leichtigkeit des Verkehrs gefährdet wird, d. h. insbesondere dann, wenn die Polizeifahrzeuge die Vorschriften der SeeStrO

und der SeeSchStrO nicht einhalten können.
Fahrzeuge des öffentlichen Dienstes, die zur Erfüllung polizeilicher Aufgaben eingesetzt werden und die daher Blaulicht führen dürfen: Wasserschutzpolizei, Dienstfahrzeuge der Wasser- und Schiffahrtsverwaltung des Bundes (Tonnenleger, Eisbrecher), Bundesgrenzschutz.

Sonstige Fahrzeuge des öffentlichen Dienstes: Zollfahrzeuge, Fahrzeuge der Bundeswehr, Feuerwehr.

Vorschrift: § 7 SeeSchStrO

Hinweis: Verhalten bei der Aufforderung zum „Anhalten", vgl. Fragen 166 ff.

111

Sie sehen Leuchtkugeln mit weißen Sternen.

Was bedeutet dieses Signal?

Antwort: ●

Ausreichend Abstand halten wegen militärischer Übungen von Fahrzeugen der Bundeswehr und des Bundesgrenzschutzes.

Zu Frage 111:

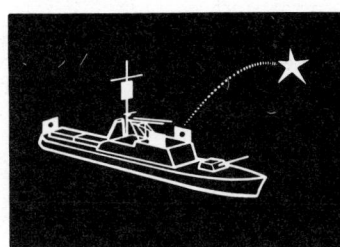

112

Was sind Fahrwasser im Sinne der Seeschiffahrtstraßen-Ordnung (SeeSchStrO)?

Antwort: ●●●

Wasserflächen, die
1. **durch Schiffahrtzeichen begrenzt oder gekennzeichnet sind oder,**
2. **soweit nicht begrenzt oder gekennzeichnet, aber für die durchgehende Schiffahrt bestimmt sind.**

113

Welches ist — außer in Wattgebieten — die Steuerbordseite eines Fahrwassers?

Antwort: ●

Es ist die Seite, die ein von See kommendes Schiff an seiner Steuerbordseite hat.

Zu Fragen 112 und 113:

Wichtiger Hinweis: Fast alle Fahrregeln des 4. Abschnitts der SeeSchStrO gelten nur im Fahrwasser!

Vorschriften: § 2 Abs. 1 Nr. 1 SeeSchStrO (Fahrwasser). § 2 Abs. 1 Nr. 2 SeeSchStrO (Steuerbordseite der Fahrwasser).

Hinweis: Schiffahrtzeichen zur Kennzeichnung der Ansteuerung und seitlichen Begrenzung der Fahrwasser vgl. Fragen 180 ff.

Fahrzeuge mit gefährlichen Gütern

114

Sie sehen folgendes Fahrzeug:

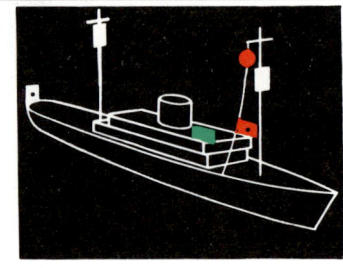

Was ist das für ein Fahrzeug?

Antwort: ●●

Ein Fahrzeug in Fahrt von 50 und mehr Meter Länge, das bestimmte gefährliche Güter befördert, oder ein nicht-entgaster Tanker.

115

Sie sehen folgendes Fahrzeug:

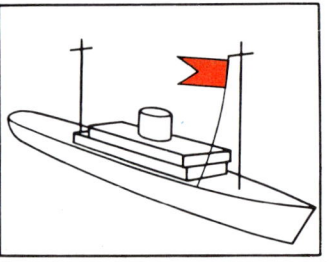

Was ist das für ein Fahrzeug?

Antwort: ●●

Ein Fahrzeug, das bestimmte gefährliche Güter befördert, oder ein nicht entgaster Tanker.

Zu Fragen 114 und 115:

Beschreibung der Sichtzeichen:
Bei Nacht: Ein festes rotes Licht.
Am Tage: Die Flagge B des Internationalen Signalbuches.

Vorschrift: § 14 SeeSchStrO

Hinweis: „Bleib-weg-Signal" bei Unfällen vgl. Frage 124.

Kleine Fahrzeuge

116

Welche Lichter muß ein Fahrzeug unter Segel von weniger als 12 Meter Länge oder ein Fahrzeug unter Ruder auf der Seeschiffahrtstraße führen, wenn es die nach der Seestraßenordnung (SeeStrO) vorgeschriebenen Lichter nicht führen kann?

Antwort: ●●●

Ein weißes Rundumlicht.

Zu Frage 116:

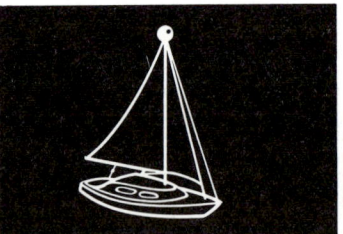

Vorschrift: § 10 Abs. 2 SeeSchStrO
Hinweis: Lichterführung nach der SeeStrO vgl. Fragen 53 ff.

117

Wie muß sich ein Maschinenfahrzeug von weniger als 7 Meter Länge auf Seeschiffahrtstraßen verhalten, wenn es die nach der Seestraßenordnung (SeeStrO) vorgeschriebenen Lichter nicht führen kann?

Antwort:　　　　　　　　　　　　　　● ● ●

Es darf in der Zeit, in der die Lichterführung vorgeschrieben ist, nicht fahren, es sei denn, daß ein Notstand vorliegt.

118

Wie muß sich ein Fahrzeug unter Segel von weniger als 12 Meter Länge oder unter Ruder auf Seeschiffahrtstraßen verhalten, wenn es nicht mindestens ein weißes Rundumlicht führen kann?

Antwort:　　　　　　　　　　　　　　● ● ●

Es darf in der Zeit, in der die Lichterführung vorgeschrieben ist, nicht fahren, es sei denn, daß ein Notstand vorliegt.

Zu Fragen 117 und 118:

Beachte: Auf Seeschiffahrtstraßen besteht für Maschinen-, Segel- und Ruderfahrzeuge ein absolutes Fahrverbot bei Nacht und verminderter Sicht, wenn sie die nach der SeeStrO bzw. SeeSchStrO vorgeschriebenen Lichter nicht führen können! Das bedeutet, daß eine noch nicht begonnene Fahrt nicht angetreten werden darf, es sei denn, daß ein Notstand vorliegt, z. B. Hilfeleistung für havariertes Boot. Ist die Fahrt bereits angetreten und tritt ohne Verschulden der Zeitpunkt ein, zu dem die Lichterführung vorgeschrieben ist, hat sich das Fahrzeug entsprechend der Antwort zu Frage 119 zu verhalten.

Vorschrift: § 10 Abs. 3 SeeSchStrO

Hinweise:
Lichterführung eines Maschinenfahrzeugs nach SeeStrO vgl. Fragen 57 ff. und eines Fahrzeugs unter Ruder oder Segel vgl. Fragen 53 ff.

119

Wie muß sich ein Fahrzeug auf Seeschiffahrtstraßen bei einem Notstand verhalten, wenn es die vorgeschriebenen Lichter nicht führen kann?

Antwort:　　　　　　　　　　　　　　● ● ●

Es ist eine elektrische Leuchte oder eine Laterne mit einem weißen Licht ständig gebrauchsfertig mitzuführen und rechtzeitig zu zeigen, um einen Zusammenstoß zu verhüten.

Zu Frage 119:

Vorschrift: § 10 Abs. 3 SeeSchStrO
Hinweis: Lichterführung vgl. Fragen 53 ff., 116, 118

120

Was für ein Licht müssen Sie auf einem Sportboot setzen, wenn Sie festgemacht haben und keine ausreichende Beleuchtung vom Ufer her vorhanden ist?

Antwort: •

Ein festes weißes Licht mittschiffs an der Fahrwasserseite.

Zu Frage 120:

Vorschrift: § 18 Abs. 1 Nr. 1 SeeSchStrO

Hinweis: Das feste weiße Licht braucht nicht geführt zu werden, wenn

1. Die Umrisse des Fahrzeugs durch fremde Lichtquellen ausreichend und dauernd erkennbar sind oder

2. das Fahrzeug im Bereich bekanntgemachter Liegestellen liegt, deren Umrisse ausreichend und dauernd erkennbar sind (§ 18 Abs. 2 SeeSchStrO).

Achtungs- sowie Gefahren- und Warnsignale

121

Welches Schallsignal müssen Sie, wenn es die Verkehrslage erfordert, beim Einlaufen in andere Fahrwasser und Häfen und beim Auslaufen aus ihnen, geben?

Antwort: •

Einen langen Ton.

122

Sie hören folgendes Schallsignal:

2 Gruppen von
je einem langen und
vier kurzen Tönen

(▬ • • • •)
(▬ • • • •)

Was bedeutet dieses Schallsignal?

Antwort: • •

Allgemeines Gefahren- und Warnsignal.

123

**Wann ist das „Allgemeine Gefahren- und Warnsignal"
zu geben?**

Antwort: ● ●

**Wenn ein Fahrzeug ein anderes Fahrzeug gefährdet oder
durch dieses selbst gefährdet wird.**

124

**Sie hören in jeder Minute mindestens fünfmal hinter-
einander mit jeweils 2 Sekunden Zwischenpause einen
kurzen und einen langen Ton
(● ▬ ● ▬ ● ▬ ● ▬ ● ▬ 2 s ● ▬ ● ▬ ● ▬ ● ▬ ● ▬ usw.)
1. Was bedeutet dieses Schallsignal?
2. Wie haben Sie sich zu verhalten?**

Antwort: ● ● ●

1. **Bleib-weg-Signal, Gefahr durch gefährliche Güter.**
2. **Sofort den Gefahrenbereich verlassen, Feuer und
Zündfunken möglichst vermeiden
(Explosionsgefahr).**

Zu Fragen 121 bis 124:

Vorschriften: Achtungssignal (§ 19 See-SchStrO), Allgemeines Gefahren- u. Warn-signal (§ 20 Abs. 1 SeeSchStrO), Bleib-weg-Signal (§ 20 Abs. 2 SeeSchStrO).
Hinweise: Manöver- u. Warnsignale (Kurs-änderungssignale) vgl. Fragen 95 ff.; Ne-belschallsignale vgl. Fragen 64 ff.; Seenot-signale vgl. Fragen 330 ff.; Maßnahmen beim „Bleib-weg-Signal" (§ 37 Abs. 6 See-SchStrO)

Vorfahrtregeln

Beachte:

Für die Einhaltung der Vorfahrtregeln
ist die Kenntnis der Bedeutung
folgender Begriffe wichtig:

Wichtige Begriffe	Bedeutung
„Fahrwasser"	... sind die Teile der Wasserfläche einer Seeschiff-fahrtstraße, die entweder gekennzeichnet sind (durch Tonnen, Baken, Dalben, Pricken oder Stangen) oder auf denen regelmäßig durchgehende Schiffahrt statt-findet
„Vorfahrt beachten"	Warten oder Ausweichen
„Vorfahrt haben"	Kurs und Geschwindigkeit beibehalten; nicht: Vorfahrt erzwingen (Manöver des letzten Augenblicks)
„Queren des Fahrwassers"	deutliches Abweichen der allgemeinen Fahrtrichtung (über Grund) vom Fahrwasserverlauf

Zu Fragen 125 bis 127:

Wichtiger Grundsatz: Die Vorfahrtregeln der SeeSchStrO kommen nur im Fahrwasser bzw. beim Einlaufen in das Fahrwasser, und zwar nur in folgenden vier Fällen zur Anwendung, in denen aufgrund des Vorranges der SeeSchStrO (§ 1 Abs. 3) die Ausweichregeln der SeeStrO nicht gelten.

125

Wie haben sich die Fahrzeuge zu verhalten, die

1. **in das Fahrwasser einlaufen,**
2. **das Fahrwasser queren,**
3. **im Fahrwasser drehen,**
4. **ihre Anker- und Liegeplätze verlassen?**

Antwort: ● ● ●

Sie haben die Vorfahrt der im Fahrwasser fahrenden Fahrzeuge zu beachten.

126

Was haben Sie beim Drehen im Fahrwasser zu beachten?

Antwort: ● ●

Die übrigen im Fahrwasser fahrenden Fahrzeuge haben Vorfahrt und dürfen nicht gefährdet oder behindert werden.

127

Was haben Sie beim Queren des Fahrwassers zu beachten?

Antwort: ● ●

Die im Fahrwasser fahrenden Fahrzeuge haben Vorfahrt und dürfen nicht gefährdet oder behindert werden.

Merke: Wer die Vorfahrt zu beachten hat, muß rechtzeitig durch sein Fahrverhalten erkennen lassen, daß er warten wird. Er darf nur weiter fahren, wenn er übersehen kann, daß die Schiffahrt nicht beeinträchtigt wird (§ 25 Abs. 3 SeeSchStrO).

Vorschrift: § 25 SeeSchStrO

Hinweis: Ausweichregeln vgl. Fragen 76 ff.

In das Fahrwasser einlaufendes Fahrzeug

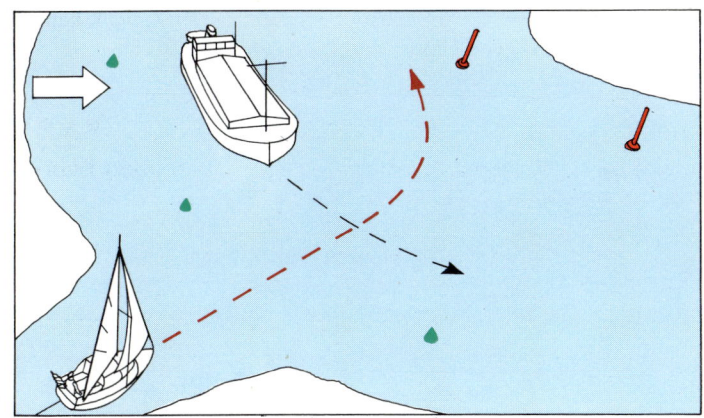 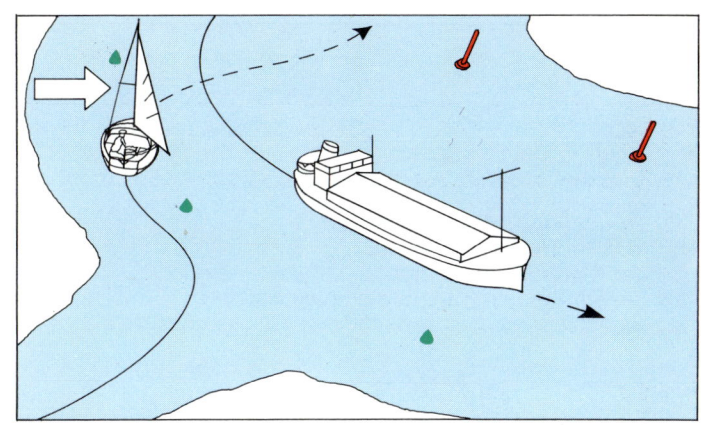

Ich will in ein anderes Fahrwasser einlaufen, in dem ein anderes Fahrzeug fährt, das meinen Kurs kreuzt.

Ich muß die Vorfahrt beachten, d. h. warten oder so ausweichen,
daß das Fahrzeug im Fahrwasser nicht gefährdet oder behindert
wird.

Das Fahrwasser querendes Fahrzeug

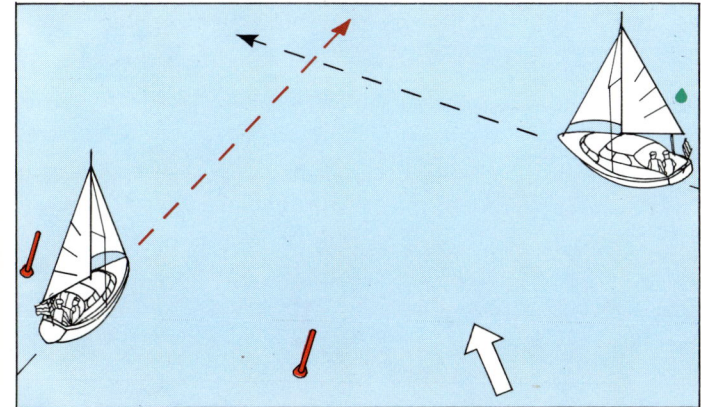 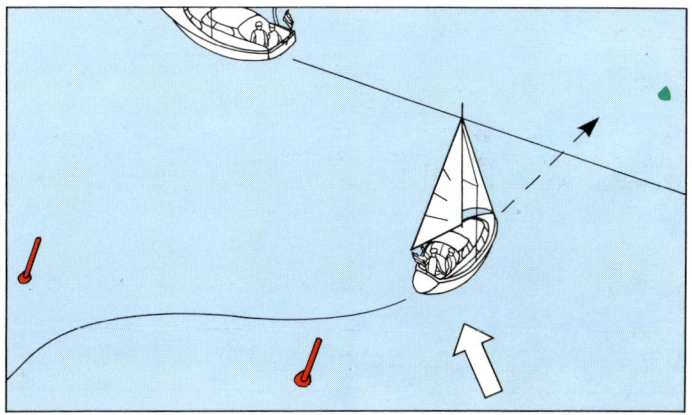

Ich will das Fahrwasser queren, in dem ein anderes Fahrzeug
fährt, das meinen Kurs kreuzt.

Ich muß die Vorfahrt beachten, d. h. warten oder so ausweichen,
daß das Fahrzeug im Fahrwasser nicht gefährdet oder behindert
wird.

Im Fahrwasser drehendes Fahrzeug

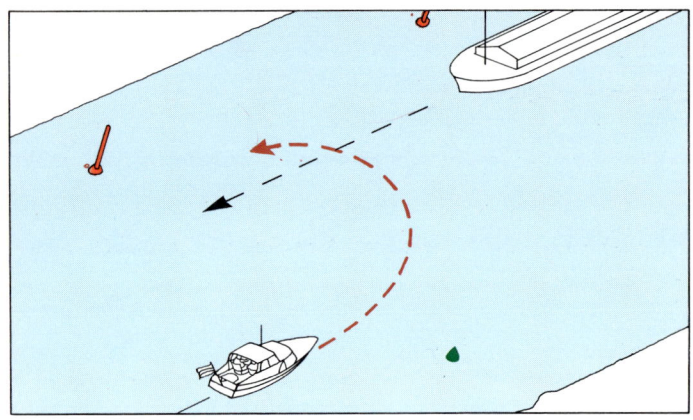

Ich will im Fahrwasser drehen, in dem mir ein anderes Fahrzeug entgegenkommt

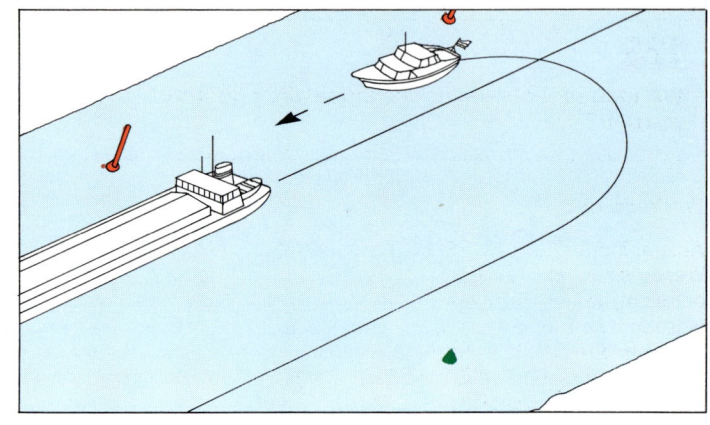

Ich muß die Vorfahrt beachten, d. h. warten, bis das Fahrzeug passiert hat

Vom Ankerplatz in das Fahrwasser einlaufendes Fahrzeug

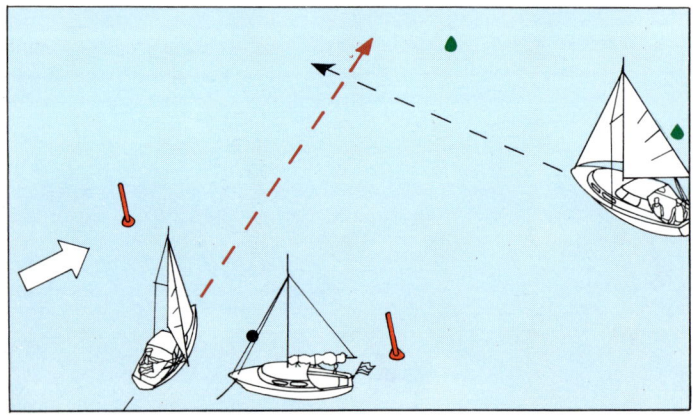

Ich will meinen Ankerplatz verlassen und auf der gegenüber liegenden Fahrwasserseite seewärts auslaufen, auf der ein anderes Fahrzeug meinen Kurs kreuzt

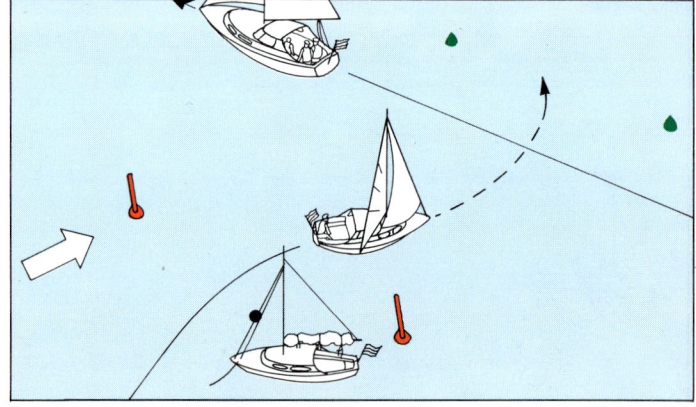

Ich muß die Vorfahrt beachten, d. h. warten oder so ausweichen, daß das Fahrzeug im Fahrwasser nicht gefährdet oder beeinträchtigt wird

Rechtsfahrgebot

128

Wo muß im Fahrwasser grundsätzlich gefahren werden?

Antwort:

Soweit wie möglich rechts.   ●

Zu Frage 128:

Ausnahmen: Auf der SeeSchiffahrtstraße Weser sind Fahrwasserabschnitte bekanntgemacht, wo im Fahrwasser links gefahren werden darf (nur Seeschiffe).
Auf der Seeschiffahrtstraße Elbe müssen seewärts auslaufende Segelfahrzeuge von Tinsdal bis zum Wedeler Hafen soweit wie möglich auf der Südseite, d. h. links, fahren.

Beachte: Der Grundsatz des Rechtsfahrgebotes gilt für Segelfahrzeuge mit der Maßgabe, daß sie beim Kreuzen das Fahrwasser queren dürfen, wenn sie

1. wegen der Windverhältnisse nicht in der Lage sind, dem Fahrwasserverlauf zu folgen und
2. dadurch vorfahrtberechtigte Fahrzeuge nicht behindert werden.

Vorschrift: § 22 Abs. 1 SeeSchStrO

Beachte: Der Grundsatz, daß auf der in Fahrtrichtung rechts liegenden Fahrwasserseite soweit wie möglich rechts gefahren werden muß, gilt für alle Fahrzeuge!

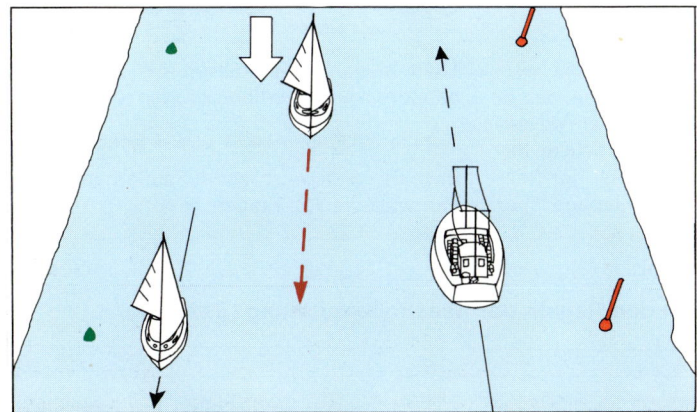

Ich kann dem Fahrwasserverlauf folgen, da ich achterlichen Wind habe.

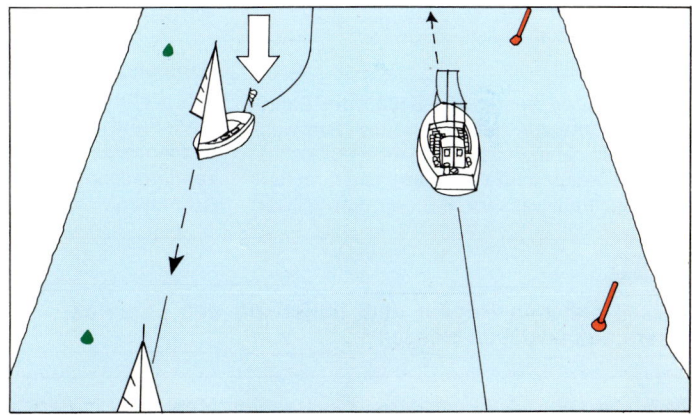

Ich ändere meinen Kurs nach Steuerbord, um möglichst nahe am Tonnenstrich dem Fahrwasserverlauf zu folgen.

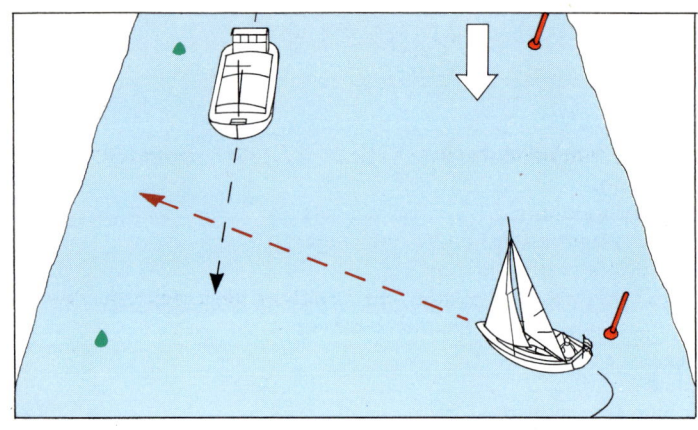

Ich kann beim Kreuzen dem Fahrwasserverlauf nicht folgen und muß daher das Fahrwasser queren, auf dem ein anderes Fahrzeug meinen Kurs kreuzt.

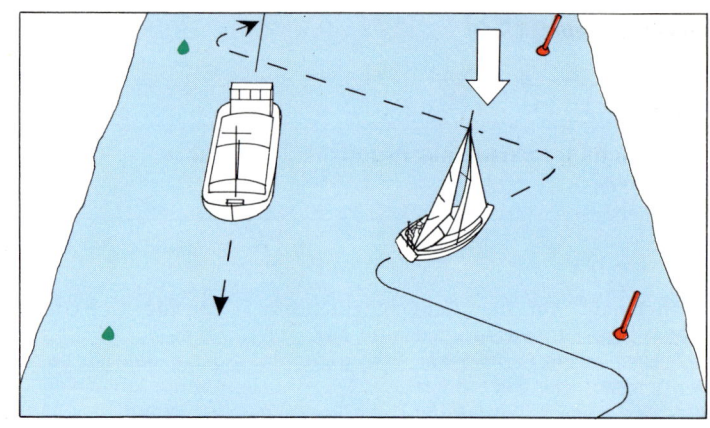

Ich muß die Vorfahrt beachten, d. h. durch kurze Schläge auf der rechten Fahrwasserseite solange warten, bis auch die andere Fahrwasserseite frei ist.

Fahren außerhalb des Fahrwassers

129

Was muß ein Fahrzeug, das außerhalb des Fahrwassers fährt, durch seine Fahrweise klar erkennen lassen?

Antwort:

Es muß klar erkennbar sein, daß das Fahrwasser nicht benutzt wird.

Zu Frage 129:

Beachte: Eine bestimmte Seite oder Fahrtrichtung braucht außerhalb des Fahrwassers nicht eingehalten zu werden. Lediglich auf bestimmten Wasserflächen außerhalb des Fahrwassers, die von den WSDen

Nord und Nordwest bekanntgemacht werden, haben sich alle Fahrzeuge an der in ihrer Fahrtrichtung rechts vom Fahrwasser liegenden Seite zu halten. Eine solche Bekanntmachung ist für den Bereich der See-Schiffahrtstraße Weser für Fahrzeuge über

12,20 m von Bremerhaven bis zur Eisenbahnbrücke in Bremen erlassen worden.

Vorschrift: § 22 Abs. 3 und 4 SeeSchStrO

Hinweis: Ausweichregeln außerhalb des Fahrwassers vgl. Fragen 76 ff.

130

Nach welchen Regeln muß außerhalb des Fahrwassers ausgewichen werden?

Antwort:

Nach den Regeln der Seestraßenordnung (SeeStrO).

Zu Frage 130:

Merke: Da in der SeeSchStrO für das Fahren außerhalb der Fahrwasser keine besonderen Vorfahrt- und Ausweichregeln

vorgeschrieben sind, gelten die Ausweichregeln der SeeStrO.

Hinweis: Ausweichregeln vgl. Fragen 76 ff.

Überholen

131 **Wo ist das Überholen verboten?**	Antwort: 1. **In der Nähe von in Fahrt befindlichen nicht freifahrenden Fähren.** 2. **An Engstellen.** 3. **In unübersichtlichen Krümmungen.** 4. **In Schleusenbereichen.** 5. **An Stellen und innerhalb von Strecken, die durch Überholverbotszeichen gekennzeichnet sind.**

Zu Fragen 131 und 132:

Überholverbote

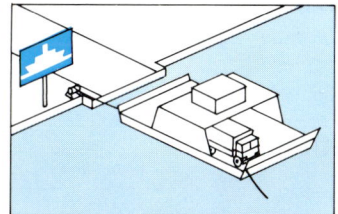
in der Nähe nicht freifahrender Fähren

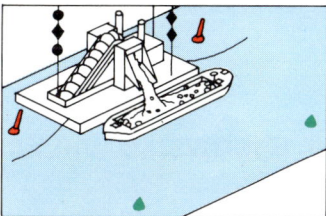
an Engstellen

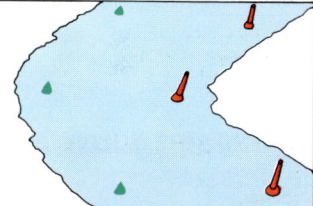
in unübersichtlichen Krümmungen

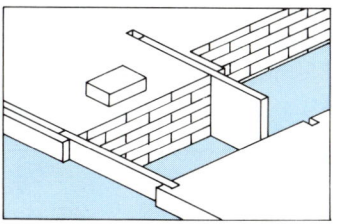
in Schleusen

beim Schiffahrtzeichen „Überholverbot"

auf bekanntgemachten Wasserflächen

132

Sie sehen folgendes Sichtzeichen:

**Was bedeutet
dieses Sichtzeichen?**

Antwort:

Überholverbot für alle Fahrzeuge.

Zu Fragen 131 und 132:

Merke: Im Bereich der Wasserflächen und an den Stellen, an denen ein Überholverbot besteht, ist in der Regel auch das Ankern, Anlegen und Festmachen verboten.

Vorschrift: § 23 SeeSchStrO, Nr. 1.1.1 der Anlage I.1 zur SeeSchStrO

Hinweis: Ankern, Anlegen und Festmachen,

vgl. Erl. zu Fragen 138, 139; Durchführung des Überholmanövers vgl. Erl. zu Fragen 269 ff.; Definition des überholenden Fahrzeugs vgl. Frage 12.

Durchfahrt durch Brücken, Sperrwerke und Schleusen

133

Wo muß ein wartepflichtiges Fahrzeug vor einer Brücke, einem Sperrwerk oder einer Schleuse anhalten?

Antwort:

Das wartepflichtige Fahrzeug muß in ausreichender Entfernung oder, wenn ein Halteschild vorhanden ist, vor diesem anhalten.

134

Wo darf ein wartepflichtiges Fahrzeug vor einer Brücke, einem Sperrwerk oder einer Schleuse nicht festmachen?

Antwort:

Es darf nicht festmachen an den Leitwerken und Abweisedalben.

Zu Fragen 133 und 134:

Vorschriften: §§ 28 Abs. 1, 29 Abs. 1 See SchStrO

Hinweise: die Signalregelung der Durchfahrt, wichtige Grundsätze und Sperrung vor Brückenöffnungen vgl. zu Fragen 173 bis 175

Warten vor einem Sperrwerk

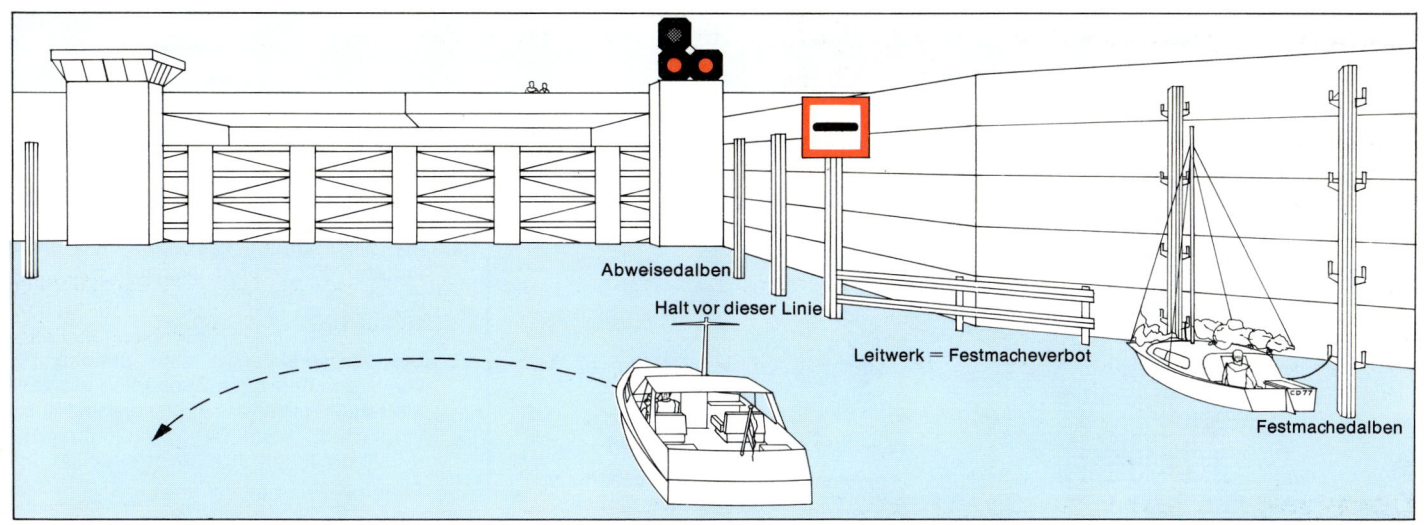

Abweisedalben

Halt vor dieser Linie

Leitwerk = Festmacheverbot

Festmachedalben

Ich muß vor dem Halteschild anhalten und darf nicht an Leitwerken und Abweisedalben festmachen.

Wasserskilaufen

Verbotene und freigegebene Wasserflächen für das Wasserskilaufen

Zu Frage 135:

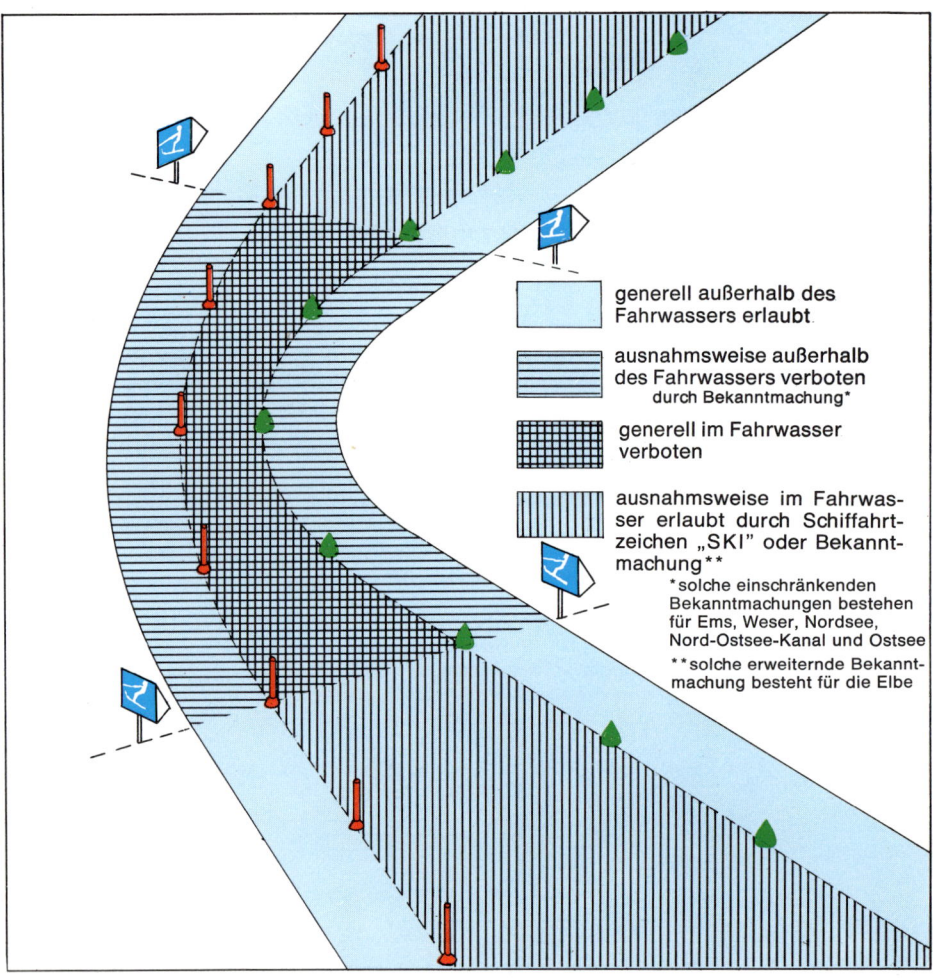

generell außerhalb des Fahrwassers erlaubt.

ausnahmsweise außerhalb des Fahrwassers verboten durch Bekanntmachung*

generell im Fahrwasser verboten

ausnahmsweise im Fahrwasser erlaubt durch Schiffahrtzeichen „SKI" oder Bekanntmachung**

*solche einschränkenden Bekanntmachungen bestehen für Ems, Weser, Nordsee, Nord-Ostsee-Kanal und Ostsee

**solche erweiternde Bekanntmachung besteht für die Elbe

Wichtige Grundsätze:

1. Bei Nacht und verminderter Sicht besteht Fahrverbot.

2. Die Verpflichtung des Zugbootes, allen anderen Fahrzeugen auszuweichen, ergänzt die Ausweichregeln nach Regel 18 SeeStrO.

3. Die Wasserskiläufer sind unabhängig vom Verhalten ihres Zugbootes als Verkehrsteilnehmer eigenverantwortlich verpflichtet, beim Begegnen mit anderen Fahrzeugen sich im Kielwasser ihres Zugbootes zu halten.

Vorschrift: § 31 Abs. 2 und 4 SeeSchStrO

Hinweise: Definitionen „Nacht" und „verminderte Sicht" vgl. Fragen 15 und 22; Ausweichregeln vgl. Fragen 76 ff.

135

Wo darf Wasserski gelaufen werden?

Antwort: ●●

1. Außerhalb des Fahrwassers, aber nicht auf Flächen, auf denen es von der Schiffahrtpolizeibehörde durch Bekanntmachung verboten ist.
2. Im Fahrwasser nur in Bereichen, die durch die blaue Tafel mit dem weißen Symbol eines Wasserskiläufers bezeichnet sind oder in besonders bekanntgemachten Abschnitten.

Zu Frage 135:   Vorschrift: § 31 Abs. 1 sowie B.5 der Anlage I zur SeeSchStrO

136

Wann darf kein Wasserski gelaufen werden?

Antwort: ●

Bei Nacht und bei verminderter Sicht.

137

Wie haben sich Wasserskiläufer und ihre Zugboote zu verhalten?

Antwort: ●●

Sie haben allen anderen Fahrzeugen auszuweichen. Beim Begegnen mit anderen Fahrzeugen haben sich die Wasserskiläufer im Kielwasser ihrer Zugboote zu halten.

Zu Fragen 136 und 137:   Vorschrift: § 31 Abs. 2 und 4 SeeSchStrO

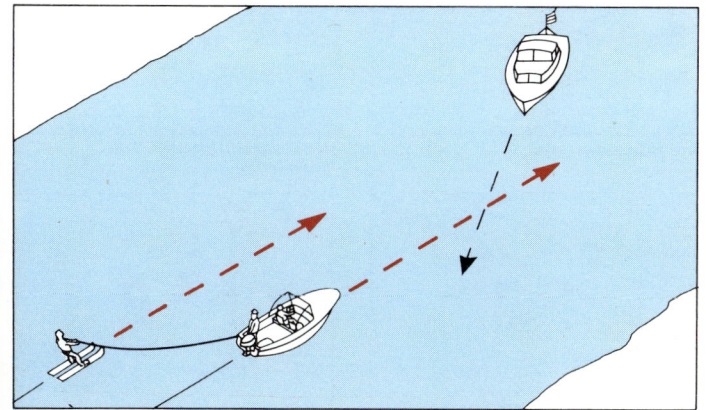

Mir nähert sich von Backbord voraus ein anderes Fahrzeug auf kreuzendem Kurs, während ich einen Wasserskiläufer ziehe.

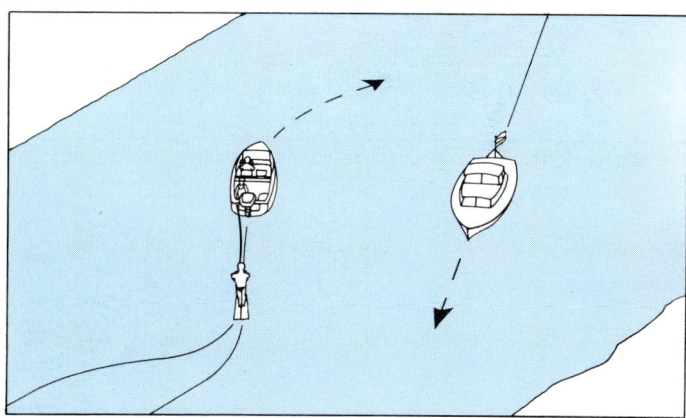

Ich muß ausweichen, d. h. meinen Kurs nach Backbord ändern, und der Wasserskiläufer sich in meinem Kielwasser halten.

Ankern *Zu Frage 138:* **Ankerverbote**

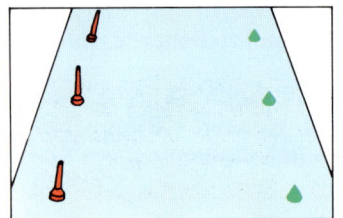

im Fahrwasser

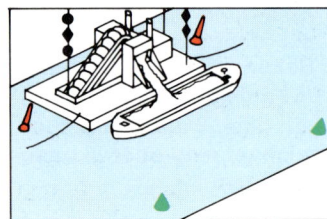

an Engstellen

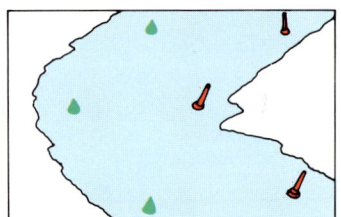

in unübersichtlichen Krümmungen

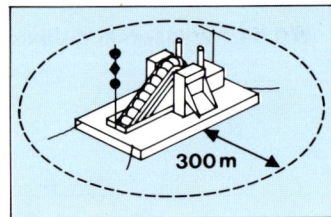

im Umkreis von 300 m von schwimmenden Geräten

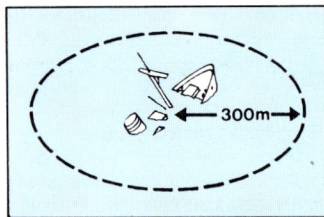

im Umkreis von 300 m von Wracks

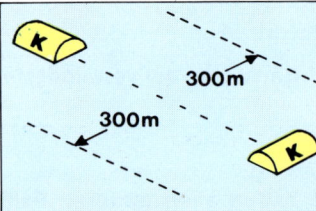

im Abstand von 300 m beiderseits von Kabeltrassen

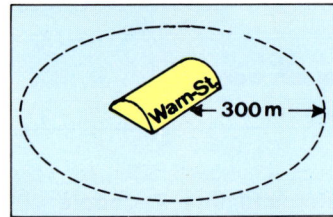

im Umkreis von 300 m von Stellen für militärische oder zivile Zwecke

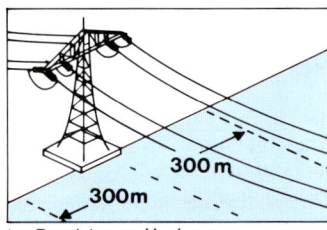

im Bereich von Hochspannungsleitungen bei verminderter Sicht

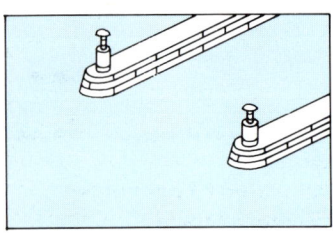

vor Hafeneinfahrten

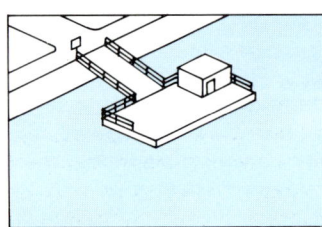

vor Anlegestellen

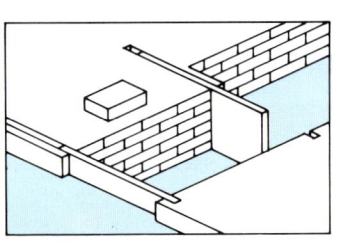

vor Schleusen

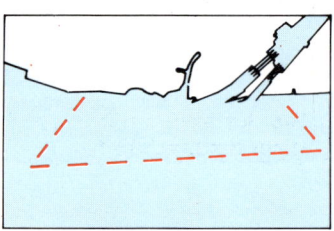

in der Zufahrt zum NOK in Brunsbüttel

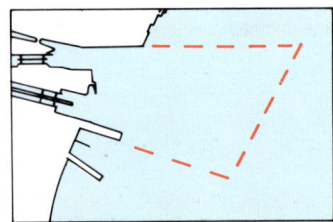

in der Zufahrt zum NOK in Kiel-Holtenau

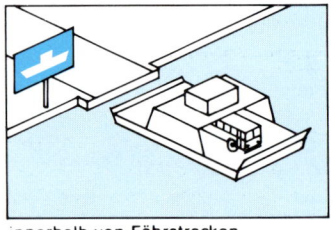

innerhalb von Fährstrecken

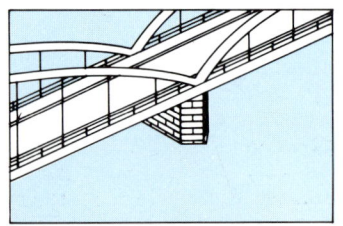

innerhalb von Brückenstrecken

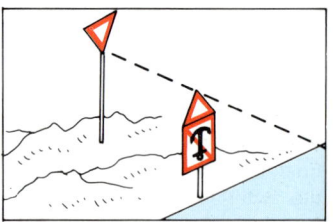

300 m vor und hinter Ankerverbotszeichen

Hinweise: Schiffahrtszeichen „Ankerverbote" vgl. Fragen 156 f.

138　　　　　　　　　　Antwort:　　　　　　　　　●●●

Wo ist Ankern verboten?

Insbesondere
1. im Fahrwasser,
2. an engen Stellen und in unübersichtlichen Krümmungen,
3. im Umkreis von 300 m von schwimmenden Geräten, Wracks und anderen Schiffahrtshindernissen, von Kabeltonnen sowie von Stellen für militärische und zivile Zwecke.
4. vor Hafeneinfahrten, Anlegestellen, Schleusen und Sielen sowie in den Zufahrten des NOK,
5. innerhalb von Fähr- und Brückenstrecken,
6. 300 m vor und hinter Ankerverbotszeichen.

Zu Frage 138:

Merke: Soweit das Ankern nicht verboten ist, ist der Ankerplatz so zu wählen, daß die Schiffahrt im Fahrwasser nicht beeinträchtigt wird. Der Gebrauch des Ankers für Manövrierzwecke gilt nicht als Ankern (§ 32 Abs. 2 SeeSchStrO).

Hinweise: Definition „Fahrwasser" vgl. Frage 112, Kennzeichnung von Baggern (manövrierbehinderte Fahrzeuge) vgl. Fragen 41 ff., Kennzeichnung von Wracks und anderen Schiffahrtshindernissen vgl. Fragen 198 ff., Durchführung des Ankermanö-

vers vgl. Erl. zu Fragen 284 ff. und Teil III Abschn. 1.

Vorschrift: § 32 Abs. 1 SeeSchStrO

Anlegen und Festmachen

139　　　　　　　　　　Antwort:　　　　　　　　　●●●

Wo dürfen Sie mit Ihrem Fahrzeug nicht anlegen bzw. nicht festmachen?

Insbesondere
1. an Sperrwerken, Strombauwerken, Leitwerken, Pegeln, festen und schwimmenden Schiffahrtzeichen,
2. an engen Stellen und in unübersichtlichen Krümmungen,
3. vor Hafeneinfahrten und Anlegestellen, die nicht für Sportboote bestimmt sind,
4. innerhalb von Fähr- und Brückenstrecken,
5. an Stellen, die durch die Sichtzeichen „Festmache- und Liegeverbot" gekennzeichnet sind.

Zu Frage 139:

Wichtiger Grundsatz: Wo das Anlegen und Festmachen nicht verboten ist, darf aber die Schiffahrt hierdurch auch nicht beeinträchtigt werden. Dies gilt sowohl in bezug auf andere bereits festgemachte Fahrzeuge als auch auf andere fahrende Fahrzeuge.

Hat ein Fahrzeug mit dem Manöver des Anlegens begonnen, hat die übrige Schiffahrt diesen Umstand zu berücksichtigen und mit der gebotenen Vorsicht zu navigieren (§ 33 Abs. 1 SeeSchStrO).

Vorschrift: § 33 Abs. 2 SeeSchStrO

Hinweise: Durchführung des Manövers des Anlegens und Festmachens vgl. Erl. zu Fragen 277 ff. und Teil III Abschn. 2.

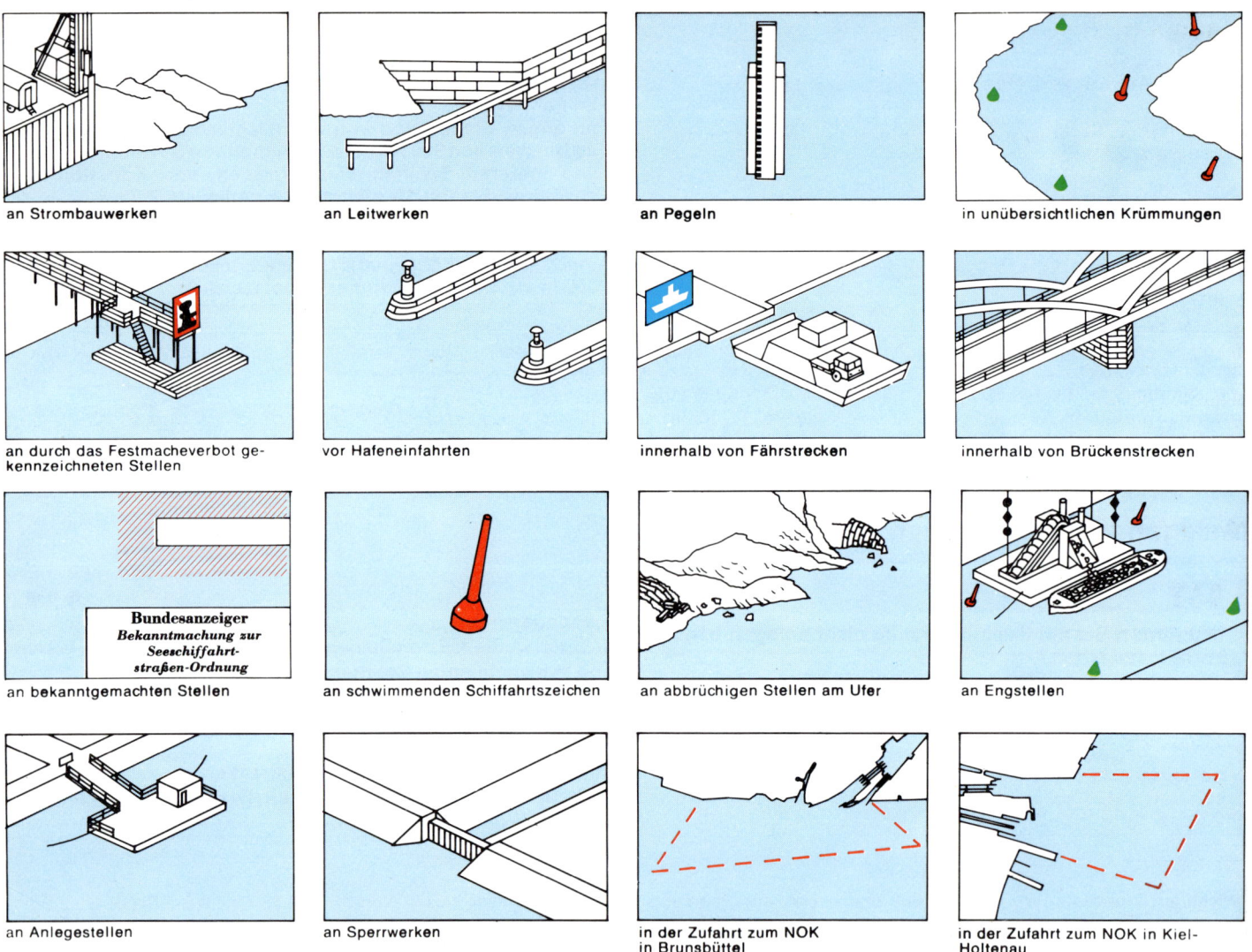

an Strombauwerken

an Leitwerken

an Pegeln

in unübersichtlichen Krümmungen

an durch das Festmacheverbot ge-
kennzeichneten Stellen

vor Hafeneinfahrten

innerhalb von Fährstrecken

innerhalb von Brückenstrecken

Bundesanzeiger
*Bekanntmachung zur
Seeschiffahrt-
straßen-Ordnung*

an bekanntgemachten Stellen

an schwimmenden Schiffahrtszeichen

an abbrüchigen Stellen am Ufer

an Engstellen

an Anlegestellen

an Sperrwerken

in der Zufahrt zum NOK
in Brunsbüttel

in der Zufahrt zum NOK in Kiel-
Holtenau

Hinweise: Schiffahrtszeichen „Festmacheverbote" vgl. Fragen 158 f.

Maßnahmen beim Sinken

140 ●

Wie haben Sie sich zu verhalten, wenn für Ihr Fahrzeug die Gefahr des Sinkens besteht?

Antwort:

Das Fahrzeug ist soweit wie möglich aus dem Fahrwasser zu bringen.

141 ●

Wie haben Sie sich zu verhalten, wenn Ihr Fahrzeug gesunken ist?

Antwort:

Stelle des gesunkenen Fahrzeuges behelfsmäßig kennzeichnen und die Schiffahrtpolizeibehörde benachrichtigen.

Zu Fragen 140 und 141:

Beachte: Diese Maßnahmen sollen verhindern, daß andere Fahrzeuge durch das gesunkene Fahrzeug gefährdet oder behindert werden.

■ Wichtiger Hinweis für die Besatzung des sinkenden Fahrzeugs: Solange wie möglich an Bord bleiben oder sich am Fahrzeug festhalten, bis Hilfe kommt.

Vorschrift: § 37 Abs. 1 bis 3 SeeSchStrO
Hinweise: Verhalten nach einem Zusammenstoß vgl. Erl. zu Fragen 326 ff.; Seenotsignale vgl. Fragen 330 ff.

Nord-Ostsee-Kanal

142 ●

Während welcher Zeit dürfen Sportfahrzeuge ohne Lotsen den Nord-Ostsee-Kanal durchfahren?

Antwort:

Von Sonnenaufgang bis Sonnenuntergang, bei sichtigem Wetter.

143 ●●

Bei welchem Signal dürfen Sportfahrzeuge ohne Lotsen von den Kanalreeden in die Schleusen des Nord-Ostsee-Kanals einfahren?

Antwort:

Wenn ein weißes unterbrochenes Licht gezeigt wird.

144 ●●

In welchen besonderen Vorschriften ist die Durchfahrt durch den Nord-Ostsee-Kanal geregelt?

Antwort:

Im Abschnitt „Ergänzende Vorschriften für den Nord-Ostsee-Kanal" der SeeSchStrO und in der Bekanntmachung der WSD Nord zur SeeSchStrO.

MERKBLATT
für die Sportschiffahrt auf dem Nord-Ostsee-Kanal
Wasser- und Schiffahrtsamt Brunsbüttel
Wasser- und Schiffahrtsamt Kiel-Holtenau

Sehr geehrter Sportschiffer!

Sie wollen den Nord-Ostsee-Kanal (NOK) im engen Kontakt mit der Berufsschiffahrt durchfahren.
Wir möchten Ihnen mit diesem Merkblatt helfen, die Durchfahrt möglichst problemlos und sicher zu gestalten. Beachten Sie bitte deshalb die hier aufgeführten besonders wichtigen Punkte.

Allgemeines

Auf dem NOK gelten die Bestimmungen der Seeschiffahrtstraßen-Ordnung mit der dazugehörigen Bekanntmachung der Wasser- und Schiffahrtsdirektion Nord. Sportfahrzeuge dürfen den NOK und dessen Zufahrten im Bereich der Elbe und der Kieler Förde lediglich zur Durchfahrt und ohne Lotsen nur während der Tagfahrzeiten und nur bei sichtigem Wetter benutzen. Dies gilt nicht für das Aufsuchen der zugelassenen Liegestellen im Yachthafen Kiel-Holtenau sowie im Binnenhafen und Alten Hafen Brunsbüttel.

Kanalgebühren

Alle Sportfahrzeuge, welche **den NOK in westlicher oder östlicher Richtung durchfahren,** entrichten die Kanalgebühren beim Zeitungskiosk im Schleusenbereich Kiel-Holtenau.
Alle Sportfahrzeuge, welche **den NOK nur auf einer Teilstrecke befahren,** entrichten die Kanalgebühren in der Eingangs- oder Ausgangsschleuse. In Brunsbüttel soll hierfür am Gebühren-Anleger oder im Yachthafen festgemacht werden.
Der als Quittung ausgehändigte Berechtigungsschein wird in der Ausgangsschleuse kontrolliert.

Sportfahrzeuge, welche ihren ständigen Liegeplatz im NOK zwischen den Schleusen haben und dort fahren wollen, benötigen einen vom zuständigen Wasser- und Schiffahrtsamt (gegen Entrichtung einer Gebührenpauschale) ausgestellten Jahres-Fahrtausweis.

Höchstgeschwindigkeit

Die Höchstgeschwindigkeit, welche nicht überschritten werden darf, beträgt auf dem NOK 15 km/h.

Rechtsfahrgebot

Im NOK muß soweit wie möglich rechts gefahren werden. In bestimmten Strecken ist der Mindestabstand vom Ufer durch Sichtzeichen angegeben.

Segeln auf dem NOK

Das Segeln ist auf dem NOK verboten. Dies gilt nicht
1. im Schleusenvorhafen Kiel-Holtenau vor den Alten Schleusen,
2. außerhalb des Fahrwassers auf dem Borgstedter See, dem Audorfer See, dem Obereidersee und dem Flemhuder See.
Sportfahrzeuge mit Maschinenantrieb dürfen zusätzlich Segel setzen. Sie müssen dann im Vorschiff einen schwarzen Kegel – Spitze unten – führen.

Wasserskilaufen

Das Wasserskilaufen ist auf dem NOK verboten.

Verhalten bei Nebel

Bei plötzlich auftretender verminderter Sicht dürfen Sportfahrzeuge an geeigneter Stelle auf der Kanalstrecke festmachen, wenn die

Sicherheit des Verkehrs durch die Weiterfahrt bis zum nächsten Weichengebiet gefährdet wird. In den Weichen darf bei Nebel hinter den Dalben festgemacht werden. Hierfür sind Festmacherringe an den fünf östlichen und westlichen Dalben angebracht.

Fährstellen

Die Fährstellen sind mit besonderer Aufmerksamkeit zu passieren.

Gefahren durch Sog und Wellenschlag

Beim Vorbeifahren von Schiffen ist wegen der dabei auftretenden Sogwirkung besondere Vorsicht geboten.

Liegestellen für Sportfahrzeuge

Als Liegestelle für Sportfahrzeuge gelten
1. der Yachthafen Brunsbüttel (km 1,8)
2. die Ausweichstellen Brunsbüttel Nordseite (km 2,7)
3. Liegestellen an der Brücke der Weichenstation Dückerswisch (km 21,5) – Benutzung nur für eine Übernachtung –
4. Liegestellen vor der Gieselau-Schleuse (Einfahrt bei km 40,5) – Benutzung nur für eine Übernachtung –
Ausländische und solche inländischen Sportfahrzeuge, die zollfreien Mund- und Schiffsvorrat unter zollamtlicher Überwachung mit sich führen, dürfen den Liegeplatz vor der Gieselau-Schleuse nur aufsuchen, wenn sie vorher zollamtlich abgefertigt worden sind.
5. Liegestellen im Obereidersee mit Enge (Einfahrt bei km 66)
6. Liegestellen im Borgstedter See (Einfahrt bei km 70)
7. Reede im Flemhuder See (Einfahrt bei km 85,4) – Benutzung nur für eine Übernachtung –
8. der Yachthafen Kiel-Holtenau (km 98,5)

Sportfahrzeuge sollen Ihre Kanalfahrt so einrichten, daß sie vor Ablauf der Tagfahrzeit eine Liegestelle für Sportfahrzeuge erreichen.

Lichtsignale für die Sportschiffahrt

Einlaufen in die Zufahrten

Sportfahrzeuge dürfen in die Zufahrten zum NOK nur einlaufen, wenn an den auf den Schleuseninseln befindlichen Signalmasten für die jeweilige Schleuse (Alte oder Neue Schleuse) folgendes Signal gezeigt wird:

 Einfahrt frei für Sportfahrzeuge
(Ein unterbrochenes weißes Licht)

Warteraum:

Brunsbüttel östlich der Zufahrtsgrenze,
Kiel-Holtenau nördlich der Zufahrtsgrenze.

Einlaufen in die Schleusenvorhäfen und Schleusen

Sportfahrzeuge dürfen in die Schleusenvorhäfen und Schleusen nur einlaufen, wenn an den Signalmasten auf der Mittelmauer der jeweiligen Schleuse folgendes Signal gezeigt wird:

 Einfahrt frei für Sportfahrzeuge
(ein unterbrochenes weißes Licht)

Auf Lautsprecherdurchsagen des Schleusenmeisters muß geachtet werden.

Durchfahren der Weichengebiete

Im allgemeinen haben die Signale in den Weichen keine Bedeutung für die Sportschiffahrt. Sportfahrzeuge müssen die Fahrt unterbrechen und hinter den Dalben an den Festmachringen warten, wenn an den Weichensignalmasten folgendes Signal gezeigt wird:

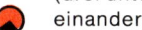 Ausfahren verboten für alle Fahrzeuge
(drei unterbrochene rote Lichter übereinander)

Verkehr beim Ölhafen Brunsbüttel

Im Binnenhafen Brunsbüttel ist die Weiterfahrt für alle Fahrzeuge verboten, wenn an den Signalmasten des an der Nordseite liegenden Ölhafens folgendes Signal gezeigt wird:

● ● Weiterfahren verboten
(zwei feste rote Lichter nebeneinander)

Vorschriften: § 51 Abs. 1 SeeSchStrO (Durchfahrterlaubnis nur während der Tagfahrzeit), Nrn. A. 20 und A. 21 der Anlage I zur SeeSchStrO (Einfahrtssignale), §§ 41 ff. SeeSchStrO (Ergänzende Vorschriften für den NOK mit wichtigen Durchfahrtregeln für Sportboote)

Hinweise: Fährstelle am NOK vgl. Erl. zu Fragen 176 und 177, Verbot des Ankerns, Anlegens und Festmachens sowie Überholens im Bereich der Zufahrten zum NOK vgl. Erl. zu Fragen 131 ff., 138 und 139.

Grenze in der Lübecker Bucht

145

Sie sehen folgende Schiffahrtszeichen in der Lübecker Bucht:

![Grenze 1, Grenze 3, Grenze 8]

1. **Was bedeuten diese Schiffahrtszeichen?**
2. **Wie haben Sie sich zu verhalten?**

Antwort: ●●

1. **Grenze zur DDR.**
2. **Deutlich Abstand halten von der Grenzlinie (Merkblatt des BVM beachten).**

Zu Frage 145   **Hinweis:** Die neuen Schiffahrtszeichen gelten spätestens ab 1. Januar 1981
                                     Vorschrift: Nr. B. 9 der Anlage I zur SeeSchStrO

Zu Frage 145: Grenzverlauf in der Lübecker Bucht

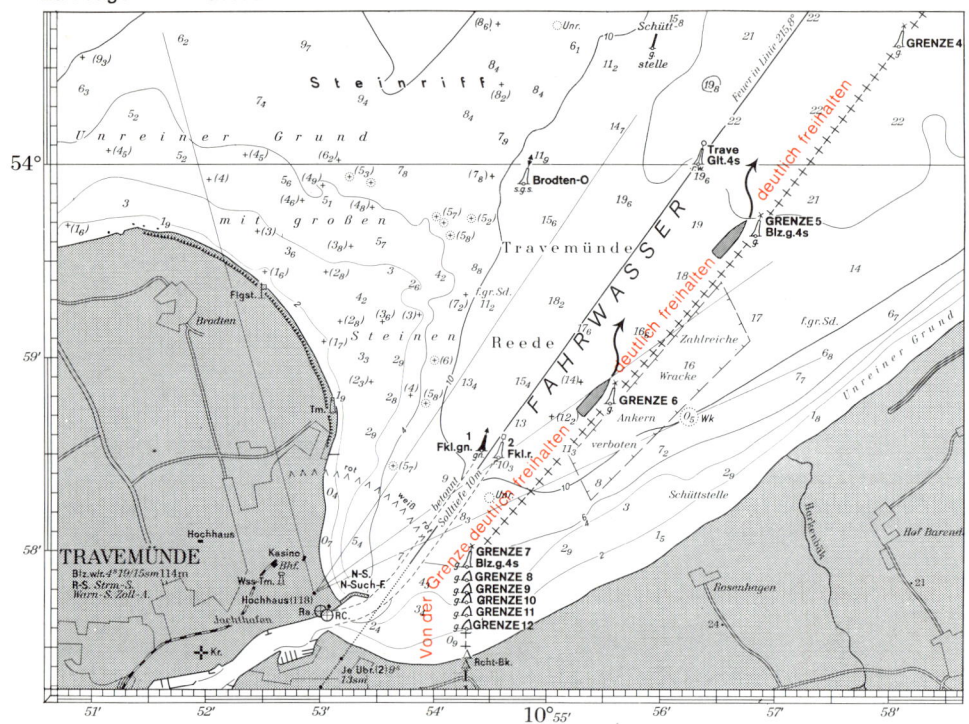

Auszug aus der Broschüre „Sicherheit in der Sportschiffahrt" (S. 34 ff)
über den Verlauf der Grenze in der Lübecker Bucht zwischen dem
Küstenmeer der Bundesrepublik Deutschland und dem Küstenmeer der Deutschen Demokratischen Republik

Herausgegeben vom Deutschen Hydrographischen Institut
2000 Hamburg 4, Bernhard-Nocht-Straße 78 – Januar 1981 –

3. VERHALTEN IM GENZBEREICH

3.1 Empfehlungen für den Schiffs- und Bootsverkehr im Grenzbereich

3.1.1 Folgen sie auf der Fahrt von oder nach Travemünde dem durch Seezeichen ge-kennzeichneten Schiffahrtsweg „Lübeck-Gedser" und dem bei der Ansteuerungstonne „TRAVE" beginnenden Trave-Fahrwasser. Der Lübeck-Gedser-Weg kommt von der Hohen See und liegt ausschließlich au-ßerhalb des Küstenmeeres der DDR. Beim Kreuzen mit einem Segelfahrzeug, beim Wasserskilaufen und Treibenlassen Ihres Fahrzeugs halten Sie sich westlich des Lübeck-Gedser-Weges und des Trave-Fahr-wassers.

3.1.2 Beim Einlaufen nach Travemünde las-sen Sie die in Frage Nr. 145 beschriebenen Hilfsgrenzzeichen stets ausreichend weit an Backbord und fahren dabei auf dem Lübeck-Gedser-Weg und dem Trave-Fahrwasser möglichst weit rechts.

3.1.3 Beim Auslaufen aus Travemünde las-sen Sie die in Frage Nr. 145 beschriebenen Hilfsgrenzzeichen unbedingt an Steuerbord und fahren im Trave-Fahrwasser wie auf dem Lübeck-Gedser-Weg deutlich rechts. Zwi-schen dem Trave-Fahrwasser sowie dem Lü-beck-Gedser-Weg und dem Tonnenstrich der Hilfsgrenzzeichen besteht für die auslau-fende Sportschiffahrt ausreichend Raum.

3.1.4 **Fischer und Sportangler** müssen von der Grenze des Küstenmeeres der DDR eben-falls ausreichend Abstand halten. Auch ihnen ist das Befahren des Küstenmeeres der DDR grundsätzlich nicht gestattet.

Ausgenommen hiervon sind lediglich Lü-becker Stadtfischer gemäß der „Vereinba-rung zwischen der Regierung der Bundes-republik Deutschland und der Regierung der DDR über den Fischfang in einem Teil der Territorialgewässer der DDR in der Lübecker Bucht" (Bundesgesetzblatt 1974 II S. 1237).

3.2 Empfehlungen für den Fall ungewoll-ter Grenzüberschreitungen

3.2.1 Navigatorische und seemännische Schwierigkeiten können dazu führen, daß Sie mit Ihrem Sportfahrzeug ungewollt in das Küstenmeer der DDR geraten. Wenn Sie dies rechtzeitig erkennen, so laufen Sie mit deutlichem Kurs von der Küste der DDR ab.

3.2.2 Bei Seenot, schwerer Havarie und dringend erforderlicher ärztlicher Hilfe zögern Sie nicht, durch Notsignale Hilfe herbeizurufen.

3.2.3 Bei Annäherung von Grenzorganen der DDR behalten Sie Ihren Kurs bei. Sie müssen mit der Aufforderung zum Anhalten Ihres Fahrzeugs rechnen.
Hierfür werden von den Grenzorganen der DDR folgende Signale nach dem Internationalen Signalbuch angewendet:

am Tage: Flaggensignal „L"
Schallsignal „ein kurzer Ton, ein langer Ton, zwei kurze Töne (● ▬ ● ●)"

bei Nacht: Blinksignal „L"
Schallsignal „ein kurzer Ton, ein langer Ton, zwei kurze Töne (● ▬ ● ●)"

Diese Signale bedeuten: „Bringen Sie Ihr Fahrzeug sofort zum Stehen!"
Daneben kann ein grüner Doppelstern geschossen werden. Dieses Signal bedeutet: „Bringen Sie Ihr Fahrzeug sofort zum Stehen; ich will Sie kontrollieren!"

3.2.4 Kommen Sie der Aufforderung zum Anhalten nach und erklären Sie den Grenzorganen der DDR, aus welchen navigatorischen oder seemännischen Schwierigkeiten Sie in das Küstenmeer der DDR geraten sind.
Die Grenzorgane der DDR werden in diesen Fällen bei zu treffenden Maßnahmen die Umstände angemessen berücksichtigen, auf denen das Einlaufen in diese Gewässer beruhte."

3.2.5 Wird Ihr Sportfahrzeug von Grenzorganen der DDR angehalten, ist es ratsam, rechtzeitig die Position festzustellen und in der Seekarte einzutragen.

3.3   Führer von Sportfahrzeugen, die von Grenzorganen der DDR angehalten worden sind, werden gebeten, unverzüglich nach Verlassen des Küstenmeeres der DDR das erfolgte Anhalten und die gegebenenfalls gegen sie verhängten Maßnahmen dem Bundesgrenzschutz, der Wasser- und Schiffahrtsverwaltung des Bundes, der Wasserschutzpolizei oder dem Zoll zu melden."

Gebots- und Verbotszeichen

146

Sie sehen an Land folgendes Sichtzeichen:

Was bedeutet dieses Sichtzeichen?

Antwort: ●

Begegnungsverbot.

Zu Frage 146:   **Vorschrift:** Nr. 1.5 der Anlage I.2 zur SeeSchStrO

147

Sie sehen an Land folgendes Sichtzeichen:

Was bedeutet dieses Sichtzeichen?

12

Antwort: ●

Die Geschwindigkeit durch das Wasser in km/h, die nicht überschritten werden darf; hier 12 km/h.

Zu Frage 147:   **Vorschrift:** Nr. 1.3 der Anlage I.1 zur SeeSchStrO

148

Sie sehen folgendes Sichtzeichen:

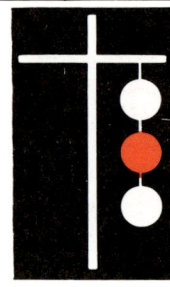

Was bedeutet dieses Sichtzeichen?

Antwort:

Schutzbedürftige Anlage, Sog und Wellenschlag vermeiden.

149

Sie sehen folgendes Sichtzeichen:

Was bedeutet dieses Sichtzeichen?

Antwort:

Schutzbedürftige Anlage, Sog und Wellenschlag vermeiden.

150

Sie sehen an Land folgendes Sichtzeichen:

Was bedeutet dieses Sichtzeichen?

Antwort:

Sog und Wellenschlag vermeiden.

Zu Fragen 148 bis 150:

Wichtiger Grundsatz: Fahrzeuge haben ihre Geschwindigkeit rechtzeitig soweit zu vermindern wie es erforderlich ist, um Gefährdungen von schutzbedürftigen Anlagen oder durch Schiffahrtzeichen gekennzeichneten Stellen des Ufers durch Sog oder Wellenschlag zu vermeiden. Dieser Grundsatz gilt insbesondere auch beim Vorbeifahren an

1. Häfen, Schleusen und Sperrwerken,
2. festliegenden Fähren,
3. manövrierunfähigen und festgekommenen sowie an manövrierbehinderten Fahrzeugen,
4. schwimmenden Geräten und schwimmenden Anlagen,
5. außergewöhnlichen Schwimmkörpern, die geschleppt werden und

6. an Stellen, die durch die Flagge A des Internationalen Signalbuches gekennzeichnet sind (vgl. Frage 107), (§ 26 Abs. 4 SeeSchStrO).

Vorschrift: Nr. A.4 der Anlage I zur SeeSchStrO

Hinweis: Sichere Geschwindigkeit vgl. Frage 28

erkehrsregelung im Bereich von Badegebieten

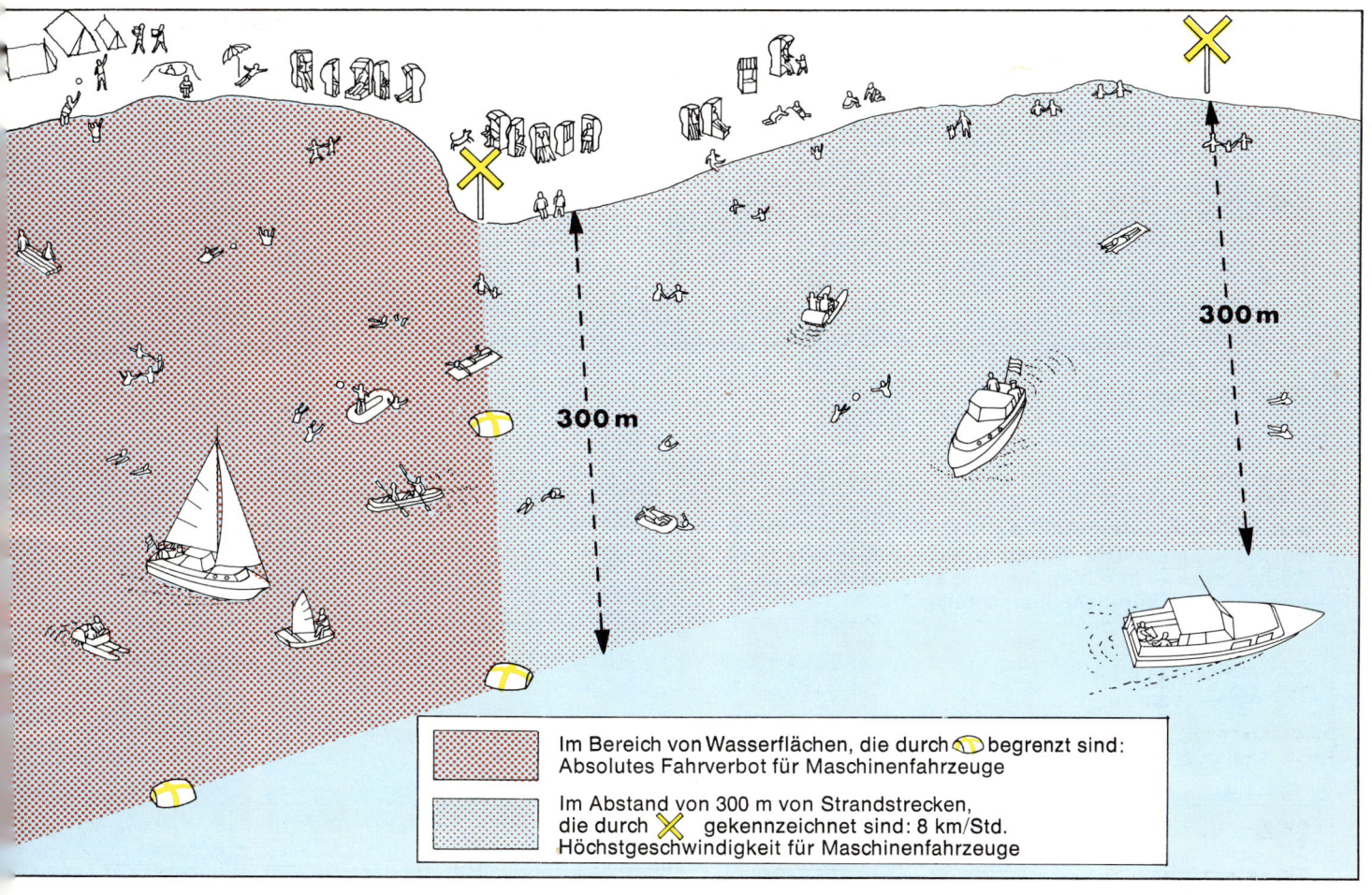

300 m

300 m

Im Bereich von Wasserflächen, die durch ⬭ begrenzt sind:
Absolutes Fahrverbot für Maschinenfahrzeuge

Im Abstand von 300 m von Strandstrecken,
die durch ✕ gekennzeichnet sind: 8 km/Std.
Höchstgeschwindigkeit für Maschinenfahrzeuge

151

Sie sehen folgendes Sichtzeichen:

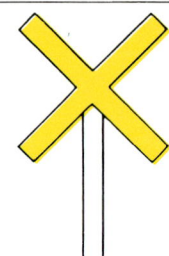

Was bedeutet dieses Sichtzeichen?

Antwort:

●●

Geschwindigkeit von 8 km/h, die innerhalb eines Mindestabstandes von 300 m von der jeweiligen Uferlinie nicht überschritten werden darf.

152

Sie sehen folgende Tonne:

Was bedeutet diese Tonne?

Antwort:

●

Gesperrt für Maschinenfahrzeuge wegen Badebetriebes.

153

Welche Höchstgeschwindigkeit dürfen Sie vor Stellen mit erkennbarem Badebetrieb — außerhalb des Fahrwassers — in einem Abstand von 300 Meter und weniger vom Ufer nicht überschreiten?

Antwort:

●

8 km/h (4,3 sm/h) Fahrt durch das Wasser,

Zu Fragen 151 bis 153:

Merke: Vor Stellen mit erkennbarem Badebetrieb mit oder ohne Kennzeichnung durch Stange mit einem liegenden gelben Kreuz darf in einem Abstand von weniger als 300 m vom Ufer die Höchstgeschwindigkeit von 8 km/Std. nicht überschritten werden.
Liegen dagegen weiße Tonnen mit einem rechtwinkligen gelben Kreuz aus, bedeutet das Fahrverbot für alle Maschinenfahrzeuge.

Vorschriften: Nr. A.5 und A.17a) der Anlage I zur SeeSchStrO, § 26 Abs. 3 SeeSchStrO

154

Sie sehen folgendes Sichtzeichen:

Was bedeutet dieses Sichtzeichen?

Antwort:

●

Mindestabstand in Metern, der vom Aufstellungsort der Tafel (hier 40 m von der in Fahrtrichtung rechten Seite) an eingehalten werden muß.

Zu Frage 154: **Vorschrift:** Nr. A.6 der Anlage I zur SeeSchStrO

155

Sie sehen folgendes Sichtzeichen:

Was bedeutet dieses Sichtzeichen?

Antwort: ●

Halt vor diesem Zeichen, solange die Durchfahrt nicht freigegeben ist.

Zu Frage 155:   **Vorschrift:** Nr. A.7 der Anlage I zur SeeSchStrO

                        Hinweis: vgl. Erl. Darstellung in Fragen 133 und 134

156

Sie sehen folgendes Sichtzeichen:

Was bedeutet dieses Sichtzeichen?

Antwort: ●●

Ankerverbot 300 m vor und hinter diesem Zeichen.

Zu Frage 156:   **Vorschrift:** Nr. A. 8 der Anlage I zur SeeSchStrO

157

Sie sehen folgende Tonne:

Was bedeutet diese Tonne?

Antwort: ●●

Kennzeichnung von Kabeltrassen

Zu Frage 157:   **Vorschrift:** Nr. B 16 e) i. V. m. § 32 Abs. 1 Nr. 2 SeeSchStrO

158

Sie sehen folgendes Sichtzeichen:

Was bedeutet dieses Sichtzeichen?

Antwort: ●

Festmacheverbot.

Zu Frage 158:   **Vorschrift:** Nr. A.9 der Anlage I zur SeeSchStrO

                        Hinweis: weitere Festmacheverbote vgl. Erl. zu Frage 139

159

Sie sehen folgendes Sichtzeichen:

Was bedeutet dieses Sichtzeichen?

Antwort:

Liegeverbot.

Zu Frage 159: **Vorschrift:** Nr. A.10 der Anlage I zur SeeSchStrO

160

Sie sehen folgendes Sichtzeichen:

Was bedeutet dieses Sichtzeichen?

Antwort:

Das in der Zusatztafel angegebene Schallsignal — ein langer Ton — ist zu geben.

Zu Frage 160: **Vorschrift:** Nr. A.12 der Anlage I zur SeeSchStrO

161

Sie sehen folgendes Sichtzeichen:

Was bedeutet dieses Sichtzeichen?

Antwort:

Ende einer Gebots- oder Verbotsstrecke.

Zu Frage 161: **Vorschrift:** Nr. A.15 der Anlage I zur SeeSchStrO

162

Sie sehen folgende Tonne:

Was bedeutet diese Tonne?

Antwort:

Warngebiet für militärische und zivile Zwecke.

163

Woran können Sie erkennen, daß ein militärisches Warngebiet wegen Schießübungen für die Schiffahrt gesperrt ist?

Antwort: ●●

An bestimmten Tag- und Nachtsignalen, die nach der Schiffahrtpolizeiverordnung der WSD Nord für militärische Sperr- und Warngebiete gesetzt werden.

164

Sie sehen folgende Schiffahrtszeichen:

Was bedeuten diese Schiffahrtszeichen?

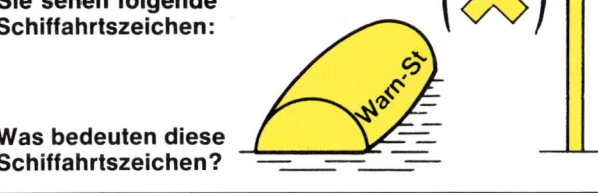

Antwort: ●

Warnstelle für militärische und zivile Zwecke.

165

Sie sehen folgende Schiffahrtszeichen:

Was bedeuten diese Schiffahrtszeichen?

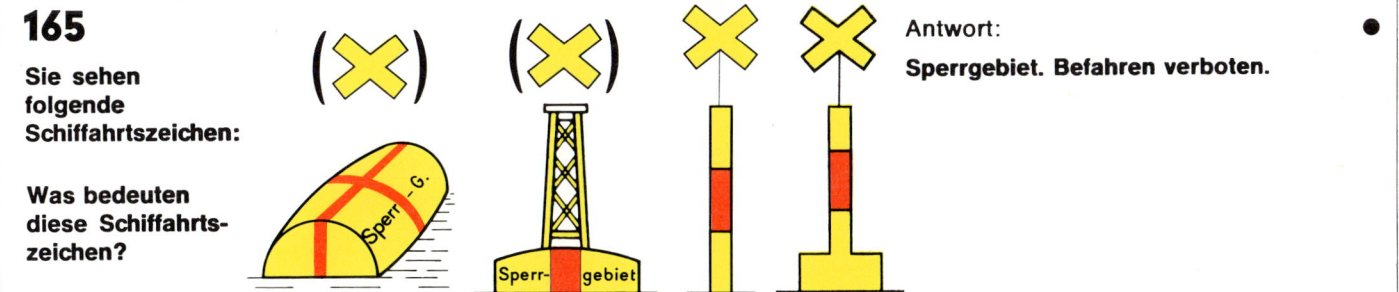

Antwort: ●

Sperrgebiet. Befahren verboten.

Zu Fragen 162 bis 165:

Beachte die Verkehrsregelung in Sperr- und Warngebieten:

1. In den Sperrgebieten Schönhagen, Eckernförde / Nord, Eckernförde / Süd, Surendorf, Audorfer-See und Borgstedter-See ist jeder Aufenthalt von Fahrzeugen verboten.

2. In den Warngebieten Aschau, Torpedo-Schießbahn Eckernförde/Süd, Toden-dorf, Putlos und Meldorfer Bucht ist der Aufenthalt von Fahrzeugen verboten, wenn und solange die für das jeweilige Warngebiet vorgesehenen Sperrzeichen an den Signalmasten und Sicherungsfahrzeugen gezeigt werden. Die Sperrzeichen sind für alle Warngebiete unterschiedlich, um Verwechslungen zu vermeiden.

Merke: Wenn das Warngebiet durch das Zeigen der in der SperrgebietsVO der WSD Nord vorgeschriebenen Sichtzeichen vorüberge-hend zum Sperrgebiet werden kann, tragen die Schiffahrtszeichen immer ein gelbes liegendes Kreuz als Toppzeichen

Vorschriften: Nrn. A 17 b) (Sperrgebiete) und B. 16 a) und b) (Warngebiete) der Anlage I zur SeeSchStrO, § 3 der Schiffahrtpolizeiverordnung über Sicherungsmaßnahmen für militärische Sperr- und Warngebiete an der schleswig-holsteinischen Ost- und Westküste und im Nord-Ostsee-Kanal vom 11. März 1974 (Bundesanzeiger Nr. 51 vom 14. März 1974), abgedruckt im Küsten-Almanach I. A 4.

Bei gezeigten Sperrzeichen zeitweiliges Aufenthaltsverbot

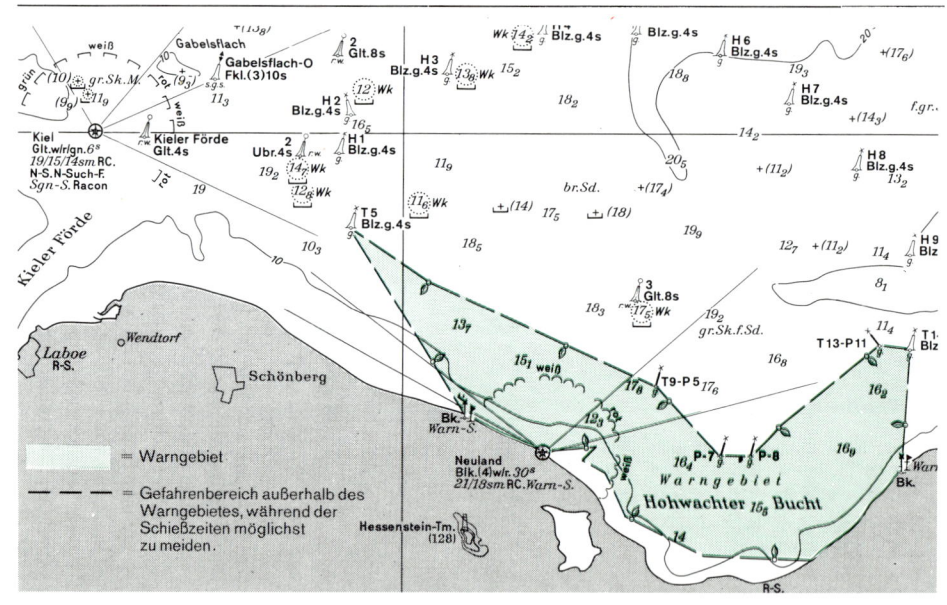

Warngebiete Putlos und Todendorf

Einfahrverbot für alle Fahrzeuge

Sperrgebiet Schönhagen

166

Sie sehen folgende Flagge:

Was bedeutet dieses Flaggensignal?

Antwort: ●

Das Gebot „Anhalten" durch Fahrzeuge des öffentlichen Dienstes.

167

Sie sehen folgendes Lichtsignal:
einmal kurz, einmal lang, zweimal kurz (● ▬ ● ●).

Was bedeutet dieses Signal?

Antwort: ●

Es wird von Fahrzeugen des öffentlichen Dienstes gegeben und bedeutet: „Anhalten!"

168

Sie hören folgendes Schallsignal:
kurz, lang, kurz, kurz (● ▬ ● ●).

Was bedeutet dieses Signal?

Antwort: ●

Es wird von Fahrzeugen des öffentlichen Dienstes gegeben und bedeutet: „Anhalten!"

Polizeifahrzeug im Einsatz mit dem Licht- und Schallsignal „Anhalten"

Zu Fragen 166 bis 168:

Beachte: Wird ein Fahrzeug durch die genannten Signale zum Anhalten aufgefordert, so sind der Eigentümer und der Fahrzeugführer verpflichtet, den Beamten des Fahrzeugs des öffentlichen Dienstes unverzüglich das Betreten des Fahrzeugs und die Ausübung ihrer Befugnisse zu ermöglichen. Das bedeutet, daß der Fahrzeugführer sofort das Schiff aufstoppen und alle sonstigen Maßnahmen ergreifen muß, um das Anbordkommen der Beamten zu erleichtern. Außerdem haben der Eigentümer und der Fahrzeugführer die bei der Überprüfung benötigten Hilfsmittel bereitzustellen sowie die Auskünfte zu erteilen und die Unterlagen vorzulegen (Sportbootführerschein), die zur Erfüllung ihrer Aufgabe erforderlich sind.

Handelt es sich um ein Fahrzeug im schifffahrtpolizeilichen Einsatz, sind die Beamten entweder uniformierte Beamte der Wasserschutzpolizei der Länder, die aufgrund besonderer Vereinbarungen für den Bund auf den Bundeswasserstraßen vollzugspolizeilich tätig werden, oder um nicht uniformierte Beamte der Wasser- und Schiffahrtsverwaltung des Bundes, die sich entsprechend ausweisen.

Vorschriften: Nr. A.16 der Anlage I zur SeeSchStrO, § 8 des Gesetzes über die Aufgaben des Bundes auf dem Gebiet der Seeschiffahrt.

Hinweis: Lichterführung eines Polizeifahrzeugs im Einsatz vgl. Frage 110.

169

Sie sehen folgendes Sichtzeichen:

Was bedeutet dieses Sichtzeichen?

Antwort:

Sperrung der Seeschiffahrtstraße.

••

170

Sie sehen folgendes Sichtzeichen:

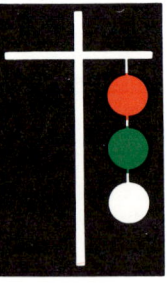

Was bedeutet dieses Sichtzeichen?

Antwort:

Sperrung der Seeschiffahrtstraße.

••

171

Sie sehen folgendes Sichtzeichen:

Was bedeutet dieses Sichtzeichen?

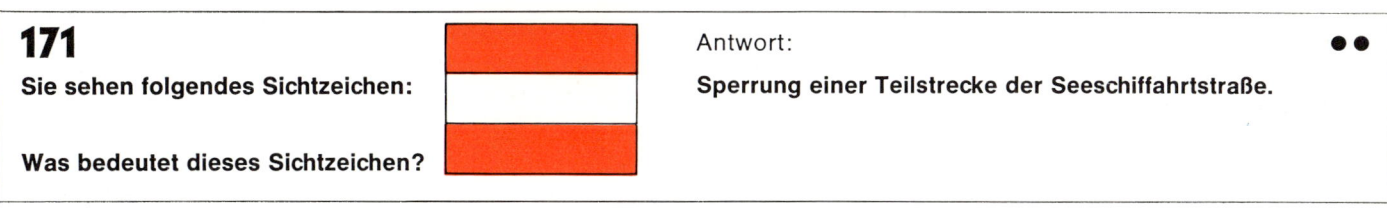

Antwort: ●●

Sperrung einer Teilstrecke der Seeschiffahrtstraße.

172

Sie hören auf der Seeschiffahrtstraße zwei Gruppen von je drei langen Tönen:

(▬ ▬ ▬)
(▬ ▬ ▬).

Was bedeutet dieses Signal?

Antwort: ●●

Sperrung der Seeschiffahrtstraße.

Zu Fragen 169 bis 172:

Grundsatz: Die Schiffahrtzeichen nach Frage 169, 170 und 172 dienen der Vollsperrung einer ganzen Seeschiffahrtstraße oder einer längeren Strecke, z. B. bei Kollisionen oder Festkommen großer Schiffe,

Hochwasser oder Stapelläufen, wenn vorübergehend der gesamte Verkehr aufgestoppt werden muß.

Vorschrift: Nr. A.18 a) und C.4 der Anlage I zur SeeSchStrO

Hinweis: Das Schiffahrtzeichen nach Frage 171 dient der Sperrung von Teilen einer Seeschiffahrtstraße, wie z. B. einer Brückenöffnung (vgl. Erl. zu Frage 175).

173

Sie sehen an Brücken, Sperrwerken oder Schleusen folgende feste Lichter:

Was bedeutet dieses Sichtzeichen?

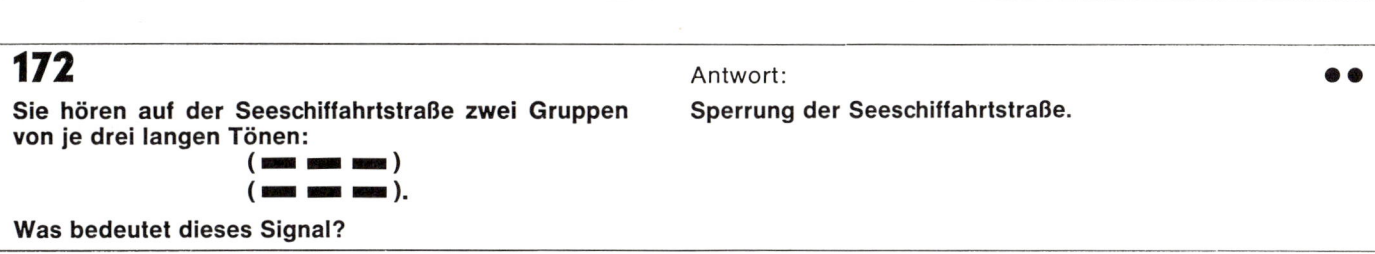

Antwort: ●●

Brücke, Sperrwerk oder Schleuse geschlossen. Durchfahren oder Einfahren verboten.

174

Sie sehen an Brücken, Sperrwerken oder Schleusen folgende feste Lichter:

Was bedeutet dieses Sichtzeichen?

Antwort: ●●

Diese Anlage ist dauernd gesperrt.

Signalregelung Durchfahrt durch Brücken

Allgemeine Verkehrsregelung Durchfahren von Brücken

- Vor und unter Brücken ist das Begegnen und Überholen nur gestattet, wenn das Fahrwasser mit Sicherheit hinreichenden Raum für die gleichzeitige Durchfahrt gewährt. Anderenfalls ist die Vorfahrt entsprechend § 25 Abs. 2 SeeSchStrO zu beachten:

1. in Tidegewässern und in tidefreien Gewässern mit Strömung hat Vorfahrt das mit dem Strom fahrende Fahrzeug, bei Stromstillstand das Fahrzeug, das vorher gegen den Strom gefahren ist,
2. in tidefreien Gewässern ohne Strömung das Fahrzeug, das grundsätzlich die Steuerbordseite des Fahrwassers zu benutzen hat.

Das wartepflichtige Fahrzeug muß außerhalb der Brücke so lange warten, bis das andere Fahrzeug vorbeigefahren ist.

- Ein wartepflichtiges Fahrzeug muß in ausreichender Entfernung vor der Brücke anhalten. Dabei darf es vorübergehend an Festmachedalben, jedoch nicht an Leitwerken und Abweisedalben festmachen (vgl. Erl. zu Fragen 133 und 134).

- in geschlossenem oder teilweise geöffnetem Zustand dürfen nur von Fahrzeugen durchfahren werden, für die die Öffnungen der Brücke in geschlossenem Zustand mit Sicherheit ausreichen. Das Öffnen der Brücke darf nur verlangt werden, wenn die Durchfahrtshöhe auch nach dem Niederlegen von Masten, Aufbauten und Schornsteinen nicht ausreicht oder das Niederlegen mit unverhältnismäßig großen Schwierigkeiten verbunden ist.

Wenn Durchfahrt verboten, vor dem Schiffahrtzeichen anhalten und nicht an Leitwerken und Abweisedalben festmachen.

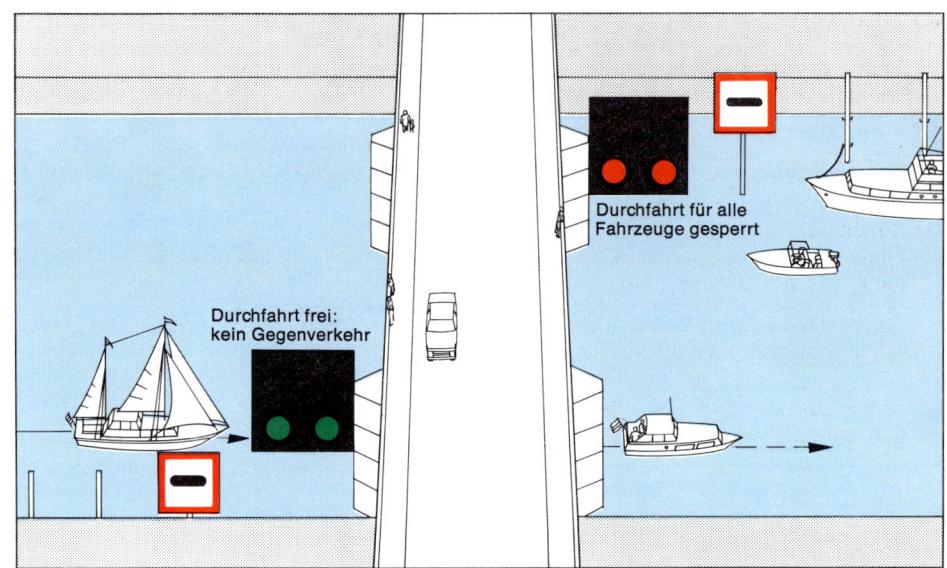

Durchfahrt frei: kein Gegenverkehr

Durchfahrt für alle Fahrzeuge gesperrt

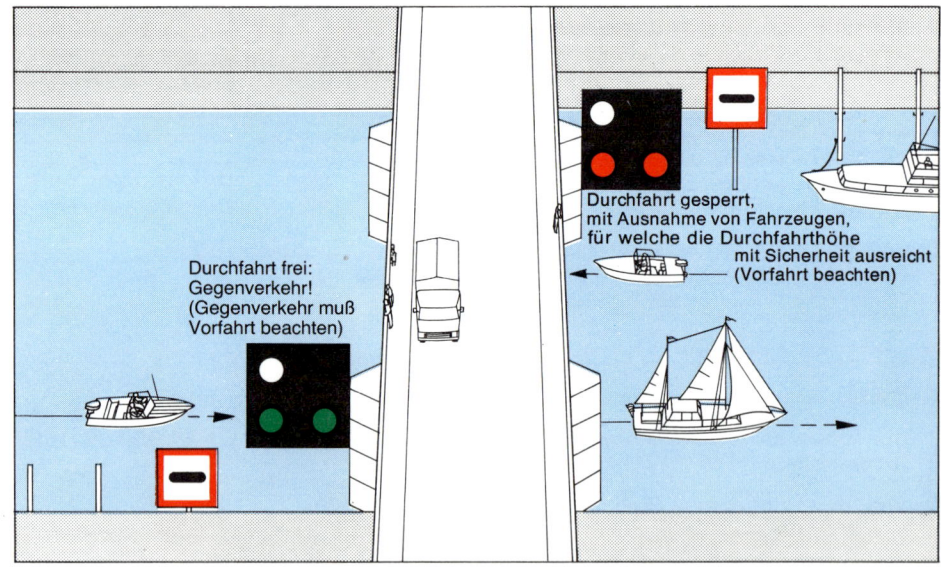

Durchfahrt frei: Gegenverkehr! (Gegenverkehr muß Vorfahrt beachten)

Durchfahrt gesperrt, mit Ausnahme von Fahrzeugen, für welche die Durchfahrthöhe mit Sicherheit ausreicht (Vorfahrt beachten)

Zu Fragen 173 und 174:

Wichtige Grundsätze für die Durchfahrt durch feste und bewegliche Brücken:

1. Vor und unter Brücken ist das Begegnen und Überholen nur gestattet, wenn das Fahrwasser mit Sicherheit hinreichenden Raum für die gleichzeitige Durchfahrt gewährt. Ein wartepflichtiges Fahrzeug muß in ausreichender Entfernung vor der Brücke anhalten, es sei denn, der Abstand ist durch ein Halteschild festgelegt (vgl. Frage 156).
2. Feste Brücken und bewegliche Brücken in geschlossenem oder teilweise geöffnetem Zustand dürfen nur von Fahrzeugen durchfahren werden, für die die Öffnung der Brücke in geschlossenem Zustand mit Sicherheit ausreicht. Das Öffnen der Brücke darf nur verlangt werden, wenn die Durchfahrtshöhe auch nach dem Niederlegen von Masten, Aufbauten und Schornsteinen nicht ausreicht oder des Niederlegen mit unverhältnismäßig großen Schwierigkeiten verbunden ist.

Wichtiger Hinweis:

Das Anforderungssignal „Brücke/Sperrtor/ Schleuse öffnen" ist auf allen Seeschifffahrtstraßen mit Ausnahme auf der Trave „zwei lange Töne" (Nr. 6.1 Anlage II.2 zur SeeSchStrO). Dieses Signal ist wir-kungslos, wenn die Anlage dauernd gesperrt ist. Wird auf das Signal hin von den beiden nebeneinander angebrachten festen roten Lichtern das eine gelöscht, bedeutet dies: Die Freigabe wird vorbereitet (Nr. 1.21.1.2 Anlage I.1 SeeSchStrO).

Hinweise:

Verhalten vor geschlossenen Brücken, Sperrtoren oder Schleusen vgl. Erl. zu Fragen 133 und 134.

Verbot des Ankerns, Anlegens und Festmachens im Bereich von Brückenstrecken vgl. Erl. zu Fragen 138 und 139.

Vorschrift: Nr. A.19 a) der Anlage I zur SeeSchStrO

175

Sie sehen an einer Brücke folgende Tafeln:

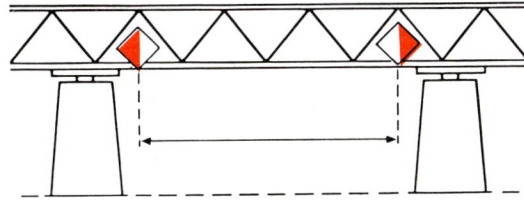

Was bedeuten diese Sichtzeichen?

Antwort: ●●

Die Brückenöffnung darf nur innerhalb des durch die beiden Tafeln begrenzten Raumes durchfahren werden. Dies gilt nicht für kleine Fahrzeuge (Fahrzeuge von weniger als 12 m Länge).

Zu Frage 175:

Durchfahrt durch feste Brücken mit mehreren Öffnungen

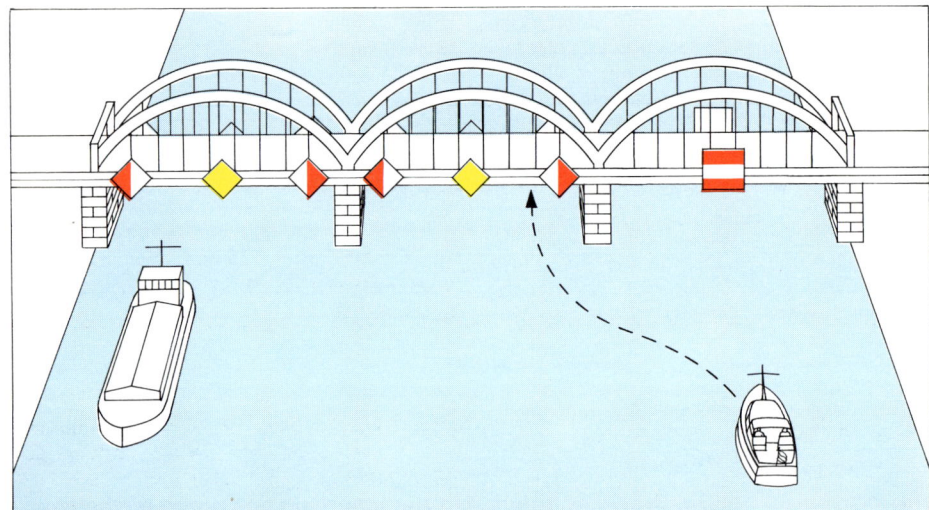

Die linken beiden Brückenöffnungen sind in beiden Richtungen befahrbar, die rechte Brückenöffnung ist gesperrt.
(Nrn. A.14, A.18a] und B.2 der Anlage I zur SeeSchStrO)

Beachte: Die auf der Spitze stehenden Tafeln kennzeichnen den Unterwassersockel der Stützpfeiler. Daher genügend Abstand halten!

Vorschrift: Nr. A.14 der Anlage I zur SeeSch-StrO

Hinweis: Grundsätze für die Durchfahrt durch feste Brücken vgl. Erl. zu Fragen 173 und 174; Verbot des Ankerns, Anlegens und Festmachens im Bereich von Brücken-strecken vgl. Erl. zu Fragen 138 und 139.

176

Sie sehen folgendes Sichtzeichen:

Was bedeutet dieses Sichtzeichen?

Antwort:

Fährstelle, freifahrende Fähre.

177

Sie sehen folgendes Sichtzeichen:

Was bedeutet dieses Sichtzeichen?

Antwort:

Fährstelle, nicht freifahrende Fähre.

Zu Fragen 176 und 177:

Fährstelle am Nord-Ostsee-Kanal

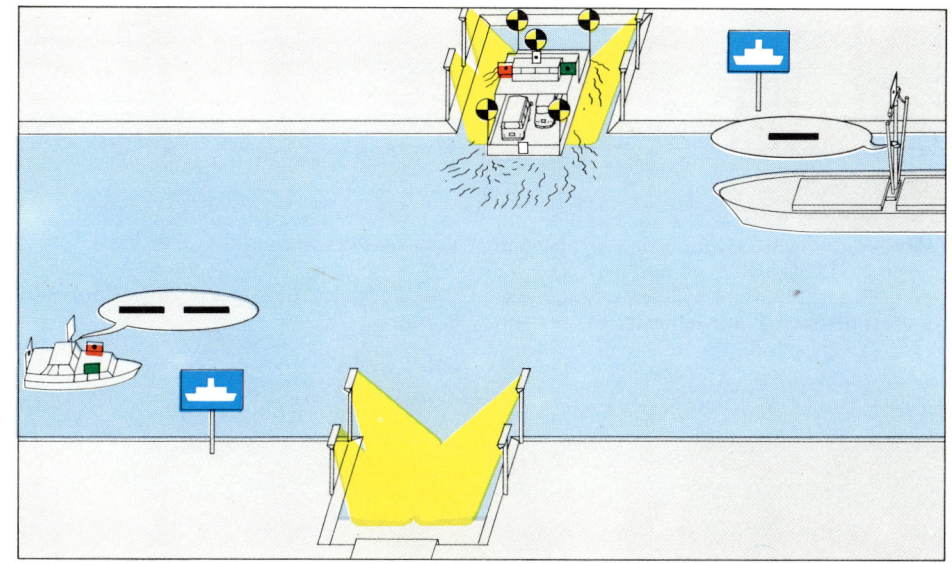

Grundsatz: Da eine Fähre in der Regel das Fahrwasser quert, hat sie die Vorfahrt der durchgehenden Schiffahrt zu beachten! Gleichwohl ist auf den Fährverkehr soweit wie möglich Rücksicht zu nehmen.

Vorschrift: Nr. B.1 der Anlage I zur SeeSch-StrO

Hinweis: Verbot des Überholens, Ankerns, Anlegens und Festmachens im Bereich von Fährstrecken vgl. Erl. zu Fragen 131, 138 und 139 .

Auf dem Nord-Ostsee-Kanal ist an Fährstellen bei verminderter Sicht das Achtungssignal (westwärtsfahrend „ein langer Ton", ostwärtsfahrend „zwei lange Töne") zu geben (§ 21 Abs. 1 Nr. 6 i.V.m. Nr. 1.2 der Anlage II.2 zur SeeSchStrO.

178

Sie sehen folgendes Sichtzeichen:

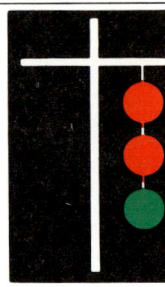

Was bedeutet dieses Sichtzeichen?

Antwort: ●●

Außergewöhnliche Schiffahrtbehinderung.

179

Sie sehen folgendes Sichtzeichen:

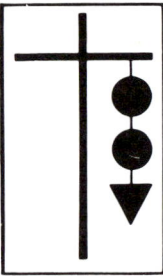

Was bedeutet dieses Sichtzeichen?

Antwort: ●●

Außergewöhnliche Schiffahrtbehinderung.

Zu Fragen 178 und 179:

Wichtiger Grundsatz: Diese Schiffahrtzeichen werden gezeigt, wenn z. B. durch festgekommene oder gesunkene Fahrzeuge das Fahrwasser erheblich verengt wird, ohne daß jedoch eine Vollsperrung erforderlich wird (vgl. Erl. zu Fragen 169 ff.). Die Signale werden auf den für jede Seeschiffahrtstraße bekanntgemachten besonderen Warnsignalstellen gezeigt. In diesen Fällen ist mit besonderer Vorsicht weiterzufahren!

Vorschrift: Nr. B. 6 der Anlage I zur SeeSchStrO

Bezeichnung der Fahrwasser

Allgemeines

Die Wasser- und Schiffahrtsverwaltung des Bundes betreibt und unterhält alle Schiffahrtzeichen auf den Bundeswasserstraßen und der Hohen See vor den Küsten der Bundesrepublik Deutschland. Die Schiffahrtzeichen dienen dem Zweck, dem Fahrzeugführer die erforderlichen Informationen über den Verlauf der Fahrwasser, das Vorhandensein von Schiffahrthindernissen und den Standort seines Fahrzeugs zu geben.

Diese Schiffahrtszeichen sind in der SeeSchStrO geregelt. Durch die Vierte Verordnung zur Änderung der SeeSchStrO vom 25. April 1978 (BGBl. I S. 586) ist das neue, in Nordwesteuropa vereinheitlichte Betonnungssystem »A« eingeführt worden.

Das System »A« besteht aus einer Kombination kardinaler und lateraler Zeichen, das für alle festen und schwimmenden Schiffahrtszeichen angewendet wird, außer für Leuchttürme, Leitfeuer, Richtfeuer, Feuerschiffe und Großtonnen. Es sieht 5 verschiedene Arten von Schiffahrtszeichen vor. Die Bedeutung der Zeichen ergibt sich aus ihrer Form und Farbe, zusätzlich, falls vorhanden, aus Form und Farbe der Toppzeichen und Farbe und Kennung des Feuers.

Laterale Zeichen

Diese Zeichen dienen der Bezeichnung der Seiten eines Fahrwassers. Die Bezeichnungsrichtung ist im allgemeinen die Hauptrichtung einer Hafenzufahrt, eines Flusses

Gliederung der Schiffahrtszeichen

Arten	Beispiele
Visuelle feste Zeichen	Tafeln Leuchtfeuer Baken, Dalben Pricken, Stangen einschl. Toppzeichen
Visuelle schwimmende Zeichen	Tonnen einschließlich Toppzeichen Feuerschiffe
Auditive Zeichen	Nebelschallanlagen Glocken
Funktechnische Zeichen	Funkfeuer Decca-Sendeanlagen Radarantwortbaken Radarreflektoren
Signale	Lichttagessignale an beweglichen Brücken, Sperrwerken und Schleusen Weichensignale am NOK
Anzeiger	Wasserstandsanzeiger Windanzeiger

oder einer Schiffahrtstraße von See kommend. Sie ist in allen Fällen aus der Seekarte zu ersehen. An der Steuerbordseite des Fahrwassers sind die Schiffahrtszeichen grün und tragen ggf. – von See beginnend – fortlaufende ungerade Ziffern. Auf der Backbordseite sind die Schiffahrtszeichen rot und tragen ggf. – von See beginnend – fortlaufend gerade Ziffern.

Kardinale Zeichen

Kardinale Zeichen bezeichnen allgemeine Gefahrenstellen. Sie werden in Verbindung mit den Kompaßrichtungen verwendet und zeigen an, in welcher Richtung, von der Gefahrenstelle aus gesehen, die günstigste Passierseite liegt.

Einzelgefahrzeichen

Mit einem dieser Zeichen wird eine Gefahrenstelle bezeichnet, die eine geringe Ausdehnung hat und an allen Seiten passiert werden kann.

Mittefahrwasserzeichen

Sie bezeichnen die Mitte eines Fahrwassers. Außerdem können sie als Ansteuerungszeichen ausliegen.

Sonderzeichen

Diese Zeichen kennzeichnen besondere Gebiete oder Stellen, z. B. militärische Übungsgebiete, Baggerschiffe, Rohrleitungen. Ihre Bedeutung muß den Seekarten und den nautischen Veröffentlichungen entnommen werden, ggf. geht sie aber auch aus der Aufschrift der Zeichen hervor.

Zu Übungszwecken ist nach Frage 205 eine schematische Darstellung der verschiedenen Betonnungsmöglichkeiten nebst Erklärung der Bedeutung der einzelnen Schiffahrtszeichen eingefügt. Außerdem wird auf die ebenfalls anliegenden 20 Seekartenausschnitte hingewiesen.

Die in Anlage I zur SeeSchStrO enthaltenen visuellen festen und schwimmenden Schiffahrtszeichen einschließlich ihrer Toppzeichen lassen sich ihrer äußeren Form nach wie folgt unterscheiden:

Formen der Schiffahrtszeichen

Feste Schiffahrtszeichen		Schwimmende Schiffahrtszeichen								
Pricke	Stange	Leucht-Tonne	Baken-Tonne	Spieren-Tonne	Spieren-Tonne	Spitz-Tonne	Stumpf-Tonne	Kugel-Tonne	Faß-Tonne	Klein-Tonne

Toppzeichen										
Steuerbordseite des Fahrwassers		Fahrwasser-Mitte	Backbordseite des Fahrwassers		Gebiete und Stellen für besondere Zwecke					
Kegel Spitze oben	Besen abwärts	Ball	Zylinder	Besen aufwärts	Kegel Spitze oben	Kegel Spitze unten	liegendes Kreuz	Ball	Fisch	Fähnchen

Ansteuerung und Seiten der Fahrwasser

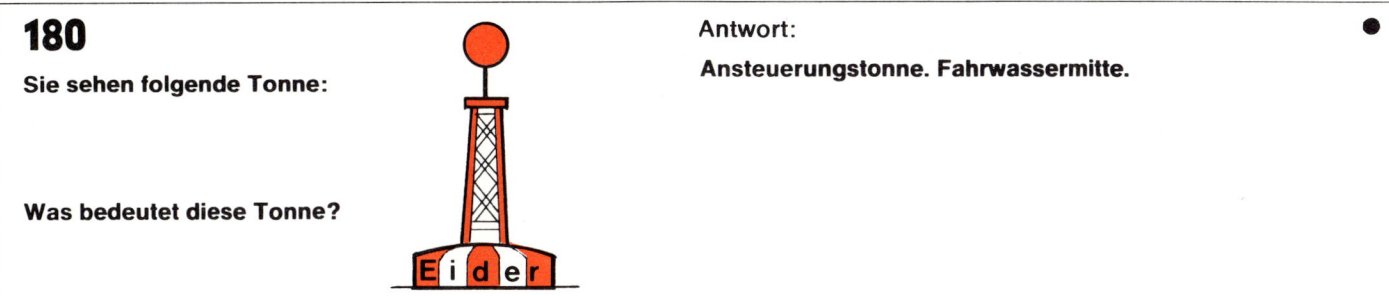

180

Sie sehen folgende Tonne:

Was bedeutet diese Tonne?

Antwort:

Ansteuerungstonne. Fahrwassermitte.

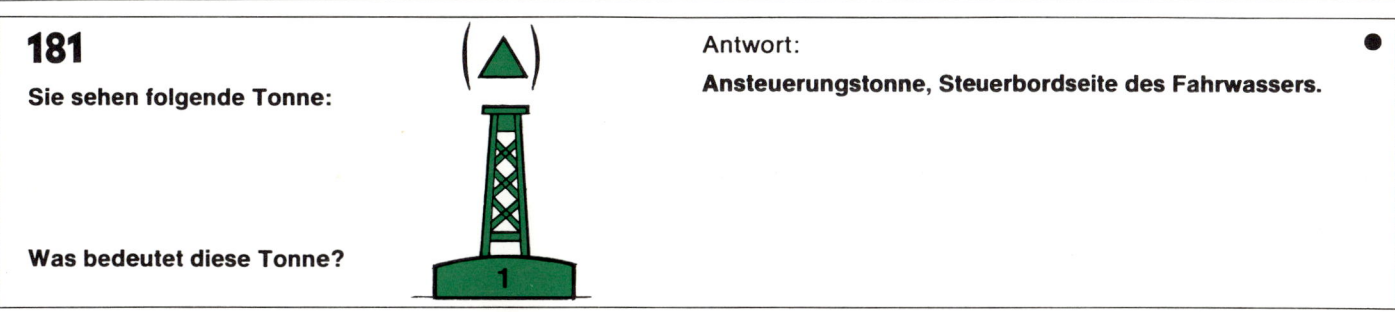

181

Sie sehen folgende Tonne:

Was bedeutet diese Tonne?

Antwort:

Ansteuerungstonne, Steuerbordseite des Fahrwassers.

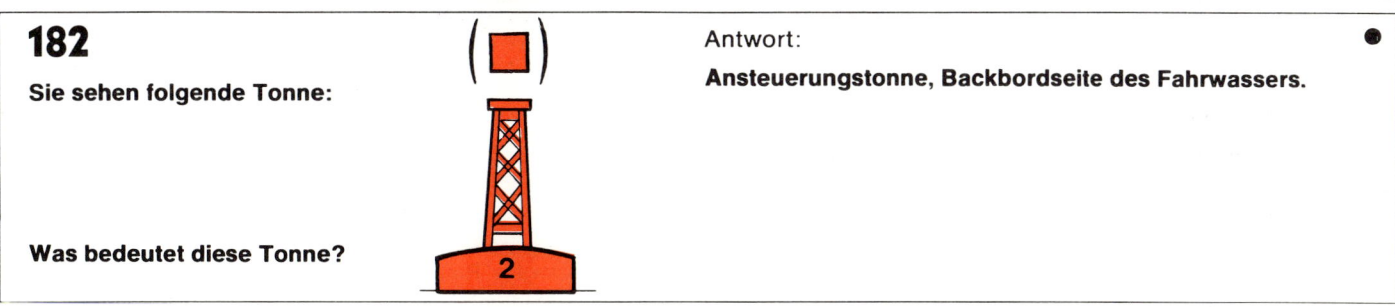

182

Sie sehen folgende Tonne:

Was bedeutet diese Tonne?

Antwort:

Ansteuerungstonne, Backbordseite des Fahrwassers.

Erläuterung zu Fragen 180 bis 182:

Merke: Die Eingänge zu Fahrwassern von See aus sind, sofern sie nicht durch Feuerschiffe, Baken, Molen usw. erkennbar sind, durch Tonnen der Fahrwasserseiten- oder Fahrwassermittebezeichnung gekennzeichnet. Sie unterscheiden sich von ihnen lediglich dadurch, daß sie zusätzlich mit dem Namen des Fahrwassers, ggf. abgekürzt, beschriftet sind.

Anstrich und Beschriftung geben somit an, ob die Ansteuerungstonnen an beiden Seiten passiert werden können (Fahrwassermittebezeichnung) oder ob sie jeweils an der Backbord- oder der Steuerbordseite des Fahrwassers liegen (vgl. Erl. zu Fragen 183 f). Entscheidend ist, daß bei der

Ansteuerungstonne das Fahrwasser anfängt.
Hinweis: Vgl. die schematische Darstellung der Schiffahrtszeichen zur Bezeichnung der Fahrwasser am Tage und bei Nacht nach Frage 195 sowie die schematische Gesamtdarstellung der Betonnung nach Frage 205.
Vorschrift: Nr. B. 10 der Anlage I zur See-SchStrO

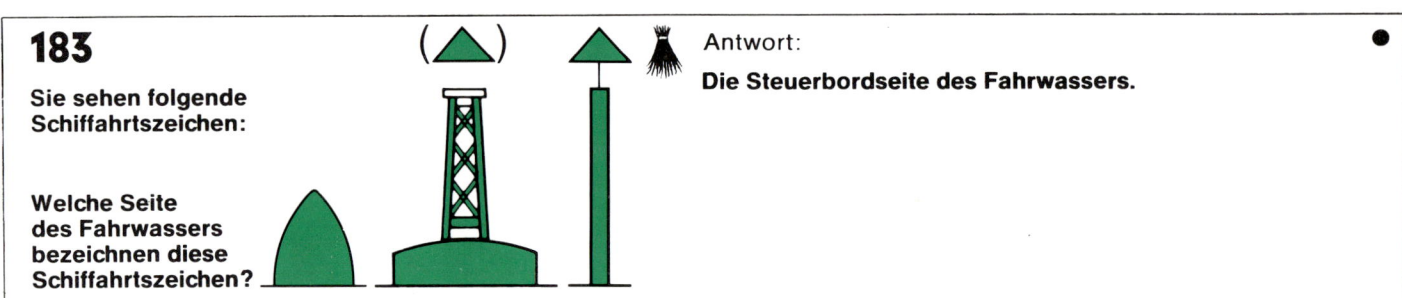

183

Sie sehen folgende Schiffahrtszeichen:

Welche Seite des Fahrwassers bezeichnen diese Schiffahrtszeichen?

Antwort:

Die Steuerbordseite des Fahrwassers.

184

Sie sehen folgende Schiffahrtszeichen:

Welche Seite des Fahrwassers bezeichnen diese Schiffahrtszeichen?

Antwort:

Die Backbordseite des Fahrwassers.

185

Welche Beschriftung tragen die Tonnen an der Backbordseite eines Fahrwassers?

Antwort:

Fortlaufende gerade Nummern — von See beginnend oder nach festgelegter Richtung —, ggf. mit einem angehängten kleinen Buchstaben.

186

Welche Beschriftung tragen die Tonnen an der Steuerbordseite eines Fahrwassers?

Antwort:

Fortlaufende ungerade Nummern — von See beginnend oder nach festgelegter Richtung —, ggf. mit einem angehängten kleinen Buchstaben.

187

Sie sehen folgendes feste Schiffahrtszeichen:

Welche Seite des Fahrwassers bezeichnet dieses Schiffahrtzeichen?

Antwort:

Die Steuerbordseite des Fahrwassers.

●

188

Sie sehen folgendes feste Schiffahrtzeichen:

Welche Seite des Fahrwassers bezeichnet dieses Schiffahrtzeichen?

Antwort:

Die Backbordseite des Fahrwassers.

●

189

Sie sehen folgendes feste Schiffahrtzeichen:

Welche Seite des Fahrwassers bezeichnet dieses Schiffahrtzeichen?

Antwort:

Die Backbordseite des Fahrwassers.

●

Zu Fragen 183 bis 189:

Wichtiger Grundsatz: Die Steuerbordseite eines Fahrwassers ist die Seite, die bei den v o n S e e einlaufenden F a h r z e u g e n an Steuerbord liegt! Verbindet ein Fahrwasser zwei durch Gründe voneinander getrennte Wasserflächen, z. B. im Wattenfahrwasser soweit keine Hafeneinfahrt bezeichnet wird, gilt als Steuerbordseite des Fahrwassers die Seite, die von den Fahrzeugen aus westlicher Richtung kommend, d. h. von Nord (einschließlich) über West bis Süd (ausschließlich), an Steuerbord gelassen wird (§ 2 Abs. 1 Nr. 2 SeeSchStrO).

Beachte: Im Wattenfahrwasser werden die flachsten Stellen am Anfang und am Ende mit zwei buschförmig zusammengestellten Pricken bezeichnet.

Merke:

1. Auf der Steuerbordseite der Fahrwasser befinden sich **grüne** Spitztonnen, Leuchttonnen oder Stangen mit fortlaufenden **ungeraden** Nummern — von See beginnend oder nach festgelegter Richtung — ggf. mit einem angehängten kleinen Buchstaben, ggf. in Verbindung mit dem (auch abgekürzten) Namen des Fahrwassers; Toppzeichen (wenn vorhanden): Grüner Kegel, Spitze oben, oder Besen abwärts Stangen immer mit Toppzeichen.

2. Auf der Backbordseite der Fahrwasser befinden sich **rote** Stumpftonnen, Leuchttonnen, Spierentonnen, Stangen oder Pricken mit fortlaufenden **geraden** Nummern — von See beginnend oder nach festgelegter Richtung —, ggf. mit einem angehängten kleinen Buchstaben, ggf. in Verbindung mit dem (abgekürzten) Namen des Fahrwassers; Toppzeichen (wenn vorh.): roter Zylinder oder Besen aufwärts; Stangen immer mit Toppzeichen.

3. Bei Nacht ist an roten Feuerkennungen von Leuchttonnen lediglich zu erkennen, daß diese an der Backbordseite, an grünen Feuerkennungen, daß sie an der Steuerbordseite des Fahrwassers liegen. Um zu erkennen, um welche Leuchttonne es sich handelt, ist das Auszählen der Kennung und entsprechendes Informieren anhand der Seekarte unumgänglich.

Vorschrift: Nr. B. 11 der Anlage I zur SeeSchStrO

Hinweise: Bezeichnung der Formen der einzelnen Schiffahrtszeichen und ihre Toppzeichen vgl. Erl. vor Frage 180; vgl. die Darstellung der Schiffahrtszeichen zur Bezeichnung der Fahrwasser am Tage und bei Nacht nach Frage 195 sowie die schematische Gesamtdarstellung der Betonnung nach Frage 205.

Einmündungen und Abzweigungen

190

Sie sehen folgende Tonne:

Was bedeutet diese Tonne?

Antwort: ●●●

**Steuerbordseite des Fahrwassers,
Steuerbordseite des einmündenden oder abzweigenden
Fahrwassers.**

191

Sie sehen folgende Tonne:

Was bedeutet diese Tonne?

Antwort: ●●●

**Backbordseite des Fahrwassers,
Backbordseite des einmündenden oder
abzweigenden Fahrwassers.**

Zu Fragen 190 und 191:

Merke: Abzweigende oder einmündende Fahrwasser sind in der Regel mit lateralen Zeichen bezeichnet (überwiegend mit Tonnen der Fahrwasserseitenbezeichnung – vgl. Erl. zu Fragen 183 ff.). Sie können auch mit kardinalen Zeichen bezeichnet sein, z. B. wenn bei der Abzweigung gleichzeitig ein Wrack liegt. In beiden Fällen ist die Einmündung bzw. Abzweigung dadurch kenntlich gemacht, daß sich unter der Beschriftung des lateralen Zeichens oder der Beschriftung des kardinalen Zeichens **durch waagerechten Strich getrennt** der Name, ggf. abgekürzt, und die jeweils erste Nummer des abzweigenden oder letzte Nummer des einmündenden Fahrwassers befinden. Darüber hinaus haben die lateralen Zeichen **immer** ein Toppzeichen.

Einmündungen und Abzweigungen sind also am Tage durch ihre Beschriftung und in der Regel durch ihr Toppzeichen erkennbar, bei Nacht in der Regel durch eine auffällige Kennung.

Hinweise: Vgl. auch die Darstellung der Schiffahrtszeichen zur Bezeichnung der Fahrwasser am Tage und bei Nacht nach Frage 195 sowie die schematische Gesamtdarstellung der Betonnung nach Frage 205.

Vorschrift: Nr. B. 13 der Anlage I zur SeeSchStrO

Nachtbezeichnung der Fahrwasser

192

Was bedeuten folgende Abkürzungen:

1. Hl-Tn. Ubr. (2)r.?
2. Blz.(2)gn.?
3. Ubr.w/r/gn. 12 sm?
4. Blk.?
5. Gl-Tn.?
6. Lt-F.?

Antwort:

1. Heultonne mit unterbrochenem Feuer Gruppe 2 rot.
2. Blitzfeuer Gruppe 2 grün.
3. Unterbrochenes Feuer mit weißem und rotem und grünem Sektor, Nenntragweite 12 sm.
4. Blinkfeuer.
5. Glockentonne.
6. Leitfeuer.

193

Welche Kennung und Farbe haben die Feuer der Leuchttonnen an der Steuerbordseite des Fahrwassers?

Antwort:

Grünes Blitzfeuer, grünes Funkelfeuer oder grünes unterbrochenes Feuer.

194

Welche Kennung und Farbe haben die Feuer der Leuchttonnen an der Backbordseite des Fahrwassers?

Antwort:

Rotes Blitzfeuer, rotes Funkelfeuer oder rotes unterbrochenes Feuer.

195

Welche Kennung und Farbe hat das Feuer der Leuchttonnen in der Mitte des Fahrwassers?

Antwort:

Glt. oder Ubr.; Farbe: weiß.

Zu Fragen 192 bis 195:

Hinweise: Zu den verschiedenen Arten der Kennungen vgl. Erl. zu Fragen 216 ff.; zur Darstellung der Nachtbezeichnungen und ihrer Abkürzungen in der Seekarte vgl. Auszug aus der Seekarte Nr. 1 in der Erl. zu Frage 232 und Erl. zu den Seekartenaufgaben Fragen 343 ff.; vgl. auch die Darstellung der Schiffahrtszeichen zur Bezeichnung der Fahrwasser am Tage und bei Nacht auf der nächsten Seite.

Vorschriften: Nrn. B. 11 und B. 12 der Anlage I zur SeeSchStrO

Darstellung der Schiffahrtszeichen zur Bezeichnung der Fahrwasser am Tage und bei Nacht

Backbordseite

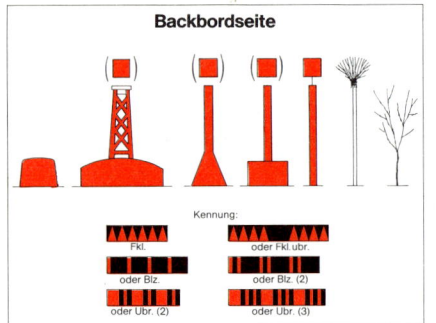

Kennung:

Fkl.	oder Fkl.ubr.
oder Blz.	oder Blz. (2)
oder Ubr. (2)	oder Ubr. (3)

Steuerbordseite

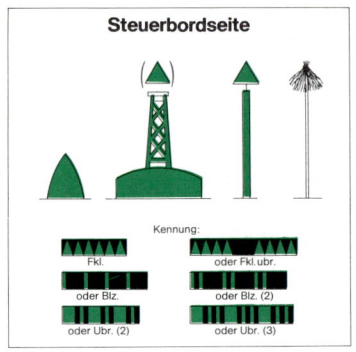

Kennung:

Fkl.	oder Fkl.ubr.
oder Blz.	oder Blz. (2)
oder Ubr. (2)	oder Ubr. (3)

Abzweigung Einmündung

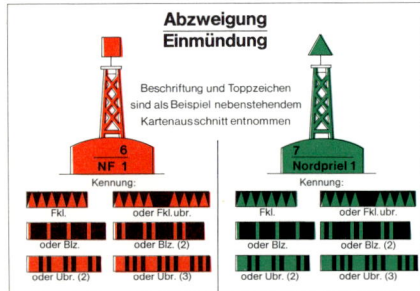

Beschriftung und Toppzeichen sind als Beispiel nebenstehendem Kartenausschnitt entnommen

Fahrwassermitte

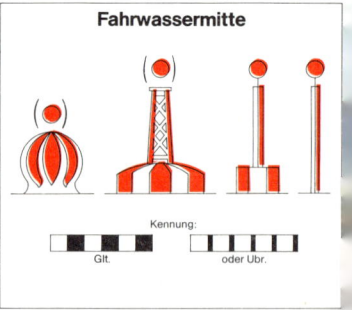

Kennung:

Glt.	oder Ubr.

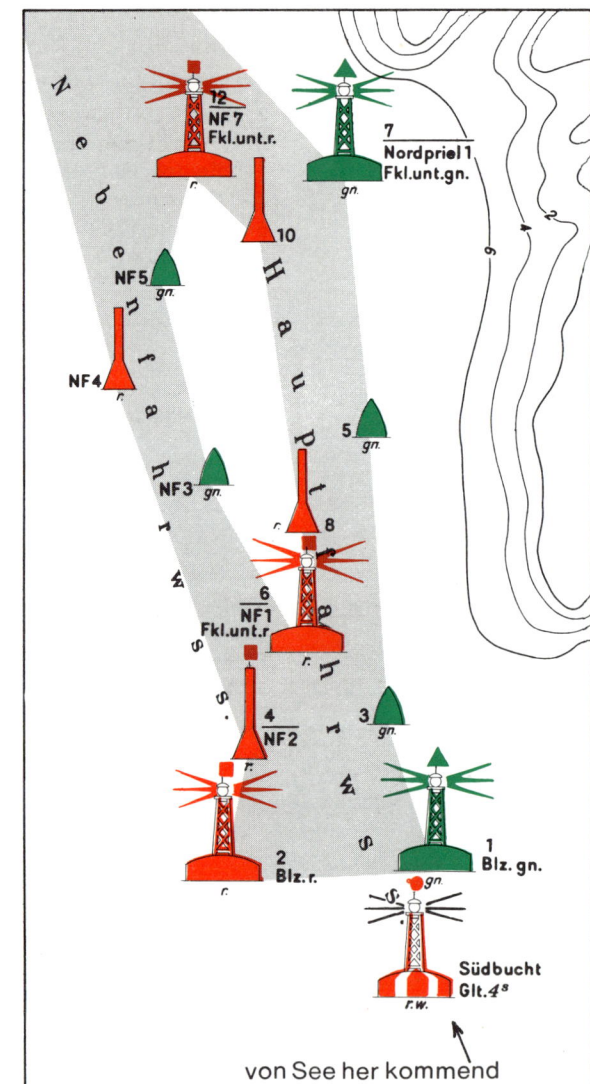

von See her kommend

Bezeichnung der Gefahrenstellen

Allgemeine Gefahrenstellen

196

Sie sehen folgende Schiffahrtszeichen:

Was bedeuten diese Schiffahrtszeichen?

Antwort:

Südlich der Tonne befindet sich eine allgemeine Gefahrenstelle, die nördlich der Tonne passiert werden muß.

●●

197

Sie sehen folgende Schiffahrtszeichen:

Was bedeuten diese Schiffahrtszeichen:

Antwort:

Westlich der Tonne befindet sich eine allgemeine Gefahrenstelle, die östlich der Tonne passiert werden muß.

●●

198

Sie sehen folgende Schiffahrtszeichen:

Was bedeuten diese Schiffahrtszeichen:

Antwort:

Nördlich der Tonne befindet sich eine allgemeine Gefahrenstelle, die südlich der Tonne passiert werden muß.

●●

199

Sie sehen folgende Schiffahrtszeichen:

Was bedeuten diese Schiffahrtszeichen:

Antwort:

Östlich der Tonne befindet sich eine allgemeine Gefahrenstelle, die westlich der Tonne passiert werden muß.

●●

200
Sie sehen das Feuer einer Leuchttonne
mit folgenden Kennungen:

oder

Was bedeuten diese Kennungen?

Antwort: ●●

Südlich des Feuers befindet sich eine allgemeine Gefahrenstelle, die nördlich des Feuers passiert werden muß.

201
Sie sehen das Feuer einer Leuchttonne
mit folgenden Kennungen:

— Wiederkehr —

oder

— Wiederkehr —

Was bedeuten diese Kennungen?

Antwort: ●●

Westlich des Feuers befindet sich eine allgemeine Gefahrenstelle, die östlich des Feuers passiert werden muß.

202
Sie sehen das Feuer einer Leuchttonne
mit folgenden Kennungen:

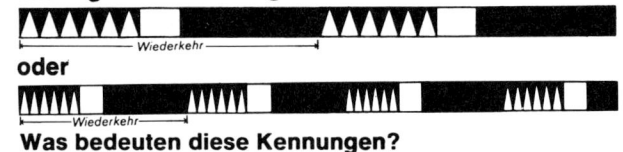

— Wiederkehr —

oder

— Wiederkehr —

Was bedeuten diese Kennungen?

Antwort: ●●

Nördlich des Feuers befindet sich eine allgemeine Gefahrenstelle, die südlich des Feuers passiert werden muß.

203
Sie sehen das Feuer einer Leuchttonne
mit folgenden Kennungen:

— Wiederkehr —

oder

— Wiederkehr —

Was bedeuten diese Kennungen?

Antwort: ●●

Östlich des Feuers befindet sich eine allgemeine Gefahrenstelle, die westlich des Feuers passiert werden muß.

Einzelgefahrstellen

204

Sie sehen folgende Schiffahrtszeichen:

Was bedeuten diese Schiffahrtszeichen?

Antwort: ●●●

Die Tonne zeigt eine Einzelgefahrenstelle an, die an allen Seiten passiert werden kann.

Neue Gefahrenstellen

205

Sie sehen folgende Schiffahrtszeichen nebeneinander:

Was bedeuten diese Schiffahrtszeichen nebeneinander?

Antwort: ●●●

Die Tonnen zeigen an, daß sich nördlich von ihnen eine neue Gefahrenstelle befindet, die allgemein südlich der Tonnen passiert werden muß.

Zu Fragen 196 bis 205:

Grundsätze:

Allgemeine Gefahrenstellen

Hierbei handelt es sich z. B. um Untiefen, Wracks, Buhnen und sonstige Schiffahrtshindernisse. Zur Abwehr von Gefahren für die Schiffahrt wird durch den Anstrich, die Form der Toppzeichen und die Kennung der Schiffahrtszeichen eine Passierseite der Gefahrenstelle in Kompaßrichtung festgelegt. Eine allgemeine Gefahrenstelle ist in der Regel mit kardinalen Zeichen bezeichnet, sie kann auch mit lateralen Zeichen bezeichnet sein.

Hinweise: Vgl. die schemat. Darstellung der Bezeichnung einer allg. Gefahrenstelle auf der nächsten Seite sowie die Gesamtdarstellung der Betonnung nach Frage 205.

Vorschriften: B. 15 der Anlage I zur See-SchStrO

Darstellung einer allgemeinen Gefahrenstelle in der Seekarte.

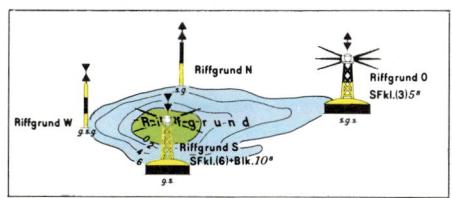

Die drei Merkregeln für das Erkennen der Passierrichtung bei allgemeinen Gefahrenstellen:

1 Passier-Merkregel:
Die kardinalen Zeichen zeigen die Passierseite der Gefahrenstelle in Kompaßrichtung an.

2 Farbgebungs-Merkregel:
Die Spitzen der Toppzeichen zeigen zum Schwarz.

3 Kennungs-Merkregel:
Anzahl der Funkel (3, 6, 9) entspricht in der Zuordnung den Ziffern einer Uhr.

Bezeichnung der allgemeinen
Gefahrenstellen (Kardinalsystem)

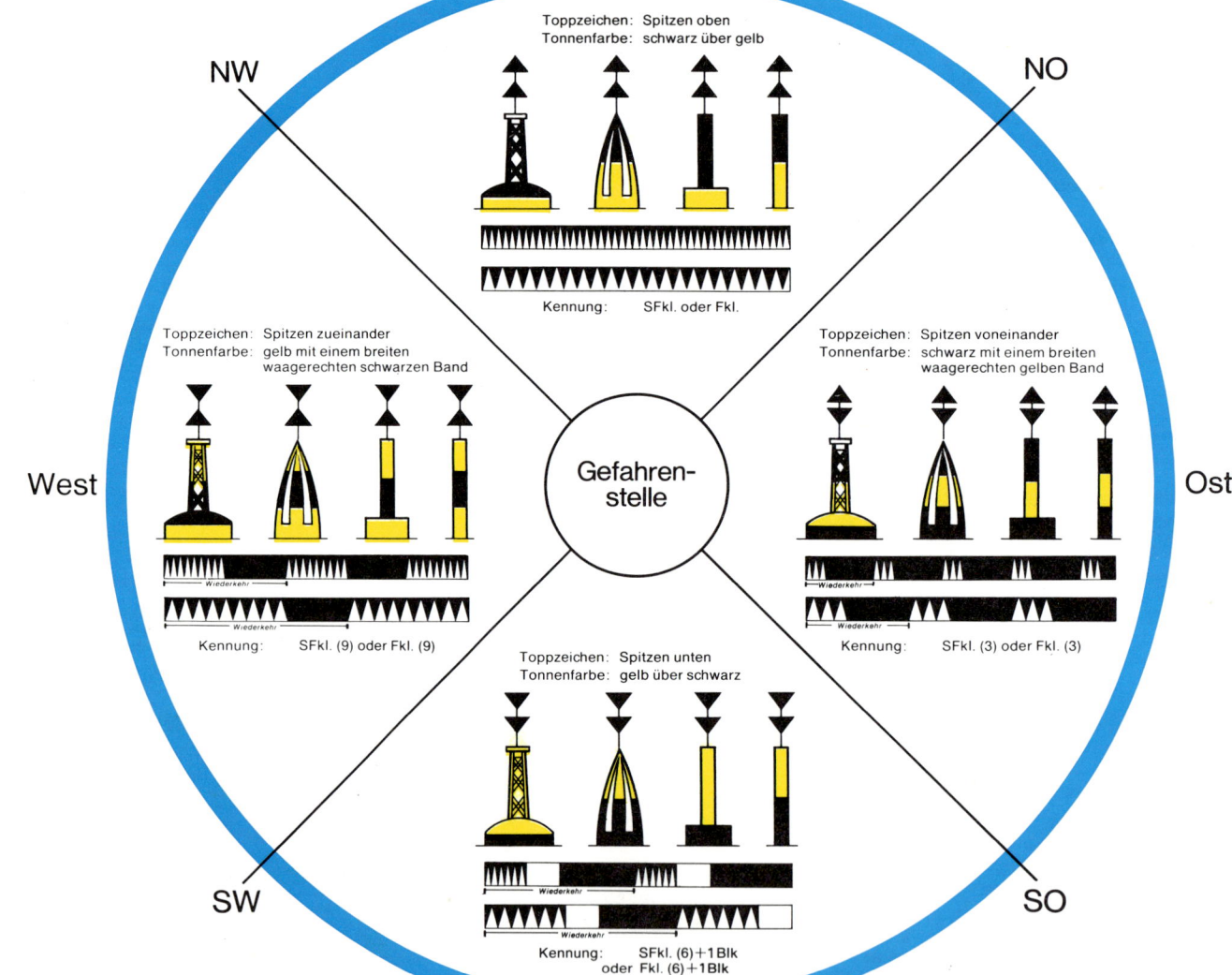

Kennzeichnung besonderer Gebiete und Stellen

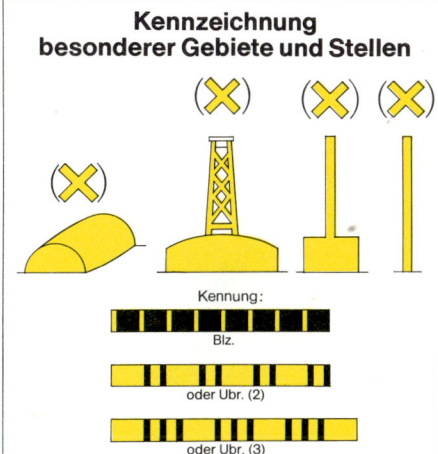

Kennung:

Blz.

oder Ubr. (2)

oder Ubr. (3)

Die Bedeutung ist den Seekarten oder anderen nautischen Veröffentlichungen zu entnehmen und ist ggf. auch aus der Beschriftung des Zeichens zu erkennen.

Beispiele:

Warngebiet, Warnstelle

(Gebiet/Stelle für militärische oder zivile Zwecke, vor dessen Be-/Überfahren gewarnt wird)

Fischerei

(Begrenzung von Fischereigründen)

Schüttstelle

(Begrenzung einer Baggerschüttstelle)

Deviation

(Markierung von Punkten für die Deviationsbestimmung)

Kabel, K, Pipeline

(Kennzeichnung von Trassen, Kabeln und Rohrleitungen)

Meile

(Bezeichnung einer gemessenen Meile)

Einzelgefahrstellen

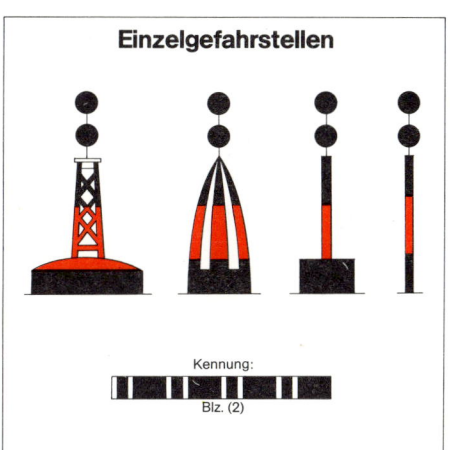

Kennung:

Blz. (2)

Neue Gefahrenstellen

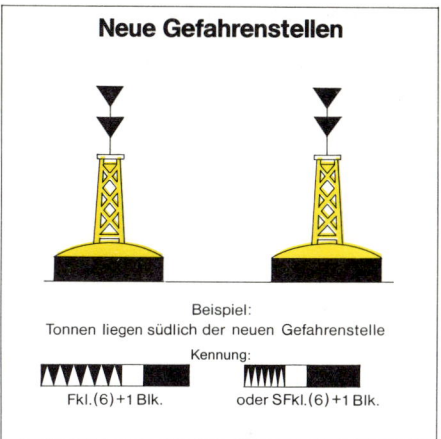

Beispiel:
Tonnen liegen südlich der neuen Gefahrenstelle

Kennung:

Fkl.(6)+1 Blk.   oder SFkl.(6)+1 Blk.

Von den allgemeinen Gefahrenstellen sind noch zu unterscheiden die:

■ **Einzelgefahrstellen**

Das Schiffahrtszeichen liegt auf der Gefahrenstelle selbst, so daß die Gefahrenstelle an allen Seiten passiert werden kann.

■ **Neuen Gefahrenstellen**

Diese sind wie allgemeine Gefahrenstellen oder Einzelgefahrstellen bezeichnet, jedoch wegen besonderer Umstände ist mindestens ein Sichtzeichen doppelt und ggf. mit einer Radarantwortbake mit der

Kennung »D« versehen. Besonderes Kennzeichen also: 2 Sichtzeichen derselben Art nebeneinander.

■ **Besondere Gebiete und Stellen**

Die Bedeutung ist den Seekarten oder anderen nautischen Veröffentlichungen zu entnehmen und ggf. auch aus der Beschriftung des Zeichens zu erkennen. Diese Tonnen sind ausschließlich gelb; Beispiele: Warngebiet, Warnstelle, Fischereigründe, Baggerschüttstelle, Kabel- und Rohrleitungen, gemessene Meile.

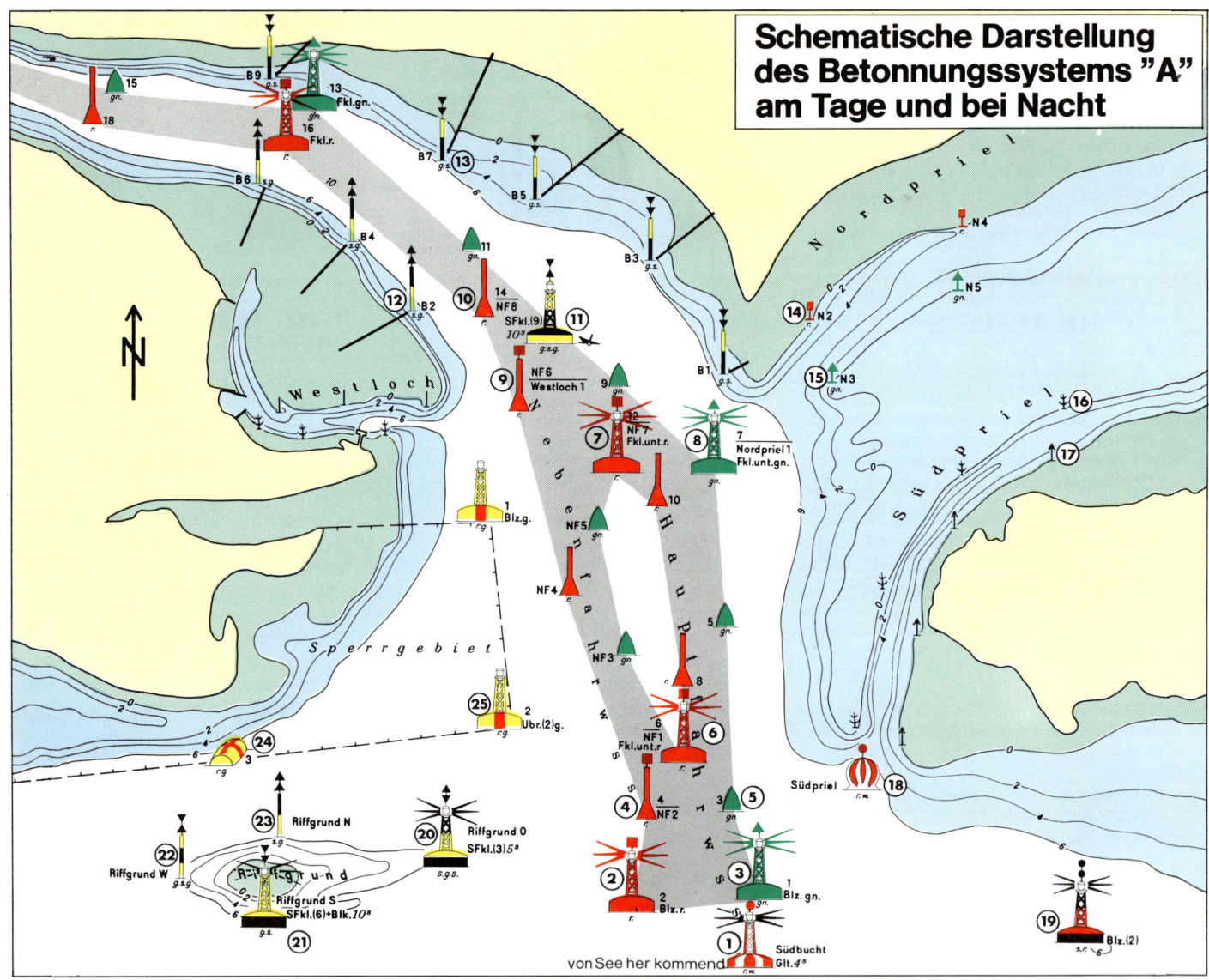

Schematische Darstellung des Betonnungssystems "A" am Tage und bei Nacht

Bedeutung der einzelnen Schiffahrtszeichen

1. Leuchttonne mit Ball-Toppzeichen und der Kennung »Gleichtaktfeuer, Wiederkehr 4 Sekunden« zur Bezeichnung der Ansteuerung des »Hauptfahrwassers« in der Fahrwassermitte.

2. Leuchttonne mit Zylinder-Toppzeichen und der Kennung »Blitzfeuer mit roten Blitzen« zur Bezeichnung der Backbordseite des »Hauptfahrwassers«.

3. Leuchttonne mit Kegel-Toppzeichen und der Kennung »Blitzfeuer mit grünen Blitzen« zur Bezeichnung der Steuerbordseite des »Hauptfahrwassers«.

4. Spierentonne mit Zylinder-Toppzeichen zur Bezeichnung der Backbordseite des »Hauptfahrwassers« und der Backbordseite des abzweigenden bzw. einmündenden »Nebenfahrwassers«.

5. Spitztonne zur Bezeichnung der Steuerbordseite des Fahrwassers.

6. Leuchttonne mit Zylinder-Toppzeichen und der Kennung »unterbrochenes rotes Funkelfeuer« zur Bezeichnung der Backbordseite des »Hauptfahrwassers« und der Steuerbordseite des abzweigenden bzw. einmündenden »Nebenfahrwassers«.

7. Leuchttonne mit Zylinder-Toppzeichen und der Kennung »rotes unterbrochenes Funkelfeuer« zur Bezeichnung der Backbordseite des »Hauptfahrwassers« und der Steuerbordseite des einmündenden bzw. abzweigenden »Nebenfahrwassers«.

8. Leuchttonne mit Kegel-Toppzeichen und der Kennung »grünes unterbrochenes Funkelfeuer« zur Bezeichnung der Steuerbordseite des »Hauptfahrwassers« und der Steuerbordseite des abzweigenden bzw. einmündenden Fahrwassers »Nordpriel«.

9. Spierentonne mit Zylinder-Toppzeichen zur Bezeichnung der Backbordseite des »Nebenfahrwassers« und der Steuerbordseite des einmündenden Fahrwassers »Westloch«.

10. Spierentonne zur Bezeichnung der Backbordseite des »Hauptfahrwassers« und der Backbordseite des einmündenden bzw. abzweigenden »Nebenfahrwassers«.

11. Leuchttonne mit West-Toppzeichen und der Kennung »schnelles Funkelfeuer mit Gruppen von 9 schnellen Funkeln, Wiederkehr 10 Sekunden« zur Bezeichnung des Wracks.

12. Stange mit Nord-Toppzeichen zur Bezeichnung des Stacks.

13. Stange mit Süd-Toppzeichen zur Bezeichnung des Stacks.

14. Stange mit Zylinder-Toppzeichen zur Bezeichnung der Backbordseite des Fahrwassers »Nordpriel«.

15. Stange mit Kegel-Toppzeichen zur Bezeichnung der Steuerbordseite des Fahrwassers »Nordpriel«.

16. Pricke zur Bezeichnung der Backbordseite des Fahrwassers »Südpriel«.

17. Stange mit Besen abwärts zur Bezeichnung der Steuerbordseite des Fahrwassers »Südpriel«.

18. Kugeltonne mit Ball-Toppzeichen zur Bezeichnung der Ansteuerung des Fahrwassers »Südpriel« in der Fahrwassermitte.

19. Leuchttonne mit Doppelball-Toppzeichen und der Kennung »Blitzfeuer mit Gruppen von 2 Blitzen« zur Bezeichnung einer Einzelgefahrstelle.

20. Leuchttonne mit Ost-Toppzeichen und der Kennung »schnelles Funkelfeuer mit Gruppen von 3 schnellen Funkeln, Wiederkehr 5 Sekunden« zur Bezeichnung der Untiefe »Riffgrund«.

21. Leuchttonne mit Süd-Toppzeichen und der Kennung »schnelles Funkelfeuer mit Gruppen von 6 schnellen Funkeln und 1 Blink, Wiederkehr 10 Sekunden« zur Bezeichnung der Untiefe »Riffgrund«.

22. Stange mit West-Toppzeichen zur Bezeichnung der Untiefe »Riffgrund«.

23. Stange mit Nord-Toppzeichen zur Bezeichnung der Untiefe »Riffgrund«.

24. Stumpftonne zur Bezeichnung des Sperrgebietes.

25. Leuchttonne mit der Kennung »unterbrochenes gelbes Feuer mit 2 Unterbrechungen« zur Bezeichnung des Sperrgebietes.

Befeuerung

Festfeuer

206   Antwort: ●

Welche Farbe eines Festfeuers treffen Sie einlaufend in der Regel bei Hafeneinfahrten an der Steuerbordseite an?   **Grün.**

207   Antwort: ●

Welche Farbe eines Festfeuers treffen Sie einlaufend in der Regel bei Hafeneinfahrten an der Backbordseite an?   **Rot.**

Zu Fragen 206 und 207:   **Merke:** Das Festfeuer scheint ununterbrochen.

                                  Hinweis: Zu den verschiedenen Arten der Kennungen vgl. Erl. zu Fragen 216 ff., vgl. auch die Darstellung eines Festfeuers sowie die schematische Darstellung der Befeuerung der Seeschiffahrtsstraßen nach Frage 215.

Leitfeuer

208   Antwort: ●●

Was verstehen Sie unter einem Leitfeuer?   **Ein Sektorenfeuer verschiedener Kennung und Farben (Leitsektor und Warnsektoren), das ein Fahrwasser, eine Hafeneinfahrt oder einen freien Seeraum zwischen Untiefen bezeichnet.**

209   Antwort: ●●

Wie navigieren Sie mit Hilfe eines Leitfeuers?   **Ich muß mit meinem Fahrzeug an der rechten Seite des durch den weißen Leitsektor gekennzeichneten Fahrwassers fahren.**

210   Antwort: ●●

Wenn Sie auf ein Leitfeuer zufahren und aus dem weißen Leitsektor in den roten Warnsektor kommen, nach welcher Seite müssen Sie den Kurs ändern?   **Nach Steuerbord.**

211   ••

Wenn Sie auf ein Leitfeuer zufahren und aus dem weißen Leitsektor in den grünen Warnsektor kommen, nach welcher Seite müssen Sie den Kurs ändern?

Antwort:

Nach Backbord.

Zu Fragen 208 bis 211:

Merke: Der Leitsektor, der die von Untiefen, Wracks oder sonstigen Schiffahrtshindernissen freie Fahrrinne anzeigt, zeigt in der Regel weißes Festfeuer, aber auch weißes Gleichtaktfeuer.

Beachte: In engen und viel befahrenen Fahrwassern sollten Sportboote nicht mitten im weißen Leitsektor, sondern möglichst rechts am Rande zum grünen Steuerbord Warnsektor fahren, um die Groß-

Der Warn- bzw. Gefahrensektor an der Backbordseite des von See einlaufenden Fahrzeugs, der gemieden werden muß, zeigt entweder rotes Festfeuer oder eine gerade Zahl roter Blitze (zwei, vier).

schiffahrt nicht zu gefährden und zu behindern und umgekehrt auch nicht von ihr gefährdet zu werden.

Hinweise: Vgl. die Darstellung eines Leitfeu-

Der Warn- bzw. Gefahrensektor an der Steuerbordseite des von See einlaufenden Fahrzeugs zeigt entweder grünes Festfeuer oder eine ungerade Zahl roter Blitze (eins, drei).

ers sowie die schematische Darstellung der Befeuerung der Seeschiffahrtstraßen nach Frage 215. Weitere Einzelheiten sind dem Leuchtfeuerverzeichnis zu entnehmen vgl. Erl. zu Frage 233.

Richtfeuer

212   ••

Was verstehen Sie unter einem Richtfeuer?

Antwort:

Es besteht aus Unter- und Oberfeuer und bezeichnet die Richtung in einem Fahrwasser.

213   ••

Wie navigieren Sie mit Hilfe eines Richtfeuers?

Antwort:

Ich fahre rechts von der Richtfeuerlinie.

Zu Fragen 212 und 213:

Merke: Während durch den Leitsektor eines Leitfeuers ein breiteres Fahrwasser angezeigt wird, dient das Richtfeuer der genaueren Anzeige einer Ansteuerungs- bzw. Kurslinie, um das Fahrzeug durch gefährliche Hindernisse hindurch sicher zu führen. Der Kurs muß daher immer aufgrund laufender Deckpeilungen in Richtung

des vorderen bzw. unteren Feuers korrigiert werden, um beide Feuer in Linie zu halten.
Wandert das Unterfeuer links vom Oberfeuer aus, muß der Kurs nach Backbord geändert werden; wandert das Unterfeuer rechts vom Oberfeuer aus, muß der Kurs nach Steuerbord geändert werden.

Beachte: Die Ansteuerungslinie eines Richtfeuers ist in der Regel in der See-

karte mit dem genauen Einlaufkurs bezeichnet.
Hinweise: Zum Steuern nach Schiffahrtzeichen vgl. Teil III. Abschnitt 1; vgl. auch die Darstellung eines Richtfeuers mit den verschiedenen Kennungen und die schematische Darstellung der Befeuerung der Seeschiffahrtsstraßen nach Frage 215. Weitere Einzelheiten sind dem Leuchtfeuerverzeichnis zu entnehmen vgl. Erl. zu Frage 233.

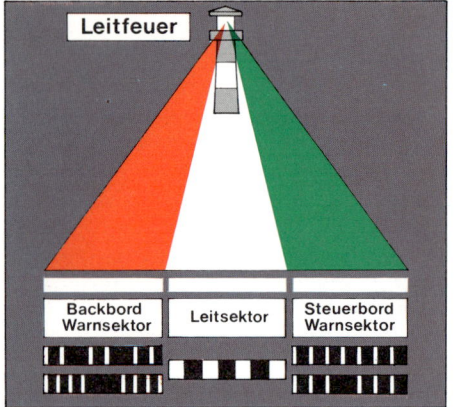

Leitfeuer

Backbord Warnsektor	Leitsektor	Steuerbord Warnsektor

Quermarkenfeuer

Ankündigungs Sektor	Kurs-Änderungs-Sektor	Ankündigungs Sektor

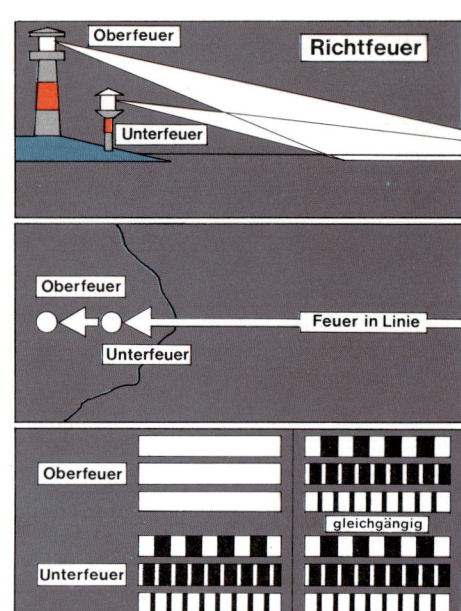

Richtfeuer

Oberfeuer

Unterfeuer

Oberfeuer

Unterfeuer

Feuer in Linie

Oberfeuer

Unterfeuer

gleichgängig

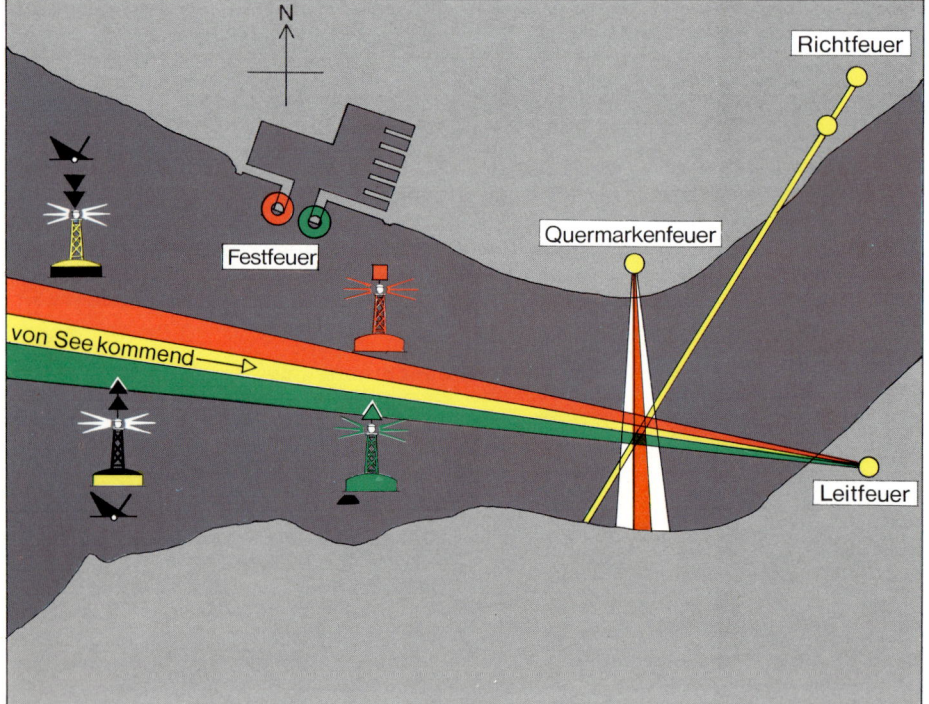

N

Richtfeuer

Festfeuer

Quermarkenfeuer

von See kommend

Leitfeuer

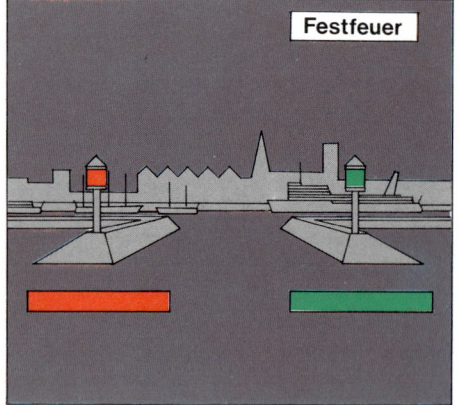

Festfeuer

Quermarkenfeuer

214

Was verstehen Sie unter einem Quermarkenfeuer?

Antwort: ● ●

Es ist ein Sektorenfeuer und besteht aus zwei weißen Ankündigungssektoren und einem farbigen Kursänderungssektor.

215

Wie navigieren Sie mit Hilfe eines Quermarkenfeuers?

Antwort: ● ●

Ich muß mit meinem Fahrzeug beim Übergang von dem weißen Ankündigungssektor in den folgenden farbigen Kursänderungssektor meinen Kurs ändern.

Zu Fragen 214 und 215:

Merke: Durch Quermarkenfeuer werden Kursänderungspunkte angezeigt; sie können auch gleichzeitig die Grenzen des befahrbahren Bereichs von Richt- und Leitfeuern bezeichnen. Das Quermarkenfeuer besteht aus einem roten oder einem grünen Kursänderungssektor, je nachdem, in welche Richtung die Kursänderung vorgenommen werden muß. Meistens ist es an beiden Seiten durch zwei weiße Ankündigungssektoren begrenzt.

Hinweis: vgl. auch die Darstellung eines Quermarkenfeuers sowie die nebenstehende Darstellung der Befeuerung der Seeschifffahrtstraßen. Weitere Einzelheiten sind dem Leuchtfeuerverzeichnis zu entnehmen vgl. Erl. zu Frage 223.

Kennungen

216

Was verstehen Sie unter einem unterbrochenen Feuer?

Antwort: ● ●

Die Lichterscheinungen sind stets länger als die Verdunkelungen.

217

Was verstehen Sie unter einem Blinkfeuer?

Antwort: ● ●

Die Lichterscheinungen sind stets kürzer als die Verdunkelungen. Ein Blink ist mindestens zwei Sekunden lang.

218

Was verstehen Sie unter einem Blitzfeuer?

Antwort: ● ●

Die Lichterscheinungen sind stets kürzer als die Verdunkelungen. Ein Blitz ist weniger als zwei Sekunden lang.

219

Was verstehen Sie unter einem Funkelfeuer?

Antwort: ● ●

Schnell aufeinanderfolgende Lichterscheinungen (60 Lichterscheinungen in der Minute).

220

Was verstehen Sie unter einem Gleichtaktfeuer?

Antwort: ● ●

Die Lichterscheinung und Verdunkelung ist von gleicher Zeitdauer.

221

Welche verschiedenen Kennungen von Leuchtfeuern gibt es?

Antwort: ● ● ●

Festfeuer, Blinkfeuer, Blitzfeuer, Funkelfeuer, unterbrochene Funkelfeuer, unterbrochene Feuer, Gleichtaktfeuer.

222

Was verstehen Sie unter der Wiederkehr eines Leuchtfeuers?

Antwort: ● ● ●

Das ist der Zeitraum vom Einsetzen einer Taktkennung bis zum Einsetzen der nächsten gleichen Taktkennung.

Zu Fragen 216 bis 222:

Merke: Unter der Kennung eines Feuers versteht man die Dauer und Farbe seiner Lichterscheinungen und Verdunkelungen und seiner Wiederkehr. Manche Feuer sind so angeordnet, daß die Lichterscheinung innerhalb einer Taktkennung nicht nur einmal, sondern mehrmals in Gruppen auftritt, z. B. Feuer mit Gruppen von zwei, drei und vier Blitzen, Blinken oder Unterbrechungen. Die verschiedenen Kennungen von Feuern dienen dem Zweck, nachts die einzelnen Leuchtfeuer und befeuerten Tonnen leichter identifizieren zu können. Die weiteren Einzelheiten sind dem Leuchtfeuerverzeichnis zu entnehmen (vgl. Erl. zu Frage 233).

	Darstellung	Symbol in der Seekarte
1	Festfeuer	F.
2	Unterbrochenes Feuer mit Einzelunterbrechung (Wiederkehr)	Ubr.
3	Unterbrochenes Feuer mit Gruppen von 2 Unterbrechungen (Wiederkehr)	Ubr.(2)
4	Unterbrochenes Feuer mit Gruppen von 3 Unterbrechungen (Wiederkehr)	Ubr.(3)
5	Gleichtaktfeuer (Wiederkehr)	Glt.
6	Blitzfeuer mit Einzelblitzen (Wiederkehr)	Blz.
7	Blitzfeuer mit Gruppen von 2 Blitzen (Wiederkehr)	Blz.(2)
8	Funkelfeuer mit dauerndem Funkel	Fkl.
9	Funkelfeuer mit Gruppen von 3 Funkeln (Wiederkehr)	Fkl.(3)
10	Funkelfeuer mit Gruppen von 6 Funkeln und 1 Blink (Wiederkehr)	Fkl.(6)+1Blk.
11	Funkelfeuer mit Gruppen von 9 Funkeln (Wiederkehr)	Fkl.(9)
12	Funkelfeuer mit Unterbrechungen (Wiederkehr)	Fkl.ubr.
13	Schnelles Funkelfeuer mit dauerndem schnellen Funkel	SFkl.
14	Schnelles Funkelfeuer mit Gruppen von 3 schnellen Funkeln (Wiederkehr)	SFkl.(3)
15	Schnelles Funkelfeuer mit Gruppen von 6 schnellen Funkeln und 1 Blink (Wiederkehr)	SFkl.(6)+1Blk.
16	Schnelles Funkelfeuer mit Gruppen von 9 schnellen Funkeln (Wiederkehr)	SFkl.(9)
17	Schnelles Funkelfeuer mit Unterbrechungen (Wiederkehr)	SFkl.ubr.

Beschreibung zu 1:
Ein Festfeuer zeigt einen Lichtschein von gleichbleibender Stärke ohne Unterbrechung

Beschreibung zu 2 bis 4:
Ein unterbrochenes Feuer zeigt weiße oder farbige Scheine, die durch Verdunkelung unterbrochen werden (Unterbrechungen), und zwar gibt es
– unterbrochenes Feuer mit Einzelunterbrechungen oder
– unterbrochenes Feuer mit 2, 3, 4 Unterbrechungen.
In allen Fällen ist die Scheindauer immer länger als die Dauer der Dunkelheit.

Beschreibung zu 5:
Ein Gleichtaktfeuer zeigt weiße oder farbige Scheine abwechselnd mit gleich langen Unterbrechungen.

Beschreibung zu 6 und 7:
Ein Blitzfeuer zeigt weiße oder farbige Blitze, und zwar gibt es
– Blitzfeuer mit Einzelblitzen oder
– Blitzfeuer mit Gruppen von 2, 3 oder 4 Blitzen.
Die Scheindauer von höchstens 2 Sekunden ist immer kürzer als die Unterbrechung.

Beschreibung zu 8 bis 12:
Ein Funkelfeuer zeigt ständig schnell aufeinander folgende kurze weiße oder farbige Blitze, und zwar gibt es
– Funkelfeuer mit dauerndem Funkeln oder
– Funkelfeuer mit Gruppen von 3, 6 und 9 Funkeln. Werden die Funkeln von einer Periode der Dunkelheit unterbrochen, spricht man von einem unterbrochenen Funkelfeuer. Das Funkelfeuer zeigt mindestens 60 Blitze pro Minute. Wenn sich ein Blink anschließt, ist dessen Scheindauer länger als 2 Sek.

Beschreibung zu 13 bis 17:
Ein schnelles Funkelfeuer unterscheidet sich von dem Funkelfeuer nur durch die Zeitdauer der Funkel, und zwar zeigt es 120 oder 100 Funkel pro Minute. Es gibt
– schnelles Funkelfeuer mit dauerndem schnellen Funkeln oder
– schnelles Funkelfeuer mit Gruppen von 3, 6 und 9 schnellen Funkeln.

Nautik

Nautische Veröffentlichungen

223

Welche amtlichen nautischen Veröffentlichungen geben Aufschluß über die für das Fahrtgebiet benötigten Angaben?

Antwort: ●●

Seekarten, Leuchtfeuerverzeichnisse, Seehandbücher, Gezeitentafeln, Atlas der Gezeitenströme, Nautischer Funkdienst, Nachrichten für Seefahrer, Bekanntmachung für Seefahrer.

Zu Frage 223:

Wichtiger Hinweis:

Alle amtlichen nautischen Veröffentlichungen (vgl. nachstehende Übersicht) stellt das DHI her. Diese Veröffentlichungen werden über zugelassene Vertriebsstellen, die auch Seekarten berichtigen, und deren Auslieferungsstellen vertrieben.

Vertriebsstellen:

■ Deutsches Seekarten-Berichtigungsinstitut
Bade & Hornig, GmbH
Stubbenhuk 10
Postfach 11 20 45
2000 Hamburg 11
Telefon (0 40) 36 45 87/88
Telex 2 13 136 dsbi
mit Auslieferungsstellen
in Berlin, Cuxhaven, Emden
und Lübeck-Travemünde

■ Eckardt & Messtorff GmbH
Rödingsmarkt 16
2000 Hamburg 11
Tel. (0 40) 37 13 34
Telex 2 163 639 mess d

■ „Seekarte"/Kpt. A. Dammeyer
Korffsdeich 3, vor dem Europahafen
2800 Bremen 1
Tel. (04 21) 38 05 51/52
mit Auslieferungsstellen
in Bremerhaven-W, Düsseldorf 1
Norden-Norddeich, Oldenburg 1
und Wilhelmshaven

■ Nautischer Dienst/Kpt. Stegmann & Co.
Schleuse
2300 Kiel-Holtenau
Tel. (04 31) 33 17 72, Telex 2 92 450
mit Auslieferungsstellen in
Flensburg, Frankfurt a. M. 1
Kappeln, Kiel 1, Schleswig
Husum und Laboe

■ Wilko Ukena
Neue Schleuse Mitte
Postfach 1203
2212 Brunsbüttel
Tel. (0 48 52) 23 67
Telex 2 8 342

■ **Niederlande:**

Datema Delfzijl b. v.
Oude Schans 11
Postbus 101
NL-9930 AC Delfzijl
Telefon (00 31 59 60) 1 38 10
Telex 53 255

■ **Dänemark:**

Iver C. Weilbach & Co.
A/S Tolbodgade 35
PO Box 2051
DK-1253 København K
Telefon (0 04 51) 13 59 27
Telex 19 709

In dem „Verzeichnis der nautischen Karten und Bücher" sind alle vom DHI herausgegebenen Seekarten und sonstigen nautischen Veröffentlichungen zusammengefaßt.

224

Welche Angaben enthalten die Nachrichten für Seefahrer (NfS)?

Antwort:

Sie enthalten u. a. alle Veränderungen hinsichtlich Betonnung, Befeuerung, Wracks und Untiefen im Küstengebiet und auf See.

●●

Zu Frage 224:

- Die NfS (Beispiel nachstehend) erscheinen wöchentlich.
- Seekarten, Seehandbücher, Leuchtfeuerverzeichnisse und nautische Funkdienste sind nach den Angaben in den NfS laufend zu berichtigen.

- Über die durchgeführte Berichtigung ist in dem jeweiligen Werk ein Berichtigungsvermerk aufzunehmen, aus dem die letzte für die Berichtigung berücksichtigte Ausgabe der NfS zu ersehen ist.

Merke: Benutze niemals veraltete Unterlagen!

225

Welche Angaben enthalten die Bekanntmachungen für Seefahrer (BfS)?

Antwort:

Sie enthalten alle Veränderungen hinsichtlich Betonnung, Befeuerung, Wracks und Untiefen im Bereich der Seeschifffahrtstraßen.

Zu Frage 225:

Die BfS (Beispiel nachstehend) werden von den Wasser- und Schiffahrtsämtern herausgegeben und im allgemeinen in der nächsten Ausgabe der NfS weiter verbreitet.

Zu Fragen 224 und 225: *Nautik*

Auszug aus den „Nachrichten für Seefahrer" **Bekanntmachungen für Seefahrer**

536 Ausgabe 12

★ **1128** **Bundesrepublik Deutschland. Ostfriesische Inseln. Memmert-Wattfahrwasser. Tonnen ausgelegt.** (02-065)
Frühere NfS: 76-387 (T) wird hiermit aufgehoben
Geogr. Lage:
a) 53° 38′ 14″ N 7° 02′ 35″ O b) 53° 38′ 11″ N 7° 02′ 37″ O
Karteneintragung: Jeweils weiße Bakentonne mit weißem W-Toppzeichen
Angaben: Die Tonnen bezeichnen Schiffahrtshindernisse dicht O-lich davon.
Krt. D. 89, D. 90 D [WSA Norden, 17. III. 1977 (25)]

★ **1129** **Bundesrepublik Deutschland. Ostfriesische Inseln. Ley. Tonne L/A verlegt.** (02-065)
Frühere NfS: 75-4626, a
Neue geogr. Lage: 53° 35′ 42″ N 6° 55′ 55″ O
Krt. D. 90 D [WSA Norden, 16. III. 1977 (24)]

★ **1130** **Bundesrepublik Deutschland. Ems. Terborg. Bauarbeiten beendet. Befeuertes Meßgerät errichtet.** (02-070)
Frühere NfS 76-2622 (T), b wird hiermit aufgehoben
Geogr. Lage: 53° 17′ 36″ N 7° 23′ 50″ O
Karteneintragung: Stangenbake mit **Fkl. unt.** *Meß-G.*
Angaben: Das Festmachen am Meßgerät ist verboten.
Krt. D. 92
Lfv. III A 1977 Nr. 18045 Bem. [WSA Emden, 17. III. 1977 (12)]

1131 (T) **Schottland, O-K. NO-lich von Rattray Head. Rohrlegearbeiten.** (02-200)
Geogr. Lage: Ungf. 57° 45′ N 1° 32′ W
Angaben: An diesem Ort werden zeitweilig von einem Schiff Rohrlegearbeiten ausgeführt. Das Fahrzeug liegt vor mehreren Ankern, die bis zu 1 sm im Umkreis ausliegen und durch Tonnen bezeichnet sind.
Die Schiffahrt wird gebeten, das Arbeitsgebiet weiträumig zu umfahren.
Krt. D. 229, D. 229 D, D. 1000 (INT 1401), D. 1000 C (INT 1401), D. 1000 D (INT 1401), D. 1001 D (INT 1402) [Navarea I Nr. 62. 1977]

1132 **Nordsee. SW-lich der Doggerbank. Wrack.** (02-605)
Frühere NfS: 77-318 (T) wird hiermit aufgehoben
Geogr. Lage: Ungf. 54° 25′ N 1° 57′ O
Karteneintragung: (14) *Wk PA*
Krt. D. 53, D. 53 D, D. 1001 D (INT 1402), D. 1002 D (INT 1403)

Bekanntmachung für Seefahrer Nr. 25/77

Bundesrepublik Deutschland. Ostfriesische Inseln. Memmert-Wattfahrwasser. Schiffahrtshindernis bezeichnet.
Frühere N.f.S. 76 - 387 (T).
Tonnen ausgelegt.
Geogr. Lage: a) 53° 38′ 14″ N, 7° 02′ 35″ O
Angaben: Auf a) und b) ist jeweils eine weiße Bakentonne mit weißem W-Toppzeichen ausgelegt worden. Dicht O-lich dieser Verbindungslinie liegen Eisenpfähle und Betontrümmer. Die Kleinschiffahrt wird gewarnt.
Norden, den 17. März 1977
Wasser- und Schiffahrtsamt Norden
I,III,Iv - 919/77 Az.: 28-01/2 (872.9)

Bekanntmachung für Seefahrer Nr. 26/77

Bundesrepublik Deutschland. Ostfriesische Inseln. Otzumer Balje. Tonnen verlegt. Tiefe.
Frühere B.f.S. 14/77, 1. c, e, f, 2.
1. Tonnen verlegt.
a) Die schwarze Spitztonne B nach 53° 47′ 43″ N, 7° 37′ 38″ O
b) die rote Spierentonne 1 nach 53° 48′ 09″ N, 7° 37′ 48″ O
c) die rote Spierentonne 2 nach 53° 47′ 45″ N, 7° 37′ 47″ O
2. Tiefe.
Angaben: Die geringste Tiefe befindet sich zwischen den Tonnen B und 3; sie beträgt z.Zt. 1,5 m.
Norden, den 17. März 1977
Wasser- und Schiffahrtsamt Norden

226

Wo können Sie von den Bekanntmachungen für Seefahrer (BfS) Kenntnis erlangen?

Antwort: ●●

An den dafür eingerichteten Aushangstellen (z. B. Hafenmeister, Schleusen, Wasserschutzpolizei).

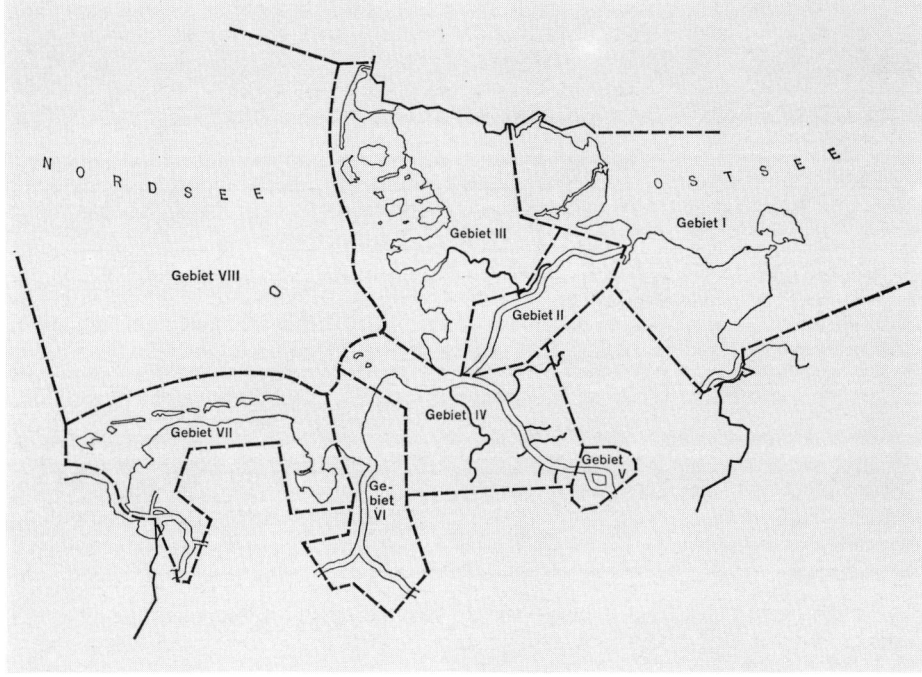

Zu Frage 226:

Da nicht an jeder Aushangstelle sämtliche BfS aushängen können, sind die deutschen Küstengewässer in acht Gebiete eingeteilt worden (vgl. nebenstehende Übersicht). Aus der nachstehenden Übersicht über Verteilung und Aushang der BfS ergibt sich, über welche Gebiete die BfS an den einzelnen Aushangstellen informieren. Die Einzelheiten sind im nautischen Warn- und Nachrichtendienst der Bundesrepublik Deutschland (Beiheft Nr. 1 zum Handbuch „Für Brücke und Kartenhaus") geregelt.

Hinweis: vgl. Erl. zu Frage 223

227

Wo finden Sie Angaben über Signalstellen?

Antwort: ●

Im Leuchtfeuerverzeichnis.

Zu Frage 227:

Die Angaben über Signalstellen mit ihren Signalen sind in dem Anhang des jeweiligen Leuchtfeuerverzeichnisses mit der Bezeichnung „Verzeichnis der Signalstellen" enthalten und beziehen sich sowohl auf die Art der Signalstelle als auch auf die Art und Bedeutung der gezeigten Signale wie z. B. Wind- und Sturmwarnsignale, Sperr-, Brücken-, Sperrwerk- und Schleusensignale, Schießübungssignale usw.

Auszug aus dem „Nautischen Warn- und Nachrichtendienst der Bundesrepublik Deutschland"　　　　**Auszug aus dem „Verzeichnis der Signalstellen"**

25

Anlage 2

ÜBERSICHT ÜBER VERTEILUNG UND AUSHANG DER BFS

	Gebiet	Zuständiges WSA/WBA	BfS dieses Gebietes werden in folgenden Gebieten ausgehängt	Aushangstellen dieses Gebietes informieren über BfS aus folgenden Gebieten
I	Ostsee	Kiel Lübeck	I und in allen Holtenauer Schleusen	I, II
II	Nord-Ostsee-Kanal Nord-Ostsee-Kanal	Holtenau Brunsbüttel	I, II, IV	an Holtenauer Schleusen: I, II an Brunsbütteler Schleusen: II, IV
III	Westküste Schleswig-Holstein	Tönning	III, IV, VI	III, IV, VIII
IV	Elbe einschl. linker und rechter Nebenflüsse bis zur Landesgrenze Hamburg	Cuxhaven Stade Tönning Hamburg	III, IV, V, VI, VII, und in allen Brunsbütteler Schleusen	II, III, IV, V, VI, VII, VIII
V	Hamburger Hafen	—	IV, V, VI	IV, V, VI, VIII
VI	Weser, Untere Hunte	Bremerhaven Brake, Bremen Oldenburg	IV, V, VI, VII	III, IV, V, VI, VII, VIII
VII	Jade, Ostfriesische Inseln, Ems und Leda (von der Mündung bis zum Vorhafen der Seeschleuse)	Wilhelmshaven Norden, Emden Leer	VI, VII	IV, VI, VII, VIII
VIII	Hohe See (Festlandsockel)	Tönning, Cuxhaven Bremerhaven Wilhelmshaven Emden	III, IV, V, VI, VII	—

8*

0110　Schleimünde
54° 40′ N 10° 02′ E
W a r n s i g n a l e bei außergewöhnlicher Schiffahrtbehinderung auf der Lotseninsel
s. S. 6*

0113　Kappeln, Drehbrücke
54° 40′ N 9° 56′ E
B r ü c k e n s i g n a l e
s. S. 4*

0116　Lindaunis, Eisenbahnbrücke
54° 35′ N 9° 49′ E
B r ü c k e n s i g n a l e
s. S. 4*

0120　Eckernförde
54° 28′ N 9° 51′ E
S c h i e ß ü b u n g s s i g n a l e
s. S. 7*

0130　Kiel, Leuchtturm
54° 30′ N 10° 16′ E, auf dem nach S verlaufenden Ende des Bauwerks
W a r n s i g n a l e bei außergewöhnlicher Schiffahrtbehinderung
s. S. 6*

0150　Holtenau
54° 22′ N 10° 10′ E
S c h l e u s e n s i g n a l e
s. S. 4*–5*

0190　Friedrichsort
54° 24′ N 10° 11′ E
S c h i e ß ü b u n g s s i g n a l e
s. S. 7*

228

Wo finden Sie Angaben über Schiffahrtangelegenheiten, insbesondere Hinweise auf Schiffahrtvorschriften der Länder, deren Küsten, Häfen und Naturverhältnisse?

Antwort: ●●

In den Seehandbüchern sowie den Hafenhandbüchern der Wassersportverbände.

Zu Frage 228:

Das DHI gibt **Seehandbücher** in mehreren Bänden heraus. Sie sind in erster Linie für die Großschiffahrt bestimmt, enthalten aber auch für die sichere Führung eines Sportbootes wichtige Angaben und sollten daher beim Ansteuern und Befahren der deutschen oder ausländischen Küstengewässer und Häfen zu Rate gezogen werden. Alle Veränderungen der Seehandbücher werden über die NfS bekanntgegeben. Jedes Seehandbuch besteht aus den Teilen A, B und C.

Teil A unterrichtet über Schiffahrtsangelegenheiten wie Regelung und Sicherung der Schiffahrt nach den Vorschriften des jeweiligen Landes, dessen Küsten beschrieben werden, sowie über Entfernungs- und Umrechnungstabellen usw.

Teil B beschreibt die Naturverhältnisse der einzelnen Seegebiete, z. B. Wetter, Klima, Gezeiten, Strömungen usw.

Teil C, der Hauptteil, enthält die Beschreibungen der Küsten und Häfen mit Anweisungen für die Ansteuerung der Häfen und das Durchfahren der Fahrwasser, sowie Ratschläge für die Wahl des Schiffsweges, Angaben über örtliche Gezeiten, Strömungen usw.

Hafenhandbücher werden vom Deutschen Segler-Verband, Kreuzer-Abteilung (Hafenhandbücher für die Nordsee und Ostsee) sowie vom Deutschen Motoryachtverband (Hafenführer deutsche Nord- und Ostseeküste) herausgegeben.

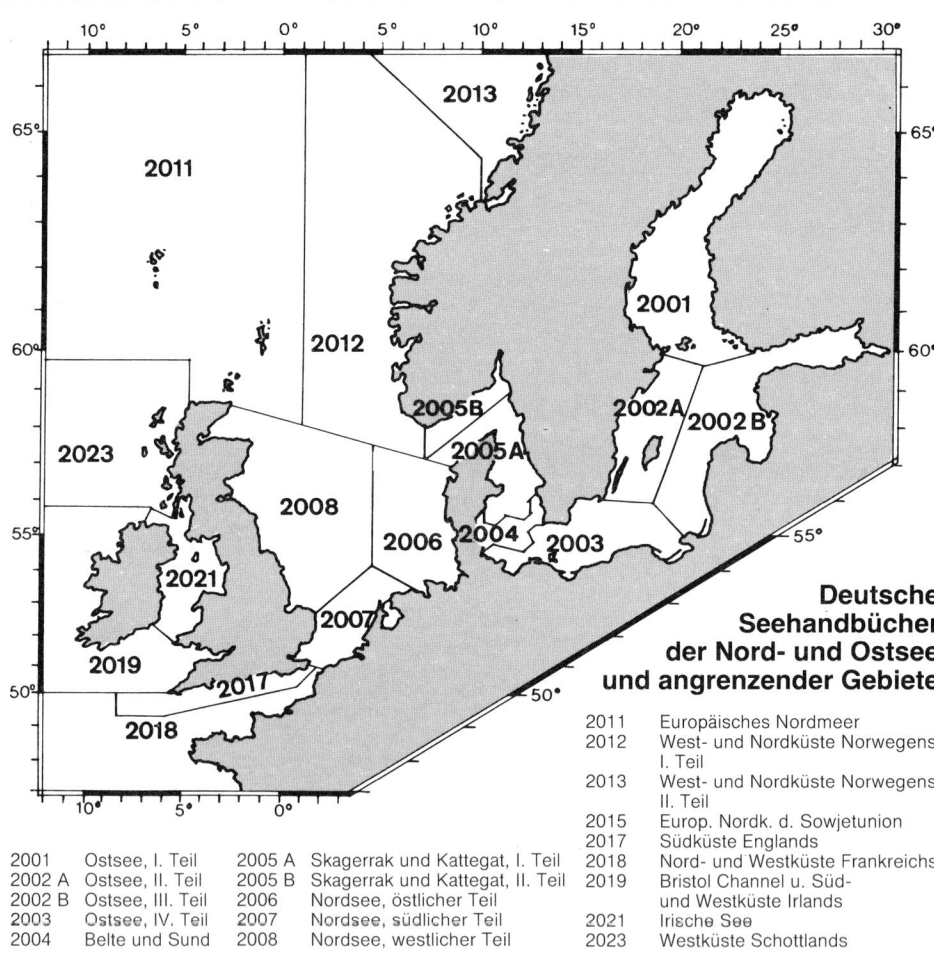

Deutsche Seehandbücher der Nord- und Ostsee und angrenzender Gebiete

2001	Ostsee, I. Teil	2005 A	Skagerrak und Kattegat, I. Teil
2002 A	Ostsee, II. Teil	2005 B	Skagerrak und Kattegat, II. Teil
2002 B	Ostsee, III. Teil	2006	Nordsee, östlicher Teil
2003	Ostsee, IV. Teil	2007	Nordsee, südlicher Teil
2004	Belte und Sund	2008	Nordsee, westlicher Teil

2011	Europäisches Nordmeer
2012	West- und Nordküste Norwegens, I. Teil
2013	West- und Nordküste Norwegens, II. Teil
2015	Europ. Nordk. d. Sowjetunion
2017	Südküste Englands
2018	Nord- und Westküste Frankreichs
2019	Bristol Channel u. Süd- und Westküste Irlands
2021	Irische See
2023	Westküste Schottlands

229

Wovon sollten Sie sich vor Gebrauch einer Seekarte überzeugen?

Antwort: ●

Daß die Karte auf den neuesten Stand berichtigt ist.

230

Woran erkennen Sie, ob die Seekarte auf den neuesten Stand berichtigt ist?

Antwort: ●

An dem letzten amtlichen Berichtigungsdatum, das sich in der Regel an der linken Seite des unteren Kartenrandes befindet.

Zu Fragen 229 und 230:

Beispiel eines Berichtigungsstempels des DHI. Der Stempel läßt erkennen, daß die Seekarte vom DHI bis zur 13. Ausgabe 1977 der NfS berichtigt worden ist.

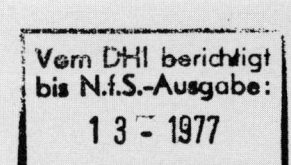

Beachte:

■ Navigiere nie nach unberichtigten Seekarten! Die nach dem Druck eingetretenen Veränderungen und Ergänzungen können für die sichere Navigation von entscheidender Bedeutung sein.

■ Das DHI berichtigt alle Seekarten bis zum Versand an die Vertriebsstellen bis zur letzten Ausgabe der NfS.

■ Bis zum Tage des Verkaufs werden die Seekarten von den Vertriebsstellen handschriftlich berichtigt und dabei die letzte

berücksichtigte Ausgabe der NfS vermerkt. Ein entsprechender Vermerk (Stempel) ist am linken unteren Kartenrand angebracht.

■ Beim Kauf der Seekarte ist darauf zu achten, daß diese bis zur letzten Ausgabe der NfS berichtigt worden ist.

■ Nach dem Kauf sind die Seekarten anhand der NfS vom Käufer selbst zu berichtigen. Er kann die Seekarte aber auch gegen Entgelt von einer Vertriebsstelle berichtigen lassen. (vgl. Erl. zu Frage 223).

231

In welcher Maßeinheit werden in deutschen Seekarten die Tiefen angegeben?

Antwort: ●

In Meter und Dezimeter.

Zu Frage 231:

Die Tiefenangaben werden auf einen festgelegten Wasserstand bezogen:

■ Nordsee — mittleres Springniedrigwasser

■ Ostsee — Mittelwasser

Der Wasserstand unterliegt auch Einflüssen, die aus der Seekarte nicht entnommen werden können; z. B. Windstau, wenn der Wind während eines längeren Zeitraumes aus der gleichen Richtung weht; wandernde Sände in Wattgebieten usw.

Auszug aus „Seekarte Nr. 1"

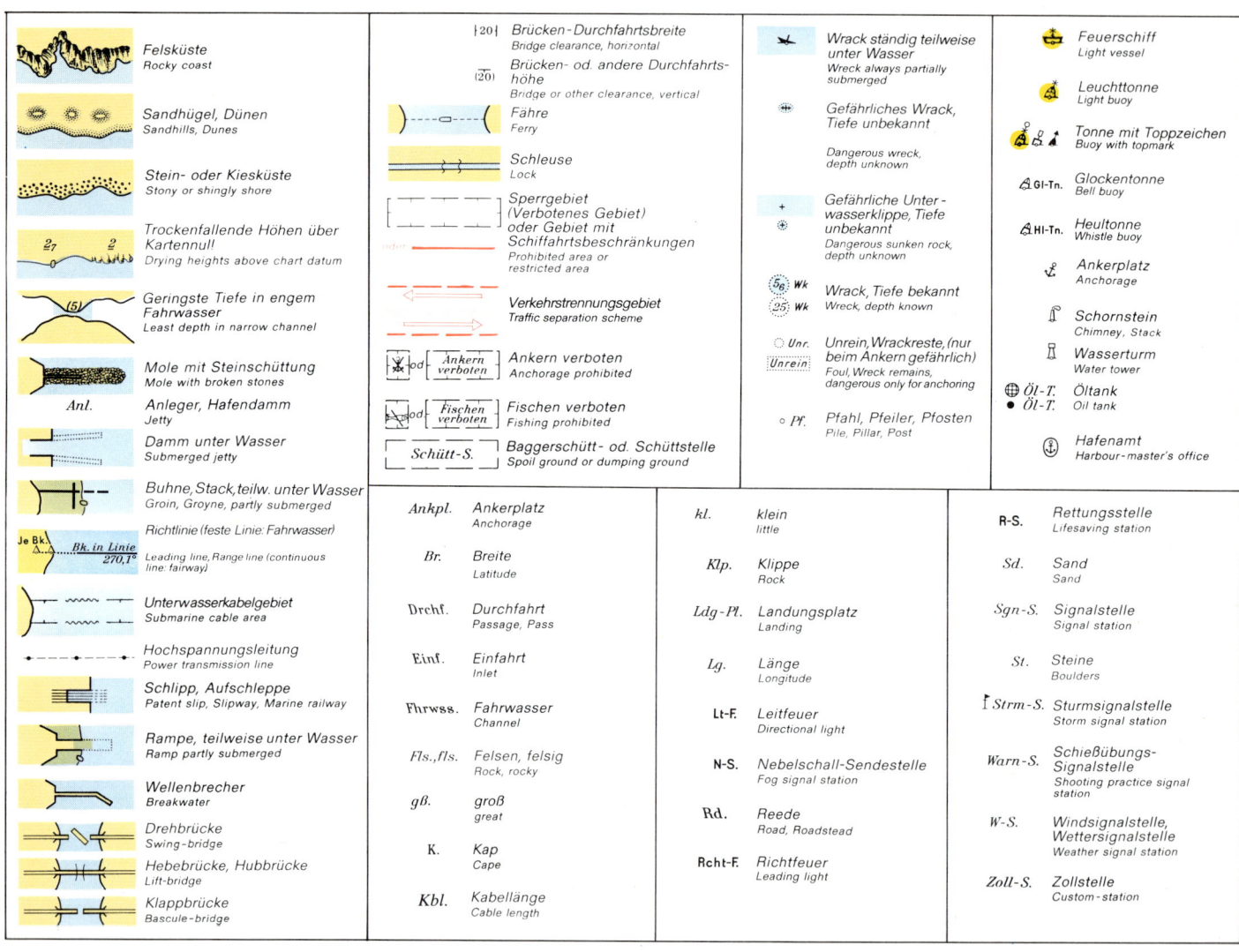

	Felsküste	Rocky coast
	Sandhügel, Dünen	Sandhills, Dunes
	Stein- oder Kiesküste	Stony or shingly shore
2_7 2	Trockenfallende Höhen über Kartennull	Drying heights above chart datum
(5)	Geringste Tiefe in engem Fahrwasser	Least depth in narrow channel
	Mole mit Steinschüttung	Mole with broken stones
Anl.	Anleger, Hafendamm	Jetty
	Damm unter Wasser	Submerged jetty
	Buhne, Stack, teilw. unter Wasser	Groin, Groyne, partly submerged
Je Bk. Bk. in Linie 270,1°	Richtlinie (feste Linie: Fahrwasser)	Leading line, Range line (continuous line: fairway)
	Unterwasserkabelgebiet	Submarine cable area
	Hochspannungsleitung	Power transmission line
	Schlipp, Aufschleppe	Patent slip, Slipway, Marine railway
	Rampe, teilweise unter Wasser	Ramp partly submerged
	Wellenbrecher	Breakwater
	Drehbrücke	Swing-bridge
	Hebebrücke, Hubbrücke	Lift-bridge
	Klappbrücke	Bascule-bridge

⊦20⊦	Brücken-Durchfahrtsbreite	Bridge clearance, horizontal
(20)	Brücken- od. andere Durchfahrtshöhe	Bridge or other clearance, vertical
	Fähre	Ferry
	Schleuse	Lock
	Sperrgebiet (Verbotenes Gebiet) oder Gebiet mit Schiffahrtsbeschränkungen	Prohibited area or restricted area
	Verkehrstrennungsgebiet	Traffic separation scheme
Ankern verboten od.	Ankern verboten	Anchorage prohibited
Fischen verboten od.	Fischen verboten	Fishing prohibited
Schütt-S.	Baggerschütt- od. Schüttstelle	Spoil ground or dumping ground

	Wrack ständig teilweise unter Wasser	Wreck always partially submerged
	Gefährliches Wrack, Tiefe unbekannt	Dangerous wreck, depth unknown
+ ⊕	Gefährliche Unterwasserklippe, Tiefe unbekannt	Dangerous sunken rock, depth unknown
5₈ Wk 25 Wk	Wrack, Tiefe bekannt	Wreck, depth known
Unr. Unrein	Unrein, Wrackreste, (nur beim Ankern gefährlich)	Foul, Wreck remains, dangerous only for anchoring
∘ Pf.	Pfahl, Pfeiler, Pfosten	Pile, Pillar, Post

	Feuerschiff	Light vessel
	Leuchttonne	Light buoy
	Tonne mit Toppzeichen	Buoy with topmark
Gl-Tn.	Glockentonne	Bell buoy
Hl-Tn.	Heultonne	Whistle buoy
	Ankerplatz	Anchorage
	Schornstein	Chimney, Stack
	Wasserturm	Water tower
⊕ Öl-T. ● Öl-T.	Öltank	Oil tank
	Hafenamt	Harbour-master's office

Ankpl.	Ankerplatz / Anchorage		kl.	klein / little		R.-S.	Rettungsstelle / Lifesaving station
Br.	Breite / Latitude		Klp.	Klippe / Rock		Sd.	Sand / Sand
Drchf.	Durchfahrt / Passage, Pass		Ldg-Pl.	Landungsplatz / Landing		Sgn-S.	Signalstelle / Signal station
Einf.	Einfahrt / Inlet		Lg.	Länge / Longitude		St.	Steine / Boulders
Fhrwss.	Fahrwasser / Channel		Lt-F.	Leitfeuer / Directional light		Strm-S.	Sturmsignalstelle / Storm signal station
Fls., fls.	Felsen, felsig / Rock, rocky		N-S.	Nebelschall-Sendestelle / Fog signal station		Warn-S.	Schießübungs-Signalstelle / Shooting practice signal station
gß.	groß / great		Rd.	Reede / Road, Roadstead		W-S.	Windsignalstelle, Wettersignalstelle / Weather signal station
K.	Kap / Cape		Rcht-F.	Richtfeuer / Leading light		Zoll-S.	Zollstelle / Custom-station
Kbl.	Kabellänge / Cable length						

232   ●

Wo finden Sie Angaben über die Zeichen und Abkürzungen in den deutschen Seekarten?

Antwort:

In der Seekarte Nr. 1.

Zu Frage 232:

- Die Seekarte Nr. 1 wird vom DHI herausgegeben; diese frühere Karte ist jetzt zu einem Heft umgestellt worden
- Mit der Seekarte Nr. 1 sollte jedes Sportfahrzeug ausgerüstet sein.
- Die wichtigsten Zeichen und Abkürzungen (vgl. den nebenstehenden Auszug)

sollten bekannt sein, damit sie in kritischen Situationen nicht erst lange gesucht zu werden brauchen.

233   ●●

Wo finden Sie die für die Navigation wichtigen Beschreibungen der Seezeichen und Angaben über deren Befeuerung?

Antwort:

Im Leuchtfeuerverzeichnis, in den gültigen Seekarten.

Zu Frage 233:   **Hinweis:** Vgl. Erl. zu Frage 227.

Die Seemeile

234   ●

Wo entnehmen Sie in der Seekarte die Seemeilen?

Antwort:

Am rechten oder linken Kartenrand in Höhe des Standortes.

Zu Frage 234:   **Hinweis:** Vgl. Kartenaufgaben Erl. Nr. 2.2 vor Frage 343.

235   ●

Wie lang ist eine Seemeile?

Antwort:

1852 m.

Zu Frage 235:

In der Schiffahrt wird als Entfernungsmaß die Seemeile (sm) benutzt. Sie ist die Länge einer Bogenminute des mittleren Erdumfanges.
Der Kreisumfang enthält 21 600 Bogenminuten (360 x 60). Da der mittlere Erdumfang 40 003,2 km beträgt, ergibt sich für

$$1 \text{ sm} = \frac{40\,003,2}{21\,600} = 1\,852 \text{ m}$$

Die Geschwindigkeit

236

Was verstehen Sie unter dem Geschwindigkeitsbegriff „Knoten"?

Antwort:

Das sind die in einer Stunde zurückgelegten Seemeilen.

Zu Frage 236:

■ In Gewässern mit Strömung (Tide, fließendes Wasser) ist zu unterscheiden zwischen der
   Fahrt des Schiffes durch das Wasser und der Fahrt des Schiffes über Grund.
   In Kursrichtung setzender Strom vergrößert und in entgegengesetzter Richtung setzender Strom verkleinert **die Fahrt über Grund.**

■ Beim Arbeiten in der Seekarte darf nur die „Fahrt über Grund" Berücksichtigung finden!

■ Die Geschwindigkeit wird mit dem Log gemessen. In Gewässern mit Strömung zeigt das Log die Fahrt durch das Wasser an (vgl. Frage 238 — Ermittlung der Geschwindigkeit auf rechnerischem Weg —).

Hinweis: Im Handel werden verschiedene Geschwindigkeitsmesser angeboten. In der Sportschiffahrt wird häufig das Sumlog benutzt. Es besteht aus einem am Unterwasserschiff angebrachten Propeller (1), der durch die Fahrt des Schiffes vom Wasser angetrieben wird. Die Umdrehungen des Propellers werden mechanisch über eine biegsame Welle (2) auf ein die Geschwindigkeit des Schiffes anzeigendes Anzeigegerät übertragen (3). Die Anzeigegeräte haben einen Meilenzähler und zusätzlich einen Tagesmeilenzähler.

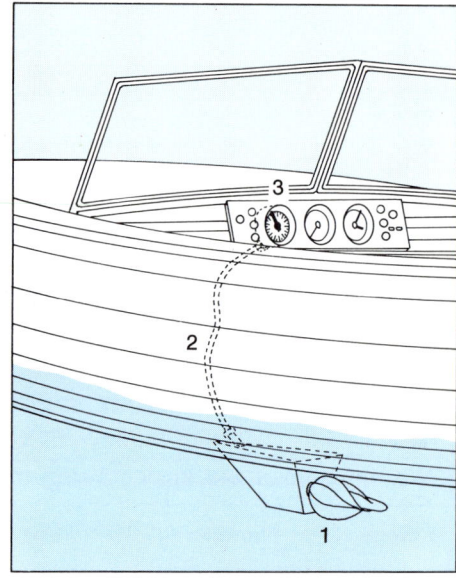

237

●●●

Wie errechnen Sie die Zeit in Minuten, die ein Fahrzeug benötigt, um eine bestimmte Distanz bei bekannter Geschwindigkeit abzulaufen?

Antwort:

$$\text{Zeit in min} = \frac{\text{Distanz in sm} \times 60 \text{ min/h}}{\text{Geschwindigkeit in sm/h}}$$

Zu Frage 237:

Rechenbeispiel: Ein Sportboot, das sich auf der Fahrt nach Schleimünde befindet, steht auf der Position 54° 31,4′ N, 010° 03,7′ E.

In welcher Zeit wird die Distanz zwischen dieser Position und Leuchttonne 4 an der Südost-Ecke des Sperrgebietes zurückgelegt, wenn das Sportboot 7,5 Knoten läuft? Distanz aus der Seekarte = 4,9 sm

$$\text{Zeit} = \frac{4,9 \times 60}{7,5} = 39 \text{ min}$$

Antwort: Die Distanz wird in 39 Minuten zurückgelegt.

Hinweis: vgl. Kartenaufgabe Nr. 344.

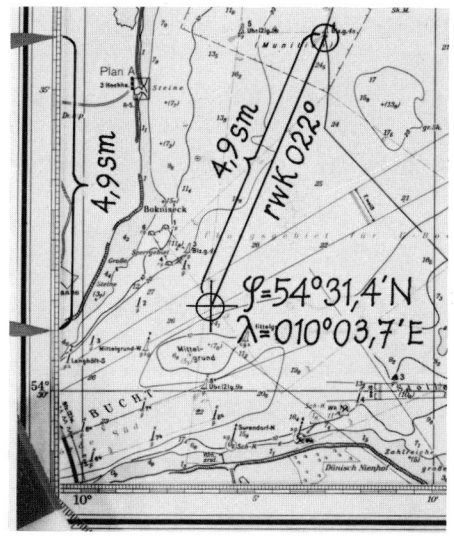

238

●●●

Wie errechnen Sie die Geschwindigkeit (in Knoten) eines Fahrzeuges bei bekannter Distanz (in Seemeilen) und Zeit (in Minuten)?

Antwort:

$$\text{Geschwindigkeit} = \frac{\text{Distanz} \times 60}{\text{Zeit}}$$

Zu Frage 238: siehe Seite 192

Zu Frage 238:

Rechenbeispiel: Ein Sportboot hat um 15.45 Uhr die Untiefentonne Stollergrund W passiert und die Leuchttonne 3 um 17.15 Uhr erreicht.
Wie groß war die Geschwindigkeit des Fahrzeugs?
Benötigte Zeit   = 90 Minuten
Distanz aus der Seekarte = 8,3 sm

$$\text{Geschwindigkeit} = \frac{8,3 \times 60}{90} = 5,5 \text{ Knoten}$$

Antwort: Die Geschwindigkeit betrug 5,5 Knoten.

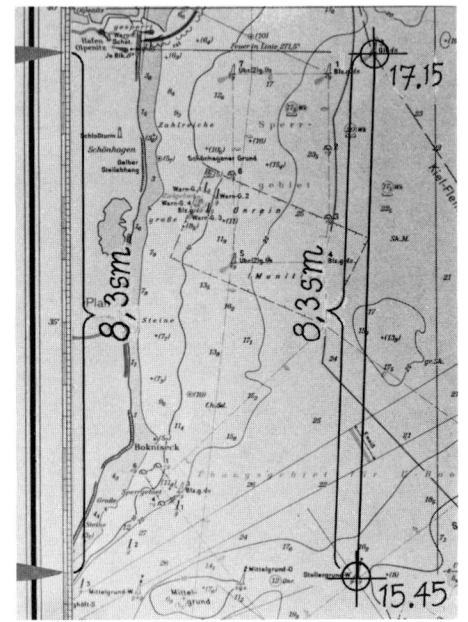

Kurse und Bezugsrichtungen

239

Was verstehen Sie unter dem rechtweisenden Kurs?

Antwort: ••

Es ist der Winkel zwischen rechtweisend Nord und der Rechtvorausrichtung des Fahrzeugs.

240

Wie entnehmen Sie aus der Seekarte den Kartenkurs?

Antwort: ••

Durch Messen des Winkels zwischen rechtweisend Nord und der beabsichtigten Richtung des Weges über Grund.

241

Was verstehen Sie unter dem mißweisenden Kurs?

Antwort: ••

Es ist der Winkel zwischen mißweisend Nord und der Rechtvorausrichtung des Fahrzeugs.

242

Was verstehen Sie unter dem Magnetkompaßkurs?

Antwort: ● ●

Es ist der Winkel zwischen Magnetkompaß-Nord und der Rechtvorausrichtung des Fahrzeugs.

Zu Fragen 239 bis 242:
Unter Kurs ist die Fahrtrichtung des Schiffes zu verstehen. Der Kurs wird von der Kompaßrose in Graden angezeigt. Es sind bei einem Magnetkompaß folgende Kurse zu unterscheiden:
Rechtweisender Kurs (rwK)
Mißweisender Kurs (mwK)
Magnetkompaßkurs (MgK)
Zur Erläuterung dieser Kurse ist die Kenntnis der verschiedenen Bezugsrichtungen erforderlich:

Rechtweisend Nord (rwN)
ist die geographische Nordrichtung

Mißweisend Nord (mwN)
ist die Richtung der Horizontalkomponente des erdmagnetischen Feldes oder die Richtung, die der Nordstrich einer Magnetkompaßrose auf einem eisenfreien Schiff anzeigt (vgl. Erl. zu Fragen 243 bis 247).

Magnetkompaß-Nord (MgN)
In die Horizontalebene projizierte Richtung des Strahls vom Mittelpunkt der Kompaßrosenteilung zu ihrem Nordpunkt.

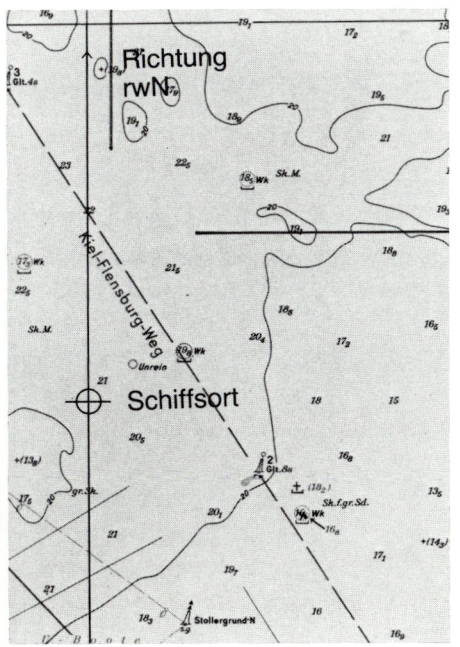

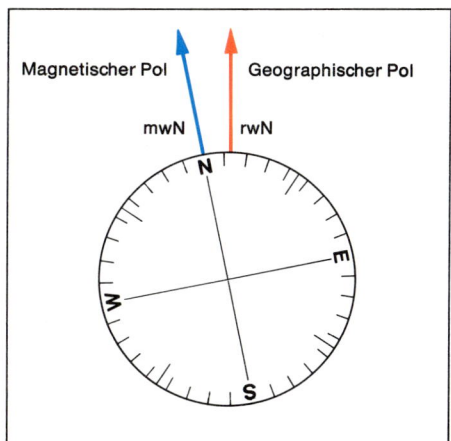

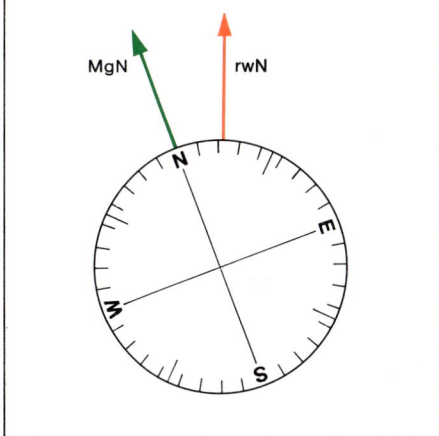

Aus den Winkeln zwischen diesen Bezugsrichtungen und der Rechtvorausrichtung des Schiffes ergeben sich folgende Kurse:

Rechtweisender Kurs
Winkel zwischen rwN und der Rechtvorausrichtung des Schiffes

Mißweisender Kurs
Winkel zwischen mwN und der Rechtvorausrichtung des Schiffes

Magnetkompaßkurs
Winkel zwischen MgN und der Rechtvorausrichtung des Schiffes

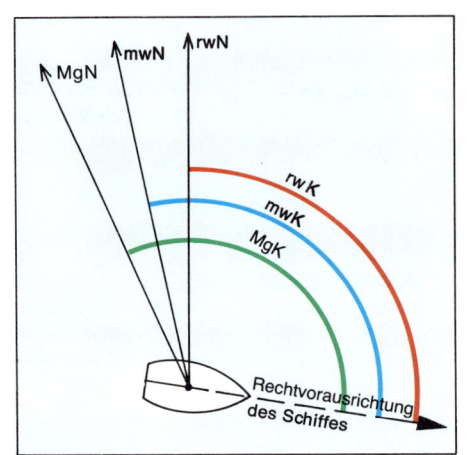

Mißweisung, Ablenkung, Fehlweisung

243
Was verstehen Sie unter Mißweisung?

Antwort: ● ●

**Es ist der Winkel zwischen rechtweisend Nord und miß-
weisend Nord.**

244
Was verstehen Sie unter Magnetkompaßablenkung?

Antwort: ● ●

**Es ist der Winkel zwischen mißweisend Nord und Magnet-
kompaß-Nord.**

245
**Woraus setzt sich die Magnetkompaßfehlweisung zu-
sammen?**

Antwort: ● ●

**Es ist die Summe aus Magnetkompaßablenkung und Mißwei-
sung.**

246

Wo kann die Mißweisung und ihre jährliche Änderung entnommen werden?

Antwort: ●

Aus der dem Standort nächstgelegenen Kompaßrose oder den entsprechenden Angaben in der Seekarte.

247

Woraus entnehmen Sie die Ablenkung (Deviation)?

Antwort: ●

Aus der für das betreffende Schiff aufgestellten Steuertafel (Deviationstabelle).

Zu Fragen 243 bis 247:

Mißweisung

Vom magnetischen Nordpol zum magnetischen Südpol verlaufen erdmagnetische Kraftlinien. Auf einem eisenfreien Schiff stellt sich die Magnetkompaßrose (Nordstrich) in Richtung dieser magnetischen Kraftlinien ein. Da magnetischer Nord- und Südpol nicht mit dem geographischen Nord- und Südpol zusammenfallen, zeigt der Nordstrich der Magnetkompaßrose nicht in Richtung rwN, sondern in Richtung mwN. Den Winkel zwischen diesen Richtungen nennt man Mißweisung (Mw).

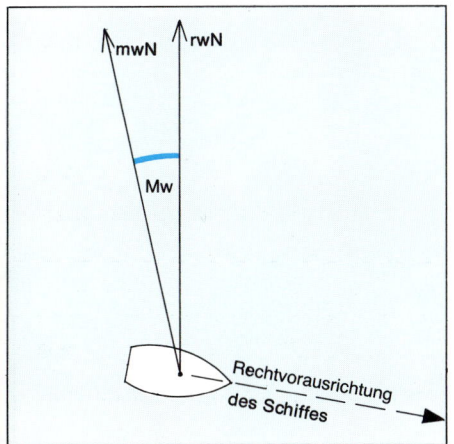

Beachte:

■ Die Werte der Mißweisung sind an den einzelnen Orten der Erde unterschiedlich und verändern sich langsam.

■ Die genaue Mißweisung und ihre jährliche Änderung sind der in der Seekarte eingedruckten Mißweisungsrose zu entnehmen.

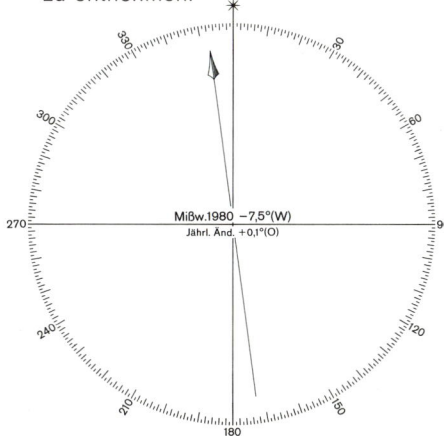

Mißw.1980 −7,5°(W)
Jährl. Änd. +0,1°(O)

■ Gegebenenfalls ist die für ein bestimmtes Jahr angegebene Mißweisung um den Betrag der jährlichen Änderung zu berichtigen.

■ Seegebiete, in denen sich die Mißweisung stark ändert, sind in der Seekarte als „Gebiete unsicherer Mißweisung" besonders gekennzeichnet.

Ablenkung (Deviation)

Neben dem Erdmagnetismus beeinflußt der Schiffsmagnetismus die Magnetkompaßrose. Die Ablenkung entsteht durch die magnetische Wirkung eiserner Teile an Bord und ist vom Aufstellungsort des Kompasses an Bord und vom Kurs des Schiffes abhängig. Durch den Schiffsmagnetismus richtet sich die Magnetkompaßrose nicht nach mwN, sondern nach MgN aus. Den Winkel zwischen diesen Richtungen nennt man Ablenkung (Abl).

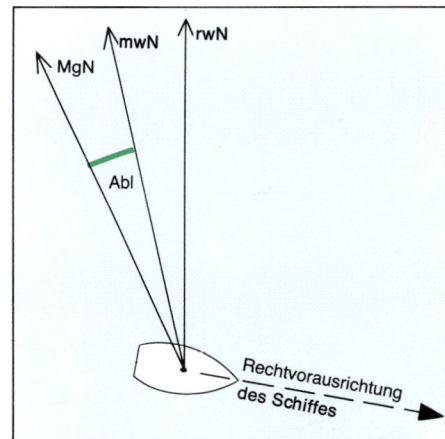

Beachte:

■ Die Werte der Ablenkung sind einer für das betreffende Schiff aufgestellten Steuertafel (Deviationstabelle) zu entnehmen (Beispiel nebenstehend).

■ Zur Vermeidung größerer Ablenkungen sollte der Kompaß möglichst frei vom Einfluß von Eisenteilen des Schiffes und in der Mittschiffslinie des Schiffes aufgestellt werden.

■ Der Kompaß soll möglichst erschütterungsfrei stehen, einen guten Rundumblick zum Peilen geben und gut ablesbar sein.

■ Der Steuerstrich des Kompasses muß auf die Kiellinie oder parallel dazu ausgerichtet sein.

Steuertafel	
MgK	Abl
000	− 1
010	± 0
020	+ 1
030	+ 2
040	+ 2
050	+ 3
060	+ 3
070	+ 4
080	+ 5
090	+ 5
100	+ 5
110	+ 4
120	+ 4
130	+ 3
140	+ 3
150	+ 2
160	+ 2
170	+ 1
180	+ 1
190	± 0
200	− 1
210	− 2
220	− 2
230	− 3
240	− 4
250	− 5
260	− 5
270	− 6
280	− 6
290	− 5
300	− 4
310	− 4
320	− 3
330	− 3
340	− 2
350	− 2
360	− 1

Fehlweisung

Die Fehlweisung (Fw) ist die Summe aus Magnetkompaßablenkung und Mißweisung oder der Winkel zwischen rwN und MgN

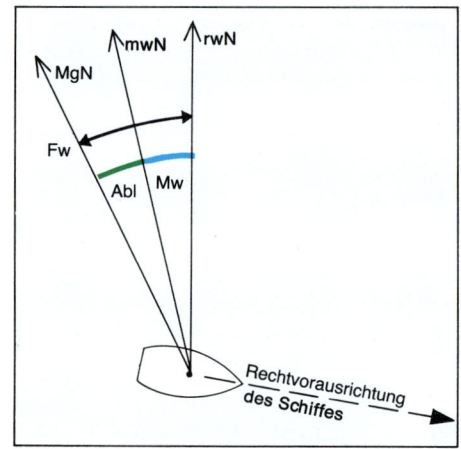

Kursbeschickung

248

Wie verwandeln Sie den rechtweisenden Kurs in den zu steuernden Magnetkompaßkurs?

Antwort:

Es wird zunächst das folgende einheitliche Grundschema hingeschrieben:

Magnetkompaßkurs	MgK	=
Ablenkung	Abl	=

mißweisender Kurs	mwK	=
Mißweisung	Mw	=

rechtweisender Kurs	rwK	=

Dann werden der rwK und die Beschickungswerte Mw und Abl in die vorgesehenen Zeilen eingesetzt und der gesuchte MgK durch Rechnung von unten nach oben ermittelt.

249

Wie verwandeln Sie den Magnetkompaßkurs in den rechtweisenden Kurs?

Antwort:

Es wird zunächst das folgende einheitliche Grundschema hingeschrieben:

Magnetkompaßkurs	MgK	=
Ablenkung	Abl	=

mißweisender Kurs	mwK	=
Mißweisung	Mw	=

rechtweisender Kurs	rwK	=

Dann werden der MgK und die Beschickungswerte Abl und Mw in die vorgesehenen Zeilen eingesetzt und der gesuchte rwK durch Rechnung von oben nach unten ermittelt.

Zu Fragen 248 und 249:

Beachte:

■ Bei der Umwandlung der rwK zum MgK ist beim Rechengang mit umgekehrtem Vorzeichen zu rechnen.

Kursbeschickung ist die Umwandlung des rwK in den MgK bzw. des MgK in den rwK (vgl. Erl. nach Fragen 239 bis 242)

Das Kursbeschicken muß jeder sicher beherrschen. Am zweckmäßigsten ist es, sich folgenden Schematurm fest einzuprägen:

Magnetkompaßkurs	MgK
Ablenkung	Abl
mißweisender Kurs	mwK
Mißweisung	Mw
rechtweisender Kurs	rwK

Jeder Magnetkompaß hat eine andere Ablenkung; sie kann auf verschiedene Weise ermittelt werden. Ihre Werte sollten in einer Steuertafel festgehalten werden. Ein Beispiel einer Steuertafel befindet sich auf Seite 202. Die Mißweisung kann der Seekarte entnommen werden. Maßgebend ist jeweils die der Position nächstbefindliche Mißweisungs-Angabe.

Verwandlung der rwK in den MgK

In der Bordpraxis ist der Fall am häufigsten, daß von dem in der Seekarte eingezeichneten Kartenkurs ausgehend der zu steuernde Magnetkompaßkurs ermittelt werden muß. Auch in diesem Fall kann und sollte der oben erwähnte Schematurm verwendet werden; es wird jetzt jedoch von unten nach oben gerechnet, und zwar mit umgekehrtem Vorzeichen. Grundsätzlich sollte man anschließend durch eine Kontrolle von oben nach unten prüfen, ob die Beschickungswerte mit richtigem Vorzeichen eingesetzt und kein Rechenfehler gemacht wurde.

Rechenbeispiel:

Aus der Seekarte wird vom Ort A zum Ort B ein rwK von 142° entnommen. Mißweisung lt. Seekarte −2°.
Ablenkung lt. Steuertafel +3°.
Welcher Kurs muß am Magnetkompaß anliegen?

MgK	=	141°	
Abl	=	+3°	
mwK	=	144°	Rechengang
Mw	=	−2°	
rwK	=	142°	

Antwort: Um vom Ort A zum Ort B zu kommen, muß am Magnetkompaß der Kurs 141° anliegen.

Verwandlung des MgK in den rwK

Rechenbeispiel:

Der MgK beträgt 322°.
Ablenkung lt. Steuertafel   −3°
Mißweisung lt. Seekarte   −2°
Welcher rwK ergibt sich daraus?

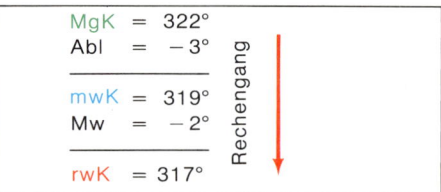

MgK	=	322°	
Abl	=	−3°	
mwK	=	319°	Rechengang
Mw	=	−2°	
rwK	=	317°	

Antwort: Dem MgK 322° entspricht der rwK 317°.

Bestimmung des Schiffsortes durch optische Peilungen

250	Antwort:	●●
Was ist eine Peilung?	**Das Feststellen der Richtung, in der man ein Objekt sieht.**	

251	Antwort:	●●
Wie erhalten Sie eine Standlinie?	**Durch Peilung eines bekannten Objektes.**	

252	Antwort:	●●●
Was ist eine Kreuzpeilung?	**Die Peilung zweier Objekte möglichst gleichzeitig.**	

253	Antwort:	●●●
Wie erhalten Sie mit Hilfe einer Kreuzpeilung Ihren Standort?	**Indem ich die rechtweisenden Peillinien zweier Objekte in die Seekarte eintrage; ihr Schnittpunkt ist der Standort.**	

Zu Fragen 250 bis 253:

Der Schiffsort kann durch Peilung von Seezeichen und Objekten an Land bestimmt werden.

Peilung ist die Bestimmung der Richtung eines Objektes vom Standpunkt des Beobachters aus mit Hilfe eines auf den Kompaß aufgesetzten Peildiopters oder mit einem Handpeilkompaß. Die Richtung (Peilung) zum Objekt wird auf dem Kompaß abgelesen (Kompaßpeilung).

Merke: Magnetkompaßpeilungen müssen — entsprechend der Umwandlung des MgK zum rwK — unter Berücksichtigung der Ablenkung für den **jeweils anliegenden** MgK und der Mißweisung in rechtweisende Peilungen umgewandelt werden, bevor sie in die Seekarte eingetragen werden.

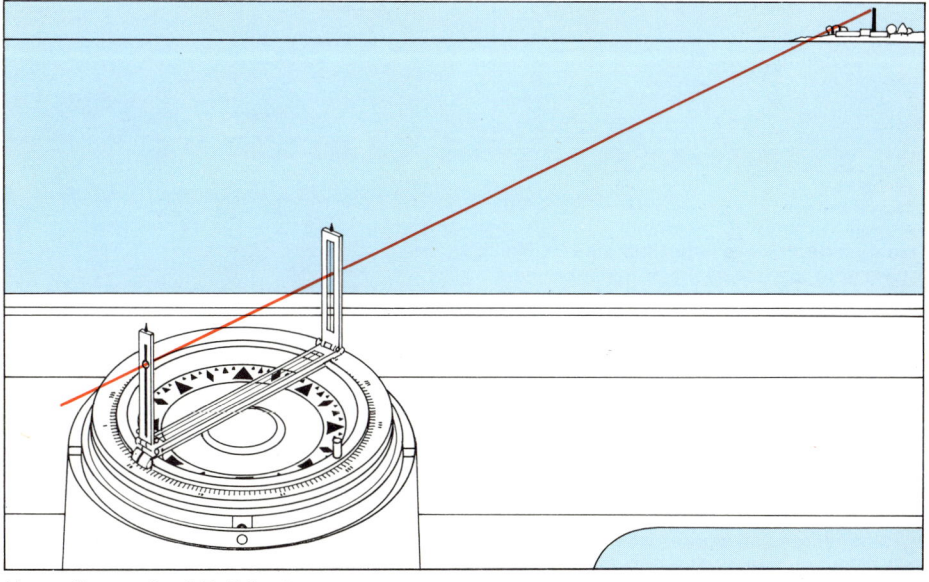

Magnetkompaß mit Peildiopter

Handpeilkompaß

Rechenbeispiel:

Magnetkompaßpeilung	268°
Abl*	+7°
mißweisende Peilung	275°
Mw**	−2°
rw Peilung	273°

* vom anliegenden Magnetkompaßkurs aus der
  Steuertafel

** aus der Seekarte

Eine einzige Peilung liefert nur eine Peillinie
(Standlinie) auf der sich das Schiff befindet,
und noch keinen Standort.
Zur Bestimmung des Schiffortes werden immer 2 Standlinien benötigt. Diese erhält man
u. a. durch Peilung von mindestens 2 Objekten (Kreuzpeilung). Die Peilungen sind kurz
nacheinander durchzuführen.

Kreuzpeilung

Sie ist einfach und daher die am meisten
angewandte Art der Schiffsortbestimmung:
Am Magnetkompaß werden zwei Objekte gepeilt, die ermittelten Magnetkompaßpeilungen in die rechtweisenden Peilungen umge-

wandelt und diese in die Seekarte eingetra-
gen. Der Schnittpunkt der Standlinien in die
Seekarte ist der beobachtete Schiffsort
(Standort).
Dieser wird in die Seekarte eingetragen. Für
Eintragungen in Seekarten sollte man die
folgenden graphischen Symbole der DIN
13 312 verwenden:

Alle Symbole für Positionsangaben sind mit
Angabe der vierstellig zu schreibenden Uhrzeit zu versehen.

Graphische Symbole in Navigationskarten

Bedeutung	graphisches Symbol
Positionen	
beobachteter Ort senkrechter Strich: Länge waagerechter Strich: Breite	
oder Standlinienkreuz	
oder Funkstandlinienkreuz	
Koppelort zur Kurslinie senkrechter Strich	
oder	
Standlinien	
Standlinie zum Zeitpunkt der letzten Beobachtung	
versegelte Standlinie	

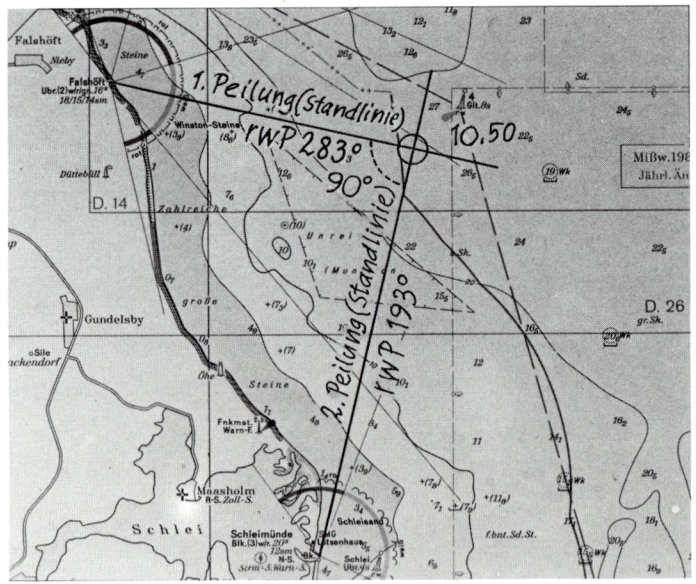

Kreuzpeilung

Merke: Um einen
möglichst genauen
Schnittpunkt für den
Schiffsort zu erhal-
ten, sollte der Win-
kel zwischen den
Peilungen möglichst
90° betragen.

Strom- und Windversetzung

254

Was verstehen Sie unter Stromversetzung?

Antwort:

Die Versetzung des Schiffes nach Richtung und Distanz, die durch die Meeresströmung verursacht wird.

••

255

Was verstehen Sie unter Windversetzung?

Antwort:

Die Versetzung des Schiffes nach Richtung und Distanz, die durch den Wind verursacht wird.

••

Zu Fragen 254 und 255:

Strömungen und Winde können ein Fahrzeug versetzen. Diese Versetzung nach Richtung und Distanz muß bei der Kursbeschickung berücksichtigt werden. Der Beschickungswert erhält ein positives Vorzeichen (+), wenn Strom und Wind von Backbord, bzw. ein negatives Vorzeichen (−), wenn Strom und Wind von Steuerbord kommen.

Beispiel:

Ein Sportboot will von der Position A eine Position B ansteuern, die von A aus in Richtung 107° liegt (s. Skizze). Diese Richtung ist der Kurs, den man steuern müßte, wenn das Sportboot und der Magnetkompaß nicht durch bestimmte Kräfte beeinflußt würden. Der Kurs von A nach B wird in der Bordpraxis der Seekarte entnommen, darum heißt er auch Kartenkurs (KaK).

In unserem Beispiel soll angenommen werden, daß ein starker N-Wind weht, ein Strom aus gleicher Richtung läuft und das Boot dadurch um 12° versetzt wird. Weil Wind und Strömung von Backbord kommen, und daher vorgehalten werden muß, erhält die Beschickung für Wind und Strom (BWS) ein positives Vorzeichen. Die Ablenkung lt. Steuertafel beträgt +5°, die Mißweisung lt. Seekarte beträgt −2°.

Versetzung durch Wind

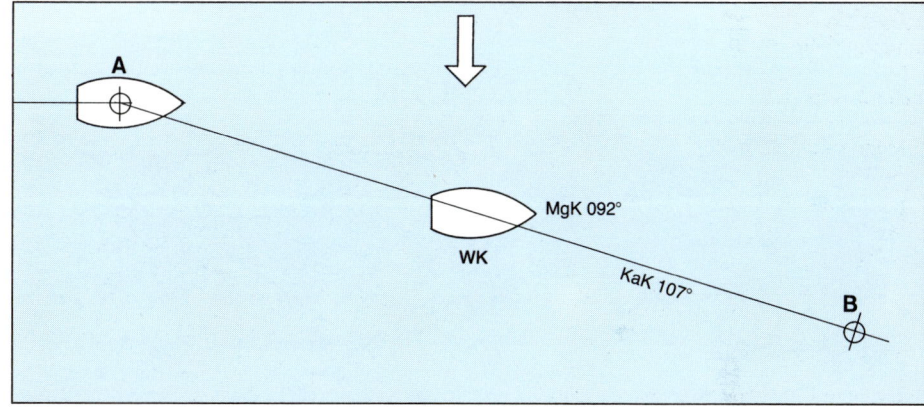

Welcher Magnetkompaßkurs muß gesteuert werden, um beim herrschenden Wind und Strom von A nach B zu gelangen?

Lösung der Aufgabe:

Ebenso wie bei der Erl. nach den Fragen 248 und 249 wird zunächst der Schematurm hingeschrieben, jedoch um den Beschickungswert BWS und den Kak ergänzt. Dann werden die bekannten Werte, nämlich Kartenkurs, Mißweisung und Ablenkung (letztere hier im Beispiel vorgegeben, sonst der Steuertafel entnommen) mit ihrem Vorzeichen eingesetzt und der gesuchte Magnetkompaßkurs

durch Rechnung von unten nach oben ermittelt, wobei mit umgekehrten Vorzeichen zu rechnen ist.

MgK	=	092°	
Abl	=	+5°	
mwK	=	097°	
Mw	=	−2°	Rechengang
rwK	=	095°	
BWS	=	+12°	
KaK	=	107°	

107° wird der Seekarte entnommen. Am Magnetkompaß sind 092° zu steuern.

Gekoppelter Schiffsort

256

Was verstehen Sie unter dem Koppelort?

Antwort: ●●
Das ist der aus Kurs(en) und Distanz(en) unter Berücksichtigung aller vorhersehbaren Einflüsse, den Strom eingeschlossen, ermittelte Schiffsort.

Zu Frage 256:

Der Koppelort wird in der Seekarte unter Berücksichtigung der gesteuerten rechtweisenden Kurse, der abgelaufenen Distanzen und aller vorhersehbaren Einflüsse, den Strom eingeschlossen, ermittelt. Zeichnerisch ist der Koppelort in der Seekarte leicht darzustellen, in dem man an den Abfahrtsort den rechtweisenden Kurs einträgt und auf der Kurslinie die zurückgelegte Distanz absteckt. Der Koppelort wird mit einem zur Kurslinie senkrechten Strich und der entsprechenden Uhrzeit in der Seekarte vermerkt.

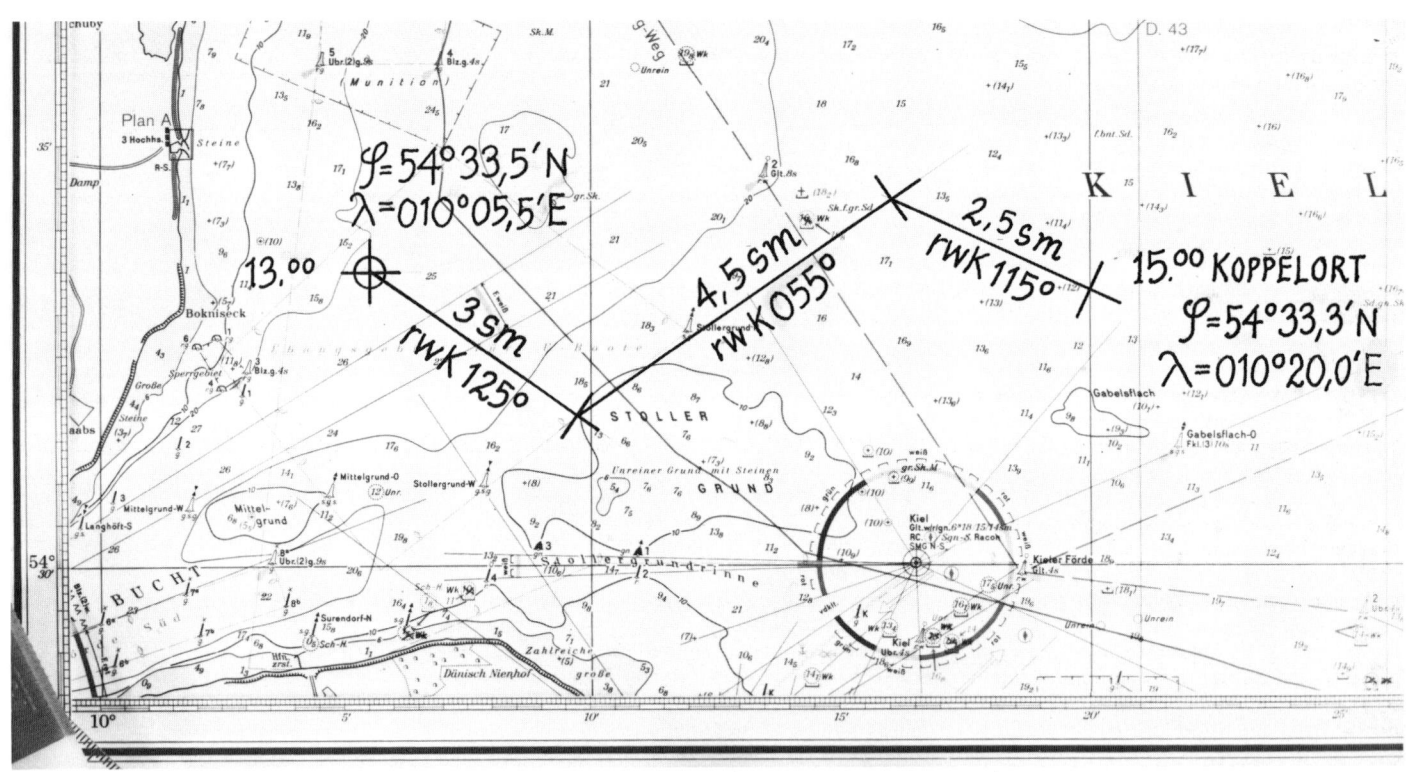

Beispiel: Eine Segelyacht steht um 13.00 Uhr auf der Position 54° 33,5′ N, 010° 05,5′ E und segelt anschließend bis 15.00 Uhr: 3 sm rwK 125°, 4,5 sm rwK 055° und 2,5 sm rwK 115 °. Welcher Koppelort ergibt sich hieraus für 15.00 Uhr?
Nachdem die Kurse und Distanzen nachein-ander in die Seekarte eingetragen wurden, ergibt sich um 15.00 Uhr der Koppelort 54° 33,3′ N, 010° 20,0′ E.

Beachte: Da bei der Bestimmung des Koppel-ortes Fehlerquellen vorliegen können (unbe-kannte Strömung, nicht richtig eingeschätzte Strom- und Windversetzung, Fehler in der Distanzermittlung, Steuerfehler usw.) kann er nur als ungefährer Schiffsort angesehen werden. Daher sollte, wenn der Koppelort in der Nähe von Untiefe und Schiffahrtshinder-nissen liegt, besondere Vorsicht walten!

Aufstellung des Magnetkompasses an Bord

257

Was müssen Sie bei der Aufstellung eines Magnetkompasses an Bord beachten?

Antwort:

1. Sein Steuerstrich muß mit der Kiellinie zusammenfallen oder parallel dazu verlaufen.
2. Der Kompaß muß gut ablesbar sein.
3. Die Nähe von Eisenteilen und elektrischen Geräten soll vermieden werden.

Zu Frage 257:   Vgl. Erl. zu Fragen 243 bis 247

Die Gezeiten

258

Was verstehen Sie unter Ebbe?

Antwort: ●

Das Fallen des Wassers vom Hochwasser zum folgenden Niedrigwasser.

259

Was verstehen Sie unter Flut?

Antwort: ●

Das Steigen des Wassers vom Niedrigwasser zum folgen-den Hochwasser.

260

Was verstehen Sie unter einer Tide?

Antwort: ●

Der Teil der Gezeit zwischen einem Niedrigwasser und dem nächstfolgenden Niedrigwasser.

261
Was ist Niedrigwasser?

Antwort:
Der Eintritt des niedrigsten Wasserstandes beim Übergang vom Fallen zum Steigen.

262
Was ist Hochwasser?

Antwort:
Der Eintritt des höchsten Wasserstandes beim Übergang vom Steigen zum Fallen.

Zu Fragen 258 bis 262:

Hinweis: Ein Beispiel dafür, wie die Gezeitenströme bei allen Wasserständen im Elbegebiet laufen, ist die „Stromscheibe Elbe", erschienen in der Busseschen Verlagshandlung GmbH, Herford.

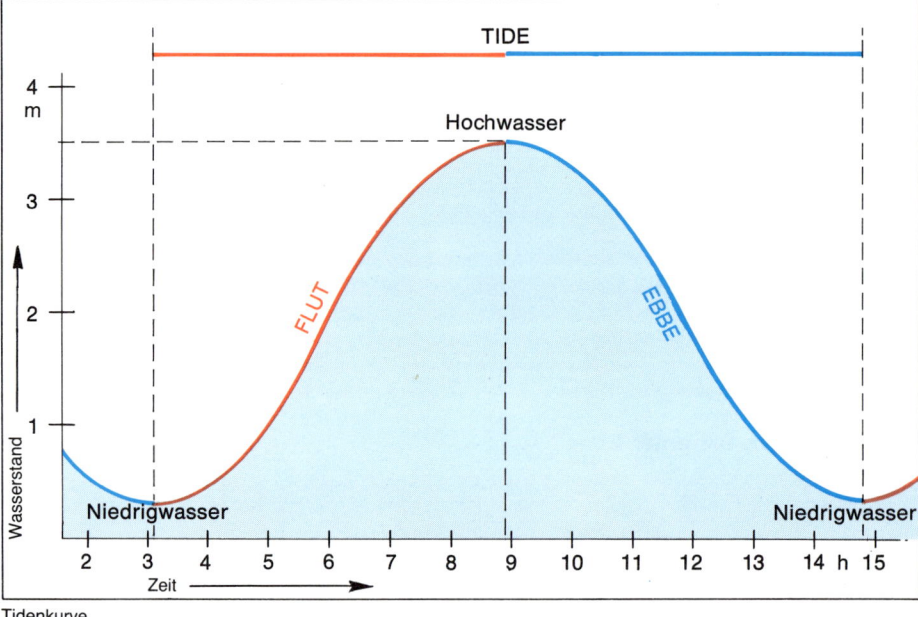

Tidenkurve

263

Wo finden Sie für einen bestimmten Ort die Angaben über Hoch- und Niedrigwasserzeiten und den Tidenhub?

Antwort:

In den Gezeitentafeln (Tidenkalendern).

Zu Frage 263:

Hinweis: Vgl. Erl. zu Frage 223

Auszug aus dem Tidenkalender

45

Hamburg (St. Pauli) 1983

Tag	Januar				Tag	Februar			
	HW		NW			HW		NW	
	Uhr	Uhr	Uhr	Uhr		Uhr	Uhr	Uhr	Uhr
1 S	5.28	18.02	0.34	13.10	1 D	7.01	19.37	2.08	14.50
2 S	6.19	18.57	1.25	14.06	2 M	7.46	20.20	2.52	15.34
					3 D	8.29	21.01	3.33	16.14
3 M	7.10	19.48	2.16	15.00	4 F 3	9.11	21.41	4.14	16.51
4 D	7.57	20.36	3.02	15.49	5 S	9.53	22.22	4.55	17.29
5 M	8.46	21.25	3.48	16.36	6 S	10.41	23.11	5.38	18.14
6 D 3	9.36	22.17	4.37	17.26					
7 F	10.30	23.11	5.29	18.18	7 M	11.44		6.36	19.15
8 S	11.30		6.26	19.15	8 D	0.19	13.02	7.54	20.32
9 S	0.11	12.38	7.32	20.19	9 M	1.39	14.22	9.20	21.49
					10 D	2.51	15.26	10.31	22.49
10 M	1.18	13.49	8.45	21.24	11 F	3.46	16.14	11.23	23.33
11 D	2.24	14.54	9.55	22.23	12 S	4.28	16.51		12.02
12 M	3.20	15.47	10.53	23.11	13 S 0	5.04	17.27	0.11	12.38
13 D	4.06	16.30	11.39	23.51					
14 F 0	4.45	17.06		12.17	14 M	5.39	18.02	0.47	13.14
15 S	5.20	17.40	0.26	12.52	15 D	6.12	18.35	1.20	13.47
16 S	5.54	18.16	1.00	13.28	16 M	6.44	19.06	1.51	14.18
					17 D	7.16	19.39	2.21	14.51
17 M	6.27	18.50	1.33	14.02	18 F	7.51	20.15	2.55	15.26
18 D	6.59	19.22	2.04	14.35	19 S	8.25	20.48	3.30	15.59
19 M	7.32	19.58	2.36	15.09	20 S 1	8.56	21.18	4.02	16.26
20 D	8.08	20.36	3.10	15.46					
21 F	8.46	21.14	3.47	16.22	21 M	9.31	22.00	4.35	17.02
22 S 1	9.22	21.54	4.24	16.57	22 D	10.29	23.08	5.27	18.04
23 S	10.06	22.44	5.06	17.42	23 M	11.54		6.49	19.33
					24 D	0.36	13.28	8.27	21.06
24 M	11.08	23.52	6.06	18.48	25 F	2.05	14.52	9.58	22.25
25 D			12.27	7.24	20.08	26 S	3.21	16.01	11.10	23.28
26 M	1.10	13.47	8.50	21.27	27 S 2	4.21	16.58		12.09
27 D	2.26	15.01	10.08	22.36					
28 F 2	3.32	16.06	11.14	23.35	28 M	5.12	17.47	0.21	13.00
29 S	4.29	17.04		12.12					
30 S	5.21	17.57	0.27	13.07					
31 M	6.12	18.49	1.18	14.00					

0 : Neumond   1 : Erstes Viertel   2 : Vollmond   3 : Letztes Viertel

Mitteleuropäische Zeit

264

Wie lange sind Gezeitentafeln gültig?

Antwort:

Nur für das Jahr, für das sie herausgegeben sind.

Manövrieren

Verhalten in engen Gewässern

265

Wie müssen Sie in engen Gewässern Ihre Fahrt einrichten?

Antwort:

Vorsichtig und langsam fahren; Sog und Wellenschlag vermeiden.

Zu Frage 265:

Wichtiger Grundsatz: In engen Gewässern ist die besondere Geschwindigkeitsregel, daß das Fahrzeug jederzeit der Verkehrslage und der Beschaffenheit der Seeschifffahrtstraße genügt und nötigenfalls rechtzeitig aufgestoppt werden kann, mit besonderer Aufmerksamkeit zu beachten, da wenig Raum für Ausweichmanöver vorhanden ist.

Beachte: Zu hohe Fahrt verursacht eine starke Brandungswelle am Ufer, die zu Schäden an festgemachten Fahrzeugen und Anlegern führen kann. Bei geringer Wassertiefe besteht zusätzlich die Gefahr, daß sich das Heck absenkt und die Steuerfähigkeit verloren geht (vgl. Erl. zu Fragen 283 und 284).

Vorschriften: § 26 Abs. 1 und Abs. 4 SeeSchStrO

Hinweise: Allgemeine Geschwindigkeitsregel vgl. Erl. zu Frage 28; Fahrgeschwindigkeit bei schutzbedürftigen Anlagen und Stellen am Ufer (Schiffahrtzeichen) vgl. Fragen 148 ff.

266

Warum soll ein kleines Fahrzeug nicht dicht an ein großes in Fahrt befindliches Fahrzeug heranfahren?

Antwort:

Es kann durch dessen Bug- oder Heckwelle kentern oder durch den Sog mit dem Fahrzeug kollidieren.

Zu Frage 266:

Beachte: Das zu dichte Heranfahren an andere in Fahrt befindliche Fahrzeuge ist als Verstoß gegen die Vorsichtsmaßregeln nach Seemannsbrauch und damit gegen die Grundregel für das Verhalten im Verkehr anzusehen (§ 3 Abs. 1 SeeSchStrO). Außerdem liegt in diesem Verhalten ein Verstoß gegen die Pflicht, Vorfahrt- oder Ausweichmanöver rechtzeitig und entschlossen durchzuführen und dadurch Manöver des letzten Augenblicks zu verhindern (vgl. Fragen 11 und 91).

267

Warum soll man möglichst gegen Strom und Wind anlegen?

Antwort:

Weil sich das Fahrzeug dabei besser manövrieren läßt.

Zu Frage 267: **Hinweis:** vgl. Erl. zu Frage 277 ff.; Anlegemanöver vgl. Teil III. Abschn. 5

268

Wie verhalten Sie sich beim Begegnen mit anderen Fahrzeugen in einem engen Fahrwasser?

Antwort: ●

Nach rechts ausweichen, Geschwindigkeit herabsetzen, ausreichenden Abstand halten.

Zu Frage 268:

Begegnen im engen Fahrwasser

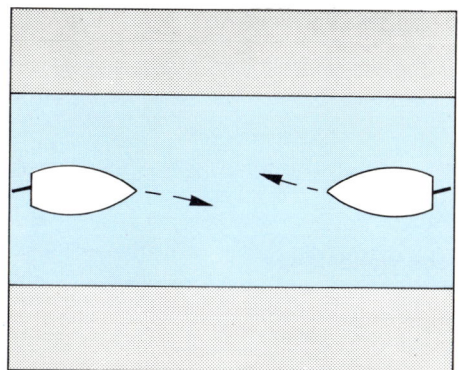

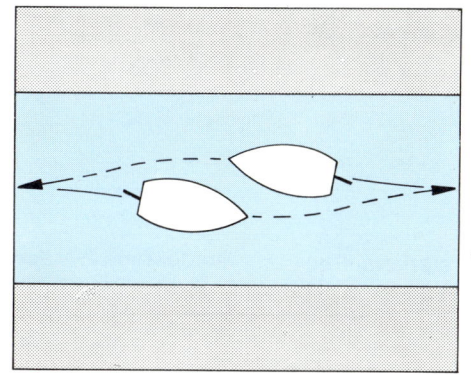

Merke: Ein geringer Passierabstand zwischen den Fahrzeugen ist nicht so gefährlich, wie eine zu große Annäherung an das Ufer.

Hinweise: Ausweichregeln beim Begegnen vgl. Frage 79; Fahrgeschwindigkeit in engen Gewässern vgl. Erl. zu Frage 265; zum Begriff des Überholens vgl. Frage 12.

Rechtzeitig Geschwindigkeit reduzieren. Nicht zu früh ausweichen. Stb-Ruderlage, so daß ausreichender Passierabstand gewährleistet ist.

Frühzeitig beim Begegnen Bb-Ruderlage, um die Fahrwassermitte wieder zu erreichen.

Überholen

269

Welche Gefahren können entstehen, wenn ein größeres Fahrzeug Sie überholt?

Antwort: ●●●

Mein Fahrzeug kann durch Stau, Sog oder Schwall aus dem Kurs laufen, querschlagen, in flachen Gewässern auf Grund laufen; Gefahr des Überbordfallens.

270

Wie ist ein Überholmanöver durchzuführen?

Antwort: ●●

Zügig und im ausreichenden Abstand und nur dann, wenn die Verkehrslage es erlaubt.

Zu Fragen 269 und 270:

Wichtige Grundsätze für das Überholen:

1. Das Überholen ist nur gestattet, wenn das Fahrwasser unter Berücksichtigung der Verkehrslage hinreichenden Raum für die Vorbeifahrt gewährt, insbesondere während des ganzen Überholmanövers jede Gefährdung des Gegenverkehrs ausgeschlossen ist und kein ausdrückliches Überholverbot besteht.
2. Das überholende Fahrzeug muß die Fahrt soweit herabsetzen oder einen solchen seitlichen Abstand vom vorausfahrenden Fahrzeug einhalten, daß kein gefährlicher Sog entstehen kann.
3. Das vorausfahrende Fahrzeug muß das Überholen soweit wie möglich erleichtern.

(§ 23 Abs. 1 und Abs. 3 SeeSchStrO)

Merke: Zur Vermeidung von Gefahren, die durch das Überholen eines größeren Fahrzeugs entstehen, sollten Sie durch den Ruf „Achtung Schwell" alle Besatzungsmitglieder warnen, um ein Überbordfallen zu verhindern. Außerdem sollten Sie, wenn das große Fahrzeug in sehr dichtem Abstand passiert und daher große Soggefahr besteht, seitlich vom Schiff wegsteuern und anschließend im Winkel von 90 Grad durch die Heckwelle steuern.

Hinweise: Definition vgl. Frage 12; Überholverbote vgl. Fragen 131 ff.

Schleppen

271

Wie lang sollte eine Schleppleine bei starkem Seegang sein?

Antwort: ●

Mindestens 2- oder 3fache Wellenlänge.

272

Was ist zu beachten, wenn ein Sportboot geschleppt werden soll?

Antwort: ●●●

1. **Die Schleppleine darf bei der Übergabe nicht in die Schraube gelangen.**
2. **Die Schleppleine ist den Seegangsverhältnissen anzupassen:**
   Bei ruhiger See genügt eine kurze Schleppleine,
   bei starkem Seegang soll die Schleppleine mindestens 2- oder 3fache Wellenlänge haben.
3. **Ein ruckartiges Steifkommen der Schleppleine ist zu vermeiden.**
4. **Die Schleppgeschwindigkeit darf nicht größer sein als die Geschwindigkeit, die der Anhang freifahrend bei Verdrängerfahrt erreichen kann.**

273

Wie vertäuen Sie Ihr Boot, wenn Sie längsseits geschleppt werden?

Antwort: ●●

Durch 2 Querleinen (vorn und achtern je eine) sowie durch eine Vor- und eine Achterspring. Das Heck des schleppenden Fahrzeugs soll über das Heck des geschleppten Fahrzeugs hinausragen.

Zu Fragen 271 bis 273:

Schleppen bei starkem Seegang

Beachte: Die Länge der Schleppleine sollte bei starkem Seegang so bemessen sein, daß sich schleppendes und geschlepptes Fahrzeug zur gleichen Zeit auf dem Wellenberg oder im Wellental befinden. Sie sollte möglichst in gut verankerten Klampen, notfalls am Mast oder an Aufbauten befestigt werden. Druckpunkte sollen durch Fender oder Bretter geschützt werden. Bei ruhigem Wetter genügt eine kurze Schleppleine.

Längsseits schleppen

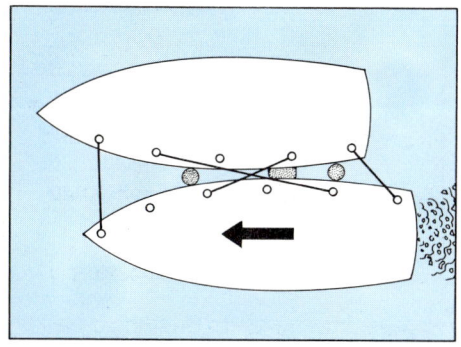

Beachte: Das Längsseitsschleppen sollte nur bei verhältnismäßig ruhigem Wasser durchgeführt werden. Fender ausbringen!

Wichtiger Hinweis: Motorsportfahrzeuge, die andere Sportfahrzeuge schleppen, gelten nicht als schleppende Maschinenfahrzeuge im Sinne der Seestraßenordnung (§ 2 Abs. 1 Nr. 8 SeeSchStrO). Das bedeutet, daß sich schleppende Sportfahrzeuge nicht als Schleppverband kennzeichnen müssen (vgl. Regel 24 SeeStrO).

Ankern

274

Wieviel Ankerkette bzw. -leine soll man normalerweise beim Ankern ausstecken?

Antwort: ●

Mindestens die dreifache Wassertiefe bei Kette oder fünffache bei Leine.

Zu Frage 274:

Wichtige Grundsätze für das Ankern:

■ Der Anker gräbt sich je nach Bauart durch den Zug der Kette mit einem oder zwei Flunken in den Grund ein.

■ Durch das Gewicht der Ankerkette liegt der Schaft des Ankers am Grund, so daß der Zug der Kette parallel zum Boden wirkt und sich die Flunken eingraben können.

Durch den Zug der Kette parallel zum Grund gräbt sich der Anker ein.

■ Jede Ankerleine sollte daher einen Kettenvorläufer haben.

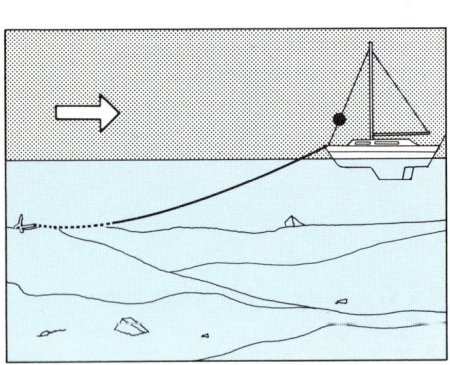

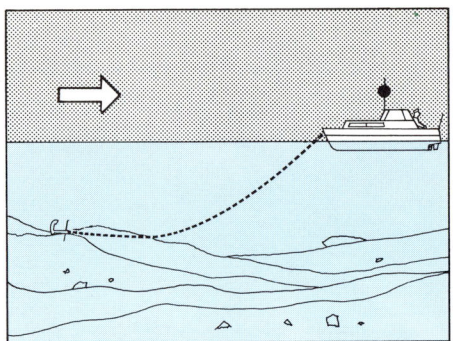

■ Die Länge der Ankerkette sollte mindestens das dreifache der Wassertiefe betragen.

■ Das Gewicht des Ankers sollte der Bootsgröße angepaßt sein.

■ Auf Sportbooten finden überwiegend folgende Ankerarten Verwendung: Stockanker mit beiklappbaren Stock u. Flunken (1), Danforth-Anker (2), Draggen mit beiklappbaren Flunken (3) und Pflugscharanker (4).

■ Jedes größere Sportboot sollte einen Reserveanker an Bord haben.

■ Der Ankerplatz sollte Schutz gegen Wind und Seegang bieten.

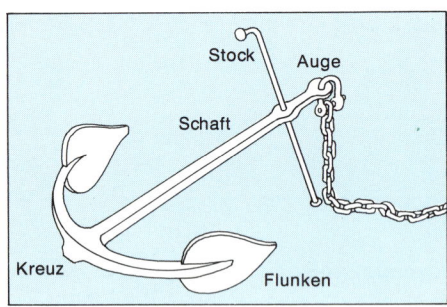

Stockanker (1)

■ Als Ankergrund eignet sich am besten Sand, Ton und Lehm. Steinige und schlammige Ankergründe sind zu meiden.

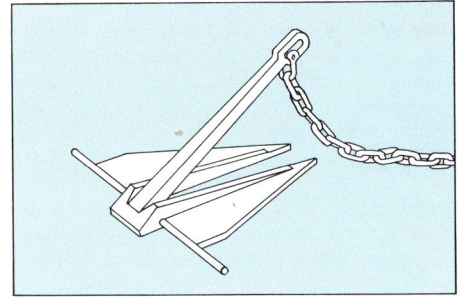

Danforth-Anker (2)

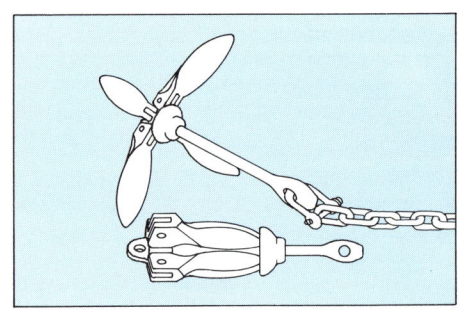

Draggen (3)

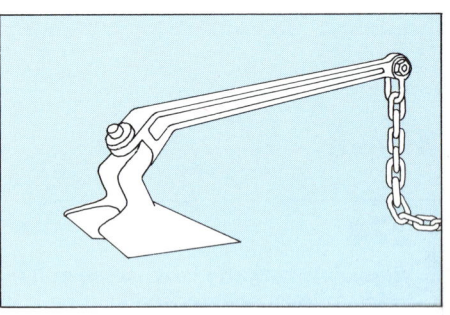

Pflugscharanker (4)

- Die Gezeiten sind zu beachten; es muß immer ausreichend Wasser unter dem Kiel bleiben.

- Das vor Anker liegende Fahrzeug muß frei von Nachbarbooten schwojen (drehen) können, wenn der Wind dreht oder der Strom seine Richtung ändert.

- Bevor der Anker geworfen wird, ist das Fahrzeug in den Wind zu drehen und aufzustoppen.

- Der Anker sollte erst geworfen werden, wenn das Fahrzeug Fahrt achteraus macht.

- Ankerball setzen!

- Wenn beim Ankerlichten zuviel Druck auf der Ankerketten ist, diesen durch langsame Fahrt voraus verringern.

Hinweise: Sichtzeichen und Schallsignale beim Ankern vgl. Fragen 61 ff. und 64 ff.; Ankerverbote vgl. Erl. zu Frage 138; Sicherheitsausrüstung vgl. Erl. zu Frage 319.

275

Woran können Sie erkennen, ob der Anker hält?

Antwort: ●●

Durch wiederholtes Peilen verschiedener Objekte. Der Schiffsort darf sich nicht wesentlich ändern.

276

Warum sollen Sie sich die Ankerpeilungen aufschreiben?

Antwort: ●

Um mit Kontrollpeilungen festzustellen, ob das Fahrzeug vertrieben ist.

Zu Fragen 275 und 276:   **Hinweise:** Vgl. Erl. zu Fragen 252 ff.

Kontrolle des Schiffsortes durch Kreuzpeilung

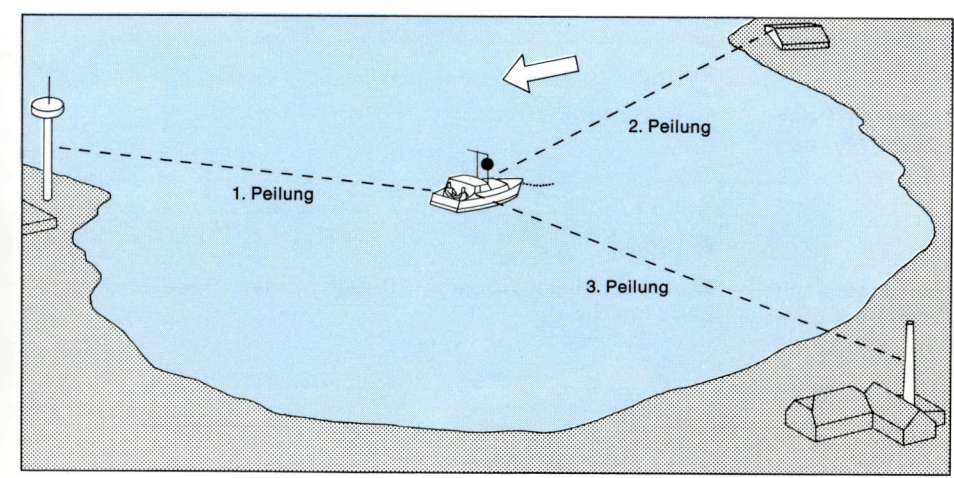

1. Peilung

2. Peilung

3. Peilung

Anlegen

277

Welches ist der günstigste Anlaufwinkel beim Anlegen in stromfreien Gewässern?

Antwort:

Ein möglichst spitzer Winkel.

278

Welche äußeren Einflüsse können sich auf die Manövrierfähigkeit Ihres Bootes auswirken?

Antwort:

Wind, Seegang, Strom, Sog, Wassertiefe.

279

Was verstehen Sie unter einer rechtsdrehenden Schraube?

Antwort:

Sie dreht sich bei Vorwärtsgang der Maschine in Fahrtrichtung von hinten gesehen nach rechts.

280

Was verstehen Sie unter einer linksdrehenden Schraube?

Antwort:

Sie dreht sich bei Vorwärtsgang der Maschine in Fahrtrichtung von hinten gesehen nach links.

281

Nach welcher Seite dreht sich im allgemeinen das Heck im Rückwärtsgang bei einer rechtsdrehenden Schraube?

Antwort:

Nach Backbord.

282

Warum ist beim Anlegemanöver bei Sportbooten mit rechtsdrehender Schraube die Backbordseite am günstigsten, und zwar ohne Berücksichtigung von Strom und Wind?

Antwort:

Weil bei Rückwärtsgang (Stoppen) das Heck nach dem Land hin dreht.

Zu Fragen 277 bis 282:

Hinweise: Zur Durchführung des Anlegemanövers vgl. Teil III Abschn. 5.2.2; zur Steuerwirkung vgl. Teil III Abschn. 4.3.

Wirkungsweise der Schraube

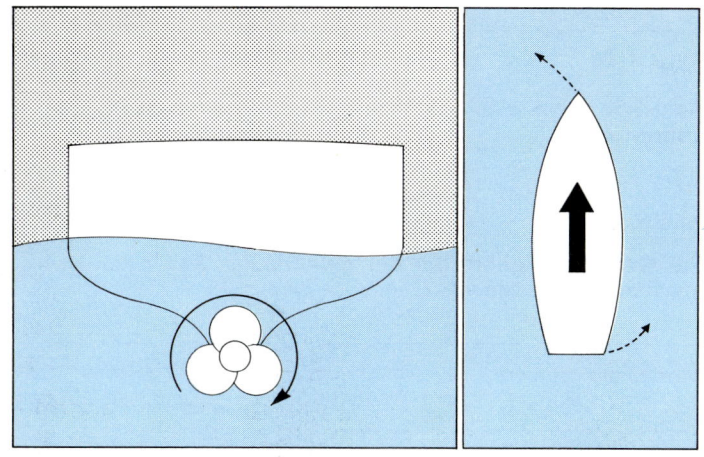

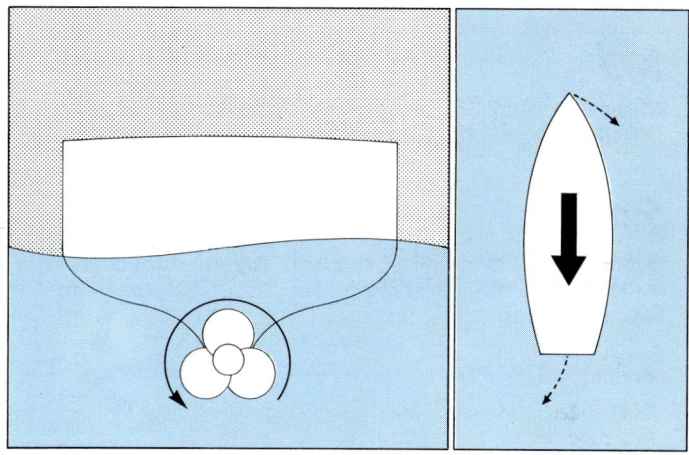

Bei rechtsdrehender Schraube dreht das Heck im allgemeinen nach Stb, wenn das Fahrzeug bei Mittschiffsruderlage Fahrt voraus aufnimmt,

dreht das Heck im allgemeinen nach Bb, wenn das Fahrzeug bei Mittschiffsruderlage Rückwärtsfahrt aufnimmt.

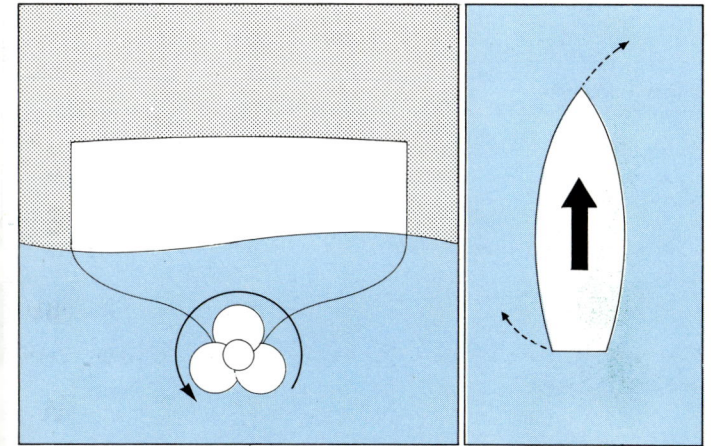

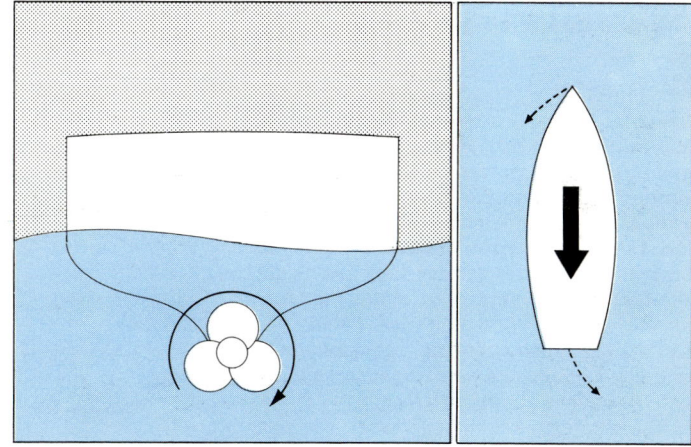

Bei linksdrehender Schraube dreht das Heck im allgemeinen nach Bb, wenn das Fahrzeug bei Mittschiffsruderlage Fahrt voraus aufnimmt,

dreht das Heck im allgemeinen nach Stb, wenn das Fahrzeug bei Mittschiffsruderlage Rückwärtsfahrt aufnimmt.

Geschwindigkeit

283

Warum müssen Sie bei geringer Wassertiefe mit der Geschwindigkeit heruntergehen?

Antwort: ●●

Das Heck kann sich absenken, die Steuerfähigkeit kann verlorengehen.

284

Welche Geschwindigkeit müssen Sie in engen Gewässern wählen, in denen am Ufer festgemachte Fahrzeuge liegen?

Antwort: ●●

Eine Geschwindigkeit, bei der gefährlicher Sog oder Wellenschlag vermieden wird.

Zu Fragen 283 und 284:

Hinweise: Zur Fahrgeschwindigkeit in engen Gewässern vgl. Erl. zu Frage 265; zum Begriff der „sicheren Geschwindigkeit" vgl. Frage 28; zur Fahrgeschwindigkeit bei Nebel vgl. Frage 93; Schiffahrtzeichen „Sog und Wellenschlag vermeiden" vgl. Fragen 148 ff.

285

Wie kann ein steuerunfähiges Sportboot mit dem Bug in den Wind gehalten werden?

Antwort: ●

Mit dem Treibanker.

Zu Frage 285:

Beachte: Fällt bei schwerer See der Motor aus, so besteht die Gefahr des Querschlagens und Kenterns. Es muß daher versucht werden, den Bug des Fahrzeugs mit einem Treibanker gegen Wind und Seegang zu halten. Durch seine Form findet der Treibanker im Wasser mehr Widerstand als das Schiff. Am Bug ausgebracht, wird er das Fahrzeug ständig gegen Wind und See halten. Die Länge der ausgesteckten Treibankerleine und die Wellenlänge sollten gleich sein. Ein am Treibanker angebrachter und mit Öl gefüllter Beutel glättet das Wasser vor dem Schiff. Befindet sich kein Treibanker an Bord, so kann man sich mit einem lang weggefierten Anker oder einer lang ausgesteckten Trosse behelfen.

Fahrzeug mit ausgebrachtem Treibanker

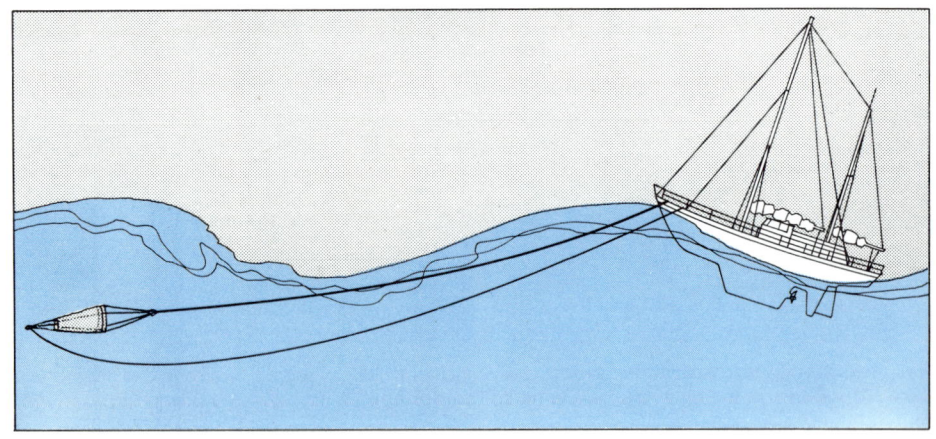

Wetterkunde

Allgemeines

286

Was bedeutet folgendes Zeichen in der Wetterkarte:

Antwort: ●●

Windrichtung und -stärke (Windpfeil): Nordwest 3, Bewölkungsgrad (Stationskreis): Wolkenlos.

Zu Frage 286:

Beachte: Die Fieder am Windpfeil weisen immer in Richtung des tiefen Druckes (Windrichtung). Jeder lange Strich bedeutet zwei Bft-Stärken (Windstärke), jeder kurze Strich eine Bft-Stärke. Der Bewölkungsgrad ergibt sich aus der Schwärzung des Kreises.

Hinweise: Weitere Wettersymbole vgl. die Seewetterkarte in Erl. zu Frage 294.

287

Welche Angaben liefert Ihnen die Beaufort-Skala?

Antwort: ●

Einheiten der Windstärke von 0 bis 12 und die Auswirkungen des Windes auf die See.

Zu Frage 287:

In der linken Spalte der Beaufort-Skala sind die Windstärken von 0–12 aufgeführt. Die entsprechenden Windgeschwindigkeiten sind in der rechten Spalte der Beaufort-Skala vermerkt.

Beaufort-Skala	Bezeichnung des Windes	Mittlere Windgeschw. nach internat. Skala in Knoten
0	Windstille	< 1
1	Leiser Zug	1— 3
2	Leichte Brise	4— 6
3	Schwache Brise	7—10
4	Mäßige Brise	11—15
5	Frische Brise	16—21
6	Starker Wind	22—27
7	Steifer Wind	28—33
8	Stürmischer Wind	34—40
9	Sturm	41—47
10	Schwerer Sturm	48—55
11	orkanartiger Sturm	56—63
12	Orkan	≧ 64

Einfluß des Luftdrucks auf die Wetterentwicklung

288

In welcher Maßeinheit wird der Luftdruck angegeben?

Antwort:

In Millibar (mbar)

Zu Frage 288:

Der Luftdruck wird mit dem Barometer gemessen.

Merke: Der mittlere Luftdruck auf Meereshöhe beträgt 1013 mbar.

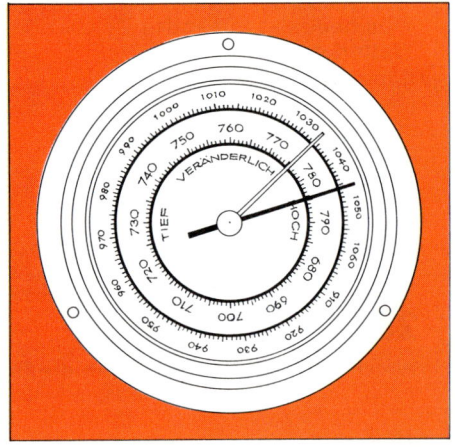

289

Welche Schlüsse können Sie aus raschen Luftdruckänderungen ziehen?

Antwort:

Schnelle Wetteränderung.

290

Was bedeutet rasches Fallen des Luftdruckes?

Antwort:

In der Mehrzahl der Fälle Starkwind- oder Sturmgefahr.

Zu Fragen 289 und 290:

Beachte: Durch raschen Druckfall am Boden verstärkt sich das horziontale Druckgefälle. Dabei kann der Druckfall die Heranziehung eines bereits ausgebildeten Tiefs oder die Neubildung eines Tiefs bedeuten. Besonders im ersten Fall ist mit starkem Rückdrehen des Windes zu rechnen.

291

Was können Sie für eine Wetterentwicklung erwarten, wenn in unseren Breiten der Luftdruck um mehr als 1 Millibar in der Stunde fällt?

Antwort:

Es gibt Starkwind oder Sturm.

●●

Zu Frage 291: **Beachte:** Starker Druckanstieg ist nicht umgekehrt immer mit einer Windabnahme verbunden. Im Bereich eines umfangreichen Hochs werden z. B. durch Druckanstieg die Ausströmvorgänge und damit der Wind intensiviert.

Wetterkarte

292

Was bedeuten die um einen Hoch- oder Tiefdruckkern in der Wetterkarte abgebildeten Linien?

Antwort:

Linien, die Orte gleichen Luftdruckes miteinander verbinden (Isobaren).

●●

Zu Frage 292: **Beachte:** Isobaren verlaufen
- fast parallel zur Windrichtung
- in etwa gleichen Abständen. Zum Kern des Tiefs hin werden Isobaren dichter. Die Isobarendichte ist ein Maßstab für die Windstärke.

293

Erklären Sie folgende Abbildung:

Antwort:

Hochdruckgebiet. Zahlenangaben an den Isobaren in mbar.

●●

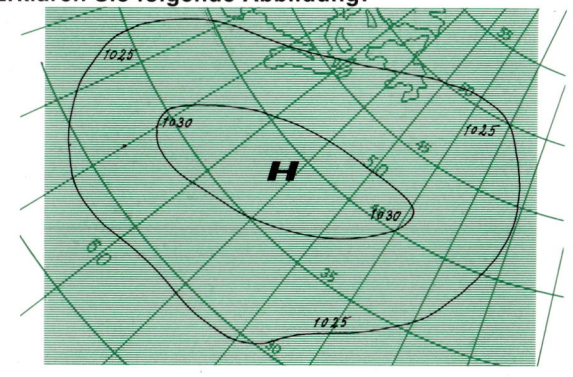

Zu Frage 293: **Beachte:** Die Strömungsrichtung erfolgt im Uhrzeigersinn (antizyklonal, im mathematischen Sinn rechts).

294

Erklären Sie folgende Abbildung:

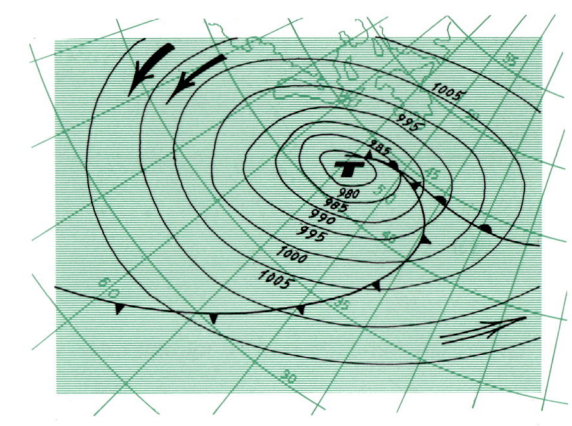

Antwort: ● ● ●

Tiefdruckgebiet auf Nordbreite mit Warm- und Kaltfront sowie Warmsektor, ferner Angaben über das Druck- und Windfeld im Bereich des Tiefs.

Zu Frage 294:

Beachte: In den vom Deutschen Wetterdienst veröffentlichten Wetterkarten werden die Isobaren in der Regel in Abständen von fünf zu fünf mbar gezeichnet, im britischen Wetterdienst z. B. jedoch von vier zu vier mbar. Das bedeutet, daß hier bei gleichen Druckgegensätzen die Isobaren enger gezeichnet sind.

Die Wetterkarte des 5. August 1949, 18.00 Uhr UTC (Universal Time Co-ordinated)

Allgemeine Lage

Der 5. August 1949 war in Deutschland ein sommerlich heiterer Tag; bei geringer Bewölkung herrschte Sonnenschein. Die Temperaturen lagen am späten Nachmittag nördlich der mitteldeutschen Gebirge bei 20—22 Grad Celsius. Im Alpenvorland betrugen sie abends immer noch 29 Grad Celsius. Dabei herrschte Windstille oder es wehten leichte Winde. Auch über großen Teilen Frankreichs war der Himmel heiter bis wolkenlos. Bei leichter Süd- bis Südost-Strömung hielten sich hier die Temperaturen bei 30 Grad Celsius. An diesem Tag überquerte eine *Warmfront* die Britischen Inseln und die Nordsee. Der Warmluftsektor reichte weit über Schottland hinaus. Die Warmluft erzeugte verbreitet Niederschlag mit anhaltendem *Landregen*, der sich rasch gegen Island hin ausbreitete. Ihr nachfolgend hatte die zugehörige *Kaltfront* Irland bereits überquert.

Fronten und Regen gehörten zu einem *Tief*, das über den Nordatlantik gezogen war; der Kern des Tiefs lag an diesem Abend zwischen Irland und Island.

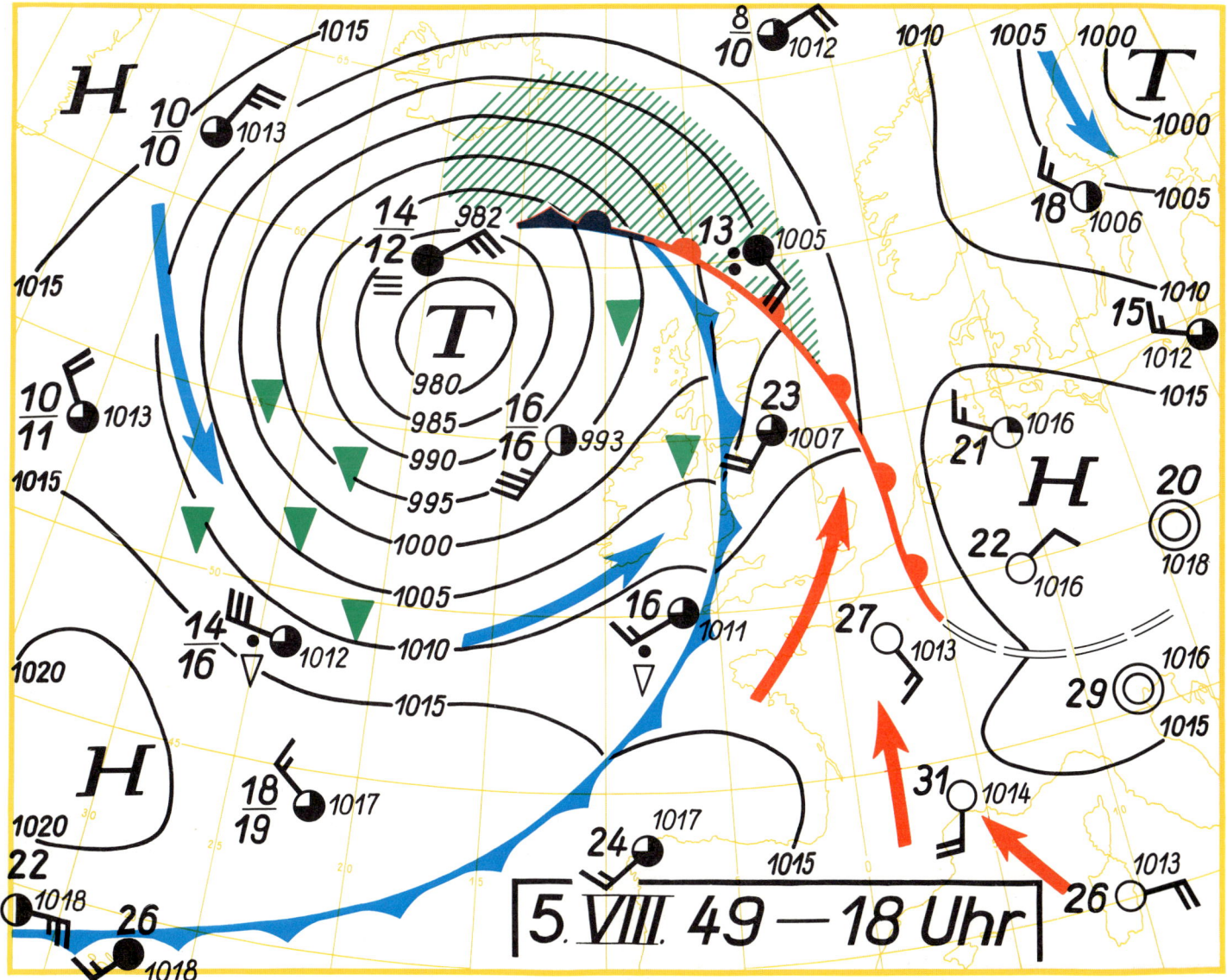

Die Wetterkarte des 5. August 1949, 18.00 Uhr UTC

Erklärung der Symbole

Windrichtung und Stärke:

Westwind Stärke 5

Windstille

die Windpfeile fliegen mit dem Wind, die Befiederung gibt die Stärke des Windes nach der Beaufort Skala an. Bei Windstille weist die Station anstelle des Windpfeiles einen weiteren Kreis um den Stationskreis auf.

Bedeckung:

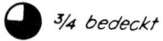

3/4 bedeckt

die Schätzung der Gesamtbewölkung ist in Vierteln der sichtbaren Himmelsfläche eingetragen.

Niederschläge usw.:

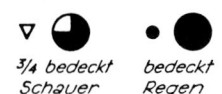

3/4 bedeckt Schauer   *bedeckt Regen*

Regen, Schnee, Schauer, Hagel, auch Nebel sind mit den üblichen Wetterdienst-Symbolen neben der Station eingetragen.

Temperatur:

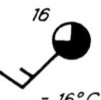

16

= 16°C

sie ist in „Grad Celsius" der Station beigeschrieben. Schiffe melden die Temperatur der Luft **und** des Oberflächenwassers. Bei ihnen stehen daher zwei Angaben der Temperatur, und zwar über dem Bruchstrich die Temperatur der Luft, darunter die Temperatur des Wassers. Diese Angaben lehren uns, ob die Luft wärmer oder kälter als das Seewasser ist. Die Luftströmungen auf großen Wasserflächen gleichen ihre Temperatur dem Wasser an. An den Temperatur-Differenzen lesen wir also ab, ob über einer Wasserfläche wärmere (Warmluft) oder kältere (Kaltluft) lagert oder fließt.

Luftdruck:

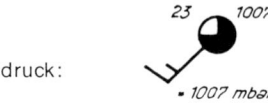

23   *1007*

= 1007 mbar

Die Luftdruck-Angaben der Stationen sind — auf den Meeresspiegel umgerechnet — noch einmal in Zahlen in Millibar angeschrieben.

Erklärung der Wetterkarte

Die Wetterkarte vom 5. August 1949 zeigt zwischen Irland und Island ein ausgedehntes Gebiet geschlossener — nahezu kreisförmiger — Isobaren (Linien gleichen Luftdrucks). Der tiefste Druck wird umschlossen von einer Isobare mit dem Luftdruck 980 mbar. Das ganze Gebilde heißt Tief oder Tiefdruckgebiet.

Die Windbeobachtungen im Bereich dieses Tiefs zeigen uns, daß die Strömung das Kerngebiet entgegen der Drehung des Uhrzeigers umkreist. Das Tief, das wir hier vor uns haben, ist also gleichzeitig eine **Zyklone**, d. h., ein riesiger Wirbel. Je nachdem wir daher die Druckverteilung oder das Strömungsbild betrachten, sprechen wir von einem Tiefdruckgebiet oder von einer Zyklone.

Nach Südwesten hin und über Mitteleuropa sind höhere Barometerstände, d. h. stärkerer Druck der Luft auf dem Boden beobachtet. Dementsprechend sind diese Gebiete in ihrem Kern mit *Hoch* (H) bezeichnet. Man nennt sie auch Antizyklonen, da die Strömungen entgegengesetzt der von Zyklonen verlaufen.

Im Bereich der Zyklone zeigen die Stationsmeldungen teilweise beträchtliche Unterschiede in der Lufttemperatur. Über England-Schottland werden Thermometerstände von 23 Grad Celsius beobachtet. Der Wind weht hier aus Südwest mit Stärke 4. Nördlich von Schottland weist die Station auf den Shetland-Inseln jedoch nur

13 Grad Celsius auf. Bei völlig bedecktem Himmel fällt hier *Regen*.

Aufgrund dieses Temperaturgegensatzes ist hier eine Grenze zwischen kühleren Luftmassen mit reichlicher Bewölkung und Regen sowie warmer Luft mit aufgerissener Bewölkung zu ziehen. In unserer Wetterkarte ist sie durch eine Doppellinie mit regelmäßig angesetzten Halbkreisen angeführt (Warmfront = rot). Diese Zeichnung mit ausgefüllten Halbkreisen deutet immer an, daß sich hier anströmende Warmluft, die in der Regel auch verhältnismäßig feucht ist, bis zum Boden durchgesetzt hat.

Die Abgrenzung in der Wetterkarte zwischen warmer Luft über England-Schottland und der aus Südwesten nachrückenden kühlen Luft nennen wir Kaltfront = blau. Sie ist durch eine Doppellinie mit angesetzten Ecken gekennzeichnet. Merke: Eine solche mit ausgefüllten Ecken besetzte Linie auf der Wetterkarte zeigt immer an, daß im Sinne der herrschenden Strömung hinter dieser Kaltfront kühlere Luft — in der Regel mit aufgerissener Schauerbewölkung und Regenschauern — nachdrängt.

Der Verlauf der Kaltfront, die den Hochdruckkern im Südwesten unseres Kartenbildes in weitem Bogen umfaßt, gibt uns eine Vorstellung der Gesamtströmung, die aus nördlichen Richtungen kühlere und wolkenwärmere Luft weit nach Süden verfrachtet.

Entsprechend der jeweiligen Strömungsrichtung sind in die Wetterkarte Strömungspfeile eingezeichnet, und zwar zur Unterscheidung warmer und kalter Strömung in rot bzw. in blau.

Auszug aus Nr. 5 der „Wetterkundlichen Lehrmittel" des Deutschen Wetterdienstes mit dessen freundlicher Genehmigung

295
Wie können Sie Wetterberichte erhalten?

Antwort:

Über Rundfunk, Fernsehen, Zeitung, Fernsprech-Ansagedienst der Deutschen Bundespost, Deutscher Wetterdienst-Seewetteramt, Küstenfunkstellen.

••

Zu Frage 295:

Wichtiger Grundsatz: Das Abhören des Wetterberichtes ist eine der wichtigsten Sicherheitsmaßnahmen vor dem Auslaufen! Aber auch während der Fahrt sollte mehrmals täglich der Wetterbericht abgehört werden, um rechtzeitig die erforderlichen Sicherheitsvorkehrungen treffen zu können (vgl. Erl. zu Frage 310). Für Fahrten über See gehört daher ein Radioapparat oder ein Transistorempfänger unbedingt zur Sicherheitsausrüstung (vgl. Erl. zu Frage 319)! Beachte den Unterschied zwischen allgemeinem Wetterbericht und dem speziellen Seewetterbericht, der genaue Stationsmeldungen und Windstärkenangaben enthält und langsam, zum Mitschreiben, durchgegeben wird.

Informationen über die Wetterlage und Wetteraussichten sind erhältlich:
1. Über die Küstenfunkstellen (KFSt). Die KFSt Norddeich Radio und Kiel Radio senden
   a) zweimal täglich Wetterberichte
   b) in den Wetterberichten und zwischenzeitlich je nach Wetterlage Starkwindwarnungen (für Bft 6–7) und Sturmwarnungen (ab Bft 8)
   c) auf Ersuchen Wetterbericht einschl. Sturmwarnungen, Eisbericht und nautische Warnnachrichten. Diese Berichte auf Ersuchen sind gebührenpflichtig.
2. im Fernsprechansagedienst
   Telefonische Wetterberichte für Norddeutschland mit Stationsmeldungen und Windvorhersagen für die Deutsche Bucht und westliche Ostsee werden laufend verlesen unter der Fernrufnummer Hamburg 11 64; im Sommerhalbjahr (ca. 15. April bis 31. Oktober) wird unter der Rufnummer (0) 11 69 in den Bereichen Hamburg, Schleswig-Holstein, Nordheide und Weser-Ems-Gebiet sowie in den OPD-Bereichen Dortmund, Düsseldorf, Köln und Aachen ein Seewetterbericht für die Küsten- und Sportschiffahrt verbreitet.
3. über die Rundfunksender
   Der Deutschlandfunk (dreimal täglich), Radio Bremen (einmal täglich) und der Norddeutsche Rundfunk, 1. Programm. Windvorhersagen werden gesendet von
   a) NDR/WDR (1. Programm) (s. Programmzeitschriften)
   b) NDR (2. Programm) jeweils im Anschluß an die Nachrichtensendungen
   c) Radio Bremen dreimal täglich
   Ferner sendet der NDR (2. Programm) im Sommerhalbjahr einen Segelsportbericht
4. durch Aushänge
   Wetterkarten und -berichte werden von vielen Behörden in ihren Aushangstellen ausgehängt, z. B. beim Seewetteramt, bei Wetterwarten und Wasser- und Schiffahrtsämtern.

Beachte: die Küstenfunkstellen senden nicht im Mittelwellenbereich, sondern auf der sog. Grenzwelle (1600–4000 kHz), so daß sie nicht mit gewöhnlichen Rundfunkempfängern abgehört werden können.

Wichtiger Hinweis: Die Sendezeiten und Frequenzen der von Küstenfunkstellen und von Rundfunkstationen ausgestrahlten Wetterberichte sind in
1. Teil III des Nautischen Funkdienstes,
2. Yachtfunkdienst (beide herausgegeben von DHI) und
3. Küsten-Almanach (herausgegeben vom Carl Heymanns Verlag)
enthalten.

Wind- und Sturmwarnungen

296
Für welche Windstärken wird eine Starkwindwarnung herausgegeben?

Antwort:

Für Windstärke 6 und 7 der Beaufortskala.

•

297
Für welche Windstärken wird eine Sturmwarnung herausgegeben?

Antwort:

Für Windstärke 8 der Beaufortskala und mehr.

•

298

Was verstehen Sie unter Landwind und wann tritt er in der Regel auf?

Antwort: ● ●

Ablandiger Wind an der Küste von geringer Stärke, der meistens nur nachts auftritt.

299

Was verstehen Sie unter Seewind und wann tritt er in der Regel auf?

Antwort: ● ●

Auflandiger Wind an der Küste, der örtlich auftritt, nachmittags seine größte Stärke (4 bis 5 Bft) erreicht und nachts wieder abflaut.

300

Welche Zuggeschwindigkeit haben Tiefdruckgebiete in unseren Breiten?

Antwort: ● ●

Langsam ziehende Tiefs 5 bis 10 kn, normal ziehende Tiefs 10 bis 20 kn, rasch ziehende Tiefs etwa 20 bis 40 kn.

301

Was verstehen Sie in amtlichen Wetterberichten unter „schwachem Wind"?

Antwort: ● ●

Wind bis zur Stärke 3 der Beaufortskala.

302

Was verstehen Sie in amtlichen Wetterberichten unter „mäßigem Wind"?

Antwort: ● ●

Wind der Stärke 4 der Beaufortskala.

303

Was verstehen Sie in amtlichen Wetterberichten unter „frischem Wind"?

Antwort: ● ●

Wind der Stärke 5 der Beaufortskala.

304

Was verstehen Sie in amtlichen Wetterberichten unter „schwerem Sturm", „orkanartigem Sturm", „Orkan"?

Antwort:

Wind der Stärke 10, 11 bzw. 12 der Beaufortskala.

305

Sie hören im Wetterbericht die Meldung: Sturm aus Südwest rechtdrehend. Was bedeutet das?

Antwort:

Der Sturm dreht in Richtung West (im Uhrzeigersinn).

306

Sie hören im Wetterbericht die Meldung: Sturm aus Südost rückdrehend. Was bedeutet das?

Antwort:

Der Sturm dreht in Richtung Ost (entgegen dem Uhrzeigersinn).

307

Woran erkennt man ein aufziehendes Gewitter?

Antwort:

1. **Turmartige, mächtige Haufenwolken**
2. **ein evtl. vorhandener Wind schläft zunächst ein, frischt danach wieder auf und kommt aus anderer Richtung**
3. **aus einem auf Mittelwelle geschalteten Rundfunkgerät ertönen lange vor Gewitterausbruch starke Störgeräusche.**

308

Welche Gefahren kann ein Gewitter mit sich bringen?

Antwort:

1. **Böen bis Orkanstärke**
2. **Winddrehungen**
3. **starke Regenfälle mit erheblich verminderter Sicht**
4. **Hagelschlag**
5. **Blitzschlag.**

309

Wie verhalten Sie sich bei Gewittergefahr?

Antwort:

1. **Hafen oder zumindest Landschutz aufsuchen**
2. **ggf. Segel stark reffen, besser ganz wegnehmen**
3. **sonstige Maßnahmen wie in schwerem Sturm ergreifen (z. b. alle Gegenstände seefest laschen, Rettungsweste und Sicherheitsgurt anlegen)**
4. **Funkanlagen abschalten**
5. **möglichst keine Metallteile berühren**
6. **Position ermitteln und in die Seekarte eintragen.**

Gewitterhimmel

Zu Fragen 296 bis 309:

Erläuterung: Die Cumuli haben sich mächtig entwickelt. Bei **D** erkennt man die Kondensation in einem aufsteigenden Luftstrom, bei **B** gehäufte Quellformen. Die Wolken geben sehr starke Kontraste von Schatten und Licht, besonders bei **C**. Der Himmel zeigt viele hohe Wolken **EE**, von denen manche vielleicht Ambosswolken von Cumulonimben sind. Das Gewitter trat ungefähr eine Stunde nach der Aufnahme ein.

Sicherheit

Vorbeugende Sicherheitsmaßnahmen vor dem Auslaufen

310

Welche Sicherheitsmaßnahmen treffen Sie vor dem Auslaufen?

Antwort:

Wetterbericht einholen, Treibstoff-, Öl- und Wasservorrat vervollständigen, Überprüfung insbesondere der Rettungsmittel.

Zu Frage 310:

Wichtige Grundsätze:

Vor dem Auslaufen sollte der Fahrzeugführer aufgrund der seemännischen Sorgfaltspflicht folgende Vorsichtsmaßregeln ergreifen (vgl. Frage 109):

❶ Abhören der Wetterberichte, ob Sturm und Starkwind oder verminderte Sicht vorhergesagt wird (vgl. Frage 295).

❷ Überprüfung der Vollzähligkeit der Sicherheitsausrüstung, insbesondere der Rettungsmittel (vgl. Erl. zu Frage 319). Die Ausrüstung ist seefest und stabilitätsgerecht sowie so zu stauen, daß Sie auch bei ungünstigen Wetterverhältnissen ohne Schwierigkeiten an die erforderlichen Ausrüstungsgegenstände (insbesondere Seenotsignalmittel, Rettungswesten) herankommen. Bei umfangreicher Ausrüstung Stauplan anle-

gen und aushängen.

❸ Vervollständigung des Treibstoff-, Öl- und Wasservorrats sowie des Proviants. Zu der benötigten Treibstoffmenge sollte zusätzlich eine Reserve in transportablen zugelassenen Kanistern mitgenommen werden, die mindestens 50 Prozent des errechneten Treibstoffverbrauchs umfassen sollte, um ggf. einen Nothafen anlaufen zu können.

❹ Überprüfung der E-Anlage. Positionslaternen probeweise einschalten und prüfen, ob Akkus in einwandfreiem Zustand und voll aufgeladen sind. Nur so ist sichergestellt, daß die Positionslaternen während der Zeit, in der die Lichterführung vorgeschrieben ist, mit elektrischem Strom gespeist werden können (vgl. Fragen 19 ff.).

❺ Überprüfung der Navigationseinrichtungen. Vor allem ist darauf zu achten, daß die für das betreffende Seegebiet benötigten Seekarten an Bord und auf den neuesten Stand berichtigt sind (vgl. Frage 229).

❻ Überprüfung des Bootskörpers sowie des stehenden und laufenden Gutes. Vor allem ist festzustellen, ob und wieviel Bilgewasser sich im Boot befindet, und das Boot zu lenzen. Nach Verstauen der gesamten Ausrüstung sollte geprüft werden, ob das Boot nicht überladen ist.

❼ Besatzungsmitglieder in ihre Funktion einweisen, Mann-über-Bord-Manöver und Anlegen der Rettungswesten proben!

311

Was soll ein Bootsführer unternehmen, wenn er durch schlechtes Wetter oder andere Umstände länger als vorgesehen aufgehalten wird?

Antwort:

Die Angehörigen verständigen, um aufwendige Suchaktionen zu vermeiden.

312

Was soll ein Bootsführer unternehmen, wenn er Grund zur Annahme haben muß, daß er vermißt wird und dadurch eine Suchaktion ausgelöst worden ist?

Antwort: ●●

Die nächste Wasser- und Schiffahrtsdirektion oder die Seewarndienstzentrale in Cuxhaven benachrichtigen.

Zu Fragen 311 und 312:

Beachte zusätzlich: Wenn der Fahrzeugführer Notsignale gegeben hat, er die Rückkehr aber noch mit eigener Kraft schafft, ohne von einem Rettungsfahrzeug oder Rettungshubschrauber gesichtet worden zu sein, ist sofort die Wasserschutzpolizei oder die Deutsche Gesellschaft zur Rettung Schiffbrüchiger zu unterrichten, damit eingeleitete Rettungsaktionen sofort eingestellt werden.

Hinweis: Einsatzstationen der Deutschen Gesellschaft zur Rettung Schiffbrüchiger vgl. Erl. zu Frage 340.

313

Welche Sicherheitsmaßnahmen sind vor dem Tanken zu treffen?

Antwort: ●●●

1. **Motor abstellen**
2. **alle offenen Feuer aus**
3. **keine elektrischen Schalter betätigen**
4. **für ausreichende Belüftung aller Räumlichkeiten sorgen**
5. **besonders vorsichtig bei Kunststoffbooten, da die Gefahr von statischen Aufladungen besteht.**

Zu Frage 313:

Beachte zusätzlich:

❶ Vor allem Rauchen einstellen!
❷ Vor und während der Treibstoffübernahme und des Ladens der Batterie Motorraum und Kajüte durch Öffnen sämtlicher Luken lüften.
❸ Bei der Treibstoffübernahme Schläuche und deren Verbindungen auf Dichtigkeit prüfen sowie darauf achten, daß der Tank nicht überläuft.
❹ Prüfen, ob die Bilgen ölfrei sind; ölhaltiges Bilgewasser nicht außenbords pumpen!

Hinweis: Feuerverhütung vgl. Fragen 320 ff.

314

Welche Sicherheitsmaßnahmen sind vor dem Anlassen des Motors zu treffen?

Antwort: ●●●

1. **Motorraum lüften.**
2. **Brennstoff und Schmieröl kontrollieren.**
3. **Brennstoff- und Kühlwasserventile öffnen.**
4. **Getriebe auskuppeln.**

Zu Frage 314:

Beachte zusätzlich:

❶ Vor dem Anlassen des Motors zuerst Betriebsvorschrift lesen, sofern diese noch nicht völlig bekannt ist!
❷ Nach Auskuppeln des Getriebes prüfen, ob Motor und Propellerwelle frei drehen können.
❸ Motoranlage muß durch Schutzgitter gesichert sein, lose Teile im Motorenraum entfernen.

Hinweise: Maßnahmen nach dem Anlassen des Motors vgl. Frage 320; Feuerverhütung und Bekämpfung vgl. Fragen 321 ff.

Flüssiggasanlagen

315

Warum ist Flüssiggas gefährlich?

Antwort:

Es bildet mit Luft ein explosionsfähiges Gemisch. Flüssiggas ist schwerer als Luft und geruchlos.

316

Wo sollen die Gasbehälter einer Flüssiggasanlage gelagert werden?

Antwort:

1. **Möglichst an Deck, geschützt vor Sonneneinstrahlung**
2. **sonst in einem besonders abgeschlossenen Raum für Gasbehälter, der in Bodenhöhe eine Öffnung nach Außenbord hat.**

317

Was ist vor Inbetriebnahme einer Flüssiggasanlage zu prüfen?

Antwort:

Es ist zu prüfen, ob alle Leitungen und Anschlüsse dicht sind.

318

Was ist zu beachten, wenn die Flüssiggasanlage außer Betrieb gesetzt wird?

Antwort:

Alle vorhandenen Absperrventile sind zu schließen.

Zu Fragen 315 bis 318:

Hinweise für die Bedienung von Flüssiggasanlagen zu Haushaltszwecken an Bord

❶ An Bord nur Flüssiggasanlagen (Flüssiggas = Propan, Butan und Gemische beider Gase) zu Haushaltszwecken betreiben, die den Regeln der Technik entsprechen.

❷ Bei Störungen und Undichtheiten sofort sämtliche Absperrventile der Anlage schließen und Anlage außer Betrieb nehmen. Reparaturen niemals selbst durchführen.

❸ Undichte Stellen **niemals** mit offener Flamme suchen.

❹ Bei Bränden an der Anlage sofort sämtliche Ventile schließen, Löschstrahl auf Austrittsstelle der Flamme richten, so daß diese abreißt.

❺ Beim Behälterwechsel im Umkreis von 3 m von den Behältern nicht rauchen und nicht mit Feuer oder offenem Licht hantieren.

Beachte zusätzlich: Vor Inbetriebnahme des Propankochers gut durchlüften! Bei Vorhandenseins eines Gasdetektors diesen auf seine Funktionsfähigkeit prüfen.

Hinweise: Feuerverhütung und Bekämpfung vgl. Fragen 321 ff.

Sicherheitsausrüstung

<table>
<tr><td>

319
Was gehört zu der Sicherheitsausrüstung?

</td><td>

Antwort:

Für jede Person eine ohnmachtssichere Rettungsweste mit Signalpfeife, Rettungsring mit Wurfleine, Rettungsfloß, Anker mit Kettenvorläufer und Leine, Kompaß, Fernglas, Radarreflektor, Lenzpumpe, Eimer, Ösfaß, Signalhorn oder Trillerpfeife, Riemen oder Paddel, Bootshaken, Taschenleuchte, Feuerlöscher, Treibanker, Erste-Hilfe-Kasten, Notsignale und Sturmstreichhölzer, Sicherheitsgurt mit Leine und Karabinerhaken.

</td></tr>
</table>

Zu Frage 319:

Merke: Die Mitnahme der erforderlichen Sicherheitsausrüstung ist eine seemännische Sorgfaltspflicht, die zur Grundregel für das Verhalten im Verkehr gehört (vgl. Erl. zu Frage 109). Bedenke, daß hiervon das Leben abhängen kann!

Sicherheitsausrüstung	Hinweise
Ohnmachtssichere Rettungsweste mit Signalpfeife für jede Person	Erl. siehe unten
Rettungsring mit Wurfleine	vgl. „Mann-über-Bord-Manöver" Teil III Abschn. 5.4 und Erl. zu Frage 328
Rettungsfloß	Erl. siehe unten
Anker mit Kettenvorläufer und Leine	Ankermanöver vgl. Erl. zu Frage 274
Kompaß	vgl. Steuern nach Kompaß Teil III Abschn. 4.1 und Erl. zu Fragen 242 und 257
Fernglas	dient insbesondere zur frühzeitigen Erkennung und Identifizierung von Schiffahrtszeichen und sonstigen Objekten an Land und auf dem Wasser
Radarreflektor	besonders wichtig auf Kunststoff- und Holzbooten, gewährleistet, daß das Fahrzeug rechtzeitig und unter allen Umständen, z. B. auch bei Schräglage, mit Radargeräten geortet wird.
Lenzpumpe, Eimer, Ösfaß	dienen dem Leeren der Bilge bei überkommendem Spritzwasser und bei Wassereinbruch, notfalls auch zur Feuerbekämpfung
Signalhorn, Trillerpfeife	dienen dem Geben von Nebelschallsignalen (vgl. Fragen 64 ff.), Achtungs-, Gefahren- und Warnsignalen (vgl. Fragen 121 ff.), Manöver- und Warnsignalen (vgl. Fragen 95 ff.) und Seenotsignalen (vgl. Fragen 330 ff.)
Riemen, Paddel	dienen zum Manövrieren, wenn keine Fahrt im Schiff bzw. wenn keine Ruderwirkung mehr gegeben ist, sowie zur Fortbewegung des Beibootes
Bootshaken	vgl. Anlege- und Festmachemanöver Teil III Abschn. 2 und 5.2

Sicherheitsausrüstung	Hinweise
Taschenleuchte	dient als Notbeleuchtung, wenn die elektrische Energieversorgung infolge Defektes ausfällt, notfalls auch zum Geben des Seenotsignals vgl. Frage 341
Feuerlöscher	vgl. Feuerverhütung und Bekämpfung Fragen 21 ff.
Treibanker	vgl. Erl. zu Frage 285
Erste-Hilfe-Kasten	dient zur Behandlung von Verletzungen
Notsignale und Sturmstreichhölzer	dient zum Geben der Seenotsignale vgl. Fragen 330 ff.
Sicherheitsgurt mit Leine und Karabinerhaken	Erl. siehe unten

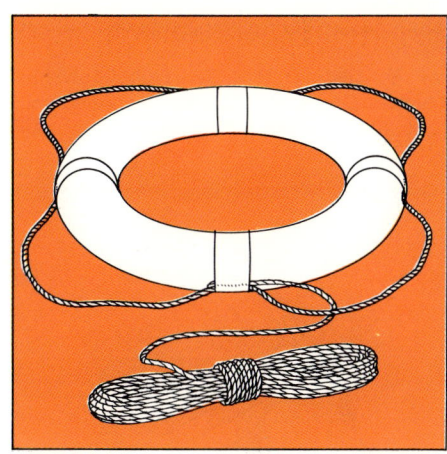

Rettungsring mit Wurfleine

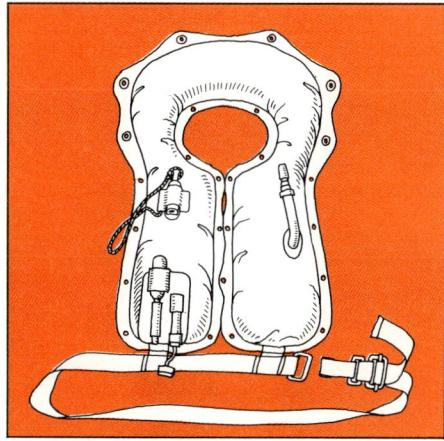

Ohnmachtsichere Rettungsweste mit Signalpfeife für jede Person

Wichtige Hinweise für Rettungswesten:

❶ Die Rettungswesten müssen unbedingt sicher sein! Das ist nur der Fall, wenn sie eine ohnmachtsichere Wasserlage gewährleisten, d. h. wenn sie das Gesicht (Mund und Nase) eines Erschöpften oder Bewußtlosen selbsttätig inner-halb von 5 Sek. aus dem Wasser heben, über Wasser halten und den Körper dabei in eine stabile Rückenschräglage drehen. Derartige Rettungswesten sind bisher nur für die Berufsschiffahrt vorgeschrieben. Zahlreiche von Wassersportlern verwendete „Rettungswesten" erfüllen diese Voraussetzungen nicht!

❷ Achten Sie darauf, daß Kinder und Nichtschwimmer stets Rettungswesten tragen, und nicht erfahrene Besatzungsmitglieder in die Handhabung der Rettungswesten eingewiesen werden (vgl. Erl. zu Frage 310).

❸ Bei schlechtem Wetter und verminderter Sicht sowie bei Manövern und Arbeiten auf dem Vordeck sollten unbedingt Rettungswesten angelegt werden (vgl. Erl. zu Frage 329).

❹ Prüfen Sie regelmäßig die Einsatzbereitschaft der Rettungswesten, indem Sie sie öfters zur Kontrolle mit dem Mund aufblasen. Nur so sind Sie sicher, daß Ihre Rettungsweste auch im Ernstfall hilft!

Beachte beim Kauf: Es gibt ohnmachtsichere Rettungswesten sowohl als Feststoffwesten wie auch als aufblasbare Rettungswesten.

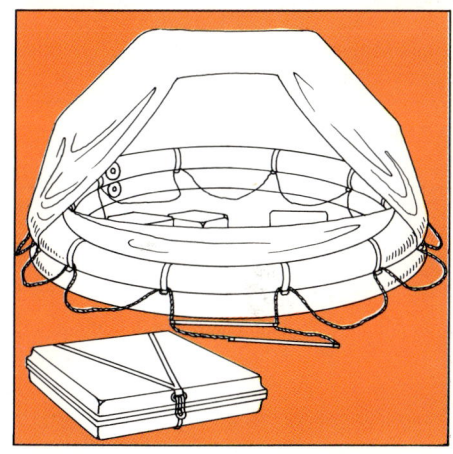

Rettungsfloß

Rettungsflöße sollten mindestens 2 getrennte Luftkammern haben und so an Deck gefahren werden, daß sie notfalls sofort über Bord geworfen werden können. Erst im Wasser durch Zug an der Reißfangleine den Aufblasmechanismus betätigen, denn beim Aufblasen an Deck könnte das Floß beschädigt werden. Das Ende der Reißfangleine muß stets fest mit dem Boot verbunden sein.

Sollte bei einem raschen Bootsuntergang der Aufblasmechanismus nicht mehr von Hand aktiviert worden sein, bläst sich das Floß im Wasser – aber auch nur, wenn die Reißfangleine mit dem untergegangenen Boot verbunden ist – selbsttätig auf. An einer Sollbruchstelle bricht dann die Reißfangleine und verhindert, daß das Floß vom sinkenden Boot mit in die Tiefe gezogen wird. Überpüfungstermin beachten!

Anker mit Kettenvorläufer und Leine

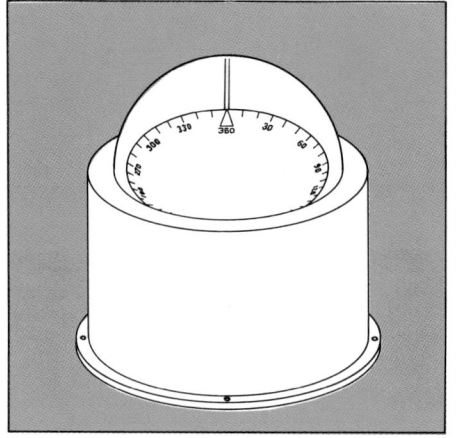
Kompaß

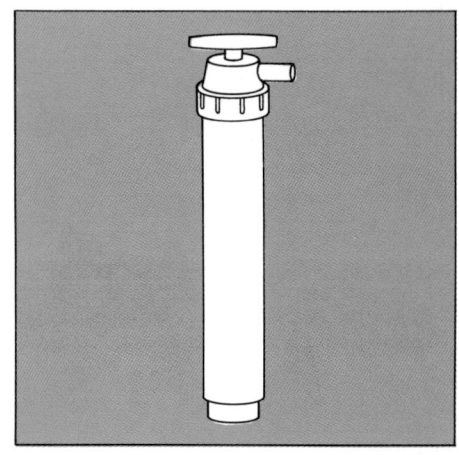
Lenzpumpe

Eimer

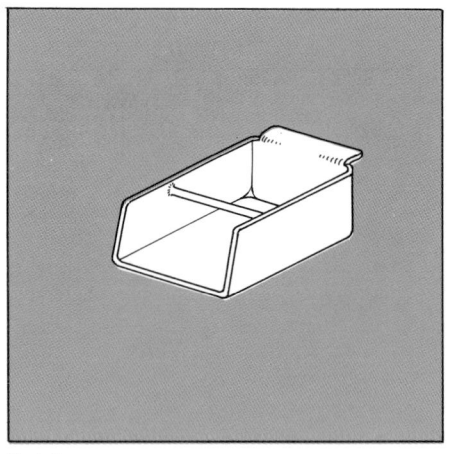
Ösfaß

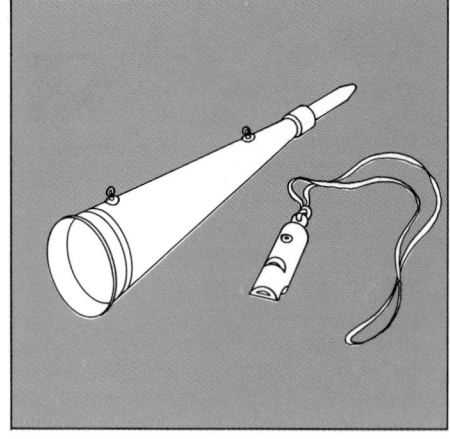
Signalhorn, Zweitonpfeife

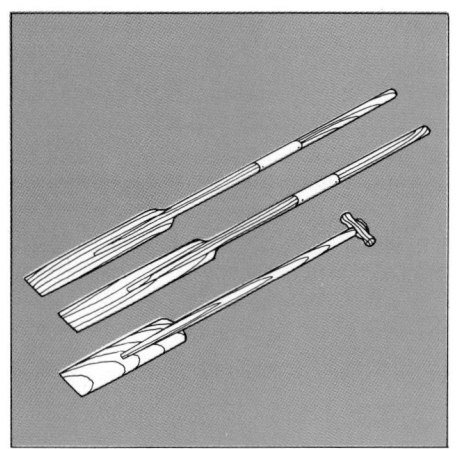

Riemen, Paddel

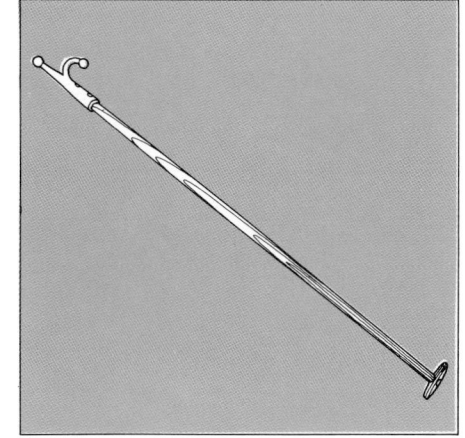

Bootshaken

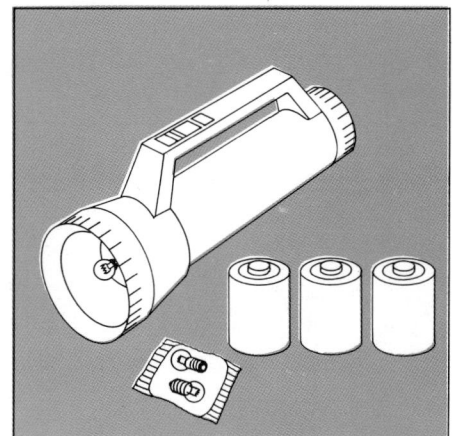

Handscheinwerfer

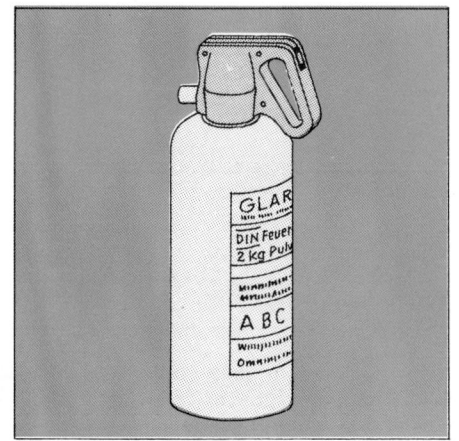

Feuerlöscher

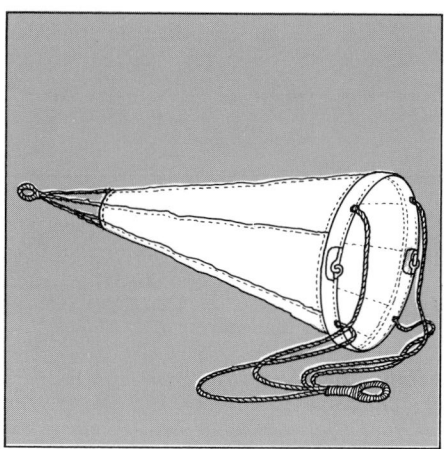

Treibanker

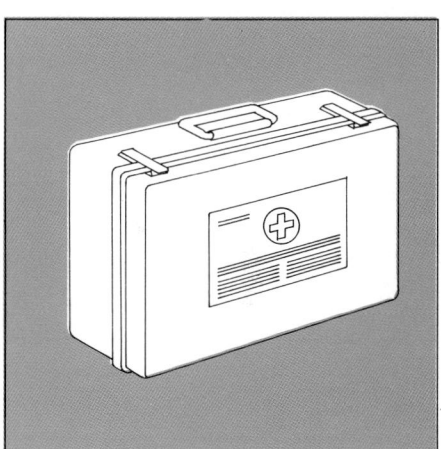

Erste-Hilfe-Kasten

Notsignale und Sturmstreichhölzer

Sicherheitsgurt mit Leine
und Karabinerhaken

Einen Sicherheitsgurt mit Leine und Karabinerhaken sollte jedes Besatzungsmitglied bei schwerem Wetter neben der Rettungsweste anlegen, um im Falle des Überbordgehens nicht verlorenzugehen.

Empfohlene seemännische und navigatorische Zusatzausrüstung:

■ Ein zweiter Anker, möglichst mit Kettenvorlauf und Trosse

■ Ersatzteile, bei Segelyachten zusätzlich einen Drahtseilschneider, um im Falle des Mastbruchs unter Umständen Wanten und Stage durchschneiden zu können

■ Ein zweiter Kompaß, am besten als Peilkompaß, sowie Hand- oder Echolot

■ Logge oder Speedometer

■ Radioempfänger zum Abhören von Wetterberichten

■ Seekarten, Seebücher, Kursdreiecke

320

Worauf haben Sie nach dem Anlassen des Motors zu achten?

Antwort:

1. **Kühlwasserdurchlauf.**
2. **Öldruck.**
3. **Ladekontrolle, Amperemeter.**

●●

Zu Frage 320:

Beachte zusätzlich: Während des Betriebs des Motors ist die Temperatur des Motors, die vom Kühlwasserdurchlauf abhängt, und die Öldruckanzeige ständig im Auge zu behalten. Außerdem sollten alle Schmierstellen (Staufferfettdosen) in regelmäßigen Abständen versorgt werden.

Feuerverhütung und -bekämpfung

321

Welcher Feuerlöscher ist für Sportboote zweckmäßig?

Antwort:

ABC-Pulverlöscher

●

322

Wie oft müssen Sie einen Feuerlöscher überprüfen lassen?

Antwort:

Mindestens alle 2 Jahre.

●●

Zu Fragen 321 und 322:

Merke:

■ Der mit ABC-Pulver gefüllte Feuerlöscher ist für das Löschen brennender fester, flüssiger und unter Druck austretender gasförmiger Stoffe sowie unter elektrischer Spannung stehender Teile (bis 1000 V) geeignet, so daß er als Standardfeuerlöscher anzusehen ist. (Auf älteren Feuerlöschern ist anstelle der neuen Bezeichnung ABC-Pulver noch die alte Bezeichnung ABCE-Pulver aufgedruckt; auf die Löschwirkung des Pulvers hat dies keinen Einfluß.)

■ Der Feuerlöscher sollte möglichst in Reichweite der Kombüse oder Kochstelle angebracht werden. Die 2jährige Überprüfung ist auch dann notwendig, wenn er nicht eingesetzt wurde!

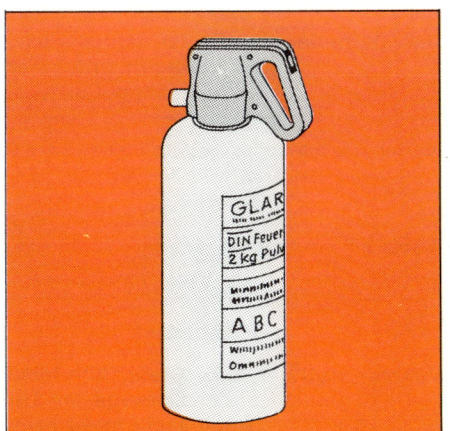

Feuerlöscher

■ Es ist zweckmäßig, sich anhand der Gebrauchsanweisung immer wieder mit seiner Handhabung vertraut zu machen, damit er im Notfall sofort eingesetzt werden kann.

■ Benutzte Feuerlöscher sollten unverzüglich nachgefüllt werden; das gilt auch für teilweise entleerte Feuerlöscher.

■ Vergessen Sie nicht: Feuerverhütung ist leichter als Feuerbekämpfung!

323

Was ist nacheinander zu tun, wenn der Vergaser Ihres Motors brennt?

Antwort:

1. **Brennstoffzufuhr abstellen.**
2. **Vergaser zur Unterbrechung der Sauerstoffzufuhr abdecken.**
3. **Vollgas geben, um den Vergaser zu leeren.**

●●●

324

Welche Maßnahmen ergreifen Sie, um einen Brand wirksam zu bekämpfen?

Antwort: ● ● ●

1. **Luftzufuhr vermeiden.**
2. **Feuerlöscher erst am Brandherd in Tätigkeit setzen.**
3. **Das Feuer möglichst von unten bekämpfen.**

Zu Fragen 323 und 324:

Beachte: Je früher ein Brand entdeckt wird, um so größer sind die Chancen, des Feuers Herr zu werden. Ein Brand kann durch Geruch, außergewöhnlich hohe Temperaturen, Rauch und Verfärbung von Farbe festgestellt werden. Kajüten- und Motorenbrände sind besonders gefährlich, weil sich das Feuer dort leicht ausbreiten kann und an den Brandherd zum Teil schwer heranzukommen ist.

Zusätzliche Hinweise zur Brandbekämpfung:

❶ Sämtliche Öffnungen nach draußen sofort schließen.

❷ Fahrzeug stoppen oder vor den Wind legen, um den Fahrtwind oder den natürlichen Wind nach Möglichkeit auszuschalten.

❸ Gegen starken Rauch notfalls durch ein feuchtes Tuch vor Mund und Nase schützen.

❹ Wenn ausnahmsweise kein Feuerlöscher vorhanden, Brand mit Wasser mit Hilfe von Eimer und Ösfaß bekämpfen.

325

Was ist beim Aufladen von Batterien (Bleiakkumulatoren) an Bord zu beachten?

Antwort: ● ●

Es ist erforderlich, daß der Batterieraum wegen der beim Aufladen entstehenden Gase ausreichend belüftet ist (Explosionsgefahr).

Zu Frage 325:   **Beachte!** Beim Aufladen der Batterien mit Schnelladegeräten sollten Kochgeräte abgestellt und das Rauchen eingestellt werden!

Verhalten nach einem Zusammenstoß

326

Wie verhalten Sie sich nach einem Zusammenstoß?

Antwort: ● ●

1. **Erste Hilfe leisten.**
2. **Solange am Unfallort bleiben, bis ein weiterer Beistand nicht mehr erforderlich ist.**
3. **Vor Weiterfahrt alle erforderlichen Schiffsdaten austauschen.**

Zu Frage 326:

Merke: Ein Verstoß gegen die Hilfeleistungspflicht ist nicht nur eine Ordnungswidrigkeit, sondern auch eine Straftat!

Wichtige Angaben zur Klärung der Schuldfrage nach einem Zusammenstoß: Die folgenden Angaben über den genauen Verlauf der Kollision und alle im Zusammenhang hiermit getroffenen Maßnahmen sollten nebst einer Unfallskizze im Logbuch eingetragen werden:

■ Datum und Uhrzeit des Zusammenstoßes?

■ Wetter- und Seegangsverhältnisse?

■ Sichtweite (Angabe, ob die Sicht vermindert war, vgl. Frage 15)?

■ Unfallort (möglichst genaue Position). In der Nähe eines Schiffahrtzeichens möglichst dieses nebst Entfernung und Peilung angeben. Auf Revieren oder engen Fahrwassern sollte festgehalten werden, an welcher Fahrwasserseite die Kollision erfolgt ist.

■ Lag Ihr Fahrzeug oder der Kollisionsgegner vor Anker und hatte er bzw. hatten Sie einen Ankerball gesetzt?
■ Wann haben Sie den Kollisionsgegner gesehen und welchen Kurs und welche Geschwindigkeit hat er Ihrer Meinung nach schätzungsweise gehabt?
■ Kollisionswinkel?

■ Haben Sie oder der Kollisionsgegner Manöver des letzten Augenblicks durchgeführt?
■ Haben Sie den Kollisionsgegner vor dem Zusammenstoß durch Schall- oder Lichtsignale gewarnt (vgl. Fragen 98 und 124)?
■ Hat der Kollisionsgegner vor dem Zusammenstoß Schall- oder Lichtsignale gegeben?

■ Brannten auf Ihrem Fahrzeug und/oder dem des Kollisionsgegners die Positionslaternen?
■ Fahrzeugführer zur Zeit der Kollision?
■ Zeugen?
■ Beschädigungen an Ihrem Fahrzeug?

Hinweise: Maßnahmen nach dem Sinken vgl. Erl. zu Fragen 140 ff.; Verhalten im Seenotfall vgl. Erl. zu Fragen 330 ff.

327

Welche Verordnungen enthalten Vorschriften über das Verhalten nach einem Zusammenstoß?

Antwort: ●●

Die Verordnung über die Sicherung der Seefahrt und die Seeschiffahrtstraßen-Ordnung.

Zu Frage 327: **Vorschriften:** § 37 SeeSchStrO, § 4 VO zur Sicherung der Seefahrt

Mann-über-Bord

328

Was ist sofort zu tun, wenn jemand über Bord gefallen ist?

Antwort: ●●

Fahrzeug aufstoppen, Rettungsring zuwerfen, Ruf: „Mann über Bord", gut Ausguck halten.

Zu Frage 328:
Wichtige Hinweise zum „Mann-über-Bord-Manöver" vgl. Teil III Abschn. 5.4.

Hinweise für den „Mann-über-Bord":
❶ Durch Signale mit der Signalpfeife oder mit Signalstiften oder durch Rufen bemerkbar machen.
❷ Kräfte schonen und unnötiges Schwim-

men vermeiden. Sobald der Rettungsring über Bord geworfen ist, auf diesen zuschwimmen.
❸ Kleidung als Schutz gegen Unterkühlung unbedingt anbehalten.

329

Welche Sicherheitsmaßnahmen treffen Sie auf See bei Eintritt von schwerem Wetter (Starkwind, Sturm)?

Antwort:

1. **Alle Öffnungen vor Wassereinbruch sichern. Lose Gegenstände festzurren.**
2. **Rettungswesten mit Sicherheitsleinen anlegen und andere Rettungsmittel bereithalten.**
3. **Geschwindigkeit vermindern.**
4. **Unter Umständen Schutzhafen anlaufen.**

Zu Frage 329:

Sicherheitsmaßnahmen bei schwerem Wetter: Diese Maßnahmen hängen von zahlreichen Faktoren ab, die auf der unterschiedlichen Art und Größe bzw. Seetüchtigkeit des Fahrzeugs und dem Gebiet abhängen, in dem sich das Fahrzeug bei Aufkommen des schweren Wetters (Sturm, Böen, Seegang) befindet. Für das richtige Verhalten ist neben der seemännischen Erfahrung im allgemeinen die Kenntnis des Wettergeschehens sehr wichtig (vgl. Fragen 286 ff.). In jedem Falle empfiehlt es sich, folgende Sicherheitsmaßnahmen zu treffen:

❶ Fahrzeug in einen seefesten Zustand bringen, d. h. alle Decksöffnungen (Bullaugen, Luken, Niedergänge) und Seitenöffnungen (Entlüftungen von Brennstoff- und Wassertanks) verschließen,

❷ Geschwindigkeit herabsetzen, insbesondere wenn der Propeller zeitweilig aus dem Wasser taucht,

❸ Ohnmachtssichere Rettungswesten sowie Sicherheitsgurte anlegen und die dazugehörigen Leinen am Bootskörper befestigen,

❹ Seenotsignalmittel griffbereit legen,

❺ Regelmäßig Wetterbericht abhören und Barometerstand beobachten,

❻ Bei gefährlicher Wetterverschlechterung Nothafen anlaufen oder unter Land Schutz suchen. Gefährliche Landannäherung (Legerwall) vermeiden.

Hinweise für Sicherheitsmaßnahmen bei verminderter Sicht: Bei verminderter Sicht (Definition vgl. Frage 15) ist das Fahren in einem Fahrwasser ohne besondere Hilfsmittel (Radar) besonders gefährlich und daher als Verletzung der seemännischen Sorgfaltspflicht verboten (Grundregel für das Verhalten im Verkehr vgl. Frage 109). Werden Sie von derartigen Wetterverhältnissen überrascht, sollten Sie unverzüglich folgende Maßnahmen ergreifen:

❶ Mit sicherer Geschwindigkeit fahren, beim Hören eines Nebelsignals vorlicher als querab Geschwindigkeit auf das für die Erhaltung der Steuerfähigkeit geringstmögliche Maß verringern,

❷ Positionslaternen einschalten,

❸ die vorgeschriebenen Nebelsignale geben,

❹ sorgfältig Ausguck halten,

❺ aus dem Fahrwasser herausfahren und entweder dort vor Anker gehen und bessere Sicht abwarten oder nur mit langsamer Fahrt weiterfahren,

❻ ohnmachtssichere Rettungswesten anlegen,

❼ Rettungsfloß und Schlauchboote klar zum Ausbringen machen,

❽ Seenotsignalmittel bereitlegen,

❾ den letzten zuverlässig festgestellten Standort in der Karte festhalten.

Hinweise: vgl. Fragen 16 und 93.

Notsignale

330
Wann dürfen Notsignale gegeben werden?

Antwort: ● ●

Wenn Gefahr für Leib oder Leben der Besatzung und daher die Notwendigkeit zur Hilfe besteht.

331
Welche Notsignale können gegeben werden?

Antwort: ● ● ●

1. **Knallsignale in Zwischenräumen von ungefähr 1 Minute.**
2. **Dauerton eines Nebelsignalgerätes.**
3. **Raketen oder Leuchtkugeln mit roten Sternen oder rote Handfackeln.**
4. **SOS durch Telegrafiefunk, Licht- oder Schallsignale.**
5. **Mayday durch Sprechfunk.**
6. **Flaggensignal NC.**
7. **Ball über oder unter Flagge.**
8. **Flammensignal.**
9. **Orangefarbenes Rauchsignal.**
10. **Langsames Heben und Senken der seitlich ausgestreckten Arme.**
11. **Signale einer Seenotfunkboje.**
12. **Seewasserfärber.**

332
Sie sehen auf See Raketen oder Leuchtkugeln mit roten Sternen oder eine rote Fallschirm-Leuchtrakete oder eine rote Handfackel.
Was bedeuten diese Signale?

Antwort: ●

Seenotfall.

333
Sie hören von einem Schiff anhaltendes Ertönen eines Nebelsignalgerätes.

Was bedeutet dieses Signal?

Antwort: ●

Seenotfall.

334

Sie hören oder sehen folgendes Morsesignal:
Dreimal kurz, dreimal lang, dreimal kurz
(● ● ● ▬ ▬ ▬ ● ● ●).

Was bedeutet dieses Signal?

Antwort:

Seenotfall.

●

335

Sie hören über Seefunksprechgerät:
Mayday, mayday, mayday.

Was bedeutet dieses Signal?

Antwort:

Seenotfall.

●

336

Sie sehen ein Schiff, das folgendes
Flaggensignal gesetzt hat:

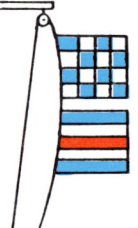

Was bedeutet dieses Signal?

Antwort:

Seenotfall.

●

337

Sie sehen auf einem
Schiff folgendes Signal:

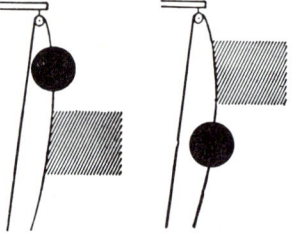

**Was bedeutet dieses
Signal?**

Antwort:

Seenotfall.

●

338

Sie sehen auf einem Schiff ein orangefarbenes
Rauchsignal.

Was bedeutet dieses Signal?

Antwort:

Seenotfall.

●

339

Sie sehen auf einem Schiff eine Person stehen, die ihre seitlich ausgestreckten Arme wiederholt langsam auf und ab bewegt.

Was bedeutet dieses Signal?

Antwort:

Seenotfall.

Zu Fragen 330 bis 339:

Knallsignale in Zwischenräumen von ungefähr einer Minute

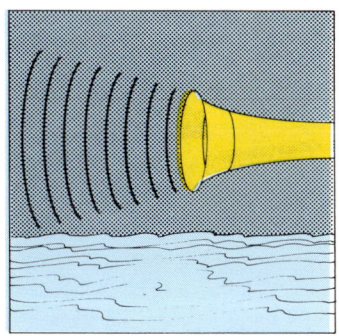

Dauerton eines Nebelsignalgerätes

Rote Fallschirm-Leuchtrakete

Rote Handfackel

Mayday durch Sprechfunk

Flaggensignal NC des Internationalen Signalbuches

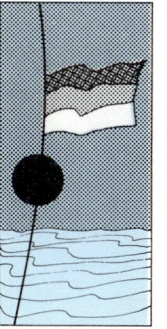

Ball über oder unter einer viereckigen Flagge

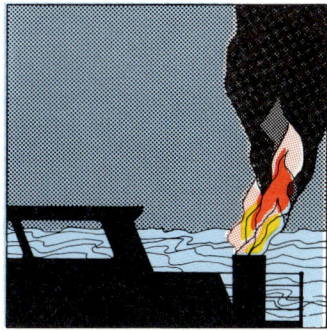

Flammensignal

Raketen oder Leuchtkugeln mit roten Sternen in kurzen Zwischenräumen

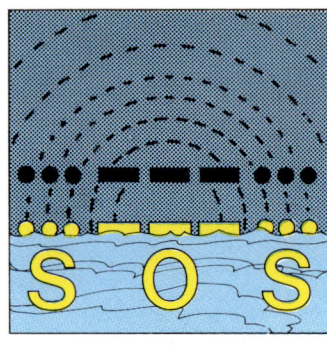

SOS durch Telegrafiefunk, Licht- oder Schallsignale

Orangefarbenes Rauchsignal

Langsames und wiederholtes Heben und Senken der seitlich ausgestreckten Arme

Signale einer Seenotfunkboje

Orangefarbenes Segeltuch mit schwarzem Quadrat oder Kreis (zum Erkennen aus der Luft)

Seewasserfärber

Wichtiger Grundsatz: Von der richtigen Anwendung der Seenotsignale hängt Ihr Leben ab! Beachte daher:

❶ Leuchtsignale nur dann abschießen, wenn die Möglichkeit besteht, daß sie gesehen werden.
Grenzen der Sichtbarkeit bei Nacht und guter Sicht:

Fallschirmsignale knapp 20 bis 30 sm, Handfackeln, Flackerfeuer und einfache Leuchtkugeln: 5 bis 10 sm.
Bei schlechter Sicht verringert sich die Sichtweite.

❷ Nicht den gesamten Vorrat an Leuchtkugeln auf einmal verschießen, vielmehr in Abständen immer in Zweiergruppen mit einer dazwischenliegen-

den kurzen Pause, damit ein Beobachter sich nicht getäuscht glaubt.
Von den Küsten-Rettungsstationen oder von Seenotrettungsfahrzeugen werden folgende Antwort- bzw. Lande-Signale zur Unterrichtung und ggf. Einweisung gegeben:

Hinweise: vgl. Teil IV, Die Prüfung für Seenot-Signalmittel mit den amtlichen Fragen und Antworten.

Antworten von Küsten-Rettungsstationen oder von Seenotrettungsfahrzeugen auf Notsignale eines Schiffes oder einer Person

	Armbewegungssignale	Lichtsignale	Andere Signale	Bedeutung
Tag-Signale		orangefarbenes Rauchsignal	oder kombiniertes Licht- u. Schallsignal (Blitzknallsignal), bestehend aus 3 einzelnen Signalen, die in Abständen von etwa 1 Min. abgefeuert werd.	Wir sehen Sie, Hilfe kommt so bald wie möglich! (Wiederholung dieser Signale hat die gleiche Bedeutung)
Nacht-Signale		weißes Sternsignal, bestehend aus 3 einz. Signalen, die in Abständen von etwa 1 Min. abgefeuert werd.		

Wenn nötig, können die Tagsignale bei Nacht und die Nachtsignale bei Tage abgegeben werden!

Lande-Signale zur Einweisung kleiner Boote mit in Not befindlichen Besatzungsmitgliedern oder anderen Personen

	Armbewegungssignale	Lichtsignale	Andere Signale	Bedeutung
Tag-Signale	Auf- und Niederbewegen einer weißen Flagge oder der Arme	oder Abschießen eines grünen Sterns	oder Morsezeich. „K" durch Licht- oder Schallsignal	Dies ist der beste Landeplatz!
Nacht-Signale	Auf- und Niederbewegen eines weißen Lichtes oder Flackerfeuers	oder Abschießen eines grünen Sterns	oder Morsezeich. „K" durch Licht- oder Schallsignal	

Eine Landerichtung kann durch ein niedriger angebrachtes, festes weißes Licht oder Flackerfeuer, das sich in einer Linie mit dem Beobachter befindet, angezeigt werden.

	Armbewegungssignale	Lichtsignale	Andere Signale	Bedeutung
Tag-Signale	Waagerechtes Hin- u. Herbewegen einer weißen Flagge oder der Arme	oder Abschießen eines roten Sterns	oder Morsezeich. „S" durch Licht- oder Schallsignal	Hier ist das Landen äußerst gefährlich!
Nacht-Signale	Waagerechtes Hin- u. Herbewegen eines weißen Lichtes oder Flackerfeuers	oder Abschießen eines roten Sterns	oder Morsezeich. „S" durch Licht- oder Schallsignal	
Tag-Signale	1. Waagerechtes Hin- u. Herbewegen einer weißen Flagge 2. anschließend Feststecken der Flagge im Boden und 3. Tragen einer weiteren weißen Flagge in die anzuzeigende Richtung	oder 1. Abschießen eines roten Sterns senkrecht 2. und eines weißen Sterns in Richtung auf den besseren Landeplatz	oder Morsezeichen „S", (· · ·) danach Morsezeichen „R", (· — ·) wenn ein besserer Landeplatz für das in Not befindliche Fahrzeug auf seinem Annäherungskurs weiter rechts liegt, oder Morsezeichen „S", (· · ·) danach Morsezeichen „L", (· — · ·) wenn ein besserer Landeplatz für das in Not befindliche Fahrzeug auf seinem Annäherungskurs weiter links liegt	Das Landen ist hier äußerst gefährlich. Eine bessere Landemöglichkeit besteht in der angezeigten Richtung!
Nacht-Signale	1. Waagerechtes Hin- u. Herbewegen eines weißen Lichtes oder Flackerfeuers 2. anschl. Aufstellung des weißen Lichtes o. Flackerfeuers auf dem Boden und 3. Tragen eines weiteren weißen Lichtes oder Flackerfeuers in die anzuzeigende Richtung	oder 1. Abschießen eines roten Sterns senkrecht 2. und eines weißen Sterns in Richtung auf den besseren Landeplatz	oder Morsezeichen „S", (· · ·) danach Morsezeichen „R", (· — ·) wenn ein besserer Landeplatz für das in Not befindliche Fahrzeug auf seinem Annäherungskurs weiter rechts liegt, oder Morsezeichen „S" (· · ·) danach Morsezeichen „L", (· — · ·) wenn ein besserer Landeplatz für das in Not befindliche Fahrzeug auf seinem Annäherungskurs weiter links liegt	

Hinweise: Vgl. das Signal „Leuchtkugeln mit weißen Sternen" Frage 111, Nebelschallsignale vgl. Fragen 64 ff.

Vorschrift: Anhang IV zur SeeStrO

340

Warum dürfen Seenotsignale nur bei einem Seenotfall verwendet werden?

Antwort:

Weil bei ihrer Anwendung der gesamte Seenotrettungsdienst an der Küste alarmiert wird.

Zu Frage 340:

Merke: Der Seenotrettungsdienst der Bundesrepublik Deutschland obliegt
1. der deutschen Gesellschaft zur Rettung Schiffbrüchiger (DGzRS) und
2. dem Such- und Rettungsdienst der Bundeswehr (SAR).

Beachte: Der Gebrauch von Signalen, die mit den Seenotsignalen verwechselt werden können, ist verboten (Anlage IV Ziffer 2 SeeStrO).

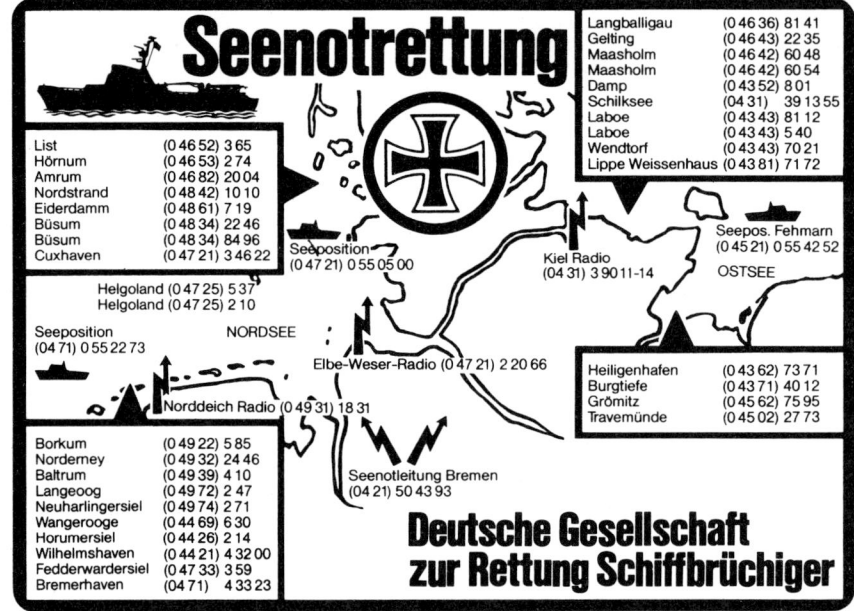

341

Welches Seenotsignal können Sie mit einer Leuchte geben?

Antwort:

● ● ● ▬ ▬ ▬ ● ● ● (SOS).

342

Wie verhalten Sie sich bei Hilfeleistung durch einen Hubschrauber?

Antwort:

1. Fahrzeug in den Wind legen.
2. Soweit möglich, Antennen, Stagen usw. entfernen.
3. Rettungsschlinge mit dem Zugpunkt nach vorn über den Kopf unter die Arme streifen.
4. Anweisungen der Hubschrauberbesatzung Folge leisten.

Zu Frage 342:

Beachte zusätzlich:

■ Mit einem orangefarbenen Rauchsignal, einer Signallampe, einem Stück orangefarbenem Segeltuch mit einem schwarzen Quadrat oder Kreis oder Seewasserfärber Zeichen geben, um die Aufmerksamkeit des Hubschraubers zu erregen.

■ Während der Nacht das Fahrzeug so hell wie möglich beleuchten, insbesondere alle Aufbauten. Darauf achten, daß der Hubschrauberpilot durch die Anstrahlungen nicht geblendet wird.

■ Nach Möglichkeit eine konstante Geschwindigkeit durch das Wasser halten und den Wind 30° von Backbord einfallen lassen.

■ Eine Anzeige der Windrichtung ist nützlich. Zu diesem Zweck können Wimpel oder Flaggen benutzt werden.

■ Hubschrauber sind mit einem etwa 15 m langen Windenläufer ausgerüstet, den sie bei Bedarf herunterlassen. Die Hebevorrichtung am Ende des Windenläufers darf auf keinen Fall an irgendwelchen Schiffsteilen befestigt werden oder sich in der Takelage usw. verfangen. Keiner auf dem Schiff sollte versuchen, nach der Aufhol-

vorrichtung zu greifen, ohne von der Hubschrauberbesatzung dazu aufgefordert worden zu sein. Auch dann jedoch sollte man erst einen metallenen Teil der Aufholvorrichtung das Deck berühren lassen, um einen durch die mögliche statische Aufladung des Hubschraubers bedingten elektrischen Schlag auszuschließen.

■ Um Verletzte abzubergen, wird vom Hubschrauber eine hierfür vorgesehene Krankentrage herabgelassen. Während der Verletzte in der Krankentrage festgeschnallt wird, muß diese vom Windenläufer abgehakt sein.

Bergung durch Hubschrauber

    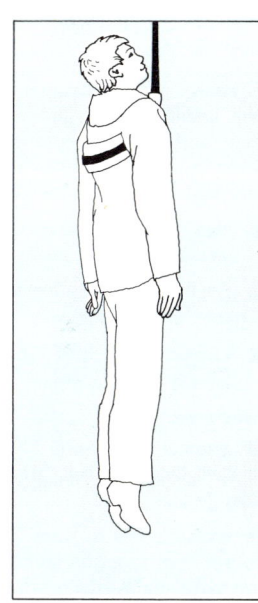

| Schlinge zu sich heranziehen | Schlinge über den Kopf ziehen und mit beiden Armen „hindurchtauchen" | Metallring vor die Brust herunterziehen | Hände seitlich herunterhängen lassen | Auch beim Durchpendeln Ruhe bewahren |

1. Allgemeines

1.1 Gebrauch der Seekarte

Die Seekarte ist neben dem Kompaß das wichtigste Navigationsmittel. Sie ist erforderlich für die Bestimmung des Kurses und des Schiffsortes und enthält daneben die für die sichere Durchführung der Fahrt erforderlichen Angaben (vgl. Erl. zu Frage 232).

Merke: Für die Navigation ist stets die Karte mit größtem Maßstab zu benutzen. Maßstabsangaben befinden sich unter dem Titel der Karte.

Beachte: Vor Gebrauch der Seekarte muß der Benutzer mit der Einteilung der Längen- und Breitengrade genau vertraut sein, denn nur so können Fehler beim Abgreifen von Entfernungen vermieden werden.

■ Navigiere nie nach unberichtigten Seekarten (vgl. Erl. zu Fragen 229—230)

■ **Breitenskala** befindet sich am rechten und linken und

■ **Längenskala** am oberen und unteren Kartenrand.

Hinweise:

■ Vorsicht ist beim Absetzen des Kurses in Gebieten mit unreinem Grund und Steinen geboten.

■ Entsprechend dem Tiefgang des einzelnen Fahrzeuges sollte für das Navigieren eine nicht zu unterschreitende Wassertiefe als Gefahrengrenze festgelegt werden.

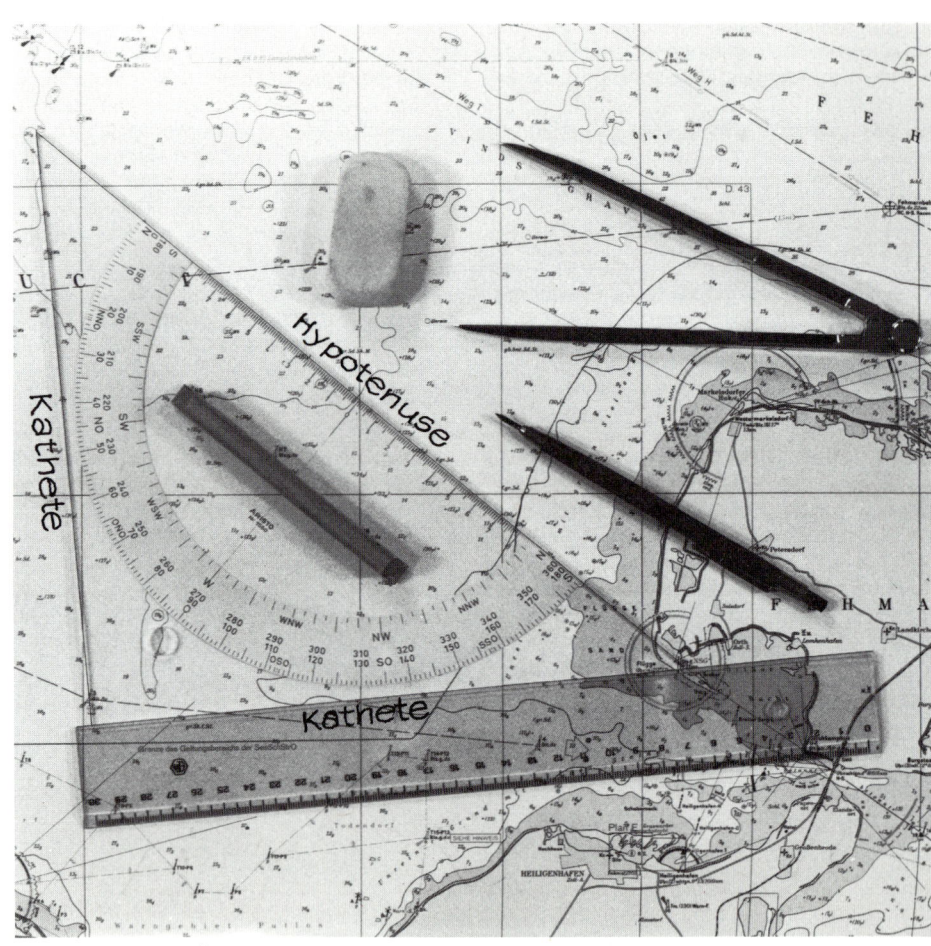

(vgl. Text auf S. 251)

- In den Seekarten angegebene Wassertiefen sind mit Vorsicht zu betrachten; sie können sich im Laufe der Zeit nach der letzten Vermessung verringert haben (Tidegewässer!)

- Ufer, Küsten, Untiefen in ausreichender Entfernung passieren, um Grundberührungen durch unbekannte Strömungen (Stromversetzung) zu vermeiden.

- Als Peilobjekte möglichst feste Seezeichen und keine Tonnen benutzen, da diese aus verschiedenen Gründen gelegentlich vertreiben.

1.2 Geräte für das Arbeiten in der Seekarte

Für das Arbeiten in der Seekarte werden benötigt:

- Kursdreieck zum Absetzen von Kursen und Eintragen von Peilungen,

- Anlegedreieck oder Lineal zur Parallelverschiebung des Kursdreieckes,

- Stechzirkel zum Abgreifen von Entfernungen,

- weicher Bleistift und Radiergummi.

(vgl. Bilddarstellung auf S. 250)

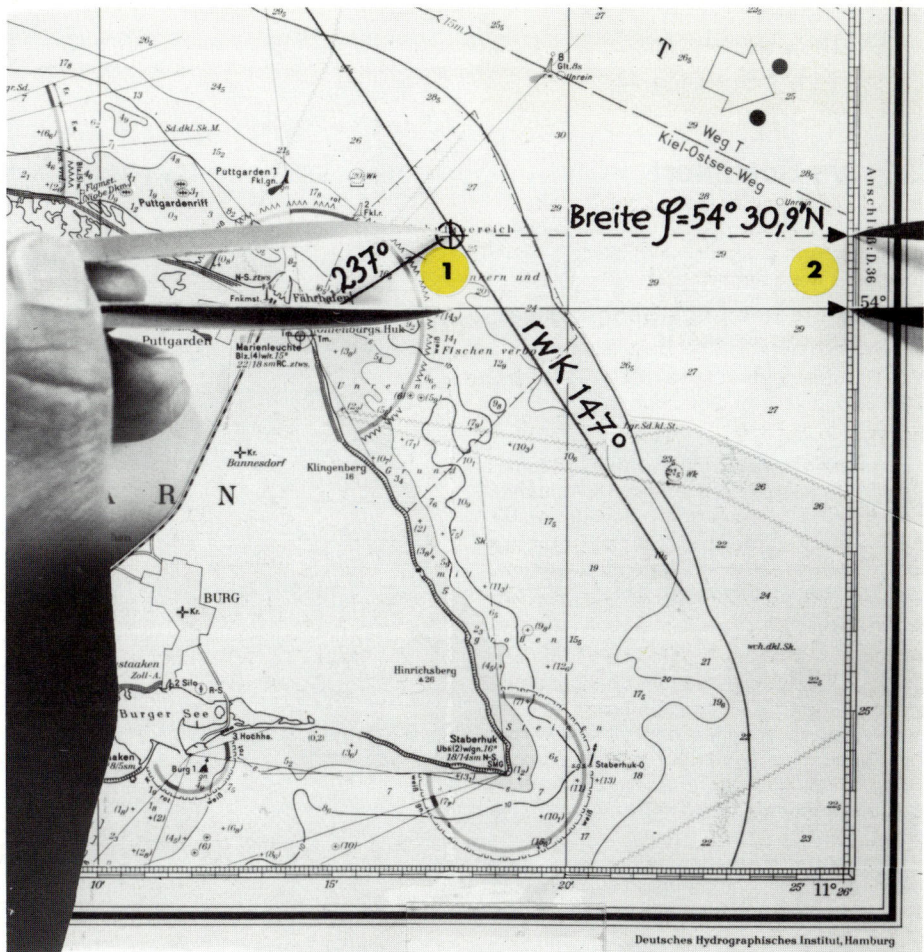

(vgl. Text auf S. 252)

2. Die Arbeit in der Seekarte

2.1 Der Schiffsort

Auf der Grundlage des Koordinatensystems der Erde kann jeder Ort nach Breite ( ) und Länge ( ) festgelegt werden.

2.1.1 Entnehmen des Schiffsortes aus der Seekarte

Vgl. Kartenaufgaben Nr. 344, 347, 349, 352, 354, 356, 357, 359, 360, 361.

Beispiel:

Mit Hilfe einer Peilung (Leuchtfeuer Marienleuchte rw Peilung 237°) und einer Abstandsbestimmung (2,2 sm vom Leuchtfeuer Marienleuchte) wurde der Schiffsort ermittelt. Er ist nach Breite und Länge zu bestimmen (vgl. die Kartenaufgabe Nr. 347).

Die **Breite***) wird ermittelt, indem der senkrechte Abstand vom Schiffsort bis zum nächsten in der Karte eingetragenen Breitenparallel in den Zirkel genommen ① und anschließend am rechten oder linken Kartenrand abgetragen wird. ② Die Zirkelspitze in Höhe des Schiffsortes zeigt die Breite an. Im Beispiel liegt der Ort auf der Breite 54° 30,9′ N.

Die **Länge** wird ermittelt, indem der waagerechte Abstand vom Schiffsort bis zum nächsten in der Karte eingetragenen Meridian in den Zirkel genommen ① und anschließend am unteren oder oberen Kartenrand abgetragen wird. ② Die Zirkelspitze über oder unter dem Schiffsort zeigt die Länge an. Im Beispiel liegt der Ort auf der Länge 011° 17,5′ E. Der Schiffsort liegt demnach auf der Position

Breite = 54° 30,9′ N
Länge = 011° 17,5′ E

---

*) vgl. Bilddarstellung auf S. 251

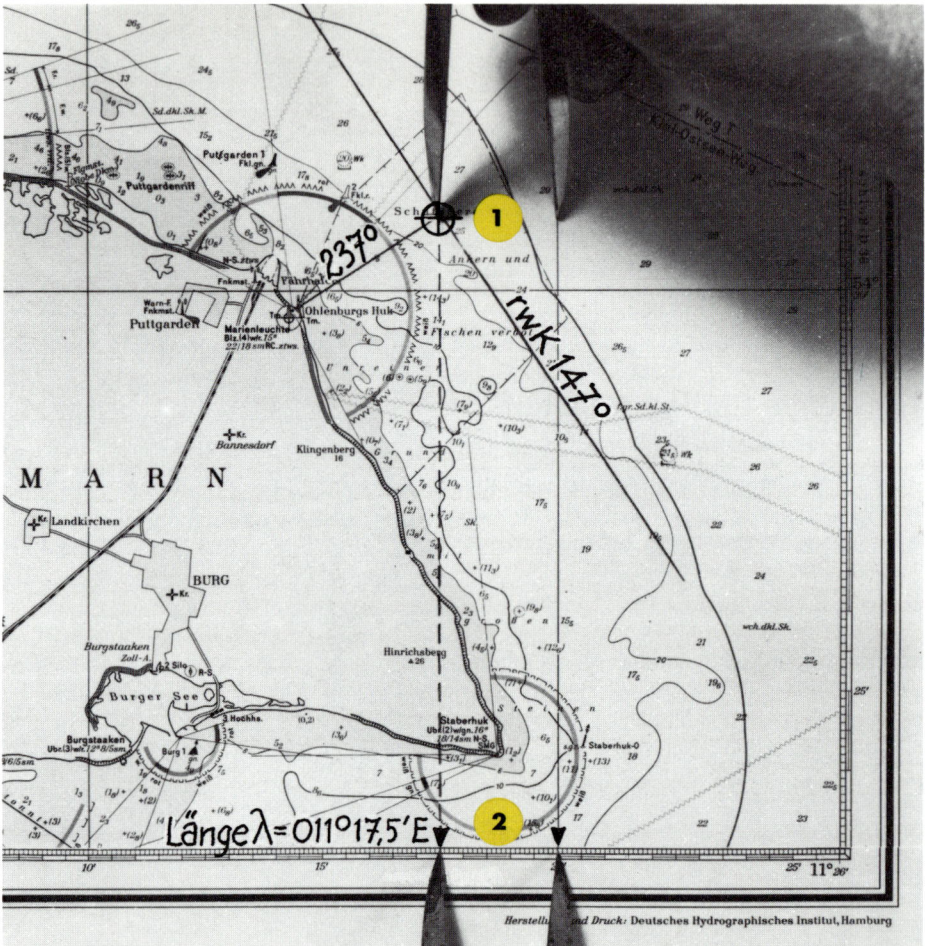

Herstellung und Druck: Deutsches Hydrographisches Institut, Hamburg

2.1.2 Eintragen des Schiffsortes in die Seekarte

Wenn es erforderlich ist, den Schiffsort in die Seekarte einzutragen, so erfolgt dies auf dem umgekehrten Wege wie die Entnahme des Schiffsortes aus der Seekarte (siehe vorstehend 2.1.1).

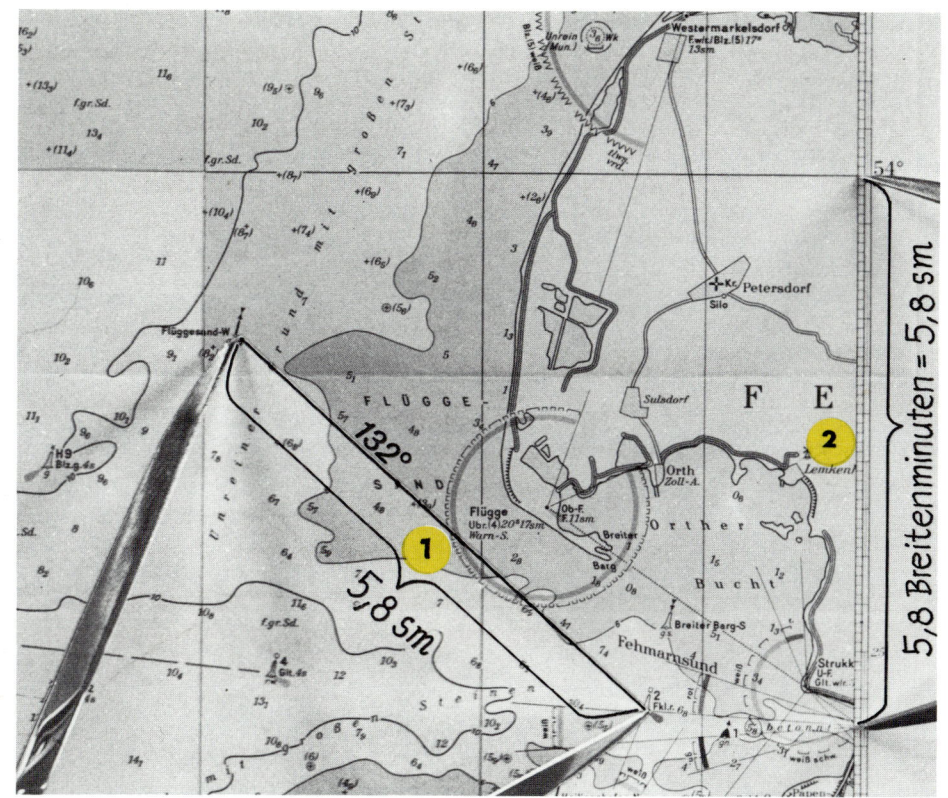

2.2 Entfernungen

2.2.1 Entnehmen der Entfernung am Kartenrand

Vgl. Kartenaufgaben Nr. 343, 346, 349, 357
Frage 235.

Beispiel:

Wie groß ist die Entfernung zwischen der Tonne Flüggesand W und der Leuchttonne 2 westlich des Fehmarnsundes? (vgl. die Kartenaufgabe Nr. 346)

Die Entfernung zwischen den Tonnen wird in den Zirkel genommen ① und anschließend am rechten oder linken Kartenrand in Höhe der Objekte abgegriffen ②. Die Anzahl der zwischen den Zirkelspitzen enthaltenen Breitenminuten ist immer gleich der Anzahl der Seemeilen zwischen den Objekten. Im Beispiel werden 5,8 Breitenminuten ermittelt.

Die Entfernung zwischen der Tonne Flüggesand W und der Leuchttonne 2 beträgt daher 5,8 sm.

2.2.2 Abtragen der Entfernung auf einer Kurslinie

Soll eine Entfernung auf einer Kurslinie abgetragen werden, so wird der umgekehrte Weg wie 2.2.1 dargestellt beschritten. Zunächst wird die gewünschte Anzahl Seemeilen am rechten oder linken Kartenrand abgegriffen und dann auf der Kurslinie abgetragen.

Merke: Entfernungen nur am rechten oder linken Kartenrand abgreifen; nie am oberen oder unteren Kartenrand.

2.3 Kurse

2.3.1 Entnehmen des Kartenkurses aus der Seekarte

Vgl. Kartenaufgaben Nr. 344, 345, 348, 350, 351, 353, 356, 358.

Beispiel:

Ein Sportboot, das sich auf der Fahrt nach Schleimünde befindet, steht auf der Position 54° 31,4′ N und 010° 03,7′ E und setzt den Kurs auf die Leuchttonne 4 an der Südost-Ecke des Sperrgebietes ab. Wie lautet der rechtweisende Kurs für die eingezeichnete Kurslinie? (vgl. die Kartenaufgabe Nr. 344).

Zur Ermittlung des rechtweisenden Kurses wird zunächst ein Kursdreieck ① mit seiner Hypotenuse an die eingezeichnete Kurslinie angelegt ②. Dann wird das Kursdreieck mit Hilfe eines Lineals ③*) oder eines zweiten Kursdreieckes, das zuvor an die unten liegende Kathete des Kursdreiecks herangeführt wurde, soweit parallel verschoben ④, bis der Mittelpunkt der Hypotenuse am nächsten Meridian anliegt ⑤. Der rwK – also der Winkel zwischen rechtweisend Nord und der Rechtvorausrichtung des Fahrzeugs – ist an der Stelle der Gradskala auf dem Dreieck abzulesen, wo der Meridian durch diese Skala verläuft ⑥.

Der rwK lautet: 022°.

2.3.2 Kursbeschickung bei Wind

Ist ein Schiff einem Seitenwind ausgesetzt, so wird es versetzt (vgl. Frage 255). Die Windversetzung kann durch Beobachtung des Kielwassers geschätzt werden, das luvwärts zeigt. Eine besonders große Versetzung haben Segler sowie langsame und relativ hoch aus dem Wasser ragende Fahrzeuge.

Um der Versetzung entgegenzuwirken, ist eine Beschickung für Wind (BW) notwendig. Es ist dies der Winkel zwischen der Recht-

*) vgl. Bilddarstellung auf S. 255

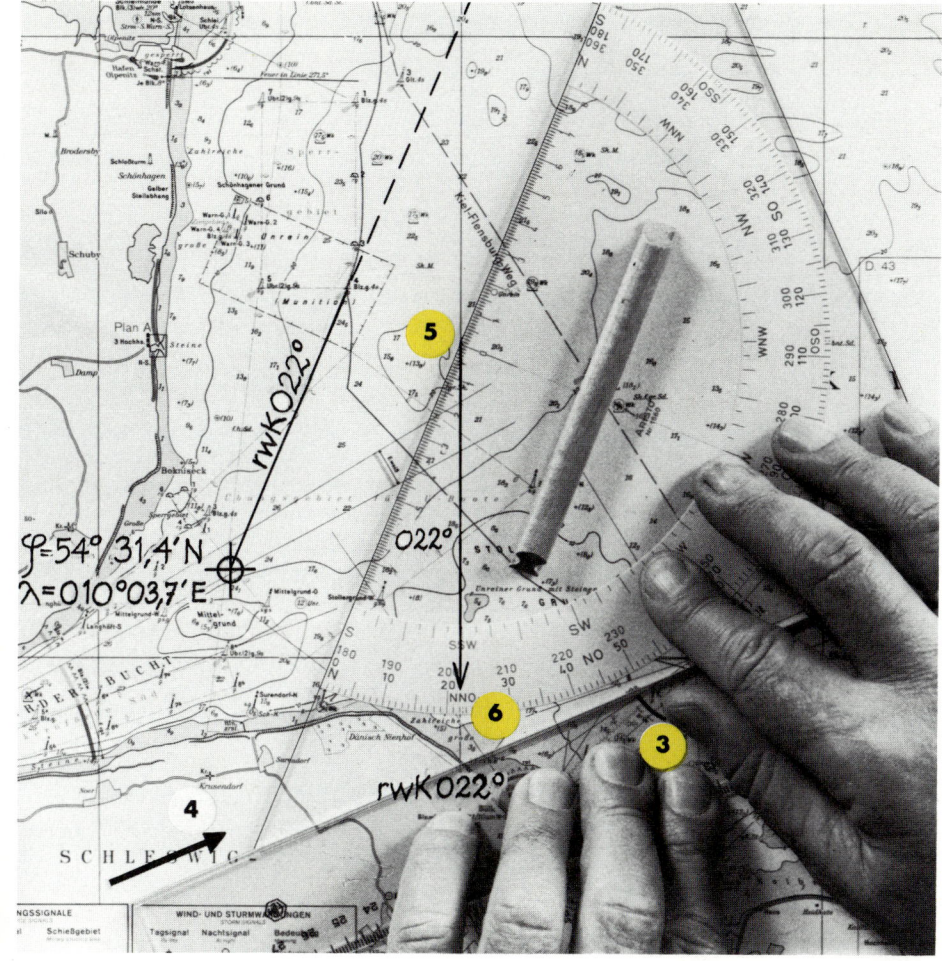

(vgl. Text zu 2.3.1 auf S. 254)

vorausrichtung des Fahrzeugs und der tatsächlichen oder beabsichtigten Bewegungsrichtung des Fahrzeugs durchs Wasser.

Für die Beschickung für Wind gilt folgende Vorzeichenregel:

■ Kommt der Wind von Backbord, so wird das Fahrzeug nach Steuerbord versetzt, die Beschickung hat das Vorzeichen + (plus).

■ Kommt der Wind von Steuerbord, so wird das Fahrzeug nach Backbord versetzt, die Beschickung hat das Vorzeichen − (minus).

■ Will man bei seitlichem Wind einen bestimmten Kurs behalten, so hat man den zu steuernden Kurs um die geschätzte Windversetzung höher, d. h. gegen den Wind gedreht zu wählen.

Beispiel:

Nördlich von Fehmarn kommend segelt ein Sportboot bei westlichem Wind und steuert am Magnetkompaß 208°. Wie lautet der Kurs durchs Wasser*) bei einer geschätzten Windversetzung von 4°?

---

*) Kurs durchs Wasser ist die Summe aus rechtweisendem Kurs und Beschickung für Wind

MgK	= 208°
Abl	= −2°**)
mwK	= 206°
Mw	= −2°
rwK	= 204°
BW	= −4°
KdW	= 200°

**) Für Kursbeschickungen gilt die Steuertafel auf Seite 202.

2.3.3 Eintragen des rwK in die Seekarte

Vgl. Kartenaufgaben Nr. 343, 346, 347, 349, 352, 354, 355, 359, 360, 361, 362

Beispiel:

Ein Sportboot, das in der Flensburger Förde auf der Position 54° 47,5′ N, 009° 57,5′ E steht, setzt von dieser Position den rechtweisenden Kurs 135° ab (vgl. die Kartenaufgabe Nr. 343).

Zum Absetzen des rwK wird zunächst ein Kursdreieck ① so an einem dem Schiffsort nahegelegenen Meridian ② angelegt, daß der Mittelpunkt der Hypotenuse auf dem Meridian zu liegen kommt ③ und zugleich auf der Gradskala am Meridian 135° abzulesen ist ④.

Dann wird das Kursdreieck mit Hilfe eines Lineals ⑤ oder eines zweiten Kursdreieckes, das zuvor an die unten liegende Kathete des Kursdreieckes herangeführt wurde, soweit parallel verschoben ⑥, bis die Hypotenuse durch den Schiffsort verläuft ⑦*). An der Hypotenuse wird anschließend der Bleistift angesetzt und vom Schiffsort aus die Kurslinie in die Seekarte eingetragen ⑧.

(Fortsetzung nächste Seite)

*) vgl. Bilddarstellung auf S. 257

$\varphi = 54°\,47,5'N$
$\lambda = 009°\,57,5'E$

rwK 135°

⑦
⑧

(vgl. Text auf S. 256)

2.4 Peilungen

2.4.1 Eintragen der rechtweisenden Peilung in die Seekarte

Rechtweisende Peilungen werden in gleicher Weise wie rechtweisende Kurse in die Seekarte eingetragen.

Beispiel:

Das Leuchtfeuer Flügge wird am Magnetkompaß gepeilt. Nach Beschickung der Magnetkompaßpeilung ergibt die rechtweisende Peilung 042°. Sie ist in die Seekarte einzutragen (vgl. die Kartenaufgabe Nr. 346).

Zur Eintragung der rechtweisenden Peilung wird als erster Schritt das Kursdreieck ①*) so an einem dem gepeilten Objekt ② nahegelegenen Meridian ③ angelegt, daß der Mittelpunkt der Hypotenuse auf dem Meridian zu liegen kommt ④ und zugleich auf der Gradskala am Meridian 042° abzulesen ist ⑤. Als nächster Schritt wird das Kursdreieck mit Hilfe eines Lineals ⑥ oder eines zweiten Kursdreieckes, das zuvor an die unten liegende Kathete des Kursdreieckes herangelegt wurde, soweit parallel verschoben ⑦, bis die Hypotenuse durch das gepeilte Objekt verläuft ⑧**).

An der Hypotenuse wird anschließend der Bleistift angesetzt ⑨ und vom gepeilten Objekt aus die Peilung eingetragen.

Ermittlung des Schiffsortes durch eine Kreuzpeilung vgl. Erl. zu den Fragen 250 bis 253.

---

*) vgl. Bilddarstellung auf S. 258
**) vgl. Bilddarstellung auf S. 260

2.4.2 Verwandlung von Seitenpeilungen in rechtweisende Peilungen

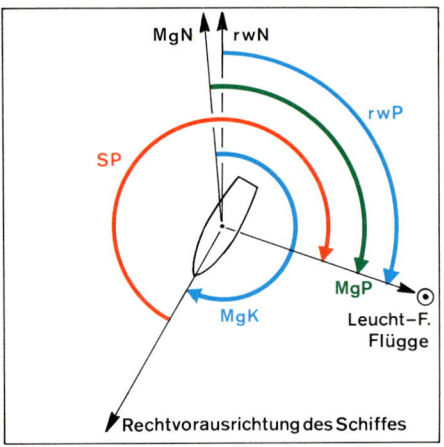

Seitenpeilungen (SP) können unter Berücksichtigung des bei der Peilung anliegenden Magnetkompaßkurses (MgK) auf die Kompaßrose übertragen und weiter wie Magnetkompaßpeilungen (MgP) behandelt werden (vgl. Erläuterung zu Fragen 248, 249). Erhält man durch Addition der Seitenpeilung und des Kompaßkurses eine Summe, die größer als 360° ist, sind von der Summe 360° abzuziehen.

(Fortsetzung nächste Seite)

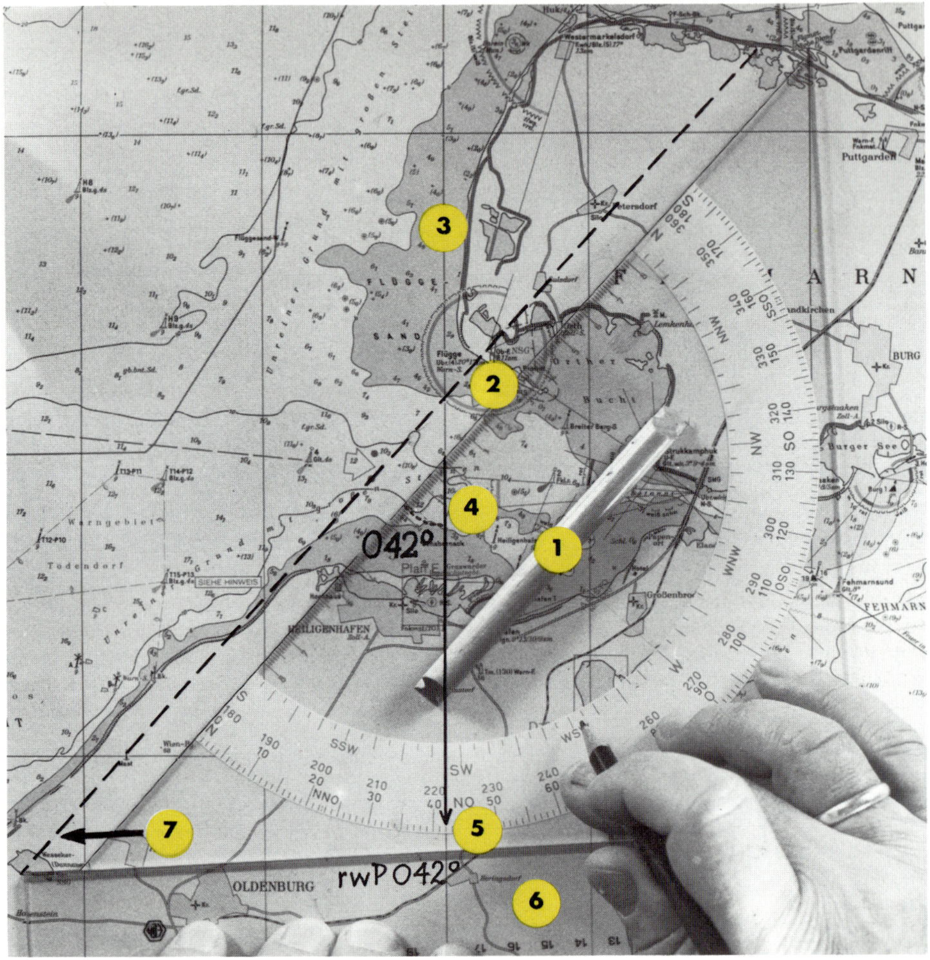

(vgl. Text auf S. 257)

Beispiel:

Ein Sportboot, das westlich von Fehmarn steht, peilt auf dem Magnetkompaßkurs 214° mit der Peilscheibe das Leuchtfeuer Flügge 259°.

Wie lautet die rechtweisende Peilung?

SP	= 259°
MgK	= 214°
MgP	= 473°
	−360°
MgP	= 113°
Abl.	= −2°*)
mwP	= 111°
Mw	= −2°
rwP	= 109°

*) Für Kursbeschickungen gilt die Steuertafel auf Seite 202.

Es ist zu beachten, daß beim Beschicken von Magnetkompaßpeilungen aus der Steuertafel stets die *Ablenkung für den Magnetkompaßkurs,* der zum Zeitpunkt der Peilung anlag, zu entnehmen ist; auf keinen Fall darf mit der Gradzahl der Kompaßpeilung in die Steuertafel eingegangen werden.

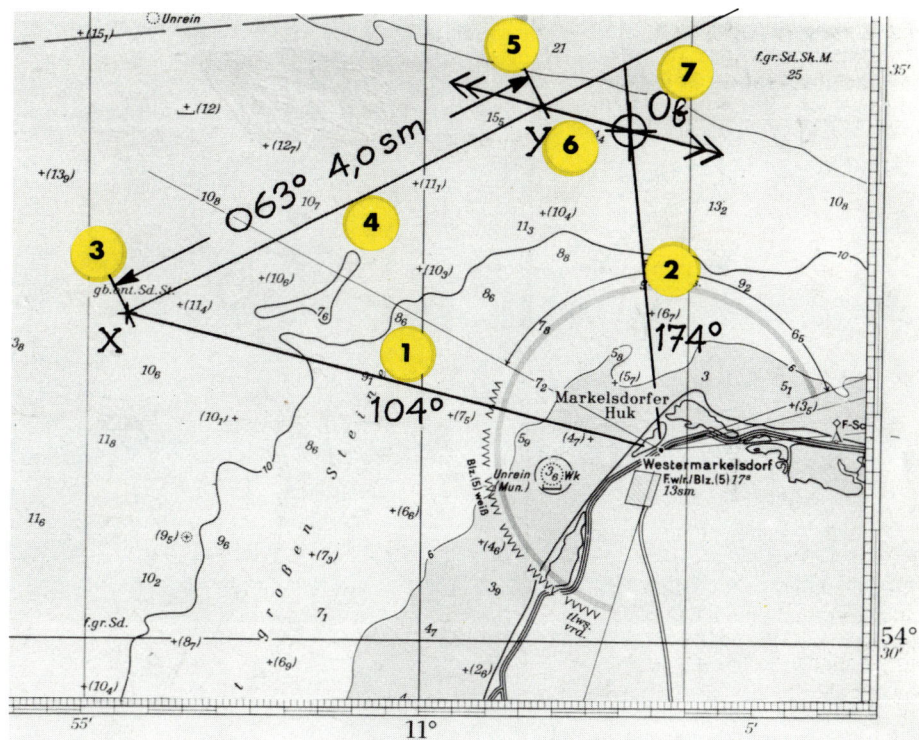

(vgl. Text auf S. 260)

2.4.3 Schiffsortermittlung mit Hilfe einer Doppelpeilung

Unter einer Doppelpeilung zur Schiffsortermittlung versteht man das zweimalige Peilen desselben Objektes – im Unterschied zur Kreuzpeilung (vgl. Erläuterung zu Fragen 250 bis 253) – mit dazwischenliegender Versegelung.

Beispiel:

Ein Sportboot steht auf dem Koppelort (O_k) φ 54° 32,8′ N, λ 010° 55,6′ E

und steuert bei achterlichem Wind den Magnetkompaßkurs 062°. Da dem Koppelort mißtraut wird, wird das Leuchtfeuer Westermarkelsdorf am Magnetkompaß 103° und nach einer Versegelung von 4 sm das gleiche Feuer am Magnetkompaß 173° gepeilt. Wie lautet der »beobachtete Ort« (O_b) nach Breite und Länge?

Um die Aufgabe lösen zu können, sind zunächst der Magnetkompaßkurs und die Magnetkompaßpeilungen durch das Anbringen von Beschickungen in den rechtweisenden Kurs bzw. in rechtweisende Peilungen zu verwandeln.

MgK	= 062°
Abl.	= +3°*)
mwK	= 065°
Mw	= −2°
rwK	= 063°

MgP	= 103°
Abl.	= +3°*)
mwP	= 106°
Mw	= −2°
rwP	= 104°

MgP	= 173°
Abl.	= +3°*)
mwP	= 176°
Mw	= −2°
rwP	= 174°

*) Für Kursbeschickungen gilt die Steuertafel auf Seite 202.

Nachdem durch Anbringung der Beschickung die Magnetkompaßpeilungen 103° und 173° des Leuchtfeuers Westermarkelsdorf in die rechtweisenden Peilungen 104° ①*) bzw. 174° ② verwandelt wurden, werden diese wie unter 2.4.1 beschrieben eingetragen. Dann wird vom Koppelort X ③ die Kurslinie 063° ④ eingetragen und auf dieser eine Strecke von 4 sm abgegriffen. Der Endpunkt dieser Strecke ist oben als Punkt Y ⑤ bezeichnet. Jetzt wird die erste Peilstandlinie ① (104°) 4 sm parallel bis zum Punkt Y versegelt, d. h. vom Punkt X ③ auf der von dort angetragenen Kurslinie 4 sm weit bis

(vgl. Text auf S. 257)

zum Punkt Y ⑤ und dort nochmals eingetragen ⑥. Dort, wo die versegelte Peilstandlinie ⑥ (104°) sich mit der zweiten Peilstandlinie (174°) schneidet ⑦, ist der mit Hilfe einer Doppelpeilung ermittelte Schiffsort (O_b), und zwar zum Zeitpunkt der zweiten Peilung; er lautet $\varphi = 54°\,34{,}4'$ N, $\lambda = 011°\,03{,}1'$ E.

*) vgl. Bilddarstellung auf S. 259

3. Die Kartenaufgaben

343

Ein Sportboot, das in der Flensburger Förde auf 54° 47,5′ N und 009° 57,5′ E steht, setzt von dieser Position den rechtweisenden Kurs 135° ab.

a) Wie lautet der zu steuernde Magnet-
kompaßkurs?
(Mißweisung −2°
Ablenkung +3°)

Tragen Sie die Berechnung vom rechtweisenden Kurs zum Magnetkompaßkurs nebenstehend ein.

b) Wie groß ist der Abstand zum Leuchtfeuer Falshöft, wenn Sie dieses querab haben?

c) Welche Kennung und Tragweite hat das
Leuchtfeuer Falshöft?

Antwort

a)

MgK	=	134°
Abl	=	+3°
mwK	=	137°
Mw	=	−2°
rwK	=	135°

Rechnung

• • •

•

b) 0,8 sm

c) Kennung: Unterbrochenes Feuer mit Gruppen von 2 Unterbrechungen; es hat weiße, rote und grüne Sektoren, die Wiederkehr be-trägt 16 Sekunden

Nenntragweite: Weiß 18, rot 15, grün 14 sm

• •

Zu Frage 343:   **Seekarte D 30**

343 a)   Verwandeln rwK in MgK vgl. Erl. zu Fragen 248, 249
MgK vgl. Frage 242
rwK vgl. Frage 239
mwK vgl. Frage 241
Mißweisung vgl. Frage 243
Ablenkung vgl. Frage 244
Beim Rechengang ist mit umgekehrten Vorzeichen zu rechnen vgl. Erl. zu Fragen 248, 249

343 b)   Entnehmen der Entfernung aus der Seekarte vgl. Erl. Nr. 2.2.1 vor Frage 343 und Frage 234

343 c)   Kennungen vgl. Erl. zu Fragen 216—222
Leuchtfeuerverzeichnis vgl. Erl. zu Frage 233
Zeichen und Abkürzungen in den Seekarten vgl. Erl. zu Frage 232

344

Antwort:

Ein Sportboot, das sich auf der Fahrt nach Schleimünde befindet, steht auf der Position 54° 31,4' N
und 010° 03,7' E und setzt den Kurs auf die Leuchttonne 4 an der Südost-Ecke des Sperrgebietes ab.

a) Wie lautet der rechtweisende Kurs für die eingezeichnete Kurslinie?

a) 022°   ●

b) In welcher Zeit wird die Distanz zwischen
der oben angegebenen Position und der
Leuchttonne 4 zurückgelegt, wenn das Sportboot 7,5 sm/h läuft?

b) $\dfrac{4,9 \text{ sm} \times 60 \text{ min/h}}{7,5 \text{ sm/h}} = 39 \text{ min}$ ●●●

●●

c) Auf welcher Position nach Breite und Länge
liegt die Leuchttonne 4?

c) 54° 35,9' N
010° 06,9' E

Zu Frage 344:   **Seekarte D 30**

344 a)   Entnehmen des rwK aus der Seekarte vgl. Frage 240 und Erl. Nr. 2.3.1 vor Frage 343
rwK vgl. Frage 239

344 b)   Berechnung der Fahrzeit vgl. Frage 237
Berechnung der Geschwindigkeit vgl. Erl. zu Frage 236

344 c)   Entnehmen der Position der Tonne aus der Seekarte entsprechend Ermittlung des Schiffsortes vgl. Erl.
Nr. 2.1.1 vor Frage 343

345

Ein Sportboot, das in die Kieler Förde einlaufen will, steht auf der Position 54° 33,5' N und 010° 07,6' E. Von hier setzt es den Kurs auf die Leucht-Heultonne 1 der Kieler Förde ab.

a) Wie lautet der rechtweisende Kurs für die einge-zeichnete Kurslinie?

b) Nach 1,4 sm wird die 20-m-Tiefenlinie gelotet; gleichzeitig wird der Leuchtturm Kiel am Magnetkompaß 122° gepeilt.

   Wie lautet die rechtweisende Peilung?
   (Ablenkung −2°
   Mißweisung −2°)

   Tragen Sie die Berechnung von der Magnetkompaßpeilung zur rechtweisenden Peilung nebenstehend ein.

c) Was für ein Toppzeichen und welche Kennung hat die Leucht-Heultonne 1 der Kieler Förde?

Antwort:

a) **146°**   ●

b)

MgP	=	**122°**
Abl	=	**−2°**
mwP	=	**120°**
Mw	=	**−2°**
rwP	=	**118°**

Rechnung   ● ● ●

c) **Die Leucht-Heultonne hat ein Kegel-Toppzeichen und die Kennung: Funkelfeuer grün**   ● ●

Zu Frage 345:   **Seekarte D 30**

345 a)   Entnehmen des rwK aus der Seekarte vgl. Frage 240 und Erl. Nr. 2.3.1 vor Frage 343
            rwK vgl. Frage 239

345 b)   Verwandeln der Magnetkompaßpeilung in rechtweisende Peilung vgl. Frage 249 und Erl. zu Fragen 248, 249
            Magnetkompaßpeilung vgl. Erl. zu Fragen 250–253
            Ablenkung vgl. Frage 244
            Mißweisende Peilung vgl. Erl. zu Fragen 250–253
            Mißweisung vgl. Frage 243
            Rechtweisende Peilung vgl. Erl. zu Fragen 250–253
            Eintragen der rechtweisenden Peilung in die Seekarte vgl. Erl. 2.4.1 vor Frage 343

345 c)   Kennungen vgl. Erl. zu Frage 216–222
            Leuchtfeuerverzeichnis vgl. Erläuterung zu Frage 233
            Zeichen und Abkürzungen in den Seekarten vgl. Erl. zu Frage 232
            Toppzeichen vgl. Allgemeines vor Frage 180

346

Ein Sportboot, das sich auf der Fahrt zum Fehmarnsund befindet, steht nahebei der Tonne Flüggesand-W. Von hier steuert es mit rechtweisendem Kurs 132° die Leuchttonne 2 westlich des Fehmarnsundes an.

a) Wie lautet der zu steuernde Magnetkompaßkurs?
(Mißweisung −2°
Ablenkung +6°)
Tragen Sie die Berechnung vom rechtweisenden Kurs zum Magnetkompaßkurs nebenstehend ein.

b) Nach 3,6 sm wird eine Kreuzpeilung durchgeführt, die folgende rechtweisende Peilungen ergibt:
Leuchtfeuer Flügge 042°
Turm bei Klaustorf 172°
(südlich des Leuchtfeuers Heiligenhafen)
Zeichnen Sie die rechtweisenden Peilungen in den Kartenausschnitt ein.

c) Wie groß ist die Distanz zwischen Tonne Flüggesand-W und Leuchttonne 2?

Antwort:

a)

MgK	=	128°	
Abl	=	+6°	
mwK	=	134°	Rechnung
Mw	=	−2°	
rwK	=	132°	

• • •

b) siehe Seekartenausschnitt

• •

c) 5,8 sm

•

Zu Frage 346:   **Seekarte D 30**

346 a)   Verwandeln rwK in MgK vgl. Erl. zu Fragen 248, 249
MgK vgl. Frage 242
rwK vgl. Frage 239
mwK vgl. Frage 241
Mißweisung vgl. Frage 243
Ablenkung vgl. Frage 244
Beim Rechengang ist mit umgekehrten Vorzeichen zu rechnen vgl. Erl. zu Fragen 248, 249

346 b)   Eintragen der rechtweisenden Peilungen in die Seekarte vgl. Erl. Nr. 2.4.1 vor Frage 343
Kreuzpeilung vgl. Frage 252 und Erl. zu Fragen 250−253

346 c)   Entnehmen der Entfernung aus der Seekarte vgl. Erl. Nr. 2.2.1 vor Frage 343 und Frage 234

347

Ein Sportboot verläßt bei Leuchttonne 7 den Kiel-Ostsee-Weg in südöstlicher Richtung. Der rechtweisende Kurs beträgt 147°.

a) Wie lautet der zu steuernde Magnet-kompaßkurs?
   (Mißweisung −2°
   Ablenkung +11°)

   Tragen Sie die Berechnung vom rechtweisenden Kurs zum Magnetkompaßkurs nebenstehend ein.

b) Beim Passieren wird das Leuchtfeuer Marienleuchte rechtweisend 237° gepeilt; der Abstand beträgt 2,2 sm. Auf welcher Position nach Breite und Länge befindet sich das Sportboot?

c) Welches Verbot muß im Bereich der ermittelten Position beachtet werden?

Antwort:

a)
MgK	=	138°
Abl	=	+11°
mwK	=	149°
Mw	=	−2°
rwK	=	147°

Rechnung ↑

•••

b) 54° 31,0′ N
   011° 17,5′ E

••

c) Das Boot befindet sich in einem Schutzbereich, in dem Ankern und Fischen verboten ist.

•

Zu Frage 347:   **Seekarte D 30**

347 a)   Verwandeln rwK in MgK vgl. Erl. zu Fragen 248, 249
            MgK vgl. Frage 242
            rwK vgl. Frage 239
            mwK vgl. Frage 241
            Mißweisung vgl. Frage 243
            Ablenkung vgl. Frage 244
            Beim Rechengang ist mit umgekehrten Vorzeichen zu rechnen vgl. Erl. zu Fragen 248, 249

347 b)   Entnehmen des Schiffsortes aus der Seekarte vgl. Erl. Nr. 2.1.1 vor Frage 343
            Eintragen der rechtweisenden Peilung in die Seekarte vgl. Erl. Nr. 2.4.1 vor Frage 343
            Rechtweisende Peilung vgl. Erl. zu Fragen 250−253

347 c)   Verbot des Ankerns vgl. Fragen 138, 156

348

Ein Sportboot, das sich auf der Fahrt zum Fehmarnsund befindet, steht auf der Position 54° 18,0′ N und 011° 13,0′ E und setzt den Kurs auf die Leuchttonne Fehmarnsund-O ab.

a) Wie lautet der rechtweisende Kurs für die eingezeichnete Kurslinie?

b) In welcher Zeit wird die Distanz zwischen der oben angegebenen Position und der Leuchttonne Fehmarnsund-O zurückgelegt, wenn das Sportboot 7 sm/h läuft?

c) Welche Kennung und Nenntragweiten hat das Leuchtfeuer Burgstaaken?

Antwort:

a) **344°**   ●

b) $\dfrac{4,8 \text{ sm} \times 60 \text{ min/h}}{7 \text{ sm/h}} = 41 \text{ min}$ ●●●

c) **Kennung:**   Unterbrochenes Feuer mit Gruppen ●● von 3 Unterbrechungen; es hat weiße und rote Sektoren

Nenntragweiten: 8 bzw. 5 sm

Zu Frage 348:   **Seekarte D 30**

348 a)   Entnehmen des rwK aus der Seekarte vgl. Frage 240 und Erl. Nr. 2.3.1 vor Frage 343
rwK vgl. Frage 239

348 b)   Berechnung der Fahrzeit vgl. Frage 237
Berechnung der Geschwindigkeit vgl. Erl. zu Frage 236

348 c)   Kennungen vgl. Erl. zu Fragen 216—222
Leuchtfeuerverzeichnis vgl. Erläuterungen zu Frage 233
Zeichen und Abkürzungen in den Seekarten vgl. Erl. zu Frage 232

349

Ein Sportboot, das die Kieler Förde verlassen will, steht nahebei der Leuchttonne 2. Von hier steuert es mit rechtweisendem Kurs 054° die Leuchttonne 2 des Kiel-Ostsee-Weges an.

a) Wie lautet der zu steuernde Magnetkompaßkurs?
   (Mißweisung −2°
   Ablenkung +4°)
   Tragen Sie die Berechnung vom rechtweisenden Kurs zum Magnetkompaßkurs nebenstehend ein.

b) Wie groß ist die Distanz zwischen Leuchttonne 2 der Kieler Förde und Leuchttonne 2 des Kiel-Ostsee-Weges?

c) Auf welcher Position nach Breite und Länge liegt die Leuchttonne 2 des Kiel-Ostsee-Weges?

Antwort:

a)
MgK	=	052°	
Abl	=	+4°	
mwK	=	056°	
Mw	=	−2°	
rwK	=	054°	

Rechnung ↑

●●●

b) 7,6 sm

●

c) 54° 32,0′ N
   010° 27,1′ E

●●

Zu Frage 349:   **Seekarte D 30**

349 a)   Verwandeln rwK in MgK vgl. Erl. zu Fragen 248, 249
         MgK vgl. Frage 242
         rwK vgl. Frage 239
         mwK vgl. Frage 241
         Mißweisung vgl. Frage 243
         Ablenkung vgl. Frage 244
         Beim Rechengang ist mit umgekehrten Vorzeichen zu rechnen vgl. Erl. zu Fragen 248, 249

349 b)   Entnehmen der Entfernung aus der Seekarte vgl. Erl. Nr. 2.2.1 vor Frage 343 und Frage 234

349 c)   Entnehmen der Position der Tonne aus der Seekarte entsprechend Ermittlung des Schiffsortes vgl. Erl. Nr. 2.1.1 vor Frage 343

350

Ein Sportboot befindet sich auf der Fahrt von der Sagasbank zum Fehmarnsund; es steht auf der Position 54° 18,0′ N und 011° 10,0′ E und setzt den Kurs auf die Leuchttonne Fehmarnsund-O ab. Beim Erreichen der 10-m-Tiefenlinie wird der Kirchturm in Großenbrode am Magnetkompaß 307° gepeilt.

a) Wie lautet der rechtweisende Kurs für die eingezeichnete Kurslinie?

b) Wie lautet die rechtweisende Peilung des Kirchturmes von Großenbrode?
(Ablenkung −7°
Mißweisung −2°)
Tragen Sie die Berechnung von der Magnetkompaßpeilung zur rechtweisenden Peilung nebenstehend ein.

c) Was für einen Anstrich (Farbe) und welche Kennung hat die Leuchttonne Fehmarnsund-O?

Antwort:

a) **005°**   ●

b)

MgP	=	307°	
Abl	=	−7°	
mwP	=	300°	Rechnung
Mw	=	−2°	
rwP	=	298°	

●●●

c) **Es ist eine rot-weiße Tonne; sie hat weißes Gleichtaktfeuer, Wiederkehr 8 Sekunden**   ●●

Zu Frage 350: **Seekarte D 30**

350 a)   Entnehmen des rwK aus der Seekarte vgl. Frage 240 und Erl. Nr. 2.3.1 vor Frage 343
rwK vgl. Frage 239

350 b)   Verwandeln der Magnetkompaßpeilungen in rechtweisende Peilungen vgl. Frage 249 und Erl. zu Fragen 248, 249
Magnetkompaßpeilung vgl. Erl. zu Fragen 250−253
Ablenkung vgl. Frage 244
Mißweisende Peilung vgl. Erl. zu Fragen 250−253
Mißweisung vgl. Frage 243
Rechtweisende Peilung vgl. Erl. zu Fragen 250−253
Eintragen der rechtweisenden Peilung in die Seekarte vgl. Erl. 2.4.1 vor Frage 343

350 c)   Kennungen vgl. Erl. zu Fragen 216−222
Leuchtfeuerverzeichnis vgl. Erl. zu Frage 233
Zeichen und Abkürzungen in den Seekarten vgl. Erl. zu Frage 232
Tonnen vgl. Allgemeines vor Frage 180 und Erl. zu Fragen 204, 205

351

Ein aus der Kieler Förde auslaufendes Sport-boot hat die Leucht-Heultonne 1 nahebei pas-siert und will die Leuchttonne 2 des Kiel-Flens-burg-Weges ansteuern.

a) Wie lautet der rechtweisende Kurs für die eingezeichnete Kurslinie?

b) Was für einen Anstrich (Farbe) und welche Kennung hat die Leucht-Heultonne 1?

c) In welcher Zeit wird die Distanz zwischen Leucht-Heultonne 1 der Kieler Förde und Leuchttonne 2 des Kiel-Flensburg-Weges zurückgelegt, wenn das Sportboot 9 sm/h läuft?

Antwort:

a) 355°   ●

b) Es ist eine grüne Tonne mit der Kennung: ●●
Funkelfeuer grün

c) $\dfrac{7,1 \text{ sm/h} \times 60 \text{ min/h}}{9 \text{ sm/h}} = 47 \text{ min}$ ●●●

Zu Frage 351:   **Seekarte D 30**

         351 a)   Entnehmen des rwK aus der Seekarte vgl. Frage 240 und Erl. Nr. 2.3.1 vor Frage 343
                     rwK vgl. Frage 239

         351 b)   Kennungen vgl. Erl. zu Fragen 216—222
                     Leuchtfeuerverzeichnis vgl. Erl. zu Frage 233
                     Zeichen und Abkürzungen in den Seekarten vgl. Erl. zu Frage 232
                     Tonnen vgl. Allgemeines vor Frage 180 und Erl. zu Fragen 204, 205

         351 c)   Berechnung der Fahrzeit vgl. Frage 237
                     Berechnung der Geschwindigkeit vgl. Erl. zu Frage 236

352

Ein Sportboot befindet sich auf der Fahrt zur Ekkernförder Bucht und steht auf der Position 54° 34,8′ N und 010° 06,5′ E. Von hier aus wird der rechtweisende Kurs 217° auf die Tonne 1 abgesetzt.

a) Wie lautet der zu steuernde Magnetkompaßkurs?
(Mißweisung −2°
Ablenkung −3°)
Tragen Sie die Berechnung vom rechtweisenden Kurs zum Magnetkompaßkurs nebenstehend ein.

b) Auf welcher Position nach Breite und Länge liegt die Tonne 1?

c) Wie muß an der Leuchttonne 3 an der Südost-Ecke des Sperrgebietes vorbeigefahren werden?

Antwort:

a)

MgK	=	222°
Abl	=	−3°
mwK	=	219°
Mw	=	−2°
rwK	=	217°

Rechnung

● ● ●

b) 54° 32,0′ N
010° 02,9′ E

● ●

c) Die Leuchttonne muß beim Einlaufen in die Eckernförder Bucht an der Steuerbordseite gelassen werden

●

Zu Frage 352: **Seekarte D 30**

352 a)   Verwandeln rwK in MgK vgl. Erl. zu Fragen 248, 249
MgK vgl. Frage 242
rwK vgl. Frage 239
mwK vgl. Frage 241
Mißweisung vgl. Frage 243
Ablenkung vgl. Frage 244
Beim Rechengang ist mit umgekehrten Vorzeichen zu rechnen, vgl. Erl. zu Fragen 248, 249

352 b)   Entnehmen der Position der Tonne aus der Seekarte entsprechend Ermittlung des Schiffsortes vgl. Erl. Nr. 2.1.1 vor Frage 343

352 c)   Verkehrsregelung in Sperr- und Warngebieten vgl. Erl. zu Fragen 162—165

353

Ein Sportboot, das 8 sm/h läuft, befindet sich auf der Fahrt zur Leuchttonne Norderelbe; es hat die Leuchttonne 2/Reede nahebei an Backbord passiert.

a) **Wie lautet der rechtweisende Kurs für die eingezeichnete Kurslinie?**

b) **Was für einen Anstrich (Farbe) und welche Kennung hat die Leuchttonne Norderelbe?**

c) **In welcher Zeit wird die Distanz zwischen den Leuchttonnen 2/Reede und Norderelbe zurückgelegt?**

Antwort:

a) 077° •

b) Es ist eine rot-weiße Tonne mit der Kennung: Unterbrochenes weißes Feuer, Wiederkehr 4 Sekunden ••

c) $\dfrac{7,3 \text{ sm} \times 60 \text{ min/h}}{8 \text{ sm/h}} = 55 \text{ min}$ •••

Zu Frage 353: **Seekarte D 49**

353 a)   Entnehmen des rwK aus der Seekarte vgl. Frage 240 und Erl. Nr. 2.3.1 vor Frage 343
rwK vgl. Frage 239

353 b)   Kennungen vgl. Erl. zu Fragen 216—222
Leuchtfeuerverzeichnis vgl. Erl. zu Frage 233
Zeichen und Abkürzungen in den Seekarten vgl. Erl. zu Frage 232
Tonnen vgl. Allgemeines vor Frage 180 und Erl. zu Fragen 204, 205

353 c)   Berechnung der Fahrzeit vgl. Frage 237
Berechnung der Geschwindigkeit vgl. Erl. zu Frage 236

354

Antwort:

Ein Sportboot befindet sich auf der Fahrt zur Elbe. Nachdem es die Tonne Tertiussand-W erreicht hat, steuert es mit rechtweisendem Kurs 216° die Leuchttonne 2/Reede an.

a) Wie lautet der zu steuernde Magnetkompaß-kurs?
(Mißweisung −3°
Ablenkung +4°)
Tragen Sie die Berechnung vom rechtweisenden Kurs zum Magnetkompaßkurs nebenstehend ein.

a)
MgK	=	215°
Abl	=	+4°
mwK	=	219°
Mw	=	−3°
rwK	=	216°

Rechnung

• • •

b) Auf welcher Position nach Breite und Länge liegt die Tonne Tertiussand-W?

b) 54° 09,9′ N
008° 23,8′ E

• •

c) Was für ein Toppzeichen hat die Leuchttonne 2/Reede?

c) ein Zylinder-Toppzeichen

•

Zu Frage 354:   **Seekarte D 49**

354 a)   Verwandeln rwK in MgK vgl. Erl. zu Fragen 248, 249
MgK vgl. Frage 242
rwK vgl. Frage 239
mwK vgl. Frage 241
Mißweisung vgl. Frage 243
Ablenkung vgl. Frage 244
Beim Rechengang ist mit umgekehrten Vorzeichen zu rechnen, vgl. Erl. zu Fragen 248, 249

354 b)   Entnehmen der Position der Tonne aus der Seekarte entsprechend Ermittlung des Schiffsortes vgl. Erl. Nr. 2.1.1 vor Frage 343

354 c)   Toppzeichen vgl. Allgemeines vor Frage 180
Leuchtfeuerverzeichnis vgl. Erläuterung zu Frage 233
Zeichen und Abkürzungen in den Seekarten vgl. Erl. zu Frage 232

355

Ein Sportboot, das in die Weser einlaufen will, steht auf der Position 54° 01,1′ N und 007° 59,9′ E. Von hier steuert es mit rechtweisendem Kurs 177° die Leucht-Heultonne Nordergründe-N an.

a) Auf welcher Tiefenlinie befindet sich das Sportboot auf der angegebenen Position?

b) Wie lautet der zu steuernde Magnetkompaß-kurs?
(Mißweisung −3°
Ablenkung −5°)

Tragen Sie die Berechnung vom rechtweisenden Kurs zum Magnetkompaßkurs nebenstehend ein.

c) Was für einen Anstrich (Farben) und welche Kennung hat die Leucht-Heultonne Nordergründe-N?

Antwort:

a) Auf der 30-m-Tiefenlinie   ●

b)

MgK	=	185°	
Abl	=	−5°	
mwK	=	180°	*Rechnung* ↑
Mw	=	−3°	
rwK	=	177°	

                                                     ●●●

c) Es ist eine schwarz-gelbe Tonne; sie hat ein schnelles Funkelfeuer, weiß   ●●

Zu Frage 355:   **Seekarte D 49**

355 a)   Tiefenlinie vgl. Erl. zu Frage 232

355 b)   Verwandeln rwK in MgK vgl. Erl. zu Fragen 248, 249
            MgK vgl. Frage 242
            rwK vgl. Frage 239
            mwK vgl. Frage 241
            Mißweisung vgl. Frage 243
            Ablenkung vgl. Frage 244
            Beim Rechengang ist mit umgekehrten Vorzeichen zu rechnen, vgl. Erl. zu Fragen 248, 249

355 c)   Kennungen vgl. Erl. zu Fragen 216−222
            Leuchtfeuerverzeichnis vgl. Erl. zu Frage 233
            Zeichen und Abkürzungen in den Seekarten vgl. Erl. zu Frage 232
            Tonnen vgl. Allgemeines vor Frage 180 und Erl. zu Fragen 204, 205

356

Ein Sportboot hat die Tonne A/6 der Alten Weser passiert und befindet sich auf der Fahrt zur Leucht-Heultonne Westertill-N in der Elbmündung.

a) Wie lautet der rechtweisende Kurs für die eingezeichnete Kurslinie?

b) Auf welcher Position nach Breite und Länge liegt die Tonne A/6?

c) In welcher Zeit wird die Distanz zwischen Tonne A/6 und Leucht-Heultonne Westertill-N zurückgelegt, wenn das Sportboot 7 sm/h läuft?

Antwort:

a) 018°   •

b) 53° 53,5′ N   • •
   008° 04,2′ E

c) $\dfrac{4,9 \ \text{sm} \ \times \ 60 \ \text{min/h}}{7 \ \text{sm/h}} = 42 \ \text{min}$ • • •

Zu Frage 356:   **Seekarte D 49**

356 a)   Entnehmen des rwK aus der Seekarte vgl. Frage 240 und Erl. Nr. 2.3.1 vor Frage 343
rwK vgl. Frage 239

356 b)   Entnehmen der Position der Tonne aus der Seekarte entsprechend Ermittlung des Schiffsortes vgl. Erl. 2.1.1 vor Frage 343

356 c)   Berechnung der Fahrzeit vgl. Frage 237
Berechnung der Geschwindigkeit vgl. Erl. zu Frage 236

357

Ein Sportboot auf der Position 53° 55,0′ N und 008° 09,0′ E und will in die Hohewegrinne der Weser einlaufen. Der rechtweisende Kurs für die eingezeichnete Kurslinie beträgt 183°. Auf der Position 53° 52,0′ N und 008° 09,3′ E wird das Leuchtfeuer Alte Weser am Magnetkompaß 267° gepeilt.

Antwort:

a) Wie lautet die rechtweisende Peilung des Leuchtfeuers Alte Weser?
(Ablenkung −5°
Mißweisung −3°)

Tragen Sie die Berechnung von der Magnetkompaßpeilung zur rechtweisenden Peilung nebenstehend ein.

a)

MgP	=	267°	
Abl	=	−5°	
mwP	=	262°	Rechnung
Mw	=	−3°	
rwP	=	259°	

•••

b) Wie groß ist der Abstand der Position, auf der gepeilt wird, vom Leuchtfeuer Alte Weser?

b) 1,0 sm

•

c) Auf welcher Position nach Breite und Länge steht das Leuchtfeuer Tegeler Plate?

c) 53° 47,9′ N
008° 11,5′ E

••

Zu Frage 357:   **Seekarte D 49**

        357 a)   Verwandeln der Magnetkompaßpeilung in rechtweisende Peilungen vgl. Frage 249 und Erl. zu Fragen 248, 249
                    Magnetkompaßpeilung vgl. Erl. zu Fragen 250−253
                    Ablenkung vgl. Frage 244
                    Mißweisende Peilung vgl. Erl. zu Fragen 250−253
                    Mißweisung vgl. Frage 243
                    Rechtweisende Peilung vgl. Erl. zu Fragen 250−253
                    Eintragen der rechtweisenden Peilung in die Seekarte vgl. Erl. 2.4.1 vor Frage 343

        357 b)   Entnehmen der Entfernung aus der Seekarte vgl. Erl. Nr. 2.2.1 vor Frage 343 und Frage 234

        357 c)   Entnehmen der Position des Leuchtfeuers aus der Seekarte entsprechend Ermittlung des Schiffsortes vgl. Erl. Nr. 2.1.1 vor Frage 343

358

Ein Sportboot, das 6 sm/h läuft, hat die Alte Weser verlassen; es steht nahebei der Leuchttonne A 1 und will in das Wangerooger Fahrwasser einlaufen.

a) Wie lautet der rechtweisende Kurs für die eingezeichnete Kurslinie?

b) Was für ein Toppzeichen und welche Kennung hat die Leuchttonne A 1?

c) In welcher Zeit wird die Distanz zwischen Leuchttonne A 1 und Leuchttonne 3 zurückgelegt?

Antwort:

a) 207° •

b) Die Leuchttonne hat ein Kegel-Toppzeichen und die Kennung: Funkelfeuer grün ••

c) $\dfrac{3,4 \text{ sm} \times 60 \text{ min/h}}{6 \text{ sm/h}} = 34 \text{ min}$ •••

Zu Frage 358:   **Seekarte D 49**

358 a)   Entnehmen des rwK aus der Seekarte vgl. Frage 240 und Erl. Nr. 2.3.1 vor Frage 343
rwK vgl. Frage 239

358 b)   Toppzeichen vgl. Allgemeines vor Frage 180
Kennungen vgl. Erl. zu Fragen 216–222
Leuchtfeuerverzeichnis vgl. Erl. zu Frage 233
Zeichen und Abkürzungen in den Seekarten vgl. Erl. zu Frage 232

358 c)   Berechnung der Fahrzeit vgl. Frage 237
Berechnung der Geschwindigkeit vgl. Erl. zu Frage 236

359

Ein Sportboot, das in die Jade einlaufen will, steht auf der Position 53° 49,0′ N und 007° 36,0′ E. Von hier aus wird der rechtweisende Kurs 070° auf die Leuchttonne 5 der Jade abgesetzt.

a) Wie lautet der zu steuernde Magnetkompaßkurs?
(Mißweisung −3°
Ablenkung +5°)

Tragen Sie die Berechnung vom rechtweisenden Kurs zum Magnetkompaßkurs nebenstehend ein.

b) Auf welcher Position nach Breite und Länge kreuzt eine wellenförmige Linie die Kurslinie?

c) Was bedeutet dieses Symbol, d. h. die wellenförmige Linie?

Antwort:

a)

MgK	=	068°	
Abl	=	+5°	
mwK	=	073°	
Mw	=	−3°	
rwK	=	070°	

Rechnung

• • •

b) 53° 49,2′ N
007° 36,8′ E

• •

c) Unterwasserkabel

•

Zu Frage 359: **Seekarte D 49**

359 a)   Verwandeln rwK in MgK vgl. Erl. zu Fragen 248, 249
                MgK vgl. Frage 242
                rwK vgl. Frage 239
                mwK vgl. Frage 241
                Mißweisung vgl. Frage 243
                Ablenkung vgl. Frage 244
                Beim Rechengang ist mit umgekehrten Vorzeichen zu rechnen vgl. Erl. zu Fragen 248, 249

359 b)   Entnehmen der Position der kreuzenden Linien aus der Seekarte entsprechend Ermittlung des Schiffsortes vgl. Erl. Nr. 2.1.1 vor Frage 343

359 c)   Zeichen und Abkürzungen in den Seekarten vgl. Erl. zu Frage 232

360

Ein aus westlicher Richtung kommendes Sportboot hat die Schlüsseltonne der Alten Weser
nahebei passiert und steuert mit dem rechtweisenden Kurs 074° die Elbe an.

a) Wie lautet der zu steuernde Magnetkompaß-
   kurs?
   (Mißweisung –3°
   Ablenkung –2°)

   Tragen Sie die Berechnung vom rechtweisenden Kurs zum Magnetkompaßkurs nebenstehend ein.

b) Nach etwa 3,2 sm wird an Steuerbord querab die
   Leucht-Heultonne Nordergründe-N passiert.

   Auf welcher Position nach Breite und Länge liegt
   die Tonne?

c) Was für einen Anstrich (Farben) hat die Leucht-
   Heultonne Nordergründe-N?

Antwort:

a)
MgK	=	079°
Abl	=	–2°
mwK	=	077°
Mw	=	–3°
rwK	=	074°

Rechnung

b) 53° 57,1′ N
   008° 00,2′ E

c) Die Tonne hat einen schwarz-gelben Anstrich

● ● ●

● ●

●

Zu Frage 360: **Seekarte D 49**

360 a) Verwandeln rwK in MgK vgl. Erl. zu Fragen 248, 249
MgK vgl. Frage 242
rwK vgl. Frage 239
mwK vgl. Frage 241
Mißweisung vgl. Frage 243
Ablenkung vgl. Frage 244
Beim Rechengang ist mit umgekehrten Vorzeichen zu rechnen vgl. Erl. zu Fragen 248, 249

360 b) Entnehmen der Position der Tonne aus der Seekarte entsprechend Ermittlung des Schiffsortes vgl. Erl. 2.1.1 vor Frage 343

360 c) Tonnen vgl. Allgemeines vor Frage 180 und Erl. zu Fragen 204, 205
Leuchtfeuerverzeichnis vgl. Erl. zu Frage 233
Zeichen und Abkürzungen in den Seekarten vgl. Erl. zu Frage 232

361

Ein Sportboot steht auf der Position 54° 01,7′ N und 008° 06,3′ E. Es will das Verkehrstrennungsgebiet beim Feuerschiff Elbe 1 verlassen und mit rechtweisendem Kurs 314° die Leucht-Heultonne Helgoland ansteuern.

a) Wie lautet der zu steuernde Magnetkompaßkurs?

(Mißweisung −3°
Ablenkung +8°)

Tragen Sie die Berechnung vom rechtweisenden Kurs zum Magnetkompaßkurs nebenstehend ein.

b) Nach Ablauf einer Distanz von 8,4 sm wird die 40-m-Tiefenlinie gelotet. Durch Peilung wurde festgestellt, daß das Sportboot 0,3 sm westlich versetzt worden ist.

Tragen Sie den beobachteten Ort mit dem angegebenen Abstand (0,3 sm) auf der 40-m-Tiefenlinie ein.

c) Auf welcher Position nach Breite und Länge liegt die Leucht-Heultonne Helgoland?

Antwort:

a) MgK = 309°
   Abl = +8°
   mwK = 317°
   Mw = −3°
   rwK = 314°

(Rechnung)

b) siehe Seekartenausschnitt

• • •

•

c) 54° 09,0′ N
   007° 53,6′ E

• •

Zu Frage 361:   **Seekarte D 49**

361 a)   Verwandeln rwK in MgK vgl. Erl. zu Fragen 248, 249
MgK vgl. Frage 242
rwK vgl. Frage 239
mwK vgl. Frage 241
Mißweisung vgl. Frage 243
Ablenkung vgl. Frage 244
Beim Rechengang ist mit umgekehrten Vorzeichen zu rechnen vgl. Erl. zu Fragen 248, 249

361 b)   Abtragen der Entfernung auf einer Kurslinie vgl. Erl. 2.2.2 vor Frage 343
Entnehmen der Entfernung aus der Seekarte vgl. Erl. Nr. 2.2.1 vor Frage 343 und Frage 234

361 c)   Entnehmen der Position der Tonne aus der Seekarte entsprechend Ermittlung des Schiffsortes vgl. Erl. Nr. 2.1.1 vor Frage 343

362

Ein die Elbe verlassendes Sportboot hat auf der Fahrt zur Süderpiep die Leuchttonne 2a/Reede der Außenelbe nahebei passiert. Der rechtweisende Kurs von Leuchttonne 2a/Reede zur Tonne 1 beträgt 056°.

a) Wie lautet der zu steuernde Magnetkompaß-kurs?

(Mißweisung −3°
Ablenkung −8°)

Tragen Sie die Berechnung vom rechtweisenden Kurs zum Magnetkompaßkurs nebenstehend ein.

b) Nach Abtrag von 5 sm auf der Kurslinie wird eine Kreuzpeilung durchgeführt, die folgende rechtweisende Peilungen ergibt:

Leuchttonne Norderelbe 132°; grüne Tonne 1 mit Kegel-Toppzeichen 041°.

Zeichnen Sie die rechtweisenden Peilungen in den Kartenausschnitt ein.

c) Wie groß ist die Distanz, um die das Sportboot versetzt worden ist?

Antwort:

a)

MgK	=	067°
Abl	=	−8°
mwK	=	059°
Mw	=	−3°
rwK	=	056°

Rechnung

• • •

b) siehe Seekartenausschnitt

• •

c) 0,8 sm

•

Zu Frage 362: **Seekarte D 49**

362 a) Verwandeln rwK in MgK vgl. Er. zu Fragen 248, 249
MgK vgl. Frage 242
rwK vgl. Frage 239
mwK vgl. Frage 241
Mißweisung vgl. Frage 243
Ablenkung vgl. Frage 244
Beim Rechengang ist mit umgekehrten Vorzeichen zu rechnen vgl. Erl. zu Fragen 248, 249.

362 b) Eintragen der rechtweisenden Peilungen in die Seekarte vgl. Erl. Nr. 2.4.1 vor Frage 343
Kreuzpeilung vgl. Frage 252 und Erl. zu Fragen 250–253

362 c) Entnehmen der Entfernung aus der Seekarte vgl. Erl. Nr. 2.2.1 vor Frage 343 und Frage 234

Teil III

Die praktische Prüfung

Allgemeines

Der Bewerber hat in der praktischen Prüfung nachzuweisen, daß er die zur sicheren Führung eines Sportbootes erforderlichen seemännischen Kenntnisse besitzt und zu ihrer praktischen Anwendung fähig ist.

Die Prüfung erstreckt sich auf folgende Manöver und Fertigkeiten:

1. Steuern nach Schiffahrtzeichen, anderen Objekten oder nach Kompaß

2. Manövrieren (Ablegen, Anlegen, Festmachen, Wenden auf engem Raum, „Mann-über-Bord"-Manöver mit Hilfe eines treibenden Gegenstandes)

3. Wichtige Knoten (Achtknoten, halber Schlag, zwei halbe Schläge, Kreuzknoten, einfacher Schotstek, doppelter Schotstek, Palstek und Feuerwehrstek, Belegen von Enden)

4. Anlegen einer Rettungsweste

Der folgende „Kurzlehrgang" zur Vorbereitung auf die praktische Prüfung soll dem Bewerber deutlich machen, was von ihm als Mindestwissen in der praktischen Prüfung gefordert wird. Er darf sich aber nicht zu der Annahme verleiten lassen, er sei damit ein voll ausgebildeter Führer eines Sportbootes. Er muß mehr können, um sich und seine Mitfahrer zu schützen und sein Eigentum zu erhalten. Der verantwortungsbewußte Sportler wird sich daher weiterbilden. Dafür stehen ihm einmal zahlreiche Lehrbücher zur Verfügung, die ihm weiteres theoretisches Wissen vermitteln, zum anderen gibt es viele praktische Kurse bei den verschiedenen Institutionen des Wassersports und auch zahlreiche gewerbliche Bootsfahrschulen, die geeignet sind, seine praktischen Kenntnisse und Fähigkeiten weiter zu vervollständigen.

1. Steuern nach Schiffahrtzeichen, anderen Objekten oder nach Kompaß

1.1 Steuern heißt, Einnehmen und Halten des gewünschten Kurses (Fahrtrichtung). Gesteuert werden kann
- nach dem Kompaß
- nach Schiffahrtzeichen oder nach anderen Objekten.

1.1.1 Beim Steuern nach dem Kompaß ist darauf zu achten, daß die Gradzahl des zu steuernden Kurses auf der Kompaßrose am Steuerstrich anliegt. Wind und Seegang veranlassen das Schiff nach der einen oder anderen Seite vom Kurs abzuweichen. Deshalb muß es durch möglichst kleine Ruderbewegungen, stets in entgegengesetzter Richtung zur Drehbewegung des Schiffes (Gegenruder), wieder auf Kurs gebracht werden. Dabei ist darauf zu achten, daß — kurz bevor der Kurs wieder am Steuerbordstrich anliegt — die Drehbewegung durch Gegenruder gestoppt wird und das Ruder bei anliegendem Kurs wieder mittschiffs liegt.

1. Schiff weicht nach Bb aus; Ruder nach Stb legen (Gegenruder)
2. Kurz bevor der Kurs wieder anliegt, durch Bb-Ruderlage die Stb-Drehbewegung des Schiffes aufstoppen (stützen)
3. Kurs liegt an, Ruder mittschiffs

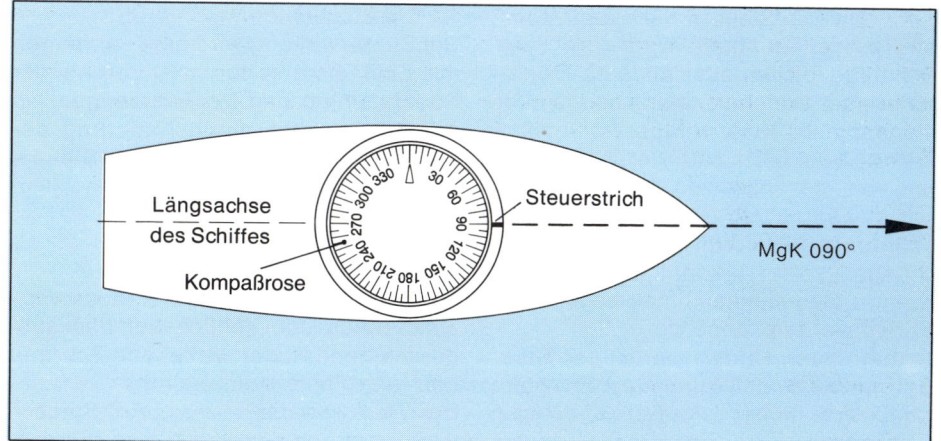

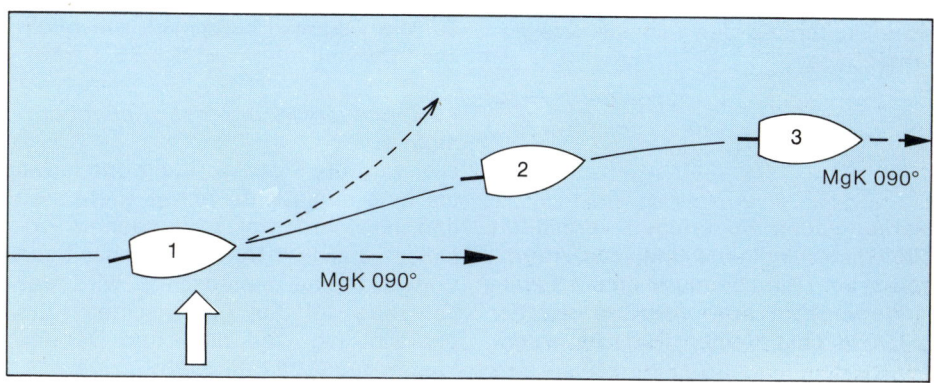

1.1.2 Da das Steuern nach dem Kompaß schnell ermüdet, wird gern nach Schiffahrtzeichen oder anderen Objekten derart gesteuert, daß man sich bei anliegendem Kurs voraus einen markanten Punkt (Leuchtturm usw.) sucht und bis zur nächsten Kursänderung auf diesen zuhält. Dieses Steuern hat außerdem den Vorteil, daß Kursabweichungen sofort erkannt und entsprechende Gegenmaßnahmen schnell ergriffen werden können.

Im betonnten Fahrwasser ist das Steuern nach Kompaß zumindest bei guter Sicht nicht immer erforderlich, da nach den Tonnen gesteuert werden kann. Dabei sind die Fahrwasser-Tonnen aber immer gut frei an der Stb-Seite bzw. an der Bb-Seite des Schiffes zu halten, wenn außerhalb des Fahrwassers gefahren wird.

Merke: Jedes Ruderlegen vermindert die Geschwindigkeit und jede Abweichung vom Kurs bedeutet eine Wegverlängerung! Der gewählte Kurs ist daher mit möglichst kleinen Ruderbewegungen zu halten!

1.2 Die Steuerwirkung

Die Steuerwirkung wird bei Fahrzeugen mit Einbaumotor durch Änderung der Ruderstellung und bei Fahrzeugen mit Außenbordmotor durch Änderung der Stellung des Propellers erzielt (Steuerwirkung der Schraube vgl. Fragen 279 u. 280).

1.2.1 Steuerwirkung des Ruders

Bei Vorwärtsfahrt wird die Steuerwirkung durch den seitlich auf das eingeschlagene Ruder wirkenden Schrauben- und Fahrtstrom erzielt.

Bei Rückwärtsfahrt wird die Steuerwirkung durch den von hinten auf das eingeschlagene Ruder wirkenden Fahrtstrom erzielt. Der Schraubenstrom hat in diesem Fall keinen Einfluß auf die Steuerwirkung (vgl. die bildlichen Darstellungen auf S. 285 u. 286).

1.2.2 Steuerwirkung des Außenbordmotors

Hier wird die Steuerwirkung durch den um eine senkrechte Achse drehbaren und mit dem Motor verbundenen Propeller erzielt. Durch gleichzeitigen Vorwärts- und Seitenschub wird das Fahrzeug auf den gewünschten Kurs gebracht (vgl. die bildlichen Darstellungen auf S. 287 und 288).

Steuerwirkung des Ruders bei Vorwärtsfahrt (zu Nr. 1.2.1.)

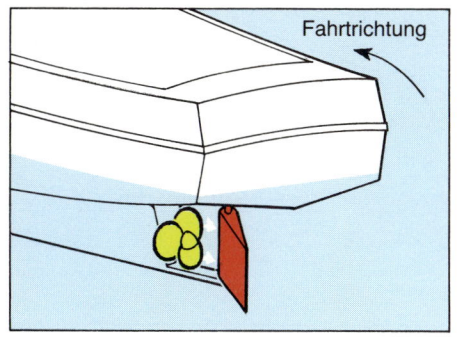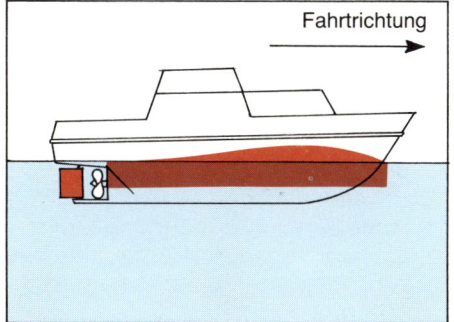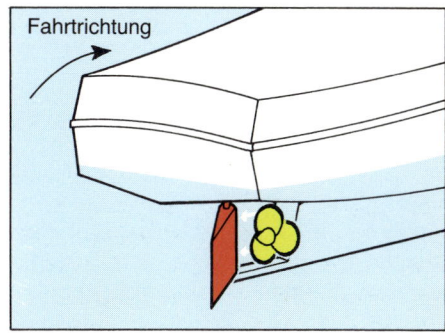

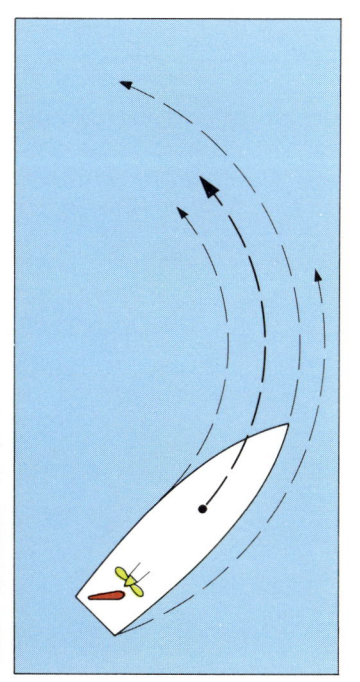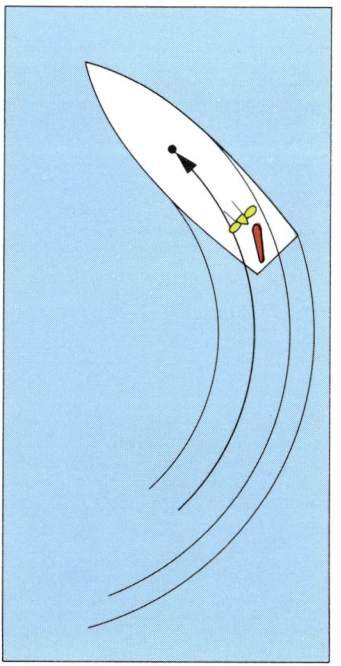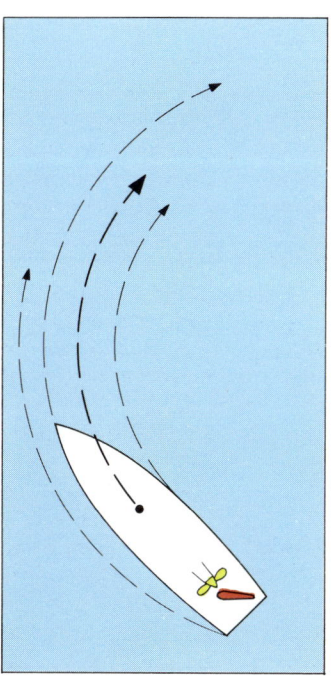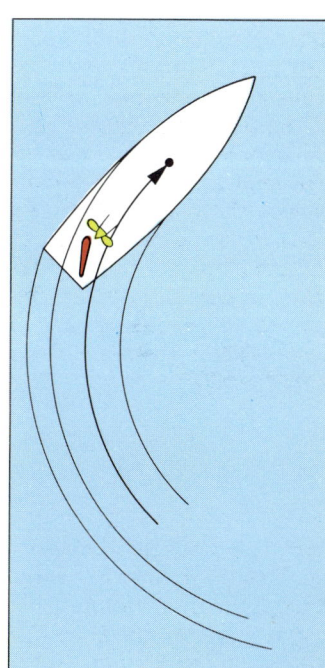

Steuerwirkung des Ruders bei Rückwärtsfahrt (zu Nr. 1.2.1.)

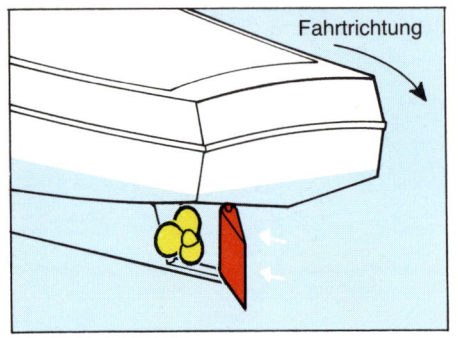

Fahrtrichtung

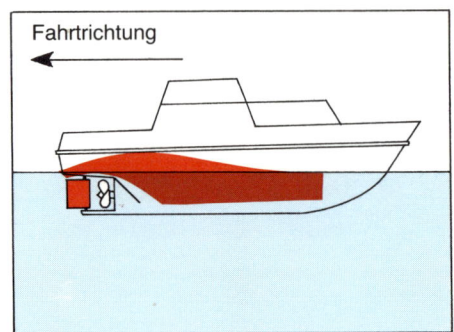

Fahrtrichtung

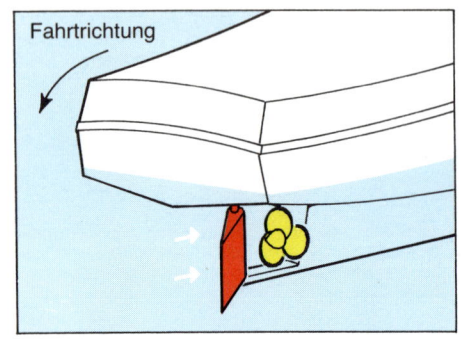

Fahrtrichtung

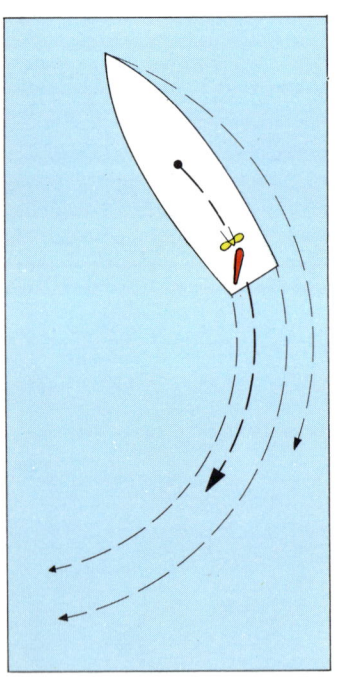

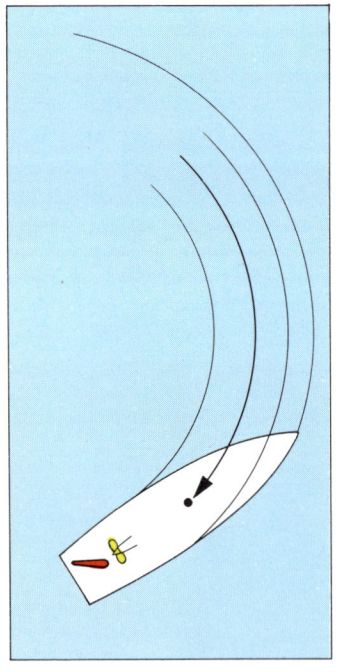

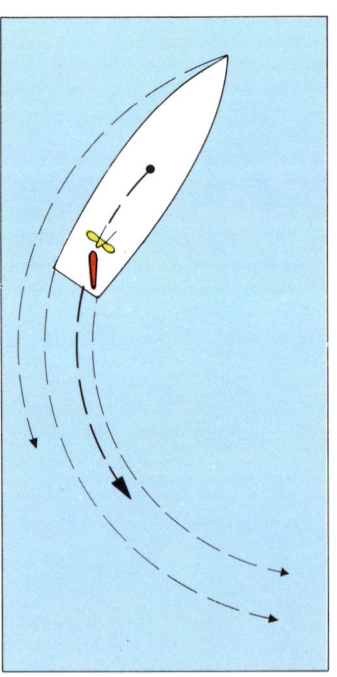

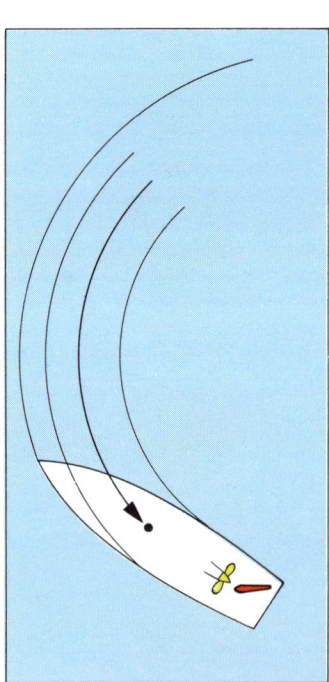

Steuerwirkung des Außenborders bei Vorwärtsfahrt (zu Nr. 1.2.2.)

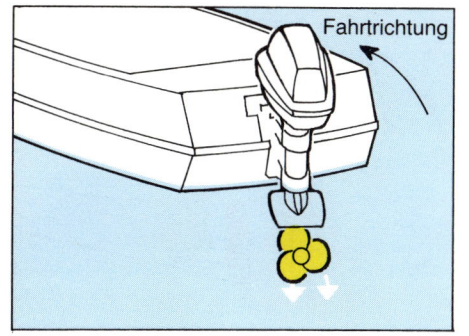

Fahrtrichtung

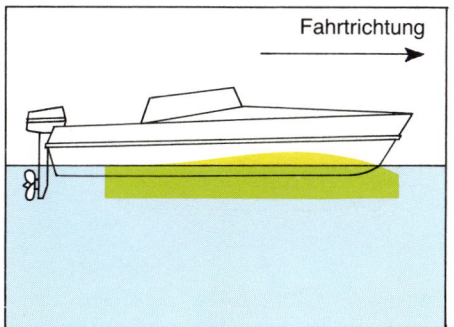

Fahrtrichtung

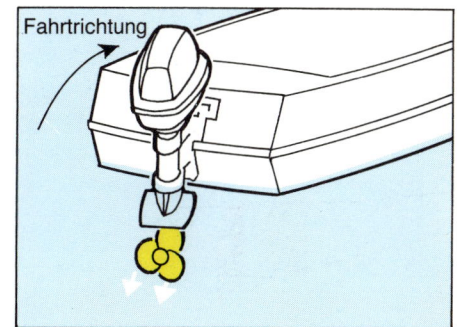

Fahrtrichtung

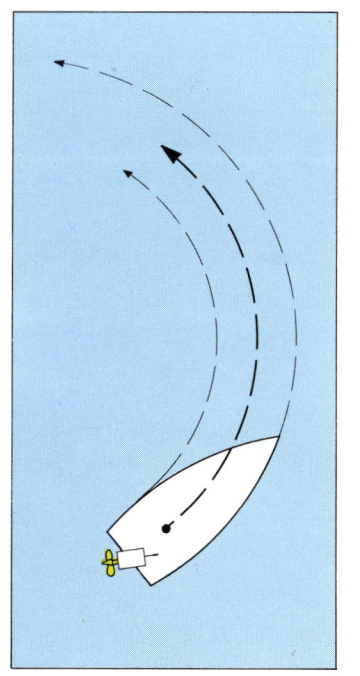

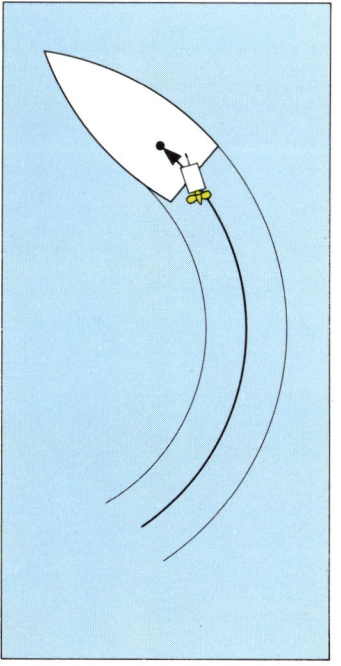

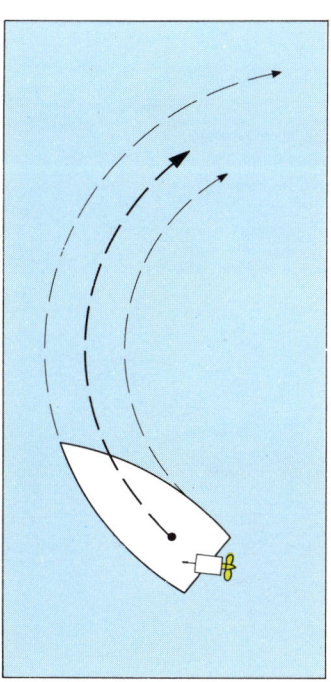

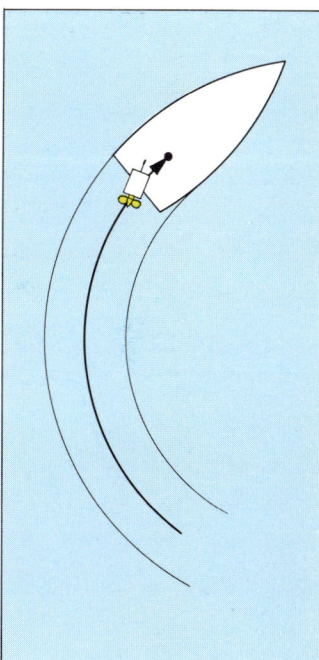

Steuerwirkung des Außenborders bei Rückwärtsfahrt (zu Nr. 1.2.2.)

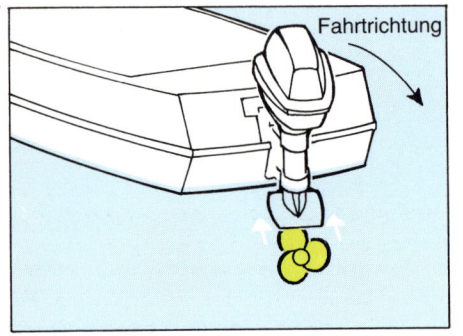

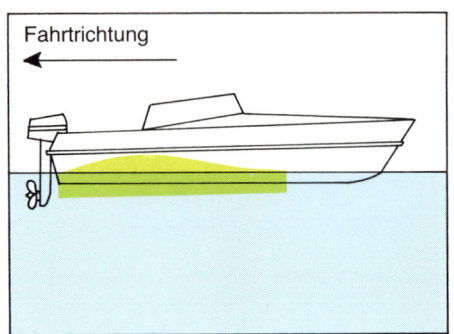

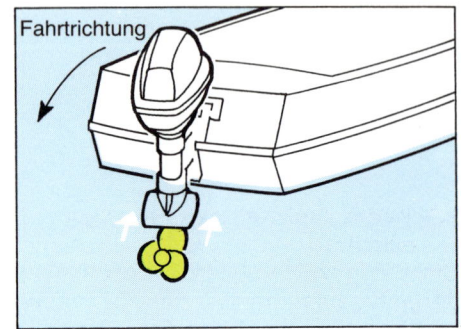

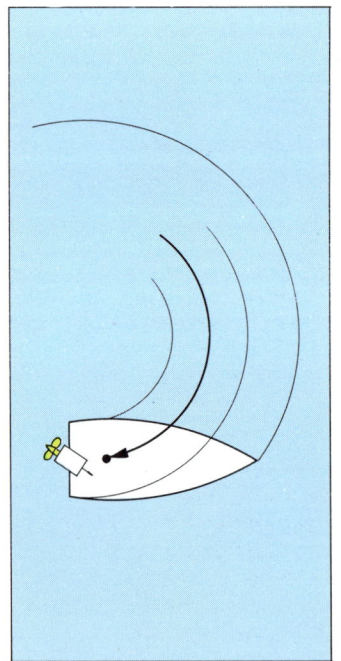

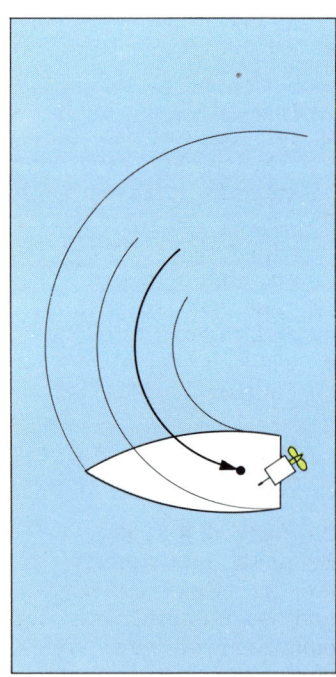

2. Manövrieren

2.1 Vertrautsein mit den Fahreigenschaften

Um gut manövrieren zu können, muß der Fahrzeugführer mit den Fahreigenschaften seines Fahrzeugs vertraut sein. Er muß insbesondere wissen:

- wie sein Fahrzeug bei verschiedenen Ruderlagen reagiert (vgl. Nr. 1)
- welche Geschwindigkeit bei welchen Schraubenumdrehungen erreicht wird,
- bis zu welcher geringsten Geschwindigkeit sein Fahrzeug noch steuerfähig ist,
- wieviel Zeit und Weg erforderlich ist, um das Fahrzeug aus allen Voraus-Fahrtstufen durch Rückwärtsgang der Maschine zum Stoppen zu bringen (Stoppweg),
- welchen kleinsten Drehkreis sein Fahrzeug besitzt und wie sich unterschiedliche Fahrgeschwindigkeiten auf diesen Drehkreis auswirken.

2.2 Ab- und Anlegen

Beim Ab- und Anlegen ist zu beachten, daß Wind und Strom die Fahrt und den Kurs des Fahrzeugs stark beeinflussen können. Weht der Wind und/oder setzt der Strom parallel zur Anlegestelle, so sollte das Ab- bzw. Anlegemanöver grundsätzlich gegen Wind und/oder Strom durchgeführt werden. Kommen Wind und Strom aus verschiedenen Richtungen, so ist in der Regel gegen den Wind anzulegen, wenn dieser eine stärkere Wirkung auf das Fahrzeug ausübt als der Strom. Entsprechendes gilt, wenn die Wirkung des Stromes stärker ist als der Wind.

Jedes Ab- bzw. Anlegemanöver sollte rechtzeitig, gut durchdacht und mit langsamer Fahrt durchgeführt werden. Eine ausreichende Anzahl von Fendern sollte stets zur Verfügung stehen. Beim Anlegen sind die Leinen zum Festmachen des Fahrzeugs frühzeitig an Deck zu legen und der Anker klar zum Fallen sein, um bei Ausfall der Maschine das Schiff mit einem Ankermanöver zur Not aufstoppen zu können.

Unter Berücksichtigung der vorgenannten Grundsätze bereitet das Ab- und Anlegen an einer langen und leeren Pier keine besonderen Schwierigkeiten. Liegen dagegen dicht vor und hinter einem andere Fahrzeuge oder ist beabsichtigt, in einer kleinen Lücke zwischen zwei Fahrzeugen festzumachen, so erfordern die entsprechenden Ab- und Anlegemanöver viel Übung und Umsicht. Die nachfolgenden Beispiele zeigen Möglichkeiten, wie derartige Manöver durchgeführt werden können, wobei unterstellt wird, daß je nach Größe des Bootes mehr oder weniger die Manöver durch Muskelkraft unterstützt werden können (abdrücken vom Pier usw.). Bei der Beschreibung der Manöver wurde von einer rechtsgängigen Schraube (vgl. Frage 279) ausgegangen.

Zeichenerklärung:

VGL = Voraus Ganz Langsam
VL = Voraus Langsam
VH = Voraus Halbe
VV = Voraus Voll
ZGL = Zurück Ganz Langsam
ZL = Zurück Langsam
ZH = Zurück Halbe
ZV = Zurück Voll

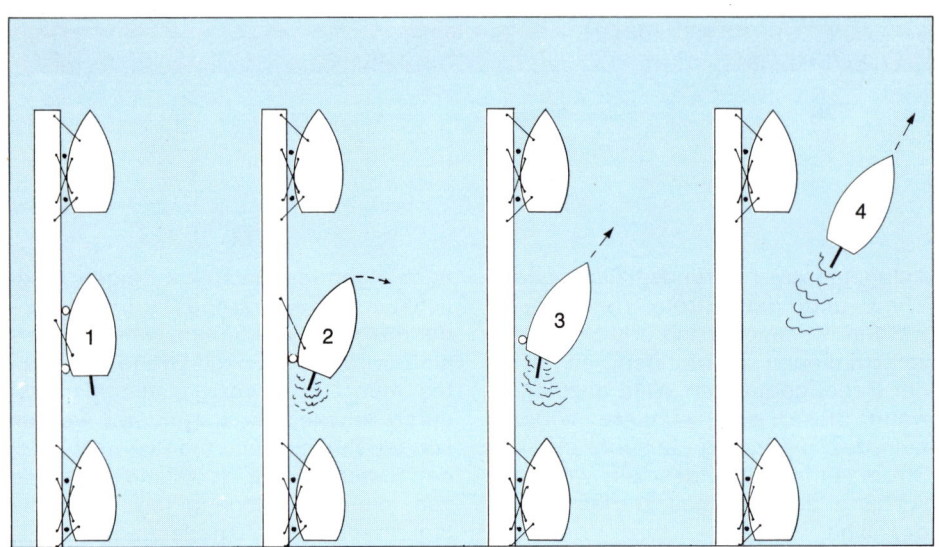

2.2.1 Ablegemanöver

2.2.1.1 Ohne Wind und Strömung. Alle Leinen los bis auf Achterspring (1). Dann mit ZL in die Achterspring eindampfen, bis Bug frei (2). Achterspring los und VL mit Stb-Ruderlage (3). Schließlich Ruder mittschiffs und Fahrt erhöhen (4).

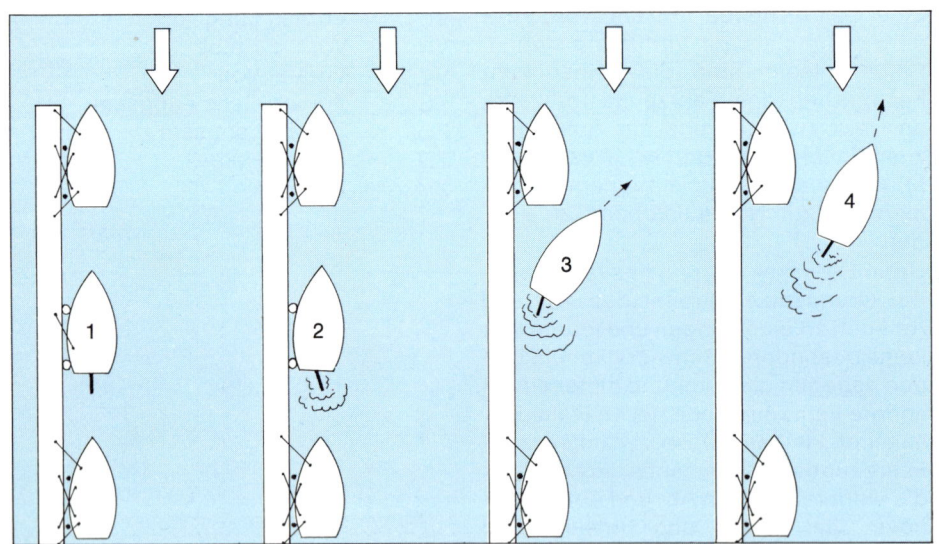

2.2.1.2 Gegen Wind und/oder Strömung. Bis auf Achterspring alle Leinen los (1). Sodann VL bei Stb-Ruderlage und Achterspring los (2). Sobald Bug frei VH (3). Zu weites Auswandern des Bugs durch Bb-Ruderlage auffangen (4).

2.2.1.3 Mit Wind und/oder Strömung. Alle Leinen bis auf Vorspring los (1). Fahrzeug achtern mit Bootshaken abdrücken bis es seitlich vom Wind und/oder Strom erfaßt wird und weiterdreht (2). Wenn Heck frei, Vorspring los und ZH bei Bb-Ruderlage (3). Schließlich Ruder mittschiffs und Fahrt voraus aufnehmen (4).

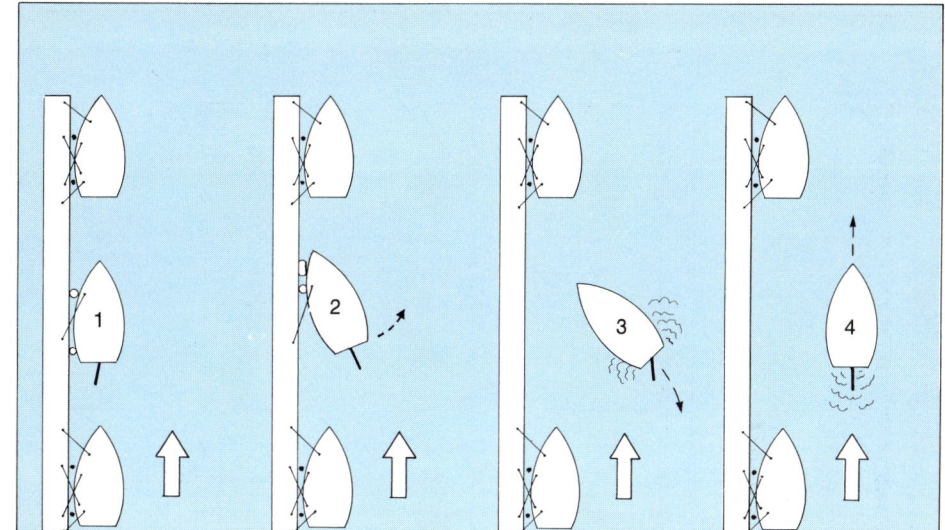

2.2.1.4 Bei ablandigem Wind. Alle Leinen los bis auf Achterleine, die etwas aufgefiert wird (1). Bug wird langsam durch Winddruck von der Pier abgedrückt (2). Wenn Bug gut frei, Heckleine los und VL (3). Schließlich mit Bb-Ruderlage Fahrt voraus aufnehmen (4).

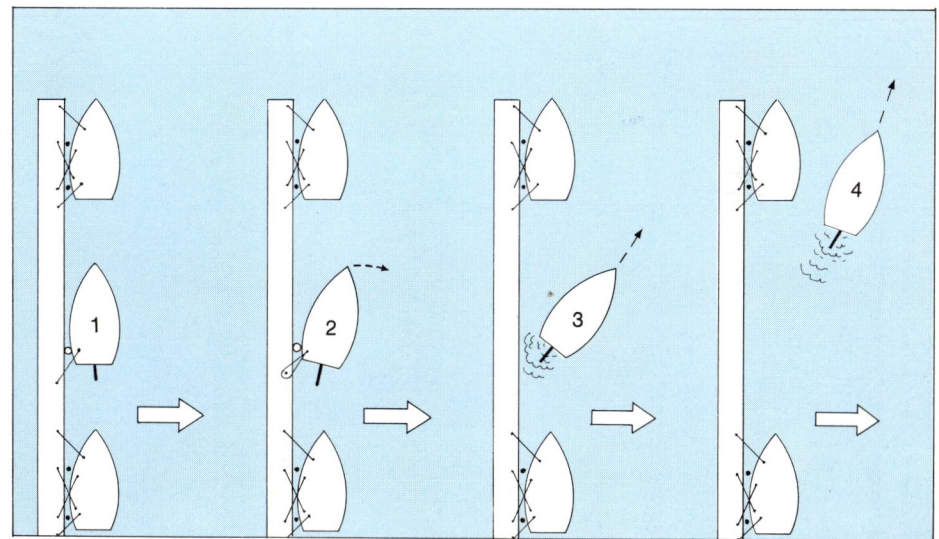

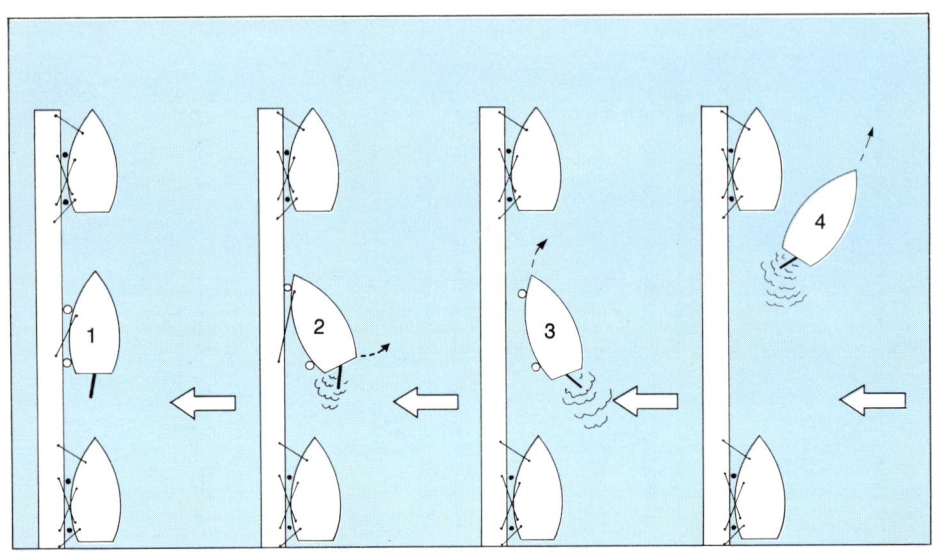

2.2.1.5 Bei auflandigem Wind. Alle Leinen los bis auf Vorspring, die etwas aufgefiert wird (1). Dann mit Bb-Ruderlage und VL in die Vorspring eindampfen, damit Heck freikommt (2). Sobald Heck gut frei von der Pier, Vorspring los und VL mit Stb-Ruderlage. Zur Unterstützung Bug evtl. mit Bootshaken abdrücken. Acht geben, damit Heck nicht mit der Pier in Berührung kommt. Fender klar halten (3)! Wenn Boot frei, Vorausfahrt erhöhen bei Bb-Ruderlage (4).

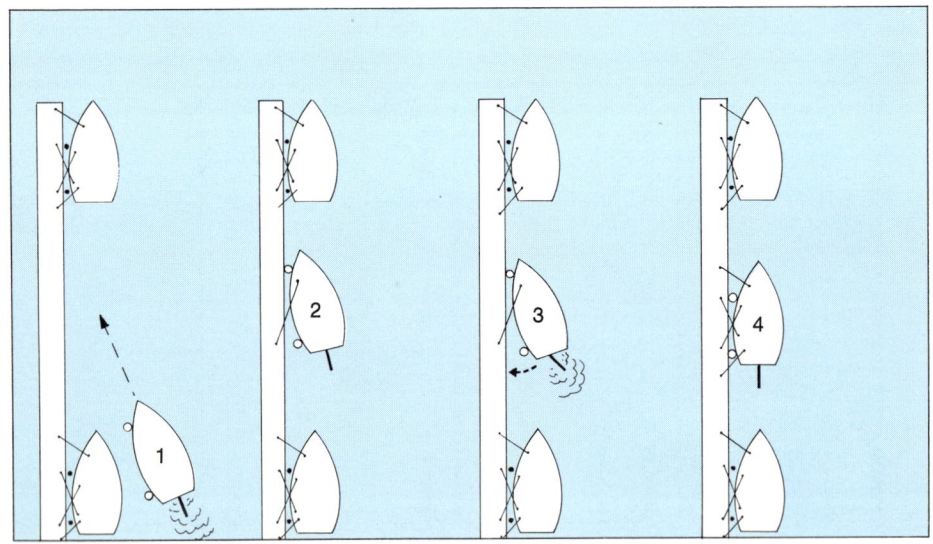

2.2.2 *Anlegemanöver*
2.2.2.1 Ohne Wind und Strömung. Mit langsamer Fahrt voraus die Pier unter spitzem Winkel anlaufen (1). Sobald Boot mit dem Bug dicht genug an der Pier, aufstoppen und Vorspring an Land (2). Dann mit Stb-Ruderlage und VL in die Vorspring eindampfen, damit das Boot an die Pier klappt (3). Liegt das Boot längsseits, alle Leinen an Land und festmachen (4).

2.2.2.2 Gegen Wind und/oder Strömung. Mit langsamer Fahrt voraus und unter spitzem Winkel die Pier anlaufen (1). Dann mit langsamer Fahrt so manövrieren, bis das Boot in geringem Abstand parallel zur Anlegestelle zum Stehen kommt (2). Vorleine an Land (3). Anschließend die übrigen Leinen festmachen und Motor aus (4).

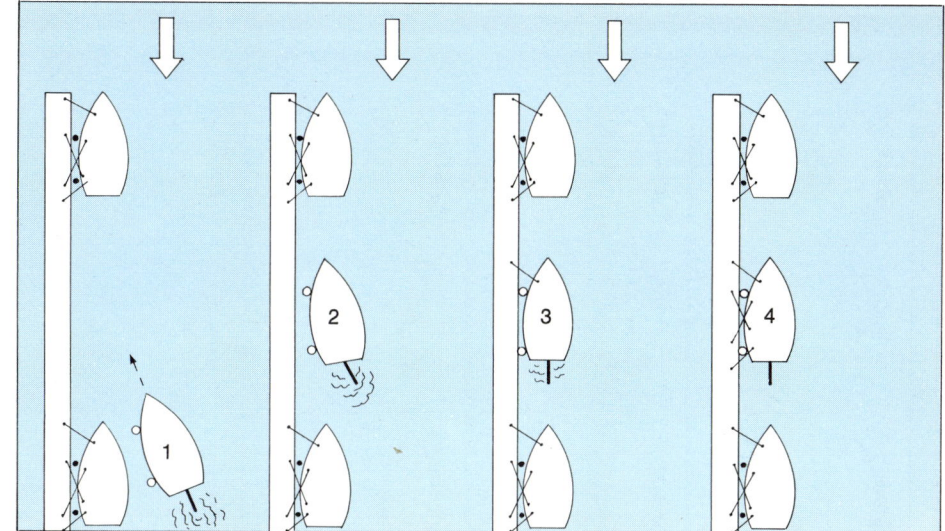

2.2.2.3. Bei ablandigem Wind. Anlegestelle langsam unter einem Winkel von ca. 45 Grad ansteuern (1). Kurz vor dem Anleger aufstoppen und Vorspring an Land (2). Dann mit Stb-Ruderlage und VL in die Spring eindampfen (3). Liegt das Fahrzeug längsseits, erst Achterleine und dann übrige Leinen an Land und festmachen, Maschine aus (4).

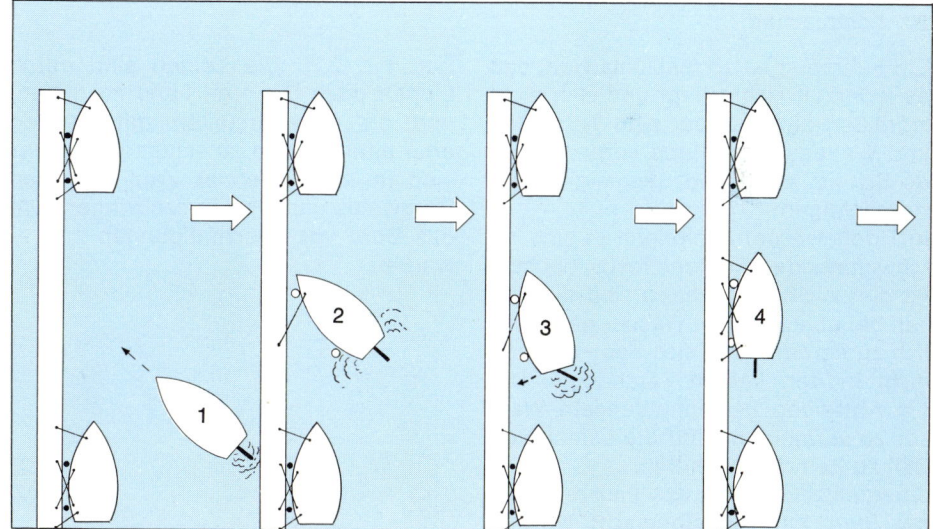

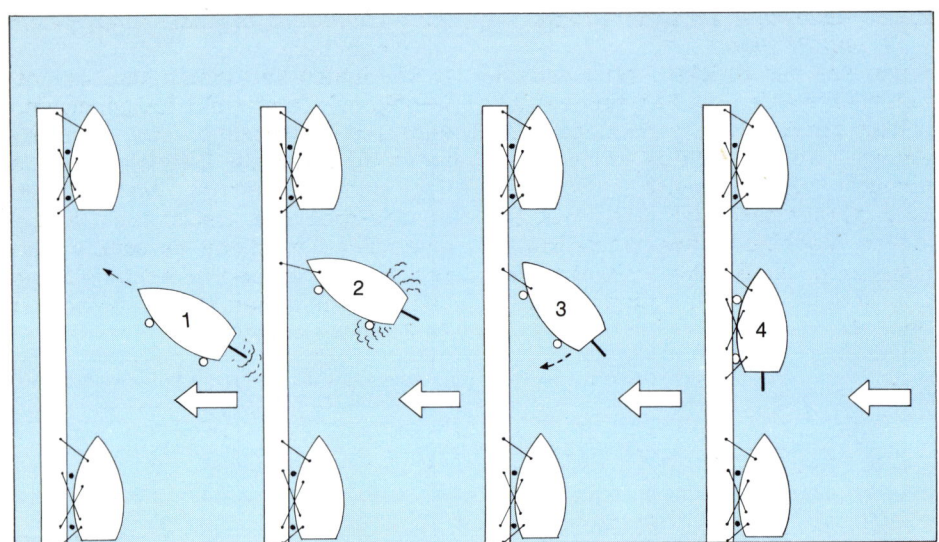

2.2.2.4. Bei auflandigem Wind. Damit das Boot nicht gegen andere Boote gedrückt wird, die Pier unter einem Winkel von ca. 70 Grad mit langsamer Fahrt ansteuern (1). Kurz vor der Pier aufstoppen und Vorleine an Land (2). Dann das Boot langsam an die Pier klappen lassen, evtl. mit langsam zurücklaufender Maschine (3). Liegt das Boot längsseits, übrige Leinen fest (4).

2.3 Festmachen

Ein Fahrzeug ist so festzumachen, daß es jederzeit sicher liegt und sich nicht losreißen kann. Dabei sind Tide, Sog und Wellenschlag durch vorbeifahrende Schiffe, Wind und Seegang zu berücksichtigen.

In Tidegewässern empfiehlt es sich, an schwimmenden Pontons festzumachen. Ist dies nicht möglich, so sind die Leinen bei ablaufendem Wasser gelegentlich zu fieren, damit sich das Fahrzeug nicht in den Leinen „aufhängt". Um ein Abtreiben bei auflaufendem Wasser zu vermeiden, sind die Leinen von Zeit zu Zeit durchzuholen. Grundsätzlich sollte das Fahrzeug gegen den Strom festgemacht werden

(vgl. Nr. 2.2). Die Leinen sind durch Lippen oder Ösen an Land zu geben, und an Scheuerstellen mit Lappen oder alten Leinen zu schützen. Fender sind in ausreichender Zahl zwischen Bordwand und Pier auszubringen, um das Boot vor Beschädigungen zu bewahren.

2.3.1 Längsseits festmachen

Wird an einer Anlegestelle nur für kurze Zeit angelegt, so genügt im allgemeinen das Ausbringen von Vor- und Achterleine. Soll das Fahrzeug längere Zeit liegen bleiben, so sind zusätzlich Vor- und Achterspring und bei Bedarf auch Querleinen auszubringen!

2.3.2 Festmachen zwischen Brücke und Pfählen

Wenn vor der Brücke Pfähle vorhanden sind, werden die Fahrzeuge rechtwinklig zur Brücke zwischen den Pfählen mit 2 Vor- und 2 Achterleinen festgemacht. Die Vorleinen werden so lang ausgesteckt, daß das Heck bei steifen Vorleinen etwa einen halben Meter von der Brücke entfernt zu liegen kommt. Achtern Fender ausbringen!

2.3.3 Längsseits festmachen an einem Fahrzeug

In überfüllten Yachthäfen kann es notwendig sein, an bereits festgemachten Fahrzeugen anzulegen. Im allgemeinen wird dann mit Querleinen sowie Vor- und Achterspring am Nachbarboot festgemacht. Bei starkem ablandigen Wind empfiehlt es sich, außerdem zusätzlich Vor- und Achterleine an Land festzumachen. In ausreichender Zahl Fender ausbringen!

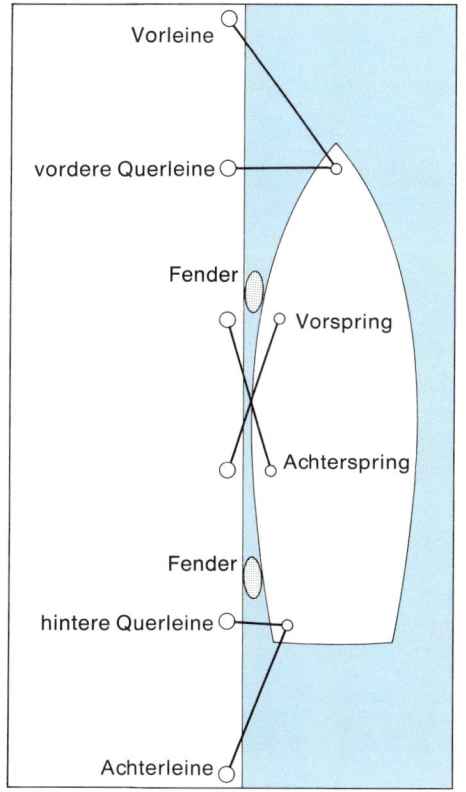

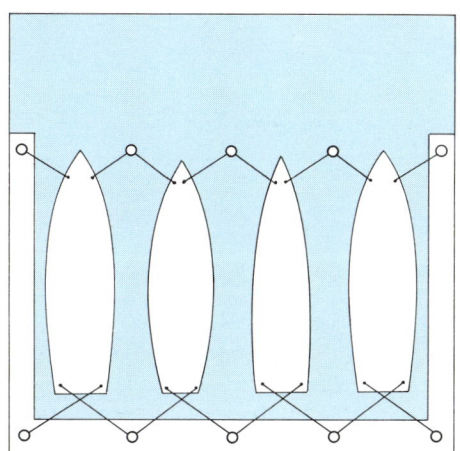

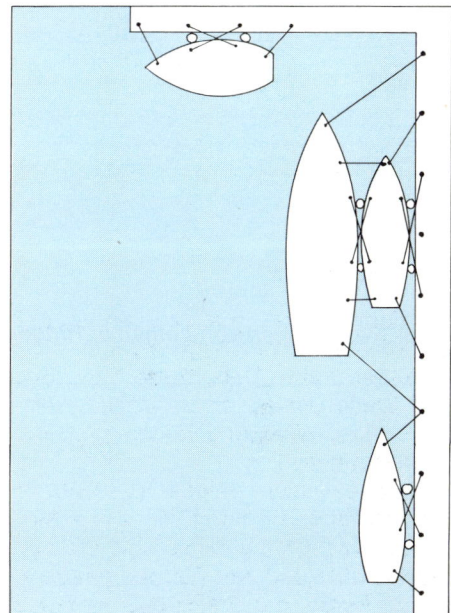

2.3.4 Festmachen von zwei Leinen auf einem Poller an Land

Ist auf einem Poller an Land bereits die Leine eines anderen Fahrzeugs befestigt, so wird das Auge der eigenen Leine von unten nach oben durch das Auge der fremden Leine genommen und dann über den Poller gehakt. Früher auslaufende Fahrzeuge können dann jederzeit ihre Leine vom Poller nehmen, ohne die Leine des anderen Fahrzeugs fieren und abnehmen zu müssen.

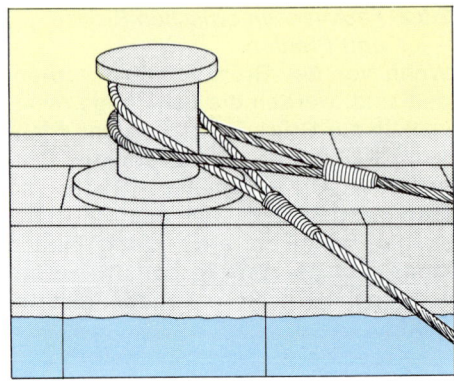

2.3.5 Festmachen von Leinen in Ringen an Land

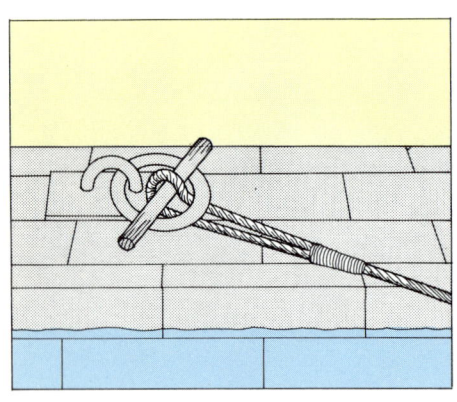
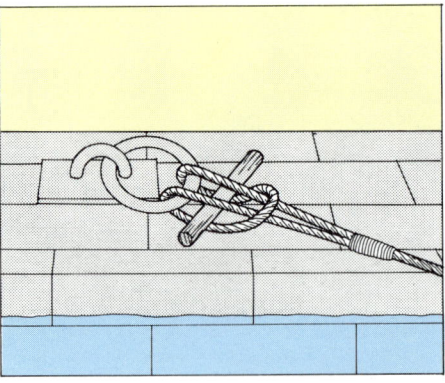
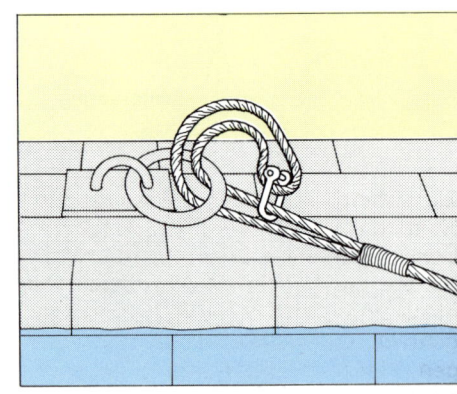

2.4. Wenden auf engem Raum

Häufig muß der Fahrzeugführer sein Fahrzeug in einem kleinen Hafenbecken oder auf einem engen Fluß wenden. Unterschreitet der zur Verfügung stehende Manövrierraum den Drehkreisdurchmesser seines Fahrzeugs (beachte die unterschiedlich großen Drehkreisdurchmesser bei verschiedenen Fahrstufen), so ist das Wenden mit Ruder- und Maschinenmanövern durchzuführen. In kleinen Sportboothäfen sind diese Manöver die Regel und müssen daher gut beherrscht werden. Die individuellen Erfahrungen mit den Manövriereigenschaften des Sportbootes spielen hier eine besondere Rolle. Das Wendemanöver wird mit langsamer Fahrt und Stb-Ruderlage eingeleitet (1). Dann Ruder ganz nach Backbord überlegen und ZV (2). Anschließend bei Stb-Ruderlage VV (3). Auf sehr engem Raum ist dieses Manöver zu wiederholen.

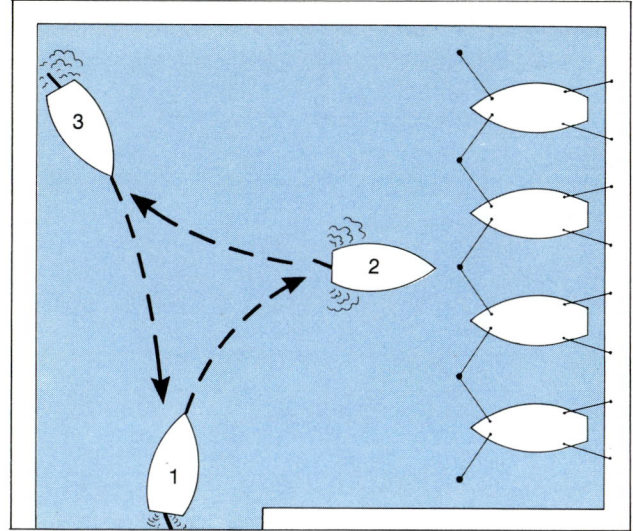

2.5 „Mann über Bord"-Manöver mit Hilfe eines treibenden Gegenstandes

Das „Mann über Bord"-Manöver wird in der praktischen Prüfung mit Hilfe eines treibenden Gegenstandes durchgeführt. Da insbesondere bei niedrigen Wassertemperaturen und stürmischem Wetter das Leben eines Über-bordgefallenen vom raschen und umsichtigen Handeln des Bootsführers abhängig ist, muß dieses Manöver häufig geübt und gut beherrscht werden. Es richtet sich zwar nach dem Einzelfall, welche Maßnahmen notwendig sind, dennoch gelten folgende Grundsätze ganz allgemein:

2.5.1 Nach dem Ruf „Mann über Bord" ist das Ruder sofort hart nach der Seite überzulegen, an der man das Besatzungsmitglied verloren hat, damit das Heck freischwingt und Verletzungen durch die Schraube vermieden werden. Gleichzeitig Schraube auskuppeln!

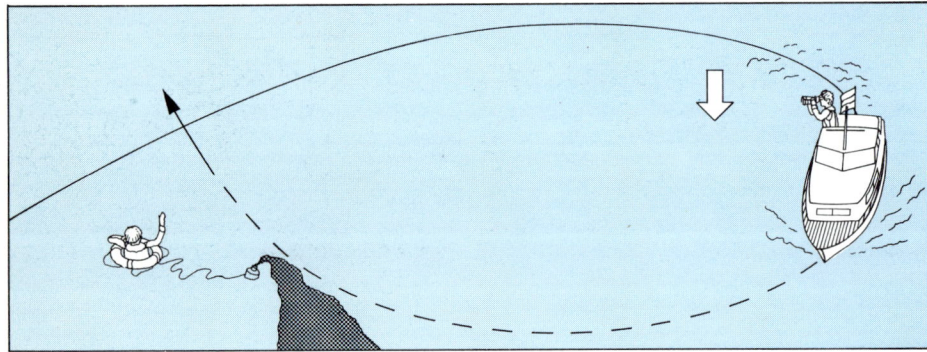

2.5.2 Dem Überbordgefallenen ist sofort ein Rettungsring mit Rauchsignal oder eine Rettungsboje mit Nachtlicht und Leine nachzuwerfen. Rauchsignal oder Nachtlicht erleichtern das Auffinden des Schwimmenden, insbesondere bei hoher See oder bei Nacht.

2.5.3 Ein Besatzungsmitglied hat ständig den Überbordgefallenen zu beobachten.

2.5.4 Das Boot ist dann mit einer Drehung von ca. 270 Grad derart an den Überbordgefallenen heranzusteuern, daß es in Luv voraus von ihm im spitzen Winkel zum Wind zu liegen kommt. Die letzte Strecke ist mit ausgekuppelter Schraube zurückzulegen, um den im Wasser Treibenden nicht zu gefährden.

2.5.5 Dem Verunglückten ist eine Leine zuzuwerfen, mit der er an das Boot heranzuziehen ist, um ihn an geeigneter Stelle über eine Badeleiter an Bord nehmen zu können. Auf jeden Fall sollte eine Leine mit einem Auge klar gehalten werden, in das der Verunglückte sich einhängen kann, wenn er sehr geschwächt ist. Notfalls ist ihm durch ein Besatzungsmitglied, das mit einer Rettungsweste und Leine ausgerüstet sein muß, im Wasser Unterstützung zu leisten.

Warnung: Bei kleinen Booten besteht Kentergefahr, wenn der Verunglückte mittschiffs übernommen wird.

3. Wichtige Knoten

In der Schiffahrt werden eine Vielzahl von Knoten verwendet. Die wichtigsten davon werden nachfolgend dargestellt und müssen in der praktischen Prüfung vorgeführt werden können:

3.1 Achtknoten
verhindern das Ausrauschen eines Endes durch einen Block.

3.2 Ein halber Schlag
dient zum Befestigen von Leinen, wenn nicht zuviel Zug auf das befestigte Ende der Leine kommt.

3.3 Zwei halbe Schläge
dienen zum Befestigen von Leinen, wenn nicht zuviel Zug auf das befestigte Ende der Leine kommt.
Mit dem zweiten halben Schlag soll das Aufgehen des Knotens vermieden werden.

3.4 Kreuzknoten
dienen zum Zusammenstecken von zwei gleichstarken Leinen.

Achtknoten

Zwei halbe Schläge

Ein halber Schlag

Kreuzknoten

3.5 Einfacher Schotstek

dient zum Zusammenstecken von zwei Leinen, insbesondere von solchen unterschiedlicher Stärke. Die dünnere Leine wird immer durch die Bucht der dickeren gesteckt.

3.6 Doppelter Schotstek

wird wie einfacher Schotstek verwendet; er ist jedoch insbesondere beim Zusammenstecken sehr unterschiedlich starker Leinen zu empfehlen.

3.7 Palstek

dient der Herstellung eines Auges, das sich nicht zusammenzieht und wird u.a. zum Überlegen einer Festmacheleine auf einem Poller an Land, aber auch zum Umlegen einer Sicherheitsleine am Körper verwendet.

Einfacher Schotstek

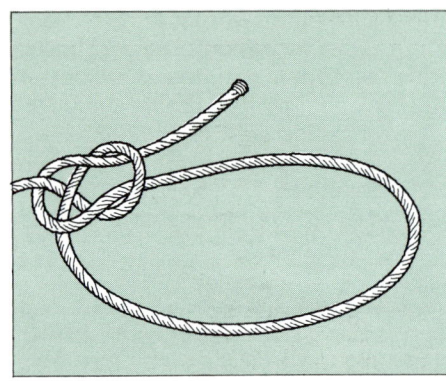

Palstek

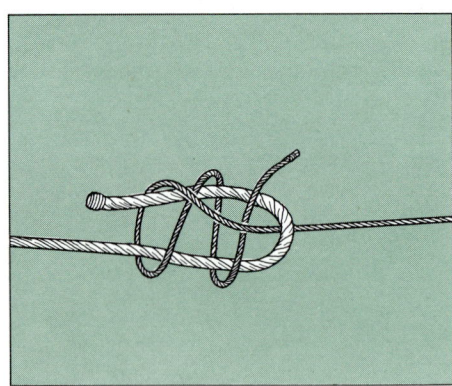

Doppelter Schotstek

3.8 Feuerwehrstek

Anwendung: Abbergung insbesondere von bewußtlosen Personen — kein Herausrutschen aus dem Stek, Brust und Kopf sind immer oben —; Arbeiten am Mast und außenbords oder außerhalb der Reling usw.

Feuerwehrstek

Herstellung: Leine in einer Bucht über den Nacken legen, beide Enden direkt unter den Armen hindurch zum Rücken führen und auf dem Rücken kreuzen, sodann beide Enden wieder nach vorn zur Brust führen und möglichst hoch unter der Brust mit Palstek verknoten.

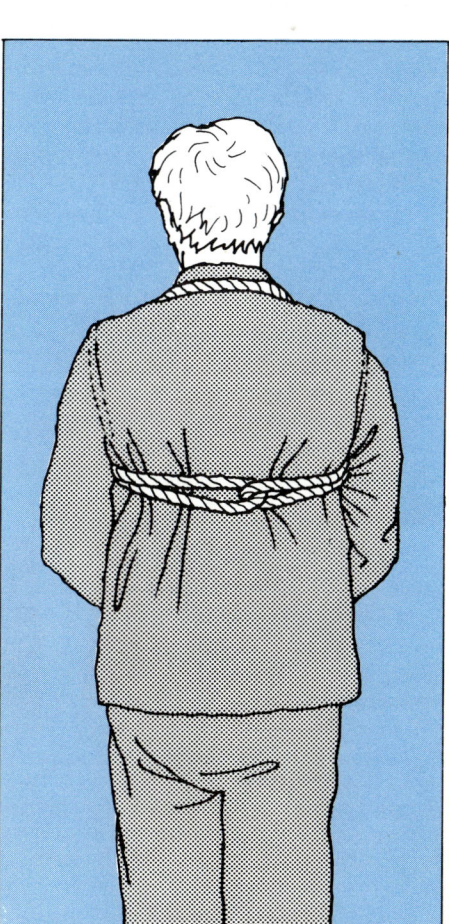

3.9 Belegen von Enden

das Ende der Leine wird achtförmig um die Klampe oder den Belegnagel gelegt, wobei zunächst mit einem Rundtörn begonnen wird, der sich nicht selbst bekneifen darf, damit das Ende der Leine gefiert werden kann.
Der letzte Kreuzschlag wird zur Sicherung mit einem Kopfschlag versehen.

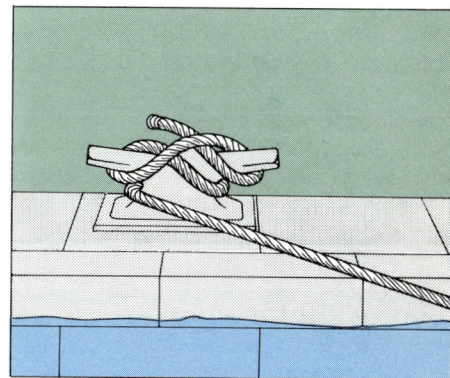

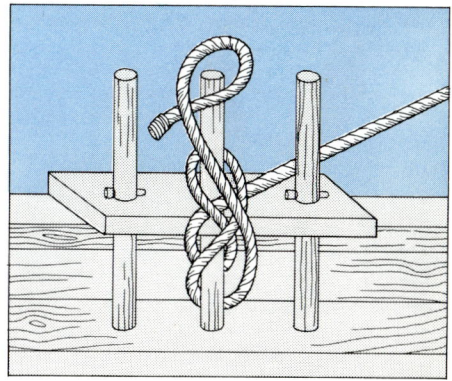

Belegen von Enden

4. Anlegen einer Rettungsweste

Vor dem Kauf einer Rettungsweste muß man wissen, welche der vielen im Handel befindlichen Westen ihren eigentlichen Rettungszweck erfüllen. Rettungswesten müssen eine „ohnmachtsichere Wasserlage bewirken, d. h., wenn sie selbsttätig die Atmungsöffnungen einer erschöpft oder bewußtlos im Wasser liegenden Person aus dem Wasser heben und sicher über Wasser halten". Nur solche Rettungswesten sind ohnmachtsicher, die nach den „Richtlinien für die Herstellung und Prüfung von Rettungswesten für die Sportschiffahrt" des Bundesministers für Verkehr, Abteilung See-

verkehr, konstruiert sind – vgl. die Broschüre »Sicherheit in der Sportschiffahrt«, herausgegeben vom Deutschen Hydrographischen Institut, Bernhard-Nocht-Straße 78, 2000 Hamburg 4, im Auftrage des Bundesministers für Verkehr.

Für die Sportschiffahrt eignen sich zwei Typen von Rettungswesten:

4.1 Auftrieb erfolgt durch einen aufblasbaren Rettungskragen

Aufblasbare Rettungswesten sind zwar teurer, aber einfacher zu tragen und hindern nicht bei der Arbeit.

Bei der aufblasbaren Rettungsweste gibt es folgende Techniken:

■ Die automatische Auslösung; beim Eintauchen ins Wasser zerfällt eine Tablette. Danach wird der Schlagbolzen freigelegt, der den Preßgasflaschenkopf durchschlägt und dem Preßgas den Weg in die Rettungsweste freigibt.

■ Die Handauslösung; durch kräftiges Ziehen am Handauslöseknopf wird der Schlagbolzen freigelegt, der den Preßgasflaschenkopf durchschlägt und dem Preßgas den Weg in die Rettungsweste freigibt.

Aufblasbare ohnmachtsichere Rettungsweste

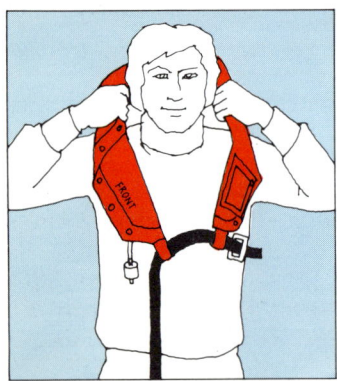

Rettungsweste über den Kopf ziehen und beide Flügel vorn um den Hals legen

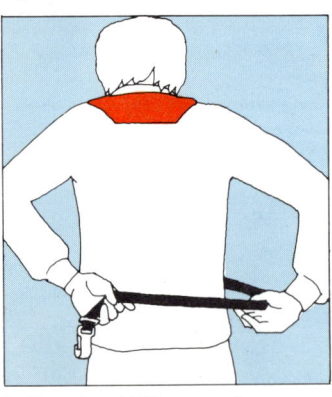

Leibgurt auf Körperumfang einstellen – nicht zu fest – und in Taillenhöhe um den Körper legen

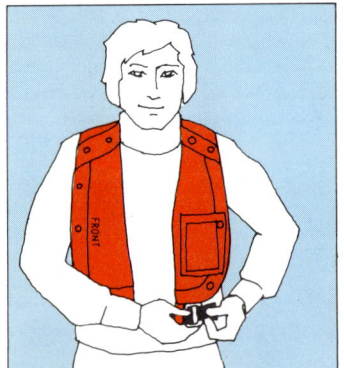

Leibgurt mit Karabinerhaken vorn in Gegenende des Leibgurtes befestigen

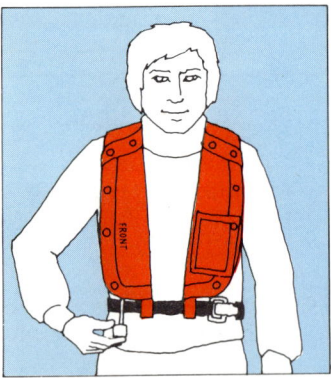

Bei Versagen der Automatik oder Handauslösung erfolgt das Aufblasen durch kräftiges Ziehen am Handauslöseknopf nach unten

Ohnmachtsichere Rettungsweste (Feststoff)

Schleife öffnen, Gurtband abstreifen

Schwimmkörper etwas auseinanderziehen und über den Kopf stülpen

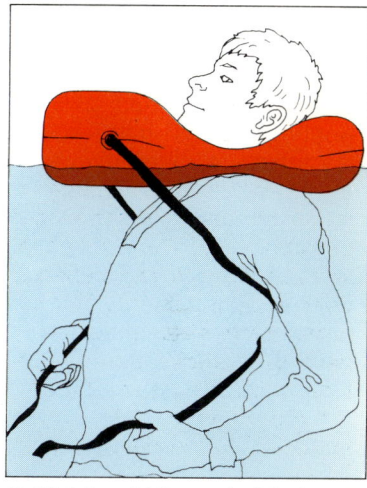

Seitlich herabhängende Bänder straffziehen, über Kreuz um den Rücken führen und vor dem Körper festbinden

■ Die Mundaufblasung;
die Rettungsweste wird durch ein Mundstück mit den Lippen aufgeblasen.

4.2 Auftrieb erfolgt durch einen geschlossenen Schaumstoffkörper
Feststoffrettungswesten eignen sich nicht nur als Rettungswesten, sondern auch als Ersatz für Rettungsringe. Das Anlegen an Bord oder im Wasser erfolgt nach dem gleichen Prinzip.

Wichtiger Hinweis!

Es wird ausdrücklich darauf hingewiesen, daß Rettungswesten, die nur mit handbetätigter Druckgas-Aufblasevorrichtung ausgerüstet sind, nur dann eine ohnmachtsichere Wasserlage gewährleisten, wenn die Druckgas-Aufblasevorrichtung im Notfall noch von Hand ausgelöst werden kann oder die Rettungsweste bereits im aufgeblasenen Zustand getragen wird.

Teil IV

Die Prüfung
für Seenot-Signalmittel
mit den amtlichen
Fragen und Antworten*

* Für diese Prüfung ist in Verbindung
mit dem Bundesverkehrsministerium,
Abt. Seeverkehr, der Leitfaden

Seenot-Signalmittel

erschienen.
Bussesche Verlagshandlung, Herford

Die Prüfung für Seenot-Signalmittel

1. Allgemeines

Bei der Ausübung des Wassersports ist es im Falle von Notlagen von lebenswichtiger Bedeutung, andere in der Nähe befindliche Fahrzeuge oder Landstationen darauf aufmerksam zu machen.

Die zugelassenen Seenotsignale und ihre Anwendung enthält die SeeStrO (vgl. Fragen 330–339) und die Erläuterungen dazu. Davon sind erlaubnispflichtig:

1. Signalpistolen mit der entsprechenden Munition,
2. Raketen bzw. Leuchtkugeln mit roten Sternen, Fallschirm-Leuchtraketen, rot,
3. orangefarbenes Rauchsignal in bestimmter Form.

Die übrigen Notsignale – mit Ausnahme der funktechnischen – unterliegen keinerlei Beschränkungen.

Dem Waffengesetz unterliegt die Signalpistole mit der entsprechenden Munition (Nr. 1).

Dem Sprengstoffgesetz unterliegen alle übrigen pyrotechnischen Seenotsignale (Nr. 2 und 3).

Für den Besitz von Signalpistolen und der dazugehörigen Munition ist eine Waffenbesitzkarte bzw. ein Munitionserwerbsschein erforderlich; zum Erwerb, zum Umgang und zur Beförderung der pyrotechnischen Signalmittel (Nr. 2 und 3) ist eine Erlaubnis erforderlich. Zuständig für die Ausstellung dieser Scheine bzw. der Erlaubnis ist die jeweilige Ordnungsbehörde. Für den Erwerb der Waffenbesitzkarte und des Munitionserwerbsscheines ist u. a. ein Sachkundenachweis, für die Erlaubnis ist u. a. ein Fachkundenachweis erforderlich. Der Sach- und der Fachkundenachweis kann durch eine bestandene Prüfung nachgewiesen werden. Für Wassersportler, die **nur** die Berechtigung zur Verwendung der unter Nr. 1–3 aufgeführten Seenot-Signalmittel erwerben wollen, ist eine einheitliche erleichterte Prüfung eingeführt worden, die im Zusammenhang mit der Führerscheinprüfung abgelegt werden kann. Nach Ablegung der Prüfung wird die Berechtigung durch folgenden Eindruck im Führerschein vermerkt: »Befreit nach § 1 Abs. 3 Erste SprengV, für Signalwaffen sachkundig nach § 31 Abs. 1 WaffenG«. Bei Inhabern von **vor dem 1. April 1979** ausgestellten amtlichen Motor- bzw. Sportbootführerscheinen sind die Vorsitzenden der Prüfungsausschüsse berechtigt, den Stempel im Führerschein anzubringen, wenn glaubhaft nachgewiesen wird, daß der Inhaber des Führerscheins entsprechend unterwiesen bzw. geschult wurde. Das gilt ausschließlich für Führerscheine, die durch eine Prüfung erworben wurden.

2. Die Prüfung

Die Prüfung für Seenot-Signalmittel ist freiwillig. Für die Abnahme der Prüfung sind zuständig:

- für den amtlichen Sportbootführerschein die Prüfungsausschüsse des Deutschen Motoryachtverbandes und des Deutschen Segler-Verbandes für den amtlichen Sportbootführerschein in Kiel, Lübeck, Flensburg, Friedrichshafen, Hamburg, Aurich, Bremen, Düsseldorf, Wiesbaden, München, Hannover, Berlin,
- für die verschiedenen Führerscheine des Deutschen Segler-Verbandes die jeweils zuständigen Prüfungsausschüsse des Deutschen Segler-Verbandes,
- für die verschiedenen Führerscheine des Deutschen Motoryachtverbandes die jeweils zuständigen Prüfungsausschüsse des Deutschen Motoryachtverbandes,
- für das Sporthochseeschiffer-Zeugnis die amtlichen Prüfungsausschüsse bei den Seefahrtschulen,
- für den Nachweis der Deutschen Lebensrettungsgesellschaft deren Prüfungskommission und
- für den Nachweis der Deutschen Gesellschaft zur Rettung Schiffbrüchiger deren Prüfungsausschuß.

Der Bewerber für die freiwillige Prüfung für Seenot-Signalmittel, die gleichzeitig mit den vorstehenden Führerscheinen, Zeugnissen und Ausweisen, aber auch später abgenommen werden kann, muß den theoretischen Prüfungsstoff beherrschen, der durch den Fragenkatalog mit 48 amtlichen Fragen und Antworten umrissen ist. In der praktischen Prüfung muß der Bewerber anhand von Übungsmodellen erfolgreich nachweisen, daß er zur Handhabung der Seenot-Signalmittel fähig ist.

3. Die amtlichen Fragen und Antworten

A. Allgemeines

1. Was versteht man unter pyrotechnischen Seenotsignalen?
Antwort:
Notsignale, welche mit Hilfe explosionsgefährlicher Stoffe
ausgelöst werden.

2. Welche pyrotechnischen Seenotsignale unterliegen dem Waffengesetz?
Antwort:
Die Signalpistole und die hierfür bestimmte Munition.

3. Welche pyrotechnischen Seenotsignale unterliegen dem Sprengstoffgesetz?
Antwort:
Alle pyrotechnischen Seenotsignale, die nicht aus einer Signalpistole abgeschossen werden, wie Signalraketen, Fallschirmsignalraketen, Handfackeln und Rauchsignale.

4. Welche pyrotechnischen Seenotsignale kennen Sie?
Antwort:
Signalraketen rot
Fallschirmsignalraketen rot
Handfackeln rot
Rauchsignale orange
Lichtrauchsignale

5. Welche Farbe haben pyrotechnische Seenotsignale?
Antwort:
Rot mit Ausnahme des Rauchsignals, das orangefarbenen
Rauch entwickelt.

6. Wann dürfen pyrotechnische Seenotsignale verwendet werden?
Antwort:
Nur im Seenotfall, d. h., wenn angezeigt werden soll, daß Gefahr für Leib oder Leben der Besatzung und daher die Notwendigkeit zur Hilfe besteht.

7. Was ist bei allen steigenden Seenotsignalen unbedingt zu beachten?
Antwort:
1. Auf freies Schußfeld achten,
2. Signal senkrecht in Schußrichtung nach oben halten,
3. beim Handhaben und Abfeuern nicht auf Personen richten und selbst nicht mit Körperteilen vor die Mündung kommen,
4. nicht an Versagern hantieren, sondern diese über Bord werfen.

8. Worin liegt die Gefährlichkeit pyrotechnischer Gegenstände?
Antwort:
Es besteht Explosions-, Feuer- und Verletzungsgefahr.

9. Welche pyrotechnischen Seenotsignale dürfen Sie nur verwenden?
Antwort:
Die Signalpistole Kaliber 4 (26,5 mm) und die von der Physikalisch-Technischen Bundesanstalt (PTB) zugelassenen Signalwaffen einschließlich Munition bzw. die von der Bundesanstalt für Materialprüfung (BAM) zugelassenen sonstigen Notsignale.

10. Was für Vorteile haben Signalraketen bzw. Signalpatronen, die mit Fallschirmen ausgerüstet sind, gegenüber Signalsternen?
Antwort:
Wegen geringerer Sinkgeschwindigkeit (5 m/s) ist eine längere Brenndauer möglich; dadurch haben sie einen höheren Aufmerksamkeitswert.

11. Worüber sollten Sie sich sofort nach dem Erwerb pyrotechnischer Seenotsignale informieren?
Antwort:
Gebrauchsanweisung sorgfältig bis zu Ende lesen, und nicht
erst im Notfall.

12. Wie lange ist die Verbrauchsdauer pyrotechnischer Seenotsignale bei sachgemäßer Lagerung?
Antwort:
Soweit auf dem einzelnen Gegenstand nichts anderes vermerkt ist, 2 bzw. 3 Jahre.

13. Woraufhin sind pyrotechnische Seenotsignale ständig zu überwachen, damit die Funktionsfähigkeit gewährleistet ist?
Antwort:
1. Herstellungsdatum bzw. Verbrauchsdauer beachten,
2. auf Korrosion oder Beschädigung achten.

14. Was verkürzt die Verbrauchsdauer pyrotechnischer Seenotsignale bzw. macht sie evtl. gefährlicher?
Antwort:
1. Feuchtigkeit,
2. Korrosion,
3. hohe Lagertemperaturen,
4. mechanische Beschädigung.

15. Wie sind pyrotechnische Seenotsignale während der Fahrt aufzubewahren?
Antwort:
1. Kühl und trocken,
2. leicht zugänglich in unverschlossenen Behältern.

16. Wie sind pyrotechnische Seenotsignale an Bord im Hafen und an Land aufzubewahren?
Antwort:
1. Kühl und trocken,
2. dem Zugriff Unbefugter entzogen.

17. Was machen Sie mit überlagerten pyrotechnischen Seenotsignalen?
Antwort:
Über den Handel zurückgeben oder Delaborierbetrieben übergeben. Keinesfalls als Feuerwerkskörper verwenden.

18. Wem dürfen Seenotsignale überlassen werden?
Antwort:
Nur berechtigten Personen im Sinne des Waffen- und Sprengstoffrechts.

19. Was haben Sie nach dem Erwerb einer erlaubnispflichtigen Signalpistole zu tun?
Antwort:
Innerhalb von 2 Wochen nach dem Erwerb habe ich der zuständigen Behörde den Erwerb schriftlich anzuzeigen und die Waffenbesitzkarte zur Eintragung des Erwerbs vorzulegen.

20. Was müssen Sie tun, wenn Ihnen Signalmittel oder Waffen abhanden kommen?
Antwort:
Den Verlust der zuständigen Ordnungsbehörde unverzüglich anzeigen.

21. Dürfen Sie Seenotsignalmittel in öffentlichen Verkehrsmitteln befördern?
Antwort:
Nein.

B. Zusätzliche Fragen für den Erwerb einer Waffenbesitzkarte nach dem Waffengesetz

22. Für welche Signalwaffe benötigen Sie eine Erlaubnis der zuständigen Behörde?
Antwort:
Für Signalwaffen mit einem Patronenlager von mehr als 12 mm Durchmesser.

23. Welche Signalwaffen können frei erworben und mitgeführt werden?
Antwort:
Signalwaffen mit dem Zulassungszeichen der Physikalisch-Technischen Bundesanstalt (PTB).

24. Wozu berechtigt eine Waffenbesitzkarte?
Antwort:
Zum Erwerb einer Signalpistole, zu ihrer bestimmungsgemäßen Verwendung in einer Notlage, zur Aufbewahrung in der Wohnung und zum Transport einer nicht schußbereiten und nicht zugriffsbereiten Signalpistole von seiner Wohnung zu seinem Sportboot und zurück. Zur Mitnahme und zur Aufbewahrung an Bord berechtigt die Waffenbesitzkarte nicht, wenn das Boot nicht über Einrichtungen verfügt, die ein Wohnen (z. B. einen Aufenthalt zur Freizeitbeschäftigung und ähnlichem) auf ihm gestatten. Verfügt das Boot nicht über solche Einrichtungen, so bedarf es zusätzlich eines Waffenscheines.

25. Worin liegt der wesentliche Unterschied zwischen einem Waffenschein und einer Waffenbesitzkarte?
Antwort:
Ein Waffenschein berechtigt abweichend von der Waffenbesitzkarte zum Führen einer Schußwaffe in der Öffentlichkeit.

26. Bei welcher Behörde ist eine Waffenbesitzkarte zu beantragen?
Antwort:
Bei der zuständigen Ordnungsbehörde.

27. Welche Voraussetzungen müssen gegeben sein, um eine Waffenbesitzkarte erwerben zu können?
Antwort:
Der Bewerber muß
– das 18. Lebensjahr vollendet haben,
– zuverlässig, sachkundig und körperlich geeignet sein,
– und es muß ein Bedürfnis vorliegen.

28. Wie kann ein Wassersportler nachweisen, daß ein Bedürfnis für den Erwerb einer Signalpistole vorliegt?
Antwort:
Durch genaue Angabe des Verwendungszwecks und durch Vorlage von Unterlagen, aus denen der Besitz eines seegängigen Wasserfahrzeugs (Kaufvertrag, Chartervertrag, Versicherungspolice, Standerschein, Internationales Sportbootzertifikat usw.) oder die Verwendung für Lehr- und Prüfungszwecke hervorgehen.

29. Welche behördlichen Papiere oder Erlaubnisse berechtigen zum Erwerb von erlaubnispflichtiger pyrotechnischer Munition?
Antwort:
Die Waffenbesitzkarte mit Munitionserwerbsberechtigung oder der Munitionserwerbsschein.

30. Mit welchen Zeichen ist die Signalmunition gekennzeichnet?
Antwort:
1. Bezeichnung der Munition und der Verbrauchsdauer.
2. Bei Seenotsignalen rot durchgehende Rändelung des Patronenbodens und roter Lackverschlußdeckel.

31. Welche Ausweispapiere sind beim Führen einer Signalpistole mitzuführen?
Antwort:
Der Personalausweis, Paß oder Dienstausweis, die Waffenbesitzkarte und erforderlichenfalls der Waffenschein.

32. Wie ist eine Signalpistole an Bord eines Wassersportfahrzeuges aufzubewahren?
Antwort:
Es sind Vorkehrungen zu treffen, um zu verhindern, daß die Signalpistole abhanden kommt oder Dritte sie unbefugt an sich nehmen.

33. Wie ist pyrotechnische Munition zu lagern?
Antwort:
Möglichst originalverpackt, kühl und trocken und dem Zugriff Unbefugter entzogen.

34. Welche Steighöhe und Leuchtdauer haben Fallschirmsignalpatronen?
Antwort:
Steighöhe mindestens 300 m, Leuchtdauer mindestens 30 Sekunden.

35. Wie verhalten Sie sich bei Versagern?
Antwort:
Waffe in Schußrichtung belassen, über Kopf erneut spannen und nochmals abschießen, bei erneutem Versagen die Waffe mit nach oben gerichtetem Lauf außenbords öffnen und den Versager herausgleiten lassen.

36. Erläutern Sie die Handhabung der Signalpistole im Notfall!
Antwort:
Bei abwärts gerichteter Mündung Waffe öffnen, Patrone einführen, Waffe schließen, Waffe über Augenhöhe heben, Hahn spannen – schießen.

C. Zusätzliche Fragen für den Erwerb, die Aufbewahrung und die Verwendung von pyrotechnischen Notsignalen nach dem Sprengstoffgesetz

37. Welche pyrotechnischen Seenotsignale können erlaubnisfrei erworben, aufbewahrt und verwendet werden?
Antwort:
Die der Unterklasse T 1, d. h. Handfackeln rot und bestimmte Rauchsignale von jedem, der das 18. Lebensjahr vollendet hat.

38. Welche erlaubnispflichtigen pyrotechnischen Seenotsignale dürfen Wassersportler mit einem im Führerschein eingedruckten Befreiungsvermerk erwerben?
Antwort:
Die der Unterklasse T 2, d. h. Signalraketen rot, Fallschirmsignalraketen rot und bestimmte Rauchsignale.

39. Woran erkennen Sie an einem pyrotechnischen Seenotsignal, um welche Unterklasse es sich handelt?
Antwort:
Am Zulassungszeichen: BAM-PT 1 . . . oder BAM-PT 2- . . .

40. Wer darf pyrotechnische Seenotsignale der Klasse T verwenden?
Antwort:
Jeder, der damit anzeigen will, daß ein Seenotfall vorliegt, d. h., daß Gefahr für Leib oder Leben der Besatzung und daher die Notwendigkeit zur Hilfe besteht.

41. Wie lang ist die Brenndauer einer Seenot-Handfackel?
Antwort:
Ihre Brenndauer beträgt 30 bis 60 Sekunden.

42. Welche Arten von Zündern werden bei Seenot-Handfackeln gewöhnlich verwendet und wie funktionieren sie?
Antwort:
1. Reibkopf-Zündung – funktioniert wie ein Streichholz, das mit Verzögerung oder direkt den Leuchtsatz zündet.
2. Reißzünder – ein Draht im Inneren wird durch einen reibempfindlichen Satz gezogen, Weiterzündung wie 1.

43. Was ist sicherheitstechnisch bei der Verwendung von Seenot-Handfackeln zu beachten?
Antwort:
1. Gebrauchsanweisung beachten.
2. In jedem Fall die brennenden Fackeln grundsätzlich nach Lee waagerecht so halten, daß versprühende Ascheteile keine Verletzungen (Hand, Augen) verursachen oder das Fahrzeug beschädigen.

44. Beschreiben Sie den allgemeinen Aufbau eines Rauchsignals!
Antwort:
In einem Behälter befindet sich ein Zünder (meist Reißzünder) mit Verzögerung, der mindestens 4 Minuten lang orangefarbenen Rauch abgibt.

45. Was ist bei der Verwendung von Rauchsignalen zu beachten?
Antwort:
Rauchsignale nur am Tage und bei geringen Windstärken gebrauchen. Die Zündung erfolgt durch Reißschnur, die unter einer abschraubbaren Schutzkappe liegt. Nach der Zündung ist das Rauchsignal zur Leeseite außenbords zu werfen.

46. Was wissen Sie über Steighöhe und Brenndauer von Signalraketen?
Antwort:
Steighöhe 100 bis 300 m, Brenndauer mindestens 30 Sek.

47. Fallschirmsignalraketen und Handfackeln sind bei klarem Wetter unterschiedlich weit zu sehen. Welche Signale verwenden Sie den Umständen entsprechend?
Antwort:
Fallschirmsignalraketen, um ein entferntes Fahrzeug auf eine Notlage aufmerksam zu machen und grob in die Richtung einzuweisen;
Handfackeln, um die genaue Position bei größerer Annäherung kenntlich zu machen.

48. Dürfen Sie pyrotechnische Gegenstände selbst herstellen und bearbeiten?
Antwort:
Nein, nur als Inhaber einer Erlaubnis nach dem Sprengstoffgesetz.

Bundesgesetzblatt

1985

Teil I

Z 1997 A

| 1973 | Ausgegeben zu Bonn am 29. Dezember 1973 | Nr. 110 |

Verordnung über die Eignung und Befähigung zum Führen von Sportbooten auf den Seeschiffahrtstraßen (Sportbootführerscheinverordnung – See)

Vom 20. Dezember 1973 in der Fassung der Änderungsverordnung vom 21. März 1983 (BGBl. 1 S. 314), in Kraft getreten am 1. April 1983

Auf Grund der §§ 7 und 9 Abs. 1 Satz 1 Nr. 3 und Satz 2 sowie des § 12 Abs. 2 des Gesetzes über die Aufgaben des Bundes auf dem Gebiet der Seeschiffahrt vom 24. Mai 1965 (Bundesgesetzbl. II S. 833), zuletzt geändert durch § 70 des Gesetzes über den Bundesgrenzschutz vom 18. August 1972 (Bundesgesetzbl. I S. 1834), und des § 36 Abs. 3 des Gesetzes über Ordnungswidrigkeiten vom 24. Mai 1968 (Bundesgesetzbl. I S. 481) wird, hinsichtlich des § 10 im Einvernehmen mit dem Bundesminister der Finanzen, verordnet:

§ 1
Fahrerlaubnis

(1) Wer auf den Seeschiffahrtstraßen im Sinne des § 1 der Seeschiffahrtstraßen-Ordnung vom 3. Mai 1971 (Bundesgesetzbl. I S. 641), geändert durch die Verordnung vom 7. Juli 1972 (Bundesgesetzbl. I S. 1169), ein Sportboot führen will, bedarf der Erlaubnis (Fahrerlaubnis). Sportboot im Sinne dieser Verordnung ist ein von seinem Bootsführer nicht gewerbsmäßig für Sport- oder Erholungszwecke verwendetes Wasserfahrzeug. Ausgenommen sind

1. Inhaber eines Befähigungszeugnisses der Gruppen A und B der Schiffsbesetzungs- und Ausbildungsordnung vom 19. August 1970 (Bundesgesetzbl. I S. 1253) oder eines sonstiges vom Bundesminister für Verkehr anerkannten amtlichen deutschen Befähigungszeugnisses zum Führen eines Wasserfahrzeuges auf den Seeschiffahrtstraßen,

2. Personen mit Wohnsitz außerhalb des Geltungsbereiches dieser Verordnung, die sich nicht länger als ein Jahr im Geltungsbereich dieser Verordnung aufhalten, es sei denn, daß in dem Staat ihres Wohnsitzes für das Führen von Sportbooten auf Wasserstraßen, die mit den Seeschiffahrtstraßen vergleichbar sind, ein Befähigungsnachweis amtlich vorgeschrieben ist; in diesem Fall sind die Inhaber des in dem Staat ihres Wohnsitzes geltenden Befähigungsnachweises ausgenommen, soweit Gegenseitigkeit gewährleistet ist.

3. Führer von Sportbooten, wenn die Sportboote keinen Motorantrieb haben oder mit einem Motorantrieb ausgerüstet sind, dessen größte nicht überschreitbare Nutzleistung an der Propellerwelle 3,68 Kilowatt oder weniger beträgt.

(2) Die Fahrerlaubnis ist durch eine amtliche Bescheinigung nach dem Muster der Anlage (Sportbootführerschein) nachzuweisen. Der Sportbootführerschein oder ein in Absatz 1 Satz 3 Nr. 1 und 2 bezeichnetes Befähigungszeugnis ist beim Führen von Sportbooten mitzuführen und den zur Kontrolle befugten Personen auf Verlangen zur Prüfung auszuhändigen.

(3) Eine nach der Motorbootführerscheinverordnung vom 17. Januar 1967 (Bundesgesetzbl. II S. 731), geändert durch die Verordnung vom 21. Oktober 1968 (Bundesgesetzbl. II S. 1107), erteilte Fahrerlaubnis steht einer Fahrerlaubnis im Sinne des Absatzes 1 gleich. Ein nach dieser Verordnung ausgestellter Motorbootführerschein gilt als Sportbootführerschein im Sinne des Absatzes 2.

§ 2
Eignung und Befähigung

(1) Eine Fahrerlaubnis kann erhalten, wer
1. das 16. Lebensjahr vollendet hat,
2. körperlich, geistig und auf Grund seines bisherigen Verhaltens im Verkehr zum Führen eines Sportbootes geeignet ist und
3. seine Befähigung zum Führen eines Sportbootes nachgewiesen hat.

Bewerber, die das 18. Lebensjahr noch nicht vollendet haben, bedürfen der schriftlichen Zustimmung des gesetzlichen Vertreters. Die Unterschrift in der Zustimmungserklärung muß amtlich beglaubigt sein.

(2) Ungeeignet zum Führen eines Sportbootes ist, wer über kein ausreichendes Hör-, Seh- oder Farbunterscheidungsvermögen verfügt oder zur Trunksucht neigt. Bestehen Zweifel an der Eignung, kann die Vorlage amts- oder fachärztlicher Zeugnisse oder die Beantragung der Erteilung eines Führungszeugnisses nach § 28 Abs. 5 des Bundeszentralregistergesetzes in der Fassung der Bekanntmachung vom 22. Juli 1976 (BGBl. I S. 2005) verlangt werden. Als ungeeignet kann angesehen werden, wer wegen Gefährdung des Schiffsverkehrs rechtskräftig bestraft worden ist oder wiederholt mit Geldbuße geahndete Zuwiderhandlungen

gegen Schiffahrtpolizeivorschriften begangen hat.

(3) Bewerbern, die beschränkt körperlich geeignet sind oder die nach Absatz 2 Satz 3 als ungeeignet angesehen werden können, kann die Fahrerlaubnis unter Auflagen erteilt werden, soweit dadurch die mit dem Mangel der Eignung verbundenen Gefahren durch den Bewerber ausgeglichen werden können. Die Auflagen sind im Sportbootführerschein zu vermerken. Tritt nach dem Erwerb der Fahrerlaubnis eine Beschränkung der körperlichen Eignung ein, können nachträgliche Auflagen erteilt werden, soweit dadurch die mit dem Mangel der Eignung verbundenen Gefahren ausgeglichen werden können. Für die Erteilung der Auflagen und deren Überwachung ist der Prüfungsausschuß zuständig, der die Fahrerlaubnis erteilt oder erteilt hat.

§ 3
Prüfung

Die Befähigung zum Führen eines Sportbootes ist durch eine Prüfung nachzuweisen. Die Prüfung soll zeigen, ob der Bewerber ausreichende Kenntnisse der für das Führen eines Sportbootes maßgebenden schiffahrtpolizeilichen Vorschriften und die zur sicheren Führung eines Sportbootes auf den Seeschiffahrtstraßen erforderlichen nautischen und technischen Kenntnisse hat und zu ihrer praktischen Anwendung fähig ist.

§ 4
Beauftragung

Der Deutsche Motoryachtverband und der Deutsche Segler-Verband werden beauftragt, nach Maßgabe dieser Verordnung und der zu ihrer Durchführung vom Bundesminister für Verkehr erlassenen Richtlinien gemeinsam über Anträge auf Zulassung zur Prüfung zu entscheiden, die Prüfung abzunehmen, bei Bestehen der Prüfung Sportbootführerscheine auszustellen sowie nach § 10 Kosten zu erheben.

Sie unterstehen hierbei der Fachaufsicht des Bundesministers für Verkehr, der sich bei der Durchführung der Fachaufsicht über die Prüfungsausschüsse der Wasser- und Schiffahrtsdirektionen Nord und Nordwest bedient. Die Zuständigkeit der Wasser- und Schiffahrtsdirektionen bestimmt der Bundesminister für Verkehr.

§ 5
Antrag

(1) Anträge auf Zulassung zur Prüfung und Erteilung der Fahrerlaubnis sind an den Prüfungsausschuß (§ 6 Abs. 1) zu richten, bei dem der Bewerber die Prüfung ablegen will. Der Antrag muß folgende Angaben, Erklärungen und Unterlagen enthalten:

1. Vor- und Zuname, Geburtstag, Geburtsort und Anschrift,
2. Ein Lichtbild in der Größe 38 × 45 mm, das den Bewerber ohne Kopfbedeckung im Halbprofil erkennen läßt,
3. ein ärztliches Zeugnis über ein ausreichendes Hör-, Seh- und Farbunterscheidungsvermögen,
4. eine Erklärung, daß die Erteilung eines Führungszeugnisses nach § 28 Abs. 5 des Bundeszentralregistergesetzes zur Vorlage beim Prüfungsausschuß beantragt worden ist,
5. eine Erklärung, ob dem Bewerber die Fahrerlaubnis für Sportboote bereits einmal entzogen worden ist,
6. bei Bewerbern, die das 18. Lebensjahr noch nicht vollendet haben, die Zustimmung des gesetzlichen Vertreters (§ 2 Abs. 1).

(2) Der Bewerber wird erst dann zur Prüfung zugelassen, wenn die nach Absatz 1 beizufügenden Unterlagen und das Führungszeugnis nach Absatz 1 Nr. 4 vorlie-

§ 6
Prüfungsausschuß und Abnahme der Prüfung

(1) Für die Zulassung zur Prüfung und

deren Abnahme werden Prüfungsausschüsse bestellt, die aus einem Vorsitzenden, aus stellvertretenden Vorsitzenden und aus Beisitzern bestehen. Auf gemeinsamen Vorschlag der nach § 4 beauftragten Verbände bestimmt der Bundesminister für Verkehr den Sitz der Prüfungsausschüsse und bestellt die Vorsitzenden und deren Stellvertreter. Die Beisitzer werden von den beauftragten Verbänden aus ihnen angehörenden Vereinen und von den zuständigen Wasser- und Schiffahrtsdirektionen benannt. Nach Anhörung der beauftragten Verbände kann der Bundesminister für Verkehr die Bestellung des Vorsitzenden und der stellvertretenden Vorsitzenden eines Prüfungsausschusses widerrufen oder zurücknehmen.

(2) Die Prüfung wird von dem Vorsitzenden des Prüfungsausschusses oder dessen Stellvertreter, einem von den beauftragten Verbänden und einem von der zuständigen Wasser- und Schiffahrtsdirektion benannten Beisitzer abgenommen, die mit Stimmenmehrheit beschließen.

(3) Der Vorsitzende des Prüfungsausschusses oder sein Stellvertreter bestimmt den Prüfungstermin und leitet die Prüfung. Über den Prüfungsverlauf ist eine Niederschrift aufzunehmen.

(4) Für die Abnahme der praktischen Prüfung hat der Bewerber ein Sportboot mit einem Bootsführer zu stellen, der eine Fahrerlaubnis haben muß. Der Prüfungsausschuß kann ein Sportboot ablehnen, wenn es nicht verkehrssicher ist oder auf Grund seiner Bauart, Sicherheitsausrüstung, Größe oder Tragfähigkeit für die Prüfung ungeeignet ist. Das gleiche gilt, wenn das Sportboot nicht mit den Gegenständen ausgerüstet ist, die für die in der praktischen Prüfung auszuführenden Manöver erforderlich sind.

(5) Hat der Bewerber in der Prüfung die Befähigung zum Führen eines Sportbootes

nachgewiesen, ist die Fahrerlaubnis zu erteilen und darüber ein Sportbootführerschein auszustellen. Besteht ein Bewerber einen Teil der Prüfung nicht, so gilt die Prüfung als nicht bestanden. Bei Nichtbestehen kann eine neue Prüfung frühestens nach Ablauf eines Monats abgenommen werden. Bei einer neuen Prüfung kann der Prüfungsausschuß einen Bewerber, der einen Teil der Prüfung überdurchschnittlich bestanden hat, von der erneuten Ablegung dieses Prüfungsteiles befreien.

(6) Der Prüfungsausschuß soll Bewerbern, die neben der Prüfung nach § 3 den Befähigungsnachweis nach der Verordnung über das Führen von Sportbooten auf den Binnenschiffahrtsstraßen vom 21. März 1978 (BGBl. I S. 420) erwerben wollen, ermöglichen, die getrennten Prüfungen in zeitlichem Zusammenhang abzulegen.

§ 7
Ersatzausfertigung

Ist der Sportbootführerschein unbrauchbar geworden oder wird glaubhaft gemacht, daß er verlorengegangen ist, stellen die beauftragten Verbände auf Antrag eine Ersatzausfertigung aus, die als solche zu bezeichnen ist. Der unbrauchbar gewordene Sportbootführerschein ist abzuliefern.

§ 8
Entziehung der Fahrerlaubnis

(1) Die Fahrerlaubnis ist zu entziehen, wenn der Inhaber körperlich, geistig oder auf Grund seines Verhaltens im Verkehr zum Führen von Sportbooten nicht mehr geeignet ist.

(2) Eine Fahrerlaubnis kann entzogen werden, wenn der Inhaber

1. wegen Gefährdung des Schiffverkehrs rechtskräftig verurteilt worden ist,
2. wiederholt mit Geldbuße geahndete Zuwiderhandlungen gegen strom- und schiffahrtspolizeiliche Vorschriften be-

gangen hat,
3. unter erheblicher Einwirkung geistiger Getränke oder anderer berauschender Mittel ein Sportboot geführt hat oder
4. einer Auflage nach § 2 Abs. 3 nicht nachkommt.

§ 8 a
Fahrverbot

(1) Dem Inhaber eines Befähigungszeugnisses nach § 1 Abs. 1 Satz 3 wird das Führen eines Sportboots auf Seeschiffahrtsstraßen vorübergehend oder dauernd untersagt (Fahrverbot), wenn die Voraussetzungen des § 8 Abs. 1 gegeben sind. Das Fahrverbot kann ausgesprochen werden, wenn die Voraussetzungen des § 8 Abs. 2 Nr. 1, 2 oder 3 gegeben sind oder der Inhaber einer im Sportbootführerschein eingetragenen Auflage nicht nachkommt.

(2) Über das Fahrverbot entscheidet die Wasser- und Schiffahrtdirektion Nordwest. Sie teilt ihre Entscheidung, soweit der Inhaber eines Sportbootführerscheins betroffen ist, unter Angabe der Gründe den nach § 4 beauftragten Sportverbänden mit.

§ 9
Verzeichnis

(1) Die beauftragten Verbände führen gemeinsam ein Verzeichnis der Inhaber einer Fahrerlaubnis. In das Verzeichnis sind das Datum der Fahrerlaubnis und gegebenenfalls der Verlust des Sportbootführerscheins und das Datum der Erteilung einer Ersatzausfertigung des Sportbootführerscheins einzutragen; bei Entzug der Fahrerlaubnis sind auch der Grund sowie die Frist zu vermerken, innerhalb derer eine neue Fahrerlaubnis nicht erteilt werden darf.

(2) Auskünfte aus dem Verzeichnis dürfen nur an die Gerichte, Seeämter, Staatsanwaltschaften und Polizeibehörden erteilt werden, soweit dies im öffentlichen Interesse liegt und gesetzliche Vorschrif-

ten nicht entgegenstehen.

§ 10
Kosten

(1) An Kosten (Gebühren und Auslagen) werden erhoben:

1. Für die Abnahme der Führerscheinprüfung	DM 54,–
2. für die Erteilung einer Fahrerlaubnis nach Bestehen der Prüfung	DM 22,–
3. für die nachträgliche Erteilung von Auflagen nach § 2 Abs. 3	DM 11,50
4. für die Ausstellung einer Ersatzausfertigung nach § 7	DM 30,–
5. für die Erteilung einer Fahrerlaubnis ohne Prüfung nach § 13	DM 30,–
6. für die Ablehnung eines Antrags	DM 19,–
7. für die Entziehung einer Fahrerlaubnis nach § 8 und Verhängung eines Fahrverbots nach § 8 a	DM 85,– bis DM 250,–
8. Reisekosten für die Prüfungsmitglieder.	

(2) Die Kosten für Amtshandlungen werden im Auftrage des Bundesministers für Verkehr

1. nach Absatz 1 Nr. 1 bis 4 und Nr. 6 von den Prüfungsausschüssen,
2. nach Absatz 1 Nr. 5 von den beauftragten Verbänden,
3. nach Absatz 1 Nr. 7 von der Wasser- und Schiffahrtsdirektion Nordwest,

festgesetzt und eingezogen.

§ 11
Überwachung

Die Kontrolle der Führer von Sportbooten, ob sie einen gültigen Sportbootführerschein oder ein anerkanntes Befähigungszeugnis mitführen oder die nach § 2 Abs. 3 erteilten Auflagen erfüllt haben, obliegt den Schiffahrtspolizeibehörden. Schiffahrtspolizeibehörden sind die Wasser- und Schiffahrtdirektionen Nord und Nordwest sowie die ihnen nachgeordneten Wasser- und Schiffahrtsämter; diese bedienen sich der Vollzugshilfe der Wasserschutzpolizei der Länder nach Maßgabe der Vereinbarungen zwischen dem Bund und den Ländern über die Ausübung der schiffahrtpolizeilichen Vollzugsaufgaben (§ 20 Abs. 1 Nr. 5 des Gesetzes über die Aufgaben des Bundes auf dem Gebiet der Seeschiffahrt) sowie des Bundesgrenzschutzes und der Zollverwaltung.

§ 12
Ordnungswidrigkeiten

(1) Ordnungswidrig im Sinne des § 15 Abs. 1 Nr. 2 des Gesetzes über die Aufgaben des Bundes auf dem Gebiet der Seeschiffahrt handelt, wer vorsätzlich oder fahrlässig

1. entgegen § 1 Abs. 1 ein Sportboot führt, ohne die dazu erforderliche Fahrerlaubnis zu haben,

2. entgegen einem Fahrverbot nach § 8 a Abs. 1 ein Sportboot fährt,

3. als Eigentümer oder Führer eines Sportbootes anordnet oder zuläßt, daß jemand das Fahrzeug führt, der die dazu erforderliche Fahrerlaubnis (§ 1 Abs. 1) nicht hat,

4. entgegen § 1 Abs. 2 Satz 2 den Sportbootführerschein, ein in § 1 Abs. 1 Satz 3 Nr. 1 und 2 bezeichnetes Befähigungszeugnis oder einen nach § 1 Abs. 3 aner-

kannten Motorbootführerschein beim Führen von Sportbooten nicht mitführt oder einer zur Kontrolle befugten Person auf Verlangen zur Prüfung nicht aushändigt,

5. einer vollstreckbaren Auflage nach § 2 Abs. 3 zuwiderhandelt oder

6. entgegen § 8 Abs. 5 Satz 2 oder 3 nach der Entziehung der Fahrerlaubnis den Sportbootführerschein nicht abliefert.

(2) Die Zuständigkeit für die Verfolgung und Ahndung von Ordnungswidrigkeiten nach Absatz 1 wird auf die Wasser- und Schiffahrtdirektionen Nord und Nordwest übertragen.

§ 13
Erteilung einer Fahrerlaubnis
ohne Prüfung

(1) Gegen Vorlage eines nach bisheriger Übung bis zum Tage der Verkündung dieser Verordnung vom Deutschen Motoryachtverband oder vom Deutschen Segler-Verband erteilten Fertigkeitszeugnisse für Segelboote mit Hilfsmotor wird von den beauftragten Verbänden gemeinsam innerhalb eines Jahres nach Inkrafttreten der Verordnung eine Fahrerlaubnis ohne Ablegung einer Prüfung erteilt, sofern die Voraussetzungen, nach denen dieses Fertigkeitszeugnis erteilt worden ist, den Anforderungen dieser Verordnung entsprochen haben.

(2) Gegen Vorlage eines Befähigungs-

zeugnisses der Gruppen A und B der Schiffsbesetzungs- und Ausbildungsordnung, eines amtlichen Motorbootführerscheins oder eines sonstigen nach § 1 Abs. 1 Satz 3 Nr. 1 anerkannten amtlichen deutschen Befähigungszeugnisses können die beauftragten Verbände gemeinsam auf Antrag eine Fahrerlaubnis erteilen.

§ 14
Berlin-Klausel

Diese Verordnung gilt nach § 14 des Dritten Überleitungsgesetzes vom 4. Januar 1952 (Bundesgesetzbl. I S. 1) in Verbindung mit § 21 des Gesetzes über die Aufgaben des Bundes auf dem Gebiet der Seeschiffahrt auch im Land Berlin.

§ 15
Inkrafttreten

Diese Verordnung tritt, mit Ausnahme der §§ 1 und 12 für Führer von Segelbooten mit Hilfsmotor von mehr als 5 PS, am 1. Januar 1974 in Kraft; am gleichen Tage tritt die Motorbootführerscheinverordnung vom 17. Januar 1967 (Bundesgesetzbl. II S. 731), geändert durch die Verordnung vom 21. Oktober 1968 (Bundesgesetzbl. II S. 1107), außer Kraft. Die §§ 1 und 12 treten für Führer von Segelbooten mit Hilfsmotor von mehr als 5 PS am 1. April 1974 in Kraft.

Bonn, den 20. Dezember 1973
Der Bundesminister für Verkehr
Lauritzen

Bundesgesetzblatt

409

Teil I

Z 1997 A

| 1978 | Ausgegeben zu Bonn am 29. März 1978 | Nr. 15 |

Verordnung
über das Führen von Sportbooten auf den Binnenschiffahrtstraßen
(Sportbootführerscheinverordnung-Binnen – SportbootFüV-Bin)

S. [420]

Vom 21. März 1978 in der Fassung des Gesetzes vom 8. Dezember 1981 – § 32 Abs. 5 –
(Bundesgesetzbl. I S. 1329)

Auf Grund des § 3 Abs. 1 des Gesetzes über die Aufgaben des Bundes auf dem Gebiet der Binnenschiffahrt in der im Bundesgesetzblatt Teil III, Gliederungsnummer 9500-1, veröffentlichten bereinigten Fassung, der zuletzt durch § 13 Abs. 2 des Gesetzes vom 6. August 1975 (BGBl. I S. 2121) geändert worden ist, wird verordnet:

§ 1

Begriffsbestimmungen

(1) Binnenschiffahrtstraßen im Sinne dieser Verordnung sind die Bundeswasserstraßen Rhein, Donau, Mosel und die Bundeswasserstraßen, auf denen die Binnenschiffahrtstraßen-Ordnung vom 3. März 1971 gilt (Artikel 1 der Verordnung zur Einführung der Binnenschiffahrtstraßen-Ordnung vom 3. März 1971 — BGBl. I S. 178 — der durch Verordnung vom 10. August 1977 — BGBl. I S. 1541 — geändert worden ist).

(2) Sportboot im Sinne dieser Verordnung ist ein von seinem Führer nicht gewerbsmäßig für Sport- oder Erholungszwecke verwendetes Fahrzeug von weniger als 15 m³ Wasserverdrängung, das mit Motorantrieb ausgerüstet ist, dessen größte nicht überschreitbare Nutzleistung an der Schraubenwelle mehr als 3,68 kW (5 PS) beträgt.

§ 2

Voraussetzungen für das Führen eines Sportbootes

(1) Ein Sportboot darf auf den Binnenschiffahrtstraßen (§ 1 Abs. 1) nur führen, wer

1. zum Führen eines Sportbootes befähigt ist,
2. einen gültigen Befähigungsnachweis (§§ 3, 5 Abs. 1, § 6 Satz 2) hat,
3. körperlich und geistig geeignet ist und

gelegt sind (Nummern 2.1.3.1 bis 2.1.3.4). Ergeben sich Zweifel an der sonstigen körperlichen oder

4. das 16. Lebensjahr vollendet hat. Ein Segelfahrzeug, das Sportboot im Sinne des § 1 Abs. 2 ist, darf, sofern er den Motor nicht benutzt, auch führen, wer das 14. Lebensjahr vollendet hat.

(2) § 6 Satz 1 bleibt unberührt.

§ 3

Nachweis der Befähigung

Die Befähigung wird — unbeschadet des § 5 Abs. 1 und des § 6 Satz 2 — durch den Motorbootführerschein A für Binnenfahrt des Deutschen Motoryachtverbandes (DMYV) oder durch den Führerschein für Binnenfahrt (A) des Deutschen Segler-Verbandes (DSV) nachgewiesen (amtlich vorgeschriebener Befähigungsnachweis). In dem Führerschein für Segelfahrzeuge muß die Befähigung zum Führen von Fahrzeugen mit Motorantrieb vermerkt sein.

§ 4

Nachweis der Eignung

(1) Der Bewerber um den amtlich vorgeschriebenen Befähigungsnachweis muß, wenn er beim DMYV oder DSV die Zulassung zur Prüfung beantragt, durch ein ärztliches Zeugnis nachweisen, daß er über ausreichendes Hör-, Seh- und Farbenunterscheidungsvermögen verfügt. Dieses ist ausreichend, wenn es den Anforderungen entspricht, die in
– der Binnenschifferpatentverordnung vom 7. Dezember 1981 (BGBl. I S. 1333) oder
– den vom Bundesminister für Verkehr über die Durchführung der Aufgaben nach § 4 der Sportbootführerscheinverordnung vom 20. Dezember 1973 (BGBl. I S. 1988) erlassenen Richtlinien vom 27. April 1977 (Verkehrsblatt S. 309)
festgelegt sind. Werden diese nur mit Seh- oder Hörhilfen erreicht, so wird dem Bewerber die Auflage gemacht, sie zu benutzen. Die Wasser- und Schiffahrtsdirektion Mitte in

Hannover kann im Einzelfall Ausnahmen von den Anforderungen zulassen, soweit die Mängel durch Auflagen ausgeglichen werden. Ergeben sich Zweifel an der sonstigen körperlichen oder an der geistigen Eignung des Bewerbers, muß er auch insoweit seine Eignung durch ein ärztliches Zeugnis nachweisen.

(2) Der Inhaber des amtlich vorgeschriebenen Befähigungsnachweises hat den Auflagen nachzukommen, die bei nur eingeschränkter körperlicher Eignung in dem amtlich vorgeschriebenen Befähigungsnachweis eingetragen sind, um die mit dem Mangel der Eignung verbundenen Gefahren auszugleichen.

§ 5

Andere Befähigungsnachweise

(1) Die Befähigung zum Führen eines Sportbootes auf den Binnenschiffahrtstraßen kann auch nachgewiesen werden durch

1. einen im Geltungsbereich dieser Verordnung nach anderen Vorschriften erteilten amtlichen Befähigungsnachweis zum Führen eines mit Motorantrieb ausgerüsteten Fahrzeugs auf einer Binnenschiffahrtstraße (§ 1 Abs. 1) oder anderen Binnengewässern außerhalb der Seeschiffahrtstraßen,

2. einen außerhalb des Geltungsbereichs dieser Verordnung von einem anderen Staat erteilten amtlichen Befähigungsnachweis zum Führen eines mit Motorantrieb ausgerüsteten Fahrzeugs auf einer Binnenschiffahrtstraße (§ 1 Abs. 1) oder auf dem Bodensee,

3. einen im Geltungsbereich dieser Verordnung erteilten amtlichen Berechtigungsschein zum Führen eines mit Motorantrieb ausgerüsteten Dienstfahrzeugs auf den Binnenschiffahrtstraßen (§ 1 Abs. 1) oder anderen Binnengewässern außerhalb der Seeschiffahrtstraßen,

4. einen Motorbootführerschein nach der Motorbootführerscheinverordnung vom 17. Januar 1967 (BGBl. II S. 731),

5. ein Befähigungszeugnis der Gruppen A und B der Schiffsbesetzungs- und Ausbildungsordnung vom 19. August 1970 (BGBl. I S. 1253), das vor dem 1. April 1978 erteilt worden ist,

6. einen Sportbootführerschein nach der Verordnung über die Eignung und Befähigung zum Führen von Sportbooten auf den Seeschiffahrtstraßen, der vor dem 1. April 1978 erteilt worden ist, oder

7. einen amtlichen Berechtigungsschein zum Führen eines mit Motorantrieb ausgerüsteten Dienstfahrzeugs auf den Seeschiffahrtstraßen, der im Geltungsbereich dieser Verordnung vor dem 1. April 1978 erteilt worden ist.

(2) Der Inhaber eines der in Absatz 1 aufgeführten Befähigungsnachweises hat den darin eingetragenen

Auflagen nachzukommen, soweit sie nicht ausschließlich das Führen eines mit Motorantrieb ausgerüsteten Fahrzeugs auf einer Seeschiffahrtsstraße betreffen.

(3) Eine Übersicht über die durch Absatz 1 Nummern 1 bis 3 und 7 erfaßten Befähigungsnachweise wird im Verkehrsblatt — Amtsblatt des Bundesministers für Verkehr der Bundesrepublik Deutschland — veröffentlicht.

§ 6
Vorübergehender Aufenthalt

Personen mit Wohnsitz außerhalb des Geltungsbereichs dieser Verordnung, die sich nicht länger als ein Jahr im Geltungsbereich dieser Verordnung aufhalten, bedürfen eines Befähigungsnachweises nur dann, wenn in dem Staat ihres Wohnsitzes für das Führen von Sportbooten auf Wasserstraßen, die den Binnenschiffahrtsstraßen vergleichbar sind, oder auf Binnenseen ein Befähigungsnachweis amtlich vorgeschrieben ist. Diese Personen können den Nachweis der Befähigung auch mit dem in dem Staat ihres Wohnsitzes geltenden Befähigungsnachweis erbringen, soweit Gegenseitigkeit besteht. Sie haben den in diesem Befähigungsnachweis eingetragenen Auflagen nachzukommen.

§ 7
Überwachung

(1) Der Befähigungsnachweis nach den §§ 3, 5 Abs. 1 und § 6 Satz 2 ist an Bord mitzuführen. Er ist den Dienstkräften der Strom- und Schiffahrtspolizeibehörde und der Wasserschutzpolizei auf Verlangen zur Prüfung auszuhändigen.

(2) Ergeben sich Zweifel an der körperlichen oder geistigen Eignung des Inhabers eines Befähigungsnachweises, kann die Wasser- und Schiffahrtsdirektion Mitte die Vorlage eines amts- oder fachärztlichen Zeugnisses verlangen.

§ 8
Gleichbehandlung von Mitgliedern und Nichtmitgliedern

(1) Der DMYV und der DSV haben bei der Abnahme der Prüfungen für den amtlich vorgeschriebenen Befähigungsnachweis und bei dessen Erteilung Mitglieder der ihnen angeschlossenen Vereine und Nichtmitglieder gleichzubehandeln. Die Prüfungskommissionen müssen jeweils so zusammengesetzt sein, daß Bewerber nicht mehrheitlich von Personen geprüft werden, die sie ausgebildet haben.

(2) Der DMYV und der DSV haben Bewerbern, die die Voraussetzungen nach § 2 Abs. 1 Nr. 3 und 4 erfüllen und die in einer Prüfung nachgewiesen haben, daß sie zum Führen eines Sportbootes befähigt sind, den amtlich vorgeschriebenen Befähigungsnachweis zu erteilen. Sie müssen Bewerbern, die neben dem amtlich vorgeschriebenen Befähigungsnachweis die Fahrerlaubnis nach der Verordnung über die Eignung und Befähigung zum Führen von Sportbooten auf den Seeschiffahrtsstraßen erwerben wollen, ermöglichen, die erforderlichen Prüfungen in zeitlichem Zusammenhang abzulegen.

§ 9
Nachprüfung von Entscheidungen des DMYV und des DSV

(1) Ein Bewerber, dem der DMYV oder der DSV den amtlich vorgeschriebenen Befähigungsnachweis nicht oder nur unter Festsetzung von Auflagen erteilt, kann die Rechtmäßigkeit und die Zweckmäßigkeit dieser Entscheidung durch die Wasser- und Schiffahrtsdirektion Mitte nachprüfen lassen.

(2) Der Antrag auf Nachprüfung ist innerhalb eines Monats, nachdem der DMYV oder der DSV dem Bewerber die Entscheidung mitgeteilt hat, schriftlich oder zur Niederschrift bei der Wasser- und Schiffahrtsdirektion Mitte in 3000 Hannover, Am Waterlooplatz 5, zu stellen.

(3) Der DMYV und der DSV haben den an sie gerichteten Entscheidungen der Wasser- und Schiffahrtsdirektion Mitte, insbesondere soweit ihnen ein bestimmtes Verhalten aufgegeben wird, nachzukommen.

§ 10
Entziehung

(1) Der amtlich vorgeschriebene Befähigungsnachweis (§ 3) wird entzogen, wenn der Inhaber

1. die Erteilung des Befähigungsnachweises
   a) durch wissentlich falsche Angaben erschlichen oder
   b) durch arglistige Täuschung, durch Drohung oder Bestechung erwirkt hat oder
2. zum Führen eines Sportbootes körperlich, geistig oder auf Grund seines Verhaltens im Verkehr nicht geeignet ist.

(2) Der amtlich vorgeschriebene Befähigungsnachweis kann entzogen werden, wenn der Inhaber

1. wegen Gefährdung des Schiffsverkehrs rechtskräftig verurteilt worden ist,
2. wiederholt mit Geldbuße geahndete Zuwiderhandlungen gegen strom- und schiffahrtspolizeiliche Vorschriften begangen hat,
3. unter erheblicher Einwirkung geistiger Getränke oder anderer berauschender Mittel ein Sportboot geführt hat oder
4. einer in den amtlich vorgeschriebenen Befähigungsnachweis eingetragenen Auflage (§ 4 Abs. 2) nicht nachkommt.

(3) Für die Entziehung des amtlich vorgeschriebenen Befähigungsnachweises ist die Wasser- und Schiffahrtsdirektion Mitte zuständig. Sie kann Fristen und Bedingungen für die Erteilung eines neuen amtlich vorgeschriebenen Befähigungsnachweises festsetzen.

(4) Der amtlich vorgeschriebene Befähigungsnachweis verliert mit der Entziehung seine Gültigkeit als Nachweis der Befähigung zum Führen eines Sportbootes auf den Binnenschiffahrtsstraßen. Der Inhaber, dem der amtlich vorgeschriebene Befähigungsnachweis entzogen worden ist, hat ihn der Wasser- und Schiffahrtsdirektion Mitte zur Entwertung vorzulegen. Die Wasser- und Schiffahrtsdirektion entwertet ihn durch Eintragung des Vermerks „Ungültig als Befähigungsnachweis im Sinne von § 3 der Verordnung über das Führen von Sportbooten auf den Binnenschiffahrtstraßen".

§ 11
Fahrverbot

(1) Dem Inhaber eines Befähigungsnachweises nach § 5 Abs. 1 oder § 6 Satz 2 sowie einer der in § 6 Satz 1 bezeichneten Personen wird das Führen eines Sportbootes auf den Binnenschiffahrtsstraßen vorübergehend oder dauernd untersagt (Fahrverbot), wenn die Voraussetzungen des § 10 Abs. 1 Nr. 2 gegeben sind. Das Fahrverbot kann ausgesprochen werden, wenn die in § 10 Abs. 2 Nr. 1, 2 oder 3 genannten Voraussetzungen gegeben sind oder einer in einem Befähigungsnachweis eingetragenen Auflage nicht nachkommen wird.

(2) Über das Fahrverbot entscheidet die Wasser- und Schiffahrtsdirektion Mitte. Sie teilt ihre Entscheidung, soweit der Inhaber eines Befähigungsnachweises betroffen ist, unter Angabe der Gründe der Behörde mit, die den Befähigungsnachweis erteilt hat.

§ 12
Unterrichtung der WSD Mitte

Der DMYV und der DSV sowie die Strom- und Schiffahrtpolizeibehörden und die Wasserschutzpolizeien teilen der Wasser- und Schiffahrtsdirektion Mitte alle Tatsachen mit, die eine Entziehung des amtlich vorgeschriebenen Befähigungsnachweises oder ein Fahrverbot rechtfertigen können.

§ 13
Behandlung der von anderen Verbänden ausgestellten Befähigungsnachweise

(1) Der DMYV und der DSV stellen auf Antrag gegen Vorlage von Befähigungsnachweisen, die zum Führen von Sportbooten berechtigen und die vor dem 1. April 1978 von anderen Verbänden mit Sitz im Geltungsbereich dieser Verordnung erteilt worden sind, den amtlich vorgeschriebenen Befähigungsnachweis aus. Die anderen Befähigungsnachweise müssen unter Voraussetzungen erworben sein, die den Anforderungen für den Erwerb des amtlich vorgeschriebenen Befähigungsnachweises entsprechen. Welche anderen Befähigungsnachweise diese Voraussetzungen erfüllen, entscheidet der Bundesminister für Verkehr nach Anhörung der Verbände sowie des DMYV und des DSV. Eine Übersicht über diese Befähigungsnachweise wird im Verkehrsblatt — Amtsblatt des Bundesministers für Verkehr der Bundesrepublik Deutschland — veröffentlicht.

(2) Der Antrag auf Ausstellung des amtlich vorgeschriebenen Befähigungsnachweises kann vom 1. Mai 1978 bis zum 30. April 1980 bei der Geschäftsstelle des DMYV oder des DSV gestellt werden.

§ 14
Behandlung amtlicher Berechtigungsscheine

(1) Der DMYV und der DSV stellen auf Antrag den amtlich vorgeschriebenen Befähigungsnachweis aus gegen Vorlage eines amtlichen Berechtigungsscheines zum Führen eines mit Motorantrieb ausgerüsteten Dienstfahrzeugs· auf den Binnenschiffahrtstraßen oder anderen Binnengewässern außerhalb

der Seeschiffahrtstraßen (§ 5 Abs. 1 Nr. 3). Das gilt auch für ein vom Bundesminister für Verkehr für die Fahrt auf den Binnenschiffahrtstraßen anerkanntes amtliches Prüfungszeugnis. Der Berechtigungsschein und das Prüfungszeugnis müssen im Geltungsbereich dieser Verordnung erteilt sein. Soweit der amtlich vorgeschriebene Befähigungsnachweis gegen Vorlage eines Prüfungszeugnisses verlangt wird, gilt § 4 Abs. 1 und 2.

(2) Der DMYV und der DSV stellen auf Antrag den amtlich vorgeschriebenen Befähigungsnachweis auch aus gegen Vorlage eines amtlichen Berechtigungsscheines zum Führen eines mit Motorantrieb ausgerüsteten Dienstfahrzeugs auf den Seeschiffahrtstraßen (§ 5 Abs. 1 Nr. 7). Das gilt auch für ein vom Bundesminister für Verkehr für die Fahrt auf den Seeschiffahrtstraßen anerkanntes amtliches Prüfungszeugnis. Der Berechtigungsschein und das Prüfungszeugnis müssen im Geltungsbereich dieser Verordnung vor dem 1. April 1978 erteilt worden sein.

(3) Eine Übersicht über die durch die Absätze 1 und 2 erfaßten Berechtigungsscheine und Prüfungszeugnisse wird im Verkehrsblatt — Amtsblatt des Bundesministers für Verkehr der Bundesrepublik Deutschland — veröffentlicht.

§ 15
Erleichterter Erwerb eines amtlich vorgeschriebenen Befähigungsnachweises

Inhaber eines der in § 5 Abs. 1 Nr. 5, 6 und 7 bezeichneten und nach dem 31. März 1978 erteilten Befähigungsnachweise sind von der praktischen Prüfung für den amtlich vorgeschriebenen Befähigungsnachweis befreit, soweit die Prüfung das Fahren unter Motor und das Festmachen des Sportbootes betrifft.

§ 16
Ordnungswidrigkeiten

Ordnungswidrig im Sinne des § 7 Abs. 1 des Gesetzes über die Aufgaben des Bundes auf dem Gebiet der Binnenschiffahrt handelt, wer vorsätzlich oder fahrlässig

1. entgegen § 2 Abs. 1 Nr. 2, Abs. 2 ein Sportboot führt, ohne einen gültigen Befähigungsnachweis zu haben,

2. entgegen § 4 Abs. 2, § 5 Abs. 2 oder § 6 Satz 3 einer in einen Befähigungsnachweis eingetragenen Auflage nicht nachkommt,

3. entgegen § 7 Abs. 1 den Befähigungsnachweis nicht mitführt oder auf Verlangen zur Überprüfung nicht aushändigt,

4. entgegen § 10 Abs. 4 Satz 2 den amtlich vorgeschriebenen Befähigungsnachweis der Wasser- und Schiffahrtsdirektion Mitte zur Entwertung nicht vorlegt,

5. entgegen einem Fahrverbot nach § 11 ein Sportboot führt oder

6. als Eigentümer oder Führer eines Sportbootes anordnet oder zuläßt, daß jemand entgegen § 2 Abs. 1 Nr. 2, Abs. 2 das Sportboot führt.

§ 17
Berlin-Klausel

Diese Verordnung gilt nach § 14 des Dritten Überleitungsgesetzes in Verbindung mit § 11 des Gesetzes über die Aufgaben des Bundes auf dem Gebiet der Binnenschiffahrt auch im Land Berlin.

§ 18
Inkrafttreten

Diese Verordnung tritt am 1. April 1978 in Kraft; § 2 Abs. 1 Nr. 2, die §§ 6, 7 und 16 Nr. 1, 3 und 6 treten jedoch erst am 1. April 1979 in Kraft.

Bonn, den 21. März 1978

Der Bundesminister für Verkehr
In Vertretung
Heinz Ruhnau

**Bekanntmachung einer Übersicht
über amtliche Befähigungsnachweise,
Berechtigungsscheine und Prüfungszeugnisse**
(§ 5 Abs. 3, § 14 Abs. 3
der Sportbootführerscheinverordnung-Binnen)
– VKBL 1979 S. 526

Die Übersicht über amtliche Befähigungsnachweise, amtliche Berechtigungsscheine und amtliche Prüfungszeugnisse nach § 5 Abs. 1 Nr. 1 bis 3 und 7 sowie § 14 Abs. 1 und 2 der Sportbootführerscheinverordnung-Binnen wird hiermit bekanntgemacht.

Die Befähigungsnachweise nach § 5 Abs. 1 Nr. 1 bis 3 und 7 (Abschnitt I) ersetzen den Sportbootführerschein-Binnen und berechtigen zum Führen eines Sportbootes auf den Binnenschifffahrtstraßen i. S. der Sportbootführerscheinverordnung-Binnen.

Die Inhaber amtlicher Berechtigungsscheine und amtlicher Prüfungszeugnisse nach § 5 Abs. 1 Nr. 3 und § 14 Abs. 1 (Abschnitt II – Binnen –) können die Ausstellung des Sportbootführerscheins-Binnen beantragen. Das gilt auch für Inhaber amtlicher Berechtigungsscheine und amtlicher Prüfungszeugnisse nach § 5 Abs. 1 Nr. 7 und § 14 Abs. 2 (Abschnitt III – See –), soweit diese Befähigungsnachweise vor dem 1. April 1978 erteilt worden sind. Die Anträge sind an die Geschäftsstelle des Deutschen Motoryachtverbandes, Stormsweg 3, 2000 Hamburg 76, oder des Deutschen Segler-Verbandes, Adolfstr. 56, 2000 Hamburg 76, zu richten. Für die Antragstellung gilt keine Frist.

**Übersicht
über amtliche Befähigungsnachweise,
Berechtigungsscheine und Prüfungszeugnisse
nach § 5 Abs. 1 Nr. 1 bis 3 und 7 sowie § 14 Abs. 1 und 2
der Sportbootführerscheinverordnung-Binnen**

I. Amtliche Befähigungsnachweise nach § 5 Abs. 1 Nr. 1 und 2:

1. Befähigungsnachweise nach § 5 Abs. 1 Nr. 1:

– ein nach der Verordnung über die Erteilung von Rheinschifferpatenten erteiltes Patent

– ein nach der Verordnung über Befähigungszeugnisse in der Binnenschiffahrt erteiltes Befähigungszeugnis

– ein von der Wasser- und Schiffahrtsdirektion Hamburg oder von der Wasser- und Schiffahrtsdirektion Nord erteiltes Elbschiffer-Zeugnis

– ein von der Wasser- und Schiffahrtsdirektion Hamburg oder von der Wasser- und Schiffahrtsdirektion Nord, von dem Wasser- und Schiffahrtsamt Hitzacker oder von dem Wasser- und Schiffahrtsamt Lauenburg erteilter Befreiungsschein vom Besitz eines Elbschifferzeugnisses

– ein von der Wasser- und Schiffahrtsdirektion Regensburg oder von der Wasser- und Schiffahrtsdirektion Süd nach der Verordnung über Befähigungszeugnisse in der Donauschiffahrt erteiltes Befähigungszeugnis

– ein nach der Verordnung über den Verkehr und den Betrieb der Fähren auf dem Rhein erteilter Fährführerschein

– ein nach der Verordnung über den Verkehr und den Betrieb der Fahrgastschiffe mit weniger als 15 Tonnen Wasserverdrängung auf dem Rhein erteilter Bootsführerschein

– ein nach der Verordnung über die Erteilung von Schifferpatenten für die Rheinstrecke zwischen Basel und Rheinfelden erteiltes Schifferpatent

– ein nach der Verordnung über die Schiffahrt auf dem Bodensee erteiltes Schifferpatent der Kategorien A, B oder C

– ein nach der Verordnung über die Eignung und die Befähigung zum Führen von Motor- und Segelbooten auf den Gewässern in Berlin erteilter Führerschein zum Führen eines Motorbootes oder eines Segelbootes mit Hilfsmotor

– ein nach der Hamburgischen Verordnung über Befähigungszeugnisse in der Hafenschiffahrt vor dem 1. April 1978 erteiltes Hafenpatent/erteilter Fährführerschein

– ein nach der Verordnung über den Verkehr auf dem Steinhuder Meer erteilter Fahrerlaubnisschein für Motorboote.

– eine nach der ordnungsbehördlichen Verordnung über die Fahrgastschiffahrt und den Fährverkehr auf der Ruhr erteilte Fahrerlaubnis (Ruhrschifferpatent).

2. **Befähigungsnachweise nach § 5 Abs. 1 Nr. 2:**
- ein in einem anderen Rheinuferstaat oder in Belgien nach der Verordnung über die Erteilung von Rheinschifferpatenten erteiltes Patent
- ein in der Schweizerischen Eidgenossenschaft nach der Verordnung über die Erteilung von Schifferpatenten für die Rheinstrecke zwischen Basel und Rheinfelden erteiltes Schifferpatent
- ein in der Republik Österreich oder in der Schweizerischen Eidgenossenschaft nach der Verordnung über die Schiffahrt auf dem Bodensee erteiltes Schifferpatent der Kategorien A, B oder C.

II. **Amtliche Berechtigungsscheine und amtliche Prüfungszeugnisse nach § 5 Abs. 1 Nr. 3 und § 14 Abs. 1 (Binnen):**

Bezeichnung	ausstellende Behörde
– Ausbildungsnachweis mit Prüfungszeugnis und dem Vermerk: „Der Inhaber hat die Bootsführerscheinprüfung bestanden und ist berechtigt, motorisierte Wasserfahrzeuge des Bundesgrenzschutzes und der Bereitschaftspolizeien der Länder zu führen" (erteilt bis 31. März 1978)	– Bundesminister des Innern (zuständig für den Bereich des BGS) – Innenminister/Senatoren für Inneres der Länder (zuständig für den Bereich der Bereitschaftspolizei)
– Bootsfahrlehrerschein des Bundesgrenzschutzes und der Bereitschaftspolizeien der Länder (erteilt ab 1. April 1978)	– Bundesminister des Innern (zuständig für den Bereich des BGS) – Innenminister/Senatoren für Inneres der Länder (zuständig für den Bereich der Bereitschaftspolizei)
– Bootsführerschein-Binnen des Bundesgrenzschutzes und der Bereitschaftspolizeien der Länder (erteilt ab 1. April 1978)	– Bundesminister des Innern (zuständig für den Bereich des BGS) – Innenminister/Senatoren für Inneres der Länder (zuständig für den Bereich der Bereitschaftspolizei)
Bezeichnung	ausstellende Behörde
– Bootsführerschein-See/Binnen des Bundesgrenzschutzes und der Bereitschaftspolizeien der Länder	– Bundesminister des Innern (zuständig für den Bereich des BGS) – Innenminister/Senatoren für Inneres der Länder (zuständig für den Bereich der Bereitschaftspolizei)
– Betriebsberechtigungsschein für Pioniermaschinen der Gruppe I	– Bundesminister der Verteidigung
– Lehrberechtigungsschein für Pioniermaschinen der Gruppe I	– Bundesminister der Verteidigung
– Prüfberechtigungsschein für Pioniermaschinen der Gruppe I	– Bundesminister der Verteidigung
– Berechtigungsschein für das Führen von Motor-Wasserfahrzeugen des Katastrophenschutzes auf Binnenschiffahrtstraßen	– Bundesamt für Zivilschutz
– Bescheinigung über die erfolgreiche Teilnahme an einem Einweisungslehrgang für Beamte des Wasserzolldienstes und über die Berechtigung zum Führen von Zollbooten auf Binnenschiffahrtstraßen oder anderen Binnengewässern außerhalb der Seeschiffahrtstraßen	– Oberfinanzdirektionen
– Bootssteuerzeugnis der Wasserschutzpolizei Baden-Württemberg	– Wasserschutzpolizeidirektion Baden-Württemberg
– Bootsführerzeugnis der Wasserschutzpolizei Baden-Württemberg	– Wasserschutzpolizeidirektion Baden-Württemberg
– Befähigungszeugnis zum Führen eines Fahrgastschiffes	– Bayerisches Staatsministerium der Finanzen
– Befähigungszeugnis zum Führen von Dienstbooten der Wasserschutzpolizei in Bayern	– Wasserschutzpolizeiinspektion Bayern

Bezeichnung	ausstellende Behörde
– Feuerwehr-Motorboot-Führerschein für Binnenfahrt	– Bayerisches Landesamt für Brand- und Katastrophenschutz
– Bescheinigung (Zeugnis) über die erfolgreiche Teilnahme an einem wasserschutzpolizeilichen Einweisungslehrgang	– Wasserschutzpolizeischule (WSPS) Hamburg
– Befähigungsnachweis zum Führen von Polizeibooten (erteilt bis 1. Juni 1977)	– Hessisches Wasserschutzpolizeiamt
– Bootsführer- und Maschinenleiterzeugnis (erteilt ab 1. Juni 1977)	– Hessisches Wasserschutzpolizeiamt
– Befähigungsnachweis für Streckenbootsführer	– Der Kommandeur der Wasserschutzpolizei bei der Bezirksregierung Weser-Ems
– Befähigungsnachweis für Hafenbootsführer	– Der Kommandeur der Wasserschutzpolizei bei der Bezirksregierung Weser-Ems
– Polizei-Bootssteuerschein	– Der Wasserschutzpolizeidirektor Nordrhein-Westfalen
– Feuerwehr-Bootssteuerschein	– Der Wasserschutzpolizeidirektor Nordrhein-Westfalen
– Bootsführerzeugnis der Wasserschutzpolizei Rheinland-Pfalz	– Wasserschutzpolizeiamt Rheinland-Pfalz
– Matrosen-/Bootsmannsbrief der Binnenschiffahrt	– Industrie- und Handelskammern

III. Amtliche Berechtigungsscheine und amtliche Prüfungszeugnisse nach § 5 Abs. 1 Nr. 7 und § 14 Abs. 2 (See):

Bezeichnung	ausstellende Behörde
– Ausbildungsnachweis mit Prüfungszeugnis und dem Vermerk: „Der Inhaber hat die Bootsführerprüfung bestanden und ist berechtigt, motorisierte Wasserfahrzeuge des Bundesgrenzschutzes und der Bereitschaftspolizeien der Länder zu führen" (erteilt bis 31. März 1978)	– Bundesminister des Innern (zuständig für den Bereich des BGS) – Innenminister/Senatoren für Inneres der Länder (zuständig für den Bereich der Bereitschaftspolizei)
– Führerschein der Marine für Segelboote und Kraftboote mit der erteilten Erlaubnis für Kraftboot (Kraftbootführerschein der Marine)	– Bundesminister der Verteidigung
– Betriebsberechtigungsschein für Pioniermaschinen der Gruppe I mit Zusatzprüfung für Seeschiffahrtstraßen, Küstengewässer und NOK	– Bundesminister der Verteidigung
– Lehrberechtigungsschein für Pioniermaschinen der Gruppe I mit Zusatzprüfung für Seeschiffahrtstraßen, Küstengewässer und NOK	– Bundesminister der Verteidigung
– Prüfberechtigungsschein für Pioniermaschinen der Gruppe I mit Zusatzprüfung für Seeschiffahrtstraßen, Küstengewässer und NOK	– Bundesminister der Verteidigung
– Berechtigungsschein für das Führen von Motor-Wasserfahrzeugen des Katastrophenschutzes auf Seeschiffahrtstraßen	– Bundesamt für Zivilschutz
– Ausweis zur selbständigen Führung eines Dienstfahrzeuges der Wasserschutzpolizei	– Freie Hansestadt Bremen – Der Senator für Inneres –
– Befähigungsnachweis für Küstenbootsführer	– Der Kommandeur der Wasserschutzpolizei bei der Bezirksregierung Weser-Ems
– Befähigungsnachweis für Küstenbootssteuerer	– Der Kommandeur der Wasserschutzpolizei bei der Bezirksregierung Weser-Ems